U0921378

东莞市大朗镇年鉴

DONGGUANSHI DALANGZHEN NIANJIAN

2012

《东莞市大朗镇年鉴》编纂委员会　编

广东省出版集团
广东人民出版社
·广州·

图书在版编目（CIP）数据

东莞市大朗镇年鉴·2012 / 《东莞市大朗镇年鉴》编纂委员会编. — 广州：广东人民出版社, 2012.12

ISBN 978-7-218-08472-5

Ⅰ. ①东… Ⅱ. ①东… Ⅲ. ①乡镇 - 东莞市 - 2012 - 年鉴 Ⅳ. ①Z526.55

中国版本图书馆CIP数据核字（2012）第306896号

东莞市大朗镇年鉴·2012

《东莞市大朗镇年鉴》编纂委员会编

出版人：曾 莹

责任编辑：肖风华
装帧设计：东莞市正本电分制版有限公司
责任技编：周 杰

出版发行：广东人民出版社
地 址：广州市大沙头四马路10号（邮政编码：510102）
电 话：（020）83798714（总编室）
传 真：（020）83780199
网 址：httP://www.gdpph.com
印 刷：东莞市信誉印刷有限公司
书 号：ISBN 978-7-218-08472-5
开 本：787mm × 1092mm 1/16
印 张：18 字数：507千
版 次：2012年12月第1版 2012年12月第1次印刷
定 价：168.00元

编辑说明

一、《东莞市大朗镇年鉴》是中共大朗镇委员会、大朗镇人民政府主管的资料性年刊。2010年创刊，每年出版一卷。着重记述东莞市大朗镇政治经济和社会各项事业的基本情况，为读者了解和研究东莞市大朗镇提供基本资料。

二、《东莞市大朗镇年鉴·2012》采用分类编辑法，主题内容设类目、分目、条目三个层次。条目为基本形式，其标题统一用黑体加【 】表示。正文设“大事记、特载、大朗镇情、党政机关、群众团体·社会组织、政法·军事、城建·环保、对外经济·招商引资、工商业、毛织业、农业·林业·水利、财税·金融、经济管理、科学技术·信息化、教育、文化、体育·卫生、社会生活、社区（村）、国民经济和社会发展统计资料”等类目。

三、本年鉴的统计数据采用法定计量单位，主要统计数据由撰稿单位和统计部门核对。由于统计口径不同，使用时应以统计部门提供的数据为准。

四、本年鉴的编纂出版工作得到镇委、镇政府的大力支持和全镇各单位、部门、社区（村）的积极配合，谨此致谢。书中疏漏之处，敬请批评指正。

《东莞市大朗镇年鉴》编纂委员会

主　　任　胡浩举（镇委书记、镇人大主席）
常务副主任　谢锦波（镇委副书记、镇长）
副 主 任　叶惠明（镇委副书记）
　　　　　叶淑帆（镇委委员、镇党政人大办主任）
　　　　　覃　春（副镇长、镇宣传教育文体局局长）
委　　员　叶杨根（镇住房规划建设局）　傅沛轩（镇财政分局）
　　　　　方树芬（镇组织人事办）　叶卓彬（镇纪检监察办）
　　　　　李　玉（镇党政人大办）　邝任德（镇宣传教育文体局）
　　　　　谢主连（镇宣传教育文体局）　王锦琴（镇宣传教育文体局）
　　　　　谢学兰（镇农林水务局）　陈巧茹（镇人口计生卫生局）
　　　　　杨　健（镇政法办）　赖盛群（镇经济科技信息局）
　　　　　叶建华（镇经济科技信息局）　叶轩顺（镇社会事务局）
　　　　　傅爱娟（镇档案馆）
　　　　　陈仲轩（镇经济科技信息局经贸办）
　　　　　陈立志（镇对外贸易经济合作局）

《东莞市大朗镇年鉴》编辑部

主　　编　叶淑帆
执行主编　谢主连
副 主 编　魏春花　梁丹婷　曾雪霞　张满康
编　　辑　赖莉君　张旭轩　蔡晓敏　袁晓玲　叶少斌　叶金成

《东莞市大朗镇年鉴·2012》撰稿人员

（按姓氏笔画为序）

王小玉　王　刚　王琼花　王　锦　方　印　尹淑筠　邓照辉　古红霞　卢司稳
卢信贻　卢佩芝　叶达文　叶伟聪　叶伟健　叶志申　叶志恒　叶妙英　叶肖轩
叶肖霞　叶宝瑜　叶轩顺　叶荏安　叶换娥　叶艳英　叶效容　叶淑仪　叶善兴
叶集强　叶锦坤　叶毅良　叶慧萍　叶耀昌　邝小铃　邝妙芳　吕　健　刘希哲
刘金福　刘胜波　刘贺斌　刘敏玲　刘家驹　刘焱良　刘惠军　刘惠瑜　刘惠瑜
刘耀华　祁树明　孙雅玲　杨春苑　苏婉玲　李凤玲　李庆扬　李春怀　李晓慧
李桂荣　李婉翠　李锦河　李　黎　吴敏贤　吴惠钦　何仲伟　何志洁　张文斌
张玉锋　张玉兰　张玉玲　张旭轩　张沃明　张哲辉　张海强　陈乐儿　陈巧琼
陈巧娥　陈伟斌　陈丽红　陈杰华　陈荏球　陈春暖　陈浥春　陈渭山　陈耀光
周子龙　周凤莲　周玉平　周美贤　周慧珠　郑振宇　罗晓童　卓杰明　钟叶英
钟绍光　钟晓华　黄仲新　黄志平　黄秀华　黄更祥　黄锦发　梁柱明　梁国祥
韩玉禅　韩沛明　韩淑儿　韩惠玲　韩嘉威　覃桂德　傅锐良　曾雪霞　谢　捷
谢凤英　谢妙嫦　谢宝怡　谢国斌　谢建良　蔡国林　蔡　敏　黎永安　黎亮华
魏春花

目　录

影像大朗

2011年大事记

特　载

大朗镇情

党政机关

群众团体·社会组织

政法·军事

城建·环保

对外经济·招商引资

工 商 业

毛 织 业

农业·林业·水利

财税·金融

经济管理

科学技术·信息化

教 育

文　化

体育·卫生

民　生

社区（村）

国民经济和社会发展统计资料

大朗镇在东莞市的位置图

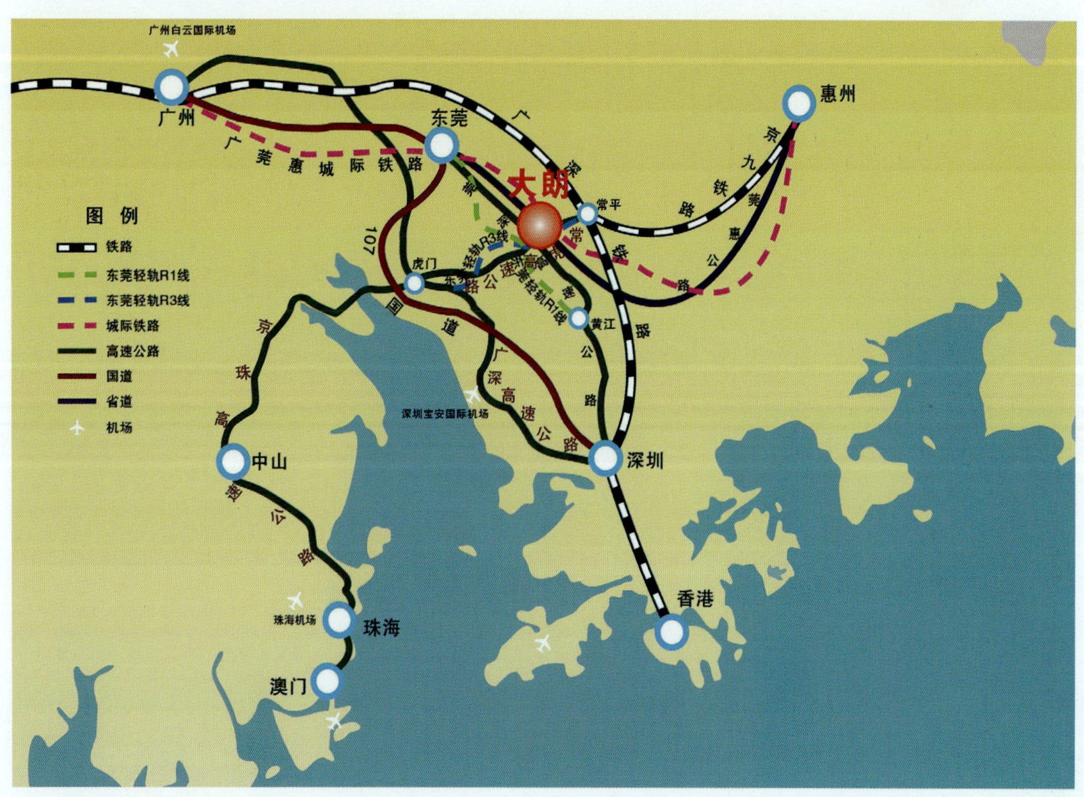

大朗镇区位图

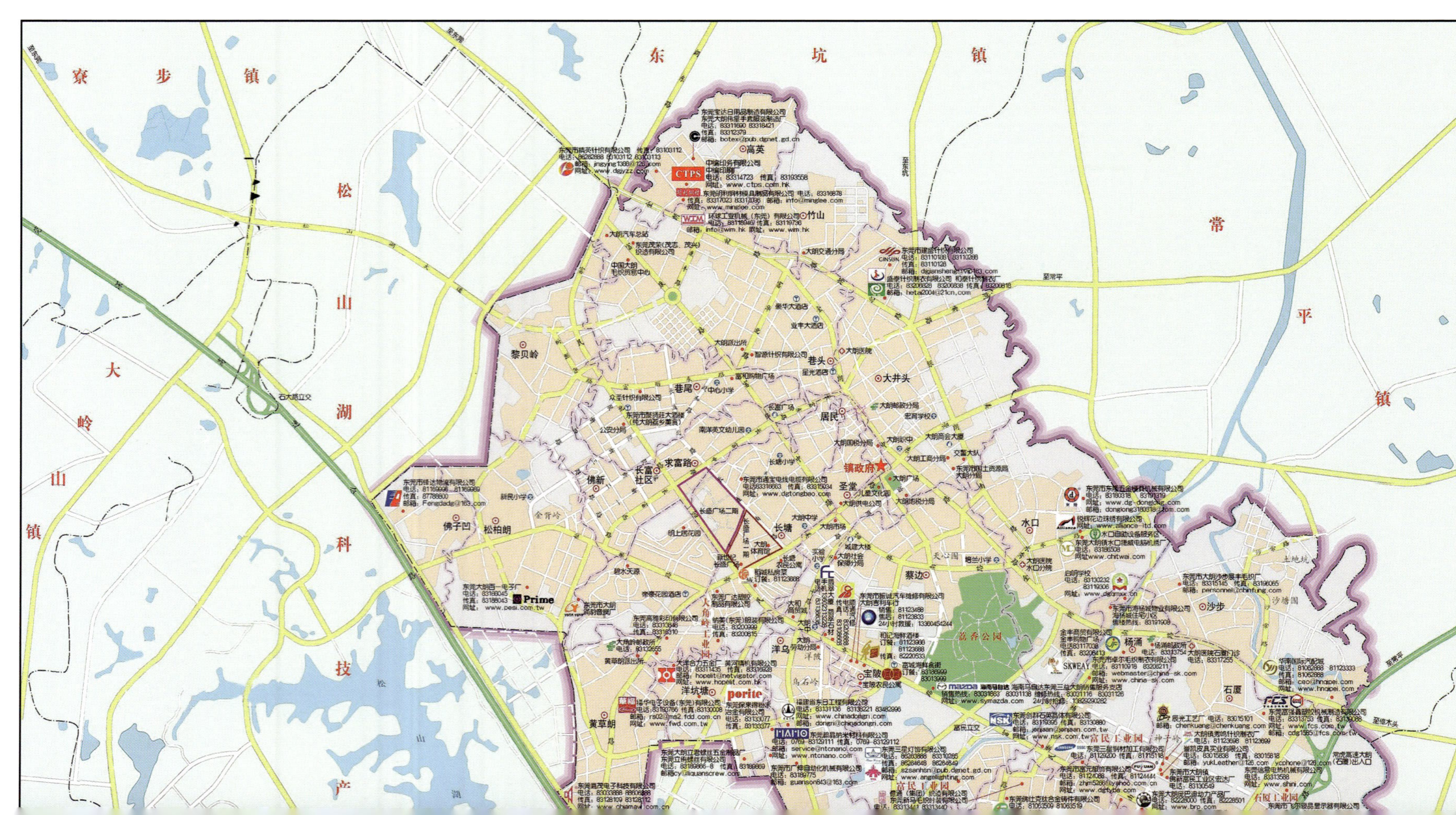

寮步镇
东坑镇
常平镇
松山湖科技产
大岭山镇
高英
竹山
黎贝岭
巷头
大井头
巷尾
居民
镇政府
求富路
长富社区
佛新
圣堂
水口
长塘
佛子凹
松柏朗
蔡边
沙步
杨涌
石厦
洋乌
宝陂
洋坑塘
黄草朗
富民工业园
大角岭工业园
荔香公园

大朗镇地图2010
MAP OF DALANG TOWN
图例
高速公路
干线路
支线路
市界
镇界
村界
河流
公园、绿地
镇政府
村委会
邮局
医院或诊所
学校
酒店
大厦
银行
其他单位
参考比例尺 1:17000
注：本图界线不作土地权属争议依据
大岭山镇
黄江镇
深圳市
樟木头林场
大有园
屏山
水平
犀牛陂
镇林场
东莞市金菊福利院
水流石水库
罗田水库
莲塘乡水库
仙村水库
仙村湖旅游度假区

松山湖科技产业园
东坑镇
寮步镇
至东莞市
CTPS 中编印务有限公司
中编印刷厂
电话：83314723 传真：83193558
网址：www.ctps.com.hk
东莞明利照材模具制品有限公司
电话：83316878 传真：83317023 83317036
邮箱：info@minglee.com
网址：www.minglee.com
WIM 环球工业机械（东莞）有限公司
电话：83118946 传真：83119736
邮箱：info@wim.hk 网址：www.wim.hk
兴业针织有限公司
高英加油站
茂荣集团
东莞市粉祺实业有限公司
东莞茂志针织有限公司
东莞市粉祺服饰有限公司
电话：83160838
网址：www.mauwing.com..hk
大朗汽车总站
订票：83111063
东莞市大朗粉祺针织西餐厅
订餐：82228128
巷头公园
森艺纺织拼纱厂
邮箱：huazhanfz@msn.com
东莞市森利纺织服饰有限公司
电话：83489918 83483828
传真83119022
邮箱：huazhanfz@msn.com
南华实业有限公司
电话：83312768
传真：83316103
邮箱：andymm@vip.163.com
茗辉商务酒店
总机：81125888
手机：13729922765
大朗毛织贸易中心
温馨园宾馆
电话：81115146
小灵通：83156386
东莞市大伟物流中心有限公司
电话：83109388
聚富花苑
光辉家具（大朗店）
电话：83032661 83032662
网址：www.chinakeri.cn
邮箱：guanghui-dalang@163.com
永耀毛织厂
电话：83186892 83198698
传真：81125080
邮箱：yonglong1999@sina.com
至松山湖大道
金
鹰
工
业
园
民
富
北
路
黎贝岭
Libeiling
东莞市华晨纺织品有限公司
电话：83197018 83314218
传真：83111191
邮箱：huazhanfz@msn.com
东莞大新橡胶制品有限公司
电话：83019030-8 传真：83019039
网址：www.dahsheng.com
东莞市翔兴针织有限公司
电话：83186788 83136788
传真：83118768
邮箱：xiangxin788@vip.sina.com
Fuli Xilu
Fuli Donglu
东莞贤林灯饰有限公司
巷尾
Xiangwei
中国农业银行
大朗富华支行
电话：83319005
中心小学
富和购物广场
电话：83113727 83113717
传真：83113717
邮箱：Chenfuqi0303@sina.com
东莞市公安局大朗分局
战训合一训练基地
大朗派出所
智源针织有限公司
电话：83312668
Fukang Lu
Fuhua Beilu
Jinlang Beilu
大朗加油站
广东东莞伟达纺织贸易有限公司
电话：83310888 传真：83310588
邮箱：dgweida@126.com
网址：www.weidatex.com
东莞市成丰毛纺织有限公司
电话：83316162
传真：83189115
东莞市骏东木业有限公司
电话：83196688
民源生毛织制衣有限公司
电话：83186260 83200828
传真：83191260
邮箱：xusheng@mys-dg.com
网址：www.minyuansheng.com
www.mys-dg.com
东莞市众圣针织有限公司
电话：83111729 83111739
传真：83111709
邮箱：info@zhongsheng.net
网址：www.zhongsheng.net
腾程针织有限公司
华美达针织
电话：83183683
洛柏针织有限公司
东莞市聚诚苑大酒楼（纯大朗原乡美食）
订餐：83033333 83126999
传真：83127777
腾大针织制衣厂
电话：83486918 83486928
传真：83486938
邮箱：www.song6718@163.com
Juxin 4 Lu
黎新村
Lixincun
翔龙酒店
电话：82228188
传真：81062333
公安分局
生活大鳄木桶饭
电话：83311999
求富路邮政所
邮政储蓄所
求富路支行
电话：83126231
南洋英文幼儿园
Changfu Zhonglu
东莞求安物业科技有限公司
电话：81115259 传真：81119685
邮箱：locks@soan.com.cn
网址：www.soan.com.cn
东莞市众力五金制品有限公司
电话：83107939 83188670
传真：83181495
东莞市众达针织制衣有限公司
电话：83109181 83109182 83109183
传真：83109180
邮箱：zhongde@zhongdadg.com
Juxin 3 Lu
渔民新村海鲜醬饭酒家
订餐：83182988 83311338
传真：83108866
Changsheng Beilu
Zhenghe Lu
佛新汽车检测中心
求富路
Qiufulu
东莞市大朗武装部
Juxin 2 Lu
长富社区
Changfushequ
Fumin Beilu
东莞市通宝电线电缆有限公司
电话：83316663 传真：83315034
网址：www.dgtongbao.com
长塘
Changtang
佛新农民公寓
佛新
Foxin
Juxin 1 Lu
Changfu Xilu
新民小学
长盛广场二期
体育公园
（在建）
长盛邮政所
电话：83314000
Changsheng Nanlu
金岭
Jinbeiling
大朗医院社区服务分院
电话：83131201
明上居花园
求富路农民公寓
金泓财富公馆
大朗体育馆
电话：83113608 83112113
长盛影城
电话：83106683
新世纪酒楼
东莞市天域歌剧院
电话：82226666
百盛商务酒店
电话：83102668
喜来酒店
营房订房：83015788
网址：www.daxihotel.com
邮箱：info@daxihotel.com
唐朝沐足 沐足订位：81115488
张扬个性家俱城 81065222
万科·金域蓝湾 82222888
东莞市天域大酒店
电话：83011111
宝华大学院
碧水天源
ACDelco
东莞市辉田汽车维修保养中心
AC德科汽车维修保养中心
电话：83121763 传真：83128602
邮箱：sentianeuto@126.com
Songfo Lu
集美饮食有限公司
电话：83121686
新世纪广场
销售电话：83209888
招商电话：83209818
农村信用社
盈丰大厦
汇鑫发展大厦
电话：82221228 81049126
新世纪豪园第一居
帝豪花园酒店
电话：83122222
传真：83139226
网址：www.royalgardenhotel.com.cn
邮箱：royal@royalgardenhotel.com.cn
APOLLO
东莞广达建胶制品有限公司
电话：83118515 传真：83313875
网址：qualidux.com.hk
长盛加油站
金莎雅苑
大角岭工业园
Prime 东莞大朗百一电子厂
电话：83188045 传真：83188043
网址：www.pesi.com.tw
东莞市碧水天源物业有限公司
碧水天源四期固定资产销售：怡景酒店
电话：83132888 传真：83131322
大朗外商俱乐部
华洋家具广场
东莞市大朗洲时酒店
大朗园艺街
朗逸酒店有限公司 总机：81129168
朗逸KTV 订房：81129168
朗逸沐足 订房：81129666
邮箱：Landy Hotel@163.com
至大岭山
Fumin Nanlu

大朗镇中心街道图
URBAN MAP OF DALANG TOWN
图 例
镇政府
医院或诊所
居委会、村委会
学校
主要道路
酒店
镇界
大厦
居民地
银行
公园、绿地
加油站
人行天桥
邮局
注：本图界线不作土地权属争议依据
长盛广场街道图
长盛广场一期
美好家园公寓楼
金泓财富公寓
长塘
Changtang
大朗体育馆
长塘农民公寓
新世纪豪园添一居
Changshun Jie
Fumin Zhonglu
Meijing Zhonglu
Changsheng Nanlu
常平镇
大井头
Dajingtou
围坑
Weikeng
巷头
Xiangtou
居民
Jumin
圣堂
ShengTang
镇政府
Town's Government
大朗中心花园
大朗广场
保安圩
Baoanxu
水口
Shuikou
地塘头
Ditangtou
天心围
Tianxinwei
蔡边
Caibian
荔香公园
Changlu Donglu
Meijing Donglu
Jinlang Zhonglu
Yinlang Beilu
Yinlang Nanlu
Fuhua Nanlu
Jinlang Nanlu
宏育学校
大朗商会大厦

2012年8月22日，中共大朗镇第十二次代表大会胜利召开，选举产生新一届党委领导班子 （庹进泉 摄）

2012年8月25日，大朗镇人大主席王检养（中）为副镇长袁志良（右）、傅永杰（左）颁发当选证书 （庹进泉 摄）

2011年11月23日，镇委书记、镇人大主席王检养向谢锦波颁发镇长当选证书

2011年11月22—23日，大朗镇第十六届人民代表大会第一次会议召开

大朗镇第十六届人大一次会议代表合影

玫瑰广场
Rose Square

荔香湿地公园春暖花开　（叶绍求　摄）

大朗镇城市核心区 （叶绍求 摄）

长盛之夜 （叶绍求 摄）

大朗新貌 （叶绍求 摄）

正在建设的大朗碧桂园 （叶绍求 摄）

2011年11月11日，中共中央政治局常委李长春，中共中央政治局委员、广东省委书记汪洋视察东莞标检公司

2011年1月10日，中科院高能物理研究所和大朗镇政府签署协议　　（庹进泉　摄）

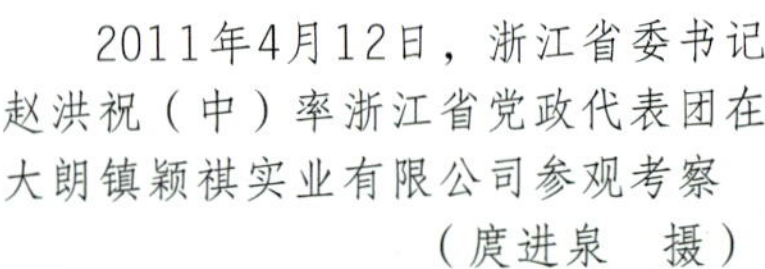
2011年4月12日，浙江省委书记赵洪祝（中）率浙江省党政代表团在大朗镇颖祺实业有限公司参观考察（庹进泉 摄）

2011年2月23日，东莞华科集团在大朗镇象山工业园举行PSA(华科事业群)华南营运总部奠基典礼，副省长宋海，市委书记刘志庚，市委常委、副市长江凌等领导出席典礼（庹进泉 摄）

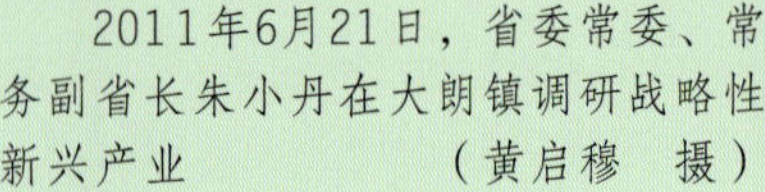
2011年6月21日，省委常委、常务副省长朱小丹在大朗镇调研战略性新兴产业（黄启穆 摄）

2011年12月16日，市委副书记、市长袁宝成与大朗镇党政领导班子成员座谈　　（庹进泉　摄）

2011年8月19日，市委常委、常务副市长冷晓明到大朗调研散裂中子源项目
（黄启穆　摄）

2011年12月31日，谢锦波、傅秋恩、韩暖渠等镇领导为苏宁电器进驻大朗剪彩 （庹进泉 摄）

2011年11月2日，大朗镇首次举办跨国专业买家采购会，吸引了50多家采购商 （庹进泉 摄）

2011年9月16日，第十届中国（大朗）国际毛织产品交易会新闻发布会在大朗镇行政服务中心举行

（庹进泉 摄）

2011年7月27日，镇长谢锦波率团参观北京清华阳光公司

（庹进泉 摄）

2011年8月17日，大朗镇党政领导班子带队参观莞城亮点工程

（黄启穆 摄）

2011年12月21日，国家档案局副局长李和平一行参观大朗展览馆
（庹进泉 摄）

2011年11月25日，《东莞日报·大朗周刊》举办读者活动日

2011年9月18日“悦读大朗”镇情知识电视大赛决赛现场

2011年10月13日，市文联和大朗镇有关领导为镇文联成立揭牌　　（庹进泉　摄）

2011年11月30日，大朗镇召开第七届读书节总结表彰会议　　（庹进泉　摄）

2011年6月28日，李近维、傅照辉等老领导参观大朗展览馆　　（庹进泉　摄）

2011年6月24日，大朗镇档案馆晋升国家一级档案馆　（黄启穆　摄）

2011年6月28日，大朗档案馆新馆落成　（庹进泉　摄）

2011年11月9日，大朗镇举办《朗读》创刊号首发式，镇委书记王检养向读者代表派发《朗读》

2011年11月9日，大朗镇委委员叶淑帆在《朗读》首发式现场接受媒体集体采访　（庹进泉　摄）

2011年11月创刊发行的《朗读》

2011年5月30日晚，东莞市篮球联赛冠亚军决赛在市体育中心举行，大朗男篮以65：63力克南城男篮，实现五连冠

2011年11月29日，国家食品药品监管局、商务部率参观团到长盛美食街参观　（庹进泉　摄）

2011年11月18日，成洪波副市长率领市督察组一行来到大朗，对肉制品专项整治工作展开专项督查　（庹进泉　摄）

2011年7月15日，副市长邓志广与大朗镇领导启动“餐饮桶”仪式　（黄启穆　摄）

2011年5月19日，国家信访局领导到大朗调研 （黄启穆 摄）

2011年10月14日，东莞市司法局大朗分局挂牌

2011年11月24日，大朗美食街喜获“广东省餐饮服务食品安全示范街”称号 （庹进泉 摄）

2011年4月8日，大朗计生服务所喜挂“市巾帼文明岗”牌匾

（叶美华　摄）

2011年4月8日，大朗会计核算中心喜挂“市巾帼文明岗”牌匾

（叶美华　摄）

2011年4月8日，大朗医院妇产科喜挂“省巾帼文明岗”牌匾

（叶美华　摄）

2011年7月21日，大朗医院与农三师五十团医院签订合作协议（庹进泉 摄）

2011年8月5日，大朗镇启动垃圾分类试点工作
（黄启穆 摄）

2011年8月，社保政策宣传进企业 （叶美华 摄）

2011年8月24日，东莞市首个人口计生综合改革示范点在大朗求富路社区挂牌 （庹进泉 摄）

2011年10月18日，王检养、谢锦波等领导参加乳源县乳城镇健民村商铺建设项目奠基仪式

（黄启穆 摄）

2011年5月8日，大朗镇举办第四届青年集体婚礼，共有31对新人携手走进了婚姻的殿堂

（庹进泉 摄）

2011年5月9日，大朗公安分局在长盛广场前开展“开门评警”户政业务咨询服务活动

2011年7月21日，东莞市人口计生系统首届“人口杯”运动会在大朗体育馆拉开帷幕 （庹进泉 摄）

2011年春节，为丰富群众文化生活，大朗镇把体育路建设成花街，供市民游玩，深受市民欢迎

2011年1月19日，“大朗碧桂园”杯2010年大朗第五届“六个好”评选活动暨第六届读书节总结表彰大会隆重举行

2011年4月23日，大朗图书馆携手《东莞日报·大朗周刊》编辑部举行亲子读书日活动

2011年10—12月，大朗镇为全镇4万中小学生进行健康体检

2011年7月，大朗镇社区卫生服务中心在输液室设免费上网服务，方便群众　　（叶美华　摄）

2011年3月3日，大朗镇长富社区举行“三八”妇女慈善烹饪比赛（叶美华　摄）

2011年2月15日大朗市民新春登凤山　　（刘敏茹　摄）

2011年10月25日，大朗镇妇联邀请市妇联权益部副部长易建华为妇女干部解释《婚姻法》

2011年8月1日大朗镇住房公积金扩面工作会议
（叶美华 摄）

大朗志愿者到敬老院表演
（叶美华 摄）

2011年8月12日美国人steven和他的大朗学生们
（叶美华 摄）

2011年元旦前后，长富社区举行英语角 （叶美华 摄）

大朗蔡边村腰鼓队成为闹元宵活动的一大亮点 （庹进泉 摄）

2011年4月，大朗镇举行“走进求富路”参观教育活动

市民在环境优美的荔香湿地公园游玩 （叶美华 摄）

2011年大事记

1 月

1月4日，尹景辉、林熙仿、叶惠明、夏建中、叶淑帆、傅秩恩等镇领导和镇党政办、毛织办等负责人召开工作会议，研究部署打造中国毛衫市场、做旺10平方公里的毛织商贸区、加快推动毛织业转型升级工作。

是日，大朗镇数学骨干教师培训班开班典礼暨特级教师黄爱华专题讲座在大朗镇中心小学举行。镇委委员、副镇长、镇教育办主任黄锦发出席讲座。

1月5日，黄锦发、叶效怀等镇领导和镇公用事业服务中心、长塘社区、宣传办、文广中心、公安分局、交通分局、交警大队、消防大队、城市管理综合执法分局、镇体委等部门负责人在镇政府三号会议室召开大朗花街建设与管理工作协调会。

是日，大朗镇宏育学校举行"东莞市绿色学校"挂牌仪式。

1月7日，东莞市儿童福利会会长罗慧贻、市妇联主席黄慧红和镇委委员、镇妇联主席陈慧娟慰问大朗镇 3 户特困单亲母亲家庭。

1月9日，广东省专业镇转型升级现场会在大朗镇召开，省有关部门负责同志、各地级以上市政府主要负责同志等出席会议。会议由省委常委、常务副省长朱小丹主持，副省长宋海宣读全省专业镇建设先进单位和先进个人名单，省委副书记、省长黄华华出席会议并作重要讲话，在讲话中共9次表扬大朗，中共中央政治局委员、省委书记汪洋出席会议。省科学厅厅长李兴华作广东省专业镇转型升级工作报告。镇委书记、镇人大主席尹景辉代表大朗镇在会上作《大朗镇六项措施推进毛织业转型升级》的报告，中山市小榄镇、佛山市北滘镇、广州市狮岭镇负责领导也在会上作发言。大朗镇获专业镇建设先进单位、省"双提升"示范专业镇，镇委书记、镇人大主席尹景辉获专业镇建设先进个人。会前，会议代表们参观考察大朗镇行政服务中心、东莞市毛织产业科技创新中心和大朗现代信息服务创意产业园。

1月10日，中国科学院高能物理所所长、院士陈和生率中科院考察团一行8人到大朗镇参观考察城市建设和产业转型升级成果，在尹景辉、韩暖渠等镇领导的陪同下，参观大朗镇行政服务中心、城市规划展示厅和求富路村史馆、图书馆。

是日，中国散裂中子源工程第二次指挥部会议在大朗镇散裂中子源项目现场指挥部会议室召开。广东省发改委副主任张军，东莞市委常委、常务副市长冷晓明，中科院高能物理所所长、院士陈和生等领导以及市发改局、市财政局、市国土局等负责人和尹景辉、谢锦波、陈慧娟、韩暖渠、夏建中等镇领导参加会议。陈和生做工程进展报告，尹景辉、谢锦波等镇领导汇报大朗镇配合项目建设的有关情况。随后，冷晓明代表东莞市人民政府和广东省发改委、中国科学院高能物理所签订《民用核技术产业化合作协议》，谢锦波代表大朗镇人民政府和中国科学院高能物理所签订《共同建设大朗中子科学与技术联合实验室合作框架协议》。

是日，大朗镇为广东省第五批援疆干部游耀波同志重回大朗举行欢迎仪式，东莞市委组织部副部长王建周赞扬游耀波同志在新疆的工作成绩以及大朗培养干部的良好氛围。尹景辉、谢锦波等镇领导参加欢迎仪式。

是日，大朗镇2011年人口和计划生育工作会议在镇政府二号会堂举行。镇委副书记、镇长谢锦波传达2010年全市人口和计划生育工作总结表彰会精神，总结大朗镇2010年人口和计划生育工作，对大朗镇2011年人口和计划生育工作进行部署。镇委书记、镇人大主席尹景辉讲话。谢锦波代表镇政府与巷头、松木山、大朗医院等5个社区（村）、单位代表签订《人口和计划生育目标管理责任书》和《人口和计划生育综合治理责任书》。

1月11日，东莞市委十二届七次全会大朗组讨论会在大朗镇政府三号会议室召开，会议由镇委副书记、镇长谢锦波同志主持，对市委书记、市人大常委会主任刘志庚，市委副书记、市长李毓全在市委十二届七次全会上的讲话以及《中共东莞市委关于制定国民经济和社会发展第十二个五年规划的建议（讨论稿）》进行深入学习领会和认真讨论。各社区（村）书记参加会议。

是日，东莞市总工会副主席何志雄和韩暖渠等镇领导与大朗镇15名劳模和困难职工召开座谈会，并慰问他们。

1月12日，尹景辉、黄锦发、陈根照、叶效怀等镇领导在长塘社区和镇公用事业服务中心有关人员的陪同下，到大朗花街的施工现场检查督导工程进展情况。

是日，东莞市文化广播电视新闻出版局局长陈志伟一行30人到大朗镇参观指导文化建设工作情况，在黄锦发、覃春等镇领导的陪同下，参观求富路社区文化活动中心和散裂中子源科普展示厅，观看《中国最大的科学装置——中国散裂中子源》专题片。

是日，大朗镇2011年教育工作会议在大朗镇行政服务中心召开，会议对在2010年度学校教育质量综合评奖、幼儿园保教质量评比活动中的获奖学校进行颁奖。镇委委员、副镇长、镇教育办主任黄锦发总结2010年全镇教育工作，部署2011年教育任务，对“十二五”教育工作进行展望。

是日，大朗商会第三届理事会选举大会在商会大厦举行，选举出以帝豪花园酒店执行董事梁沛光为会长的新一届理事会成员。东莞市总商会莫柳婵、梁谨利、大朗镇委委员林熙仿以及上届理事会成员和商会会员出席选举大会。

是日，东莞市外事侨务局慰问组在大朗镇委委员、镇妇联主席陈慧娟以及社会事务办负责人的陪同下，到巷头社区、长塘社区和石厦村开展困难归侨慰问。

1月13日，国家科技部原副部长谢绍明、科技部农村科技司副司长李增来在省市科技部门人员的陪同下到大朗镇调研科技创新工作情况，在镇委委员韩暖渠的陪同下，参观大朗镇行政服务中心、城市规划展示馆和大朗现代信息服务创意产业园。

是日，东莞市人大常委会副主任吴镇成率慰问团到大朗镇慰问低保户家庭、困难新莞人家庭和困难党员，谢锦波、傅振华、陈慧娟、叶桂平等镇领导陪同。

是日，东莞市外商协会大朗分会一周年庆典暨新年团拜会在大朗镇帝豪花园酒店举行，尹景辉、谢锦波等镇领导和市外商协会会长朱国基以及大朗外商分会的领导参加团拜会。镇委副书记、镇长谢锦波作致辞。

是日，大朗镇举行2011年迎春慈善长跑活动，尹景辉、谢锦波等镇党政、人大领导班子和2000多名党员、干部、群众和学生参加活动。

是日，大朗镇召开建筑工地特种设备专项检查会议，镇委委员韩暖渠和质监、安监、城建等部门单位参加会议。韩暖渠率检查组对辖区内的建筑工地的特种设备进行安全检查。

1月14日，大朗镇举行东莞市互联网数据中心启用暨长塘社区无线办公应用示范点、求富路花园信息化小区挂牌仪式。尹景辉、谢锦波与东莞市电信局局长杨一鸣、大朗镇电信局局长吴炳光等领导为东莞市互联网数据中心、长塘社区无线办公应用示范点和求富路花园信息化小区牌匾揭幕，共同推动按钮启用东莞市互联网数据中心。

是日，尹景辉、傅秩恩、叶淑帆等镇领导到大朗镇信易电热机械有限公司的新厂区参观考察。

是日，广东省委组织部信息处处长张培忠等领导在镇委委员傅振华的陪同下，参观求富路花园和大朗现代信息服务创意产业园。

是日，大朗镇召开2010年共青团工作总结大会，副镇长、团镇委书记覃春总结、部署团镇委工作。

是日，大朗镇召开2010年环保工作总结大会，副镇长李创业总结、部署环保工作。

是日，大朗镇召开2011年春运工作动员大会，副镇长李创业分析、布置春运工作。

1月15日，尹景辉、谢锦波等镇党政、人大领导班子紧急召开全镇消防安全工作会议。镇委委员、镇武装部部长陈根照传达樟木头镇“1·13”火灾事故现场会精神，镇委书记、镇人大主席尹景辉讲话。会后，尹景辉、谢锦波等镇党政、人大领导班子以及各相关部门，分3批对全镇隐患场所进行排查。

是日，大朗镇开展“两新”组织困难党员节前慰问活动，镇组织人事办和长塘党总支部等有关人员慰问富阳针织有限公司和长塘社区的困难党员。

是日，大朗镇举行2011年春节篮球赛，全镇共有20个社区（村）的33支篮球队伍参加。

1月16日，2011年大朗镇历届领导和外出干部迎春座谈会在大朗镇行政服务中心举行。张继雄、傅照辉、邓志广等大朗镇历届领导和外出干部共210多人参加

座谈会。镇委副书记、镇长谢锦波主持，镇委书记、人大主席尹景辉致辞，并观看2010年大朗镇工作总结宣传片《大朗潮声》。

是日，大朗镇2010年度科技工作会议在大朗现代信息服务创意产业园多媒体室召开。

1月18日，大朗镇2011年企业代表迎春座谈会在帝豪花园酒店举行，尹景辉、谢锦波等镇党政、人大领导班子成员以及大朗镇各企业代表约200多人参加座谈会。副镇长傅秩恩主持座谈会，镇委副书记、镇长谢锦波作致辞。

是日，镇委书记、镇人大主席尹景辉，镇委副书记、镇长谢锦波等东莞市人大代表大朗代表团围绕产业转型升级、建设幸福东莞以及社会民生等话题就市《政府工作报告》进行讨论。

是日，2010年度大朗镇人口计生、妇联、女企业家协会工作总结会议在镇政府一号会堂举行，镇委委员、镇妇联主席陈慧娟部署2011年工作。

是日，大朗镇委委员、镇妇联主席陈慧娟和镇计生办、慈善会以及女企业家协会负责人开展贫困二女户和独生子女户春节慰问活动。

1月19日，广东省住房与城乡建设厅参观团一行22人参观大朗镇行政服务中心和城市规划展示厅，黄锦发、李创业等镇领导陪同。

是日，“大朗碧桂园杯”2010年大朗镇第五届“六个好”评选活动及第六届读书节总结表彰大会在镇政府一号会堂举行，黄锦发、陈慧娟等镇领导出席表彰会。东莞碧桂园房地产开发有限公司获“热心公益、共建文明”牌匾。

是日，镇委委员陈慧娟和镇武装部、社会事务办、商会、女企业家协会组成的拥军慰问团，到大朗镇仙村慰问驻港部队。

是日，镇委委员、镇妇联主席陈慧娟和大朗商会负责人到大朗敬老院进行新春慰问。

是日，镇委委员、镇纪委副书记叶桂平和镇农林水办、巷尾社区、犀牛陂村、松木山村的负责人到大朗镇沙步土地坑村民小组开展结对帮扶活动。

是日，镇委委员、镇纪委副书记叶桂平和镇新莞人服务管理中心、东莞移动中区分公司的负责人，到大朗镇蔡边村慰问困难新莞人家庭。

是日，东莞市公安局、市消防支队等部门人员组成的督查组到大朗镇检查火灾隐患整治情况。

是日，东莞市人力资源局、社会保障局、公安局等部门组成的联合检查组到大朗镇开展企业工资支付情况专项检查督查工作，在大朗镇人力资源、社保、公安等部门人员的陪同下，到大朗镇部分建筑施工、加工制造、餐饮服务等企业进行重点抽查。

是日，大朗镇城市管理综合执法系统总结会在大朗镇行政服务中心举行。大朗镇城市管理综合执法分局局长梁锦锐总结2010年工作，副镇长李创业作讲话。

是日，大朗镇财政财务管理工作会议在大朗镇行政服务中心4号会议室举行，镇委委员夏建中出席会议并讲话。

是日，东莞市台商协会大朗分会组团到大朗敬老院慰问。

是日，“印象草原”杯大朗职业中学第三届毛织专业学生作品汇报演出在大朗职中举行，共展示28组学生作品。

1月20日，大朗镇2010年度总结表彰大会在镇政府二号会堂召开。镇委副书记祁沛全宣读《中共大朗镇委、大朗镇人民政府关于表彰2010年度先进单位和个人的决定》，尹景辉、谢锦波等镇领导为2010年纳税前十名外资企业、2010年度纳税前十名民营企业等41个大奖项的获奖单位和个人进行颁奖。镇委书记、镇人大主席尹景辉总结2010年工作，部署2011年工作，并提出大朗镇“十二五”期间的总体要求和主要发展目标。

是日，尹景辉、谢锦波等镇领导到大朗镇客运汽车总站检查春运工作。

是日，大朗镇委委员、镇武装部部长陈根照和镇武装部、镇社会事务办有关人员、各社区（村）民兵营长到大朗镇消防大队进行慰问。

1月21日，东莞市副市长李小梅在副镇长叶效怀的陪同下，参观求富路社区文化中心和大朗现代信息服务创意产业园。

是日，大朗镇第十五届人民代表大会第九次会议在镇政府一号会堂举行，审议并通过《政府工作报告》、《大朗镇第十五届人民代表大会主席团工作报告》和《大朗镇2010年决算和2011年预算草案报告》。会议由镇委书记、镇人大主席尹景辉主持，镇委副书记、镇长谢锦波作《政府工作报告》，镇委委员、镇纪委书记、镇人大副主席傅振华作《大朗镇第十五届人民代表大会主席团工作报告》。

是日，大朗镇召开2010年度消防安全生产年终总结会，镇委委员、镇武装部部长陈根照为第八届义务消防员技能竞赛的获奖社区（村）颁发锦旗。

是日，大朗镇召开优抚对象和冬季退伍军人座谈会，镇委委员、镇妇联主席陈慧娟慰问13名退伍军人和120名优抚对象。

1月24日，2010年度全市办公系统总结表彰会在大朗镇举行，东莞市委常委、市委秘书长何嘉琪等领导出席表彰会。镇委书记、镇人大主席尹景辉致欢迎辞。镇委委员、镇信息产业办主任叶惠明在会上做经验介绍。何嘉琪等领导为获奖单位和个人进行颁奖，其中大朗镇党政办获“2010年度全市办公系统先进单位”称号等22个奖项。会后，与会人员在尹景辉、谢锦波等镇领导陪同下，参观考察大朗现代信息服务创意产业园和求富路花园。随后，与会人员参加办公室系统迎春团拜会。

是日，金蝶国际软件集团中国副总裁林峰等一行到大朗镇参观考察，与尹景辉、韩暖渠等镇领导进行座谈。

是日，大朗镇文化广播电视服务中心选送的少儿歌舞节目《渔家娃》获广东省第八届少儿艺术花会金奖。

1月25日，东莞市委常委、副市长江凌在大朗镇主持召开丘陵片书记、镇长碰头会。随后，江凌和大朗、大岭山、黄江、寮步的书记、镇长参观求富路花园、大朗镇中心小学、长富社区、大朗现代信息服务创意产业园和中国散裂中子源项目科普基地。

是日，东莞市副市长成洪波到大朗镇求富路、佛新等社区（村）督导消防安全工作，谢锦波、陈根照等镇领导陪同。

是日，镇委委员林熙仿和镇社保分局有关人员到大朗医院慰问参保工伤企业员工。

是日，东莞市物价局有关人员和镇委委员、镇纪委副书记叶桂平等镇领导到大朗镇车站、气站、超市等地开展节前市场物价检查。

1月26日，原东莞市人大常委会副主任、市书法家协会名誉主席张群炎率市书法家协会考察团到大朗镇参观求富路社区文化活动中心、大朗现代信息服务创意产业园和中国散裂中子源项目科普基地，尹景辉等镇领导陪同。

是日，大朗镇在巷头社区举行2011年“和谐春联送万家”活动，张群炎、尹玉湘、岑诒立和黄贵田等东莞市书法家协会名家和尹景辉、谢锦波、黄锦发、叶淑帆等镇领导参加活动。

是日，镇委委员、副镇长、镇教育办主任黄锦发和镇宣传教育办有关人员慰问大朗镇7名道德模范。

1月27日，尹景辉、谢锦波等镇领导和镇重点办、规划管理所有关人员骑自行车考察省绿道5号线大朗段。

是日，东莞宏威数码机械有限公司慰问组慰问大朗镇两位归侨自梳女困难户，东莞市侨联邓林基秘书长等领导以及大朗镇社会事务办有关人员陪同。

是日，大朗镇第54期宣传委员沙龙在佛新社区举行，揭晓“碧桂园杯”大朗镇2010年十大新闻评选结果。镇委委员、副镇长、镇教育办主任黄锦发出席沙龙并讲话。

1月28日，大朗镇2011年春节乒乓球、中国象棋比赛在长塘小学举行，全镇共130多名市民参加。

1月30日，也墨（王检养）先生赠画仪式在大朗镇行政服务中心举行。中央人民政府驻香港特别行政区联络办公室副主任黎桂康，汕尾市副市长吴维保，东莞市长助理陈林佐，农三师图木舒克市市委常委、副师长殷焕明，市政府秘书长梁海卫以及尹景辉、谢锦波等镇领导为画作揭幕。镇委副书记、镇长谢锦波代表大朗镇委镇政府向也墨回赠感谢水晶座。随后，黎桂康等领导在尹景辉、谢锦波等镇领导的陪同下，参观大朗镇行政服务中心，并观看大朗宣传规划片。

是日，东莞市委常委、宣传部部长王道平在尹景辉、谢锦波、黄锦发等镇领导的陪同下参观求富路社区文化活动中心。

是日，大朗镇举行大朗花街亮灯仪式。东莞市委常委、副市长江凌，市委常委、宣传部部长王道平，市委副秘书长潘新潮，市文化广电新闻出版局局长陈志伟和尹景辉、谢锦波等镇领导以及长塘、长富、求富路、圣堂社区两委干部等参加仪式。江凌、王道平、潘新潮、陈志伟、尹景辉等领导共同触摸启动球为大朗花街亮灯。

是日，大朗镇2011年春节篮球赛总决赛在大朗体育馆举行。长塘甲队以66：51战胜大井头甲队，获大朗镇春节甲组男子篮球赛四连冠。长塘乙队、高英万泽实业队获乙组冠亚军，杨涌队、洋乌队获丙组冠亚军。镇委委员、副镇长、镇教育办主任黄锦发为获奖队伍颁奖。

1月31日，原广东省人大常委会副主任李近维、原东莞市人大常务副主任傅照辉等领导在尹景辉、叶淑帆等镇领导的陪同下参观大朗花街。

是日，大朗镇2011年春节团拜会在帝豪花园酒店举行，镇委、镇政府机关领导干部职工、各社区（村）、单位负责人和退休干共350多人参加团拜会。镇委副书记、镇长谢锦波主持团拜会，镇委书记、镇人大主席尹景辉致辞。随后，尹景辉、谢锦波等党政、人大领导班子和各社区（村）干部、部门单位负责人等游览大朗花街。

是日，尹景辉、谢锦波、祁沛全、叶淑帆等镇领导对大有园收教所、金菊福利院、松木山水库、大朗变电站等市直单位和宝陂、佛新等移民村进行慰问。

2 月

2月1日，原东莞市文化局局长尹玉湘一行参观求富路社区和大朗花街，尹景辉、叶效怀等镇领导陪同。

是日，“温馨和谐”大朗镇2011年贺新年舞会在大朗广场举行。

2月3日，水口社区和巷尾社区在大朗广场举行醒狮麒麟闹新春活动。

是日，“温馨大朗”大朗镇2011年新春综艺晚会在大朗广场上演。

2月4日，“温馨和谐”新春杂技晚会在大朗广场举行。

2月5日，大朗镇2011年春节拔河比赛在大朗广场举行，松柏朗夺得男子甲组冠军，获7连冠；大井头夺得女子甲组的冠军，获14连冠。

2月9日，东莞市副市长成洪波，市消防支队政委崔勇在镇委委员、镇武装部部长陈根照的陪同下，看望在春节期间坚守岗位的大朗镇消防大队、消防中队的官兵。

2月12日，广东省委副秘书长、政策研究室主任魏建飞一行到大朗镇调研，在尹景辉、叶惠明、夏建中、叶淑帆等镇领导的陪同下参观求富路社区。

2月13日，南方日报总编辑王春芙一行参观求富路社区文化活动中心和现代信息服务创意产业园，尹景辉、叶惠明、叶淑帆、覃春等镇领导陪同。

2月14日，寮步镇委书记何绍田、镇长罗军文率党政考察团一行约180人，到大朗镇参观学习城市建设、城市管理的经验和做法，尹景辉、谢锦波等大朗镇党政人大班子成员陪同参观求富路社区、中心小学、长富社区和大朗花街。尹景辉向考察团介绍大朗镇城市建设和城市管理的相关经验和做法。

是日，尹景辉、谢锦波、游耀波、叶惠明、夏建中、叶淑帆、叶效怀等镇领导和长塘社区两委干部、镇公用事业服务中心、宣传办、团委、文广中心的有关负责人召开工作会议，总结2010年大朗花街建设管理工作，研究部署2011年大朗花街筹备工作。

是日，大朗镇党政人大班子成员分成两个小组对在春节期间坚守岗位的相关单位进行慰问。尹景辉、祁沛全、游耀波、林熙仿、陈根照、叶惠明、韩暖渠、夏建中、叶淑帆、傅秩恩等镇领导组成的第一小组先后来到人力资源分局、消防大队、公安分局、交警大队进行慰问；谢锦波、傅振华、陈慧娟、叶桂平、周浩森、李创业、叶效怀、陈志芬等镇领导组成的第二小组先后来到文广中心、大朗医院、社区卫生服务中心、城市管理综合执法分局、环卫所、农技服务中心进行慰问。

2月15日晚，东莞市副市长梁国英一行参观大朗花街、求富路社区、中心小学、长富社区以及现代信息服务创意产业园，尹景辉、叶惠明、叶淑帆、李创业、叶效怀等镇领导陪同。

是日，大朗镇公安、消防、火灾隐患整治办等多部门联合开展元宵节前消防安全大检查。

是日，大朗镇公安分局在全镇范围内开展“粤安11”第二次集中统一行动，出动警力500多人，对辖区内治安重点地区的出租屋、发廊、网吧等场所进行地毯式检查。

2月16日，尹景辉、谢锦波、叶惠明、叶效怀等镇领导和镇规划建设办、重点办、国土分局、规划管理所、土地储备办、统计办、物业管理公司等负责人召开工作会议，研究大朗镇公共租赁住房建设的有关问题。

是日，原广东省委宣传部副部长、原省文明办主任蓝红和省文明办常务副主任张子兴到大朗镇检查指导全国文明镇创建工作情况，在尹景辉、游耀波等镇领导的陪同下，参观大朗镇行政服务中心、现代信息服务创意产业园、求富路社区和大朗花街。

是日，四川省安岳县县委书记钟毅一行20多人在祁沛全、周浩森等镇领导的陪同下参观大朗镇行政服务中心，了解大朗镇产业转型升级和城市建设相关情况。

是日，东莞市小学英语教研工作会议暨教研组长专题研训活动在大朗镇中心小学举行。

是日，大朗镇教育办和镇卫生防疫部门人员联合行动，重点排查镇内部分公、民办学校和幼儿园的流感防治工作、饮用水水源卫生等情况，积极防控校内流行传染病。

2月16—17日，尹景辉、叶淑帆、傅秩恩等镇领导到盈利时、奈娜卡斯、源兴皮件、天虹物流、浔兴拉链、三基音响和华科电子等企业调研，了解企业开工情况，鼓励企业加快转型升级，做大做强。

2月17日，东莞市委书记、市人大常委会主任刘志庚在尹景辉、叶淑帆、叶效怀等镇领导的陪同下，游览大朗花街。刘志庚书记称赞大朗花街创意好、品位档次高，希望大朗镇继续办好大朗花街，让花街成为市民春节期间休闲娱乐的好场所。

是日，尹景辉、谢锦波率党

政班子成员参加“欢乐大朗”元宵游园活动，与广大市民同欢共乐，共闹元宵。

是日，元宵节当晚，超过15万人次游览大朗花街。

是日，郑锦滔、王贺畴等东莞市老领导一行在尹景辉、游耀波、叶淑帆等镇领导的陪同下，参观大朗镇行政服务中心、求富路社区、中心小学和现代信息服务创意产业园，了解大朗镇城市规划、城市建设、城市管理的做法。

是日，由东莞市公安局副局长陈昌盛带队的市政府消防督导组到大朗镇督导检查大型活动的警力部署和元宵节消防安全工作，尹景辉、谢锦波、陈根照等镇领导陪同。

2月19日，红星美凯龙党委书记、副总裁蒋小忠一行到大朗镇考察投资环境，参观行政服务中心、求富路社区、现代信息服务创意产业园以及大润发超市，尹景辉、叶惠明、傅秩恩等镇领导陪同。

2月20日，大井头社区举行第10个敬老节暨新春团拜会，为该社区1100多名60岁以上的长者们送上新年祝福。

2月21日，东莞市委常委、市纪委书记甄瑞潮，市关工委主任李汉松在尹景辉、谢锦波等镇领导陪同下，参观求富路花园、中心小学、长富社区、大朗花街。

2月22日，石排镇委委员、副镇长陈伟楚一行到大朗镇参观学习城市建设和产业转型升级的经验和做法，参观求富路社区和现代信息服务创意产业园，尹景辉、夏建中等镇领导陪同。

是日，大朗镇沙步村举行一年一度的“元帅公诞”纪念活动。

是日，大朗镇交警大队在启明学校举办交通安全知识讲座。

2月23日，华科集团在大朗镇象山工业园举行PSA（华科事业群）华南营运总部奠基典礼，广东省副省长宋海，东莞市委书记、市人大常委会主任刘志庚，市委常委、副市长江凌，大朗镇委书记、镇人大主席尹景辉和华科集团董事长焦佑衡等领导和企业高层参加奠基仪式。

是日，尹景辉、韩暖渠、傅秩恩、叶效怀等镇领导和华科集团企业高层在华科公司召开现场办公会议，研究如何加大对华科公司的扶持力度，协助加快厂区整合建设。

是日，新疆兵团农三师师长、图木舒克市市长宋光杰一行到大朗镇就毛织业转型升级情况进行参观考察，参观考察颖祺实业有限公司，东莞市副市长邓志广以及尹景辉、谢锦波等镇领导陪同。

是日，国家统计局工业司副司长周学文一行到大朗镇参观考察，参观大朗镇行政服务中心，叶惠明等镇领导陪同。

是日，大朗镇召开强化毛织行业征退税管理座谈会，林熙仿、夏建中等镇领导出席座谈会。

2月24日，由广东县域经济研究与发展促进会副会长兼秘书长张建军带队的调研组一行到大朗镇调研经济社会发展概况，先后参观大朗镇行政服务中心、荔香湿地公园、求富路社区以及现代信息服务创意产业园，游耀波、夏建中等镇领导陪同。

是日，由东莞市财政局局长詹文光率市财政局参观团到大朗镇就经济社会发展情况以及产业转型升级成果进行参观考察，参观求富路社区、现代信息服务创意产业园和大朗花街，尹景辉、游耀波、夏建中、叶淑帆等镇领导陪同。

是日，《大朗年鉴·2011》编纂工作会议在大朗镇行政服务中心举行，镇委委员、镇信息产业办主任叶惠明作讲话。

是日，大朗镇庆“三八”“卓丽杯”低碳知识竞赛初赛在长塘大厦举行，全镇28个社区（村）代表队角逐决赛名额，长塘、求富路等8支代表队脱颖而出。

2月25日，大朗镇在镇政府一号会堂举行大朗镇基层党（总）支部、村（居）委会及集体经济组织换届选举工作会议，就各项换届选举工作进行全面动员部署，镇委书记、镇人大主席尹景辉作动员讲话，镇委委员、镇纪委书记、镇人大副主席傅振华部署选举工作。

是日，温州市规划局考察团在东莞市规划局有关领导的陪同下到大朗镇参观考察。尹景辉、叶惠明等镇领导与考察团召开座谈会，双方各自介绍在城市规划建设、城乡统筹发展和规划管理体制等方面的做法和经验。

是日，中国科学院专家组在大朗镇委委员、组织人事办主任韩暖渠的陪同下，参观行政服务中心、城市规划展示厅和现代信息服务创意产业园。

是日，广东福德电子有限公司董事长李稳根和金蝶软件有限公司东莞分公司总经理姚军等一行到大朗镇考察投资环境，副镇长、外经办及招商办主任傅秩恩向姚军一行介绍大朗镇投资营商环境以及产业发展概况。

是日，大朗镇毛织办和毛织研发中心共同举办培训班，为虎门高培职业学校的60多名师生系统讲解毛织服装的流行趋势以及毛织工艺。

2月26日，展示28天的大朗花街开始拆卸工作。

是日，大朗镇举行语文骨干教师培训班开班典礼，著名特

级教师吉春亚将为全镇300多名语文骨干教师进行为期一年的培训。

2月28日，大朗镇举办2011年珠三角地区服装设计院校新春茶话会，镇委委员林熙仿与13所珠三角地区和香港服装设计院校的负责人进行座谈。

3　月

3月1日，大朗镇农技中心组织有关人员开展农资打假专项行动，确保春耕、备耕农资产品质量。

3月2日，东莞市幼教教研工作座谈会在大朗中心幼儿园举行。

是日，大朗镇公安分局组织警力在全镇范围内开展“粤安11”第三次集中统一行动。

是日，大朗镇在全镇范围内开展爱国卫生运动，全面消除卫生死角，清理“四害”孳生地。

3月3日，东莞市政府秘书长梁海卫到上市后备企业东莞市三基音响科技有限公司调研，研究做好上市筹备工作，镇委书记、镇人大主席尹景辉、市金融工作局局长叶浩鹏等领导参加调研座谈会。

是日，贵州省安顺市委书记陈坚一行到大朗镇考察工业投资项目和产业转移情况，并参观颖祺实业有限公司，东莞市副市长邓志广和尹景辉、游耀波等镇领导陪同。

是日，东莞市第二法院大朗法庭在新浪网开通官方微博，成为东莞市法院系统的首个微博。

3月4日，尹景辉、黄锦发、叶效怀等镇领导到大朗一中检查学生公寓建设和校园环境等方面情况。

是日，四川省委办公厅秘书处副处长于彦彩率四川考察团在镇委委员叶惠明等镇领导的陪同下，参观考察求富路社区和现代信息服务创意产业园，了解大朗镇打造现代宜居幸福社区和推进产业升级的经验和做法。

3月7日，尹景辉、谢锦波等镇党政、人大班子成员和各社区（村）支部书记、各单位负责人共120多人到黄江、寮步、东莞生态产业园参观城建亮点工程，学习借鉴兄弟镇街的先进经验，以更好地推动大朗镇的城市升级和产业升级。

是日，大朗镇妇联举行低碳知识竞赛，巷头社区代表队、大朗社区代表队和杨涌村代表队分别获本次比赛的冠亚季军。

是日，由大朗镇妇联、计生办、社会事务办、部分社区（村）的妇联主任，以及镇女企业家协会等相关人员组成的慰问组对大朗敬老院老人和单亲母亲家庭妇女进行慰问，镇委委员、镇妇联主席陈慧娟参加慰问。

3月8日，大朗镇在行政服务中心三楼四号会堂召开城建工作会议，镇党政、人大班子成员、各社区（村）、单位有关负责人共200多人参加会议。会上，尹景辉书记作题为《以舒适便利城市环境引领新一轮发展　加快建设宜居幸福家园》的讲话，谢锦波镇长传达2011年全市城建亮点工程视察活动总结会、市政府（全体）扩大会议和2011年全市重点项目建设工作会议等会议精神。

是日，大朗镇召开创建全国文明镇动员大会，东莞市委常委、宣传部部长王道平等市领导以及尹景辉、谢锦波等镇党政、人大班子成员及各社区村、单位负责人共200多人参加会议。镇委书记、镇人大主席尹景辉强调创建全国文明镇对大朗镇的重要意义，并对各项创建工作进行系统阐述和动员部署。

是日，东莞市委政研室到大朗镇开展传统产业优势企业加快做强做大的专题调研，镇委委员林熙仿介绍大朗镇促进传统产业优势企业加快做大做强的相关经验和做法。

是日，广东省外国专家局副局长温则伟率调研组一行在傅振华等镇领导和迈科公司高层的陪同下，到东莞市迈科科技有限公司调研人才引进和人才管理等情况。

3月9日，尹景辉、游耀波、周浩森、叶效怀等镇领导率队到大朗镇对口帮扶的乳城镇指导帮扶工作。尹景辉一行实地视察大朗镇援建的大东上座坝子新村和大东碾米加工厂，与大东、新民和健民村的干部进行座谈，并与这三个村签订扶持框架协议。

是日，大朗镇召开创建国家级生态乡镇协调会，副镇长李创业出席会议并就创建工作进行部署和分工。

是日，大朗镇小学英语骨干教师培训班在中心小学正式开班，来自各公民办小学的校长、英语骨干教师共150多人参加东莞市教育局教研室小学英语教研员邓宁霞的专题讲座。

3月10日，尹景辉、傅秩恩等镇领导到东莞大朗威兵海绵家具厂调研，了解企业发展情况和遇到的问题，鼓励企业加快转型升级，做强做大，争取尽快上市。

是日，大朗镇召开新莞人服务管理工作总结表彰大会，叶桂平等镇领导为15位2010年度新莞人服务管理系统先进个人颁发荣誉证书。

是日，东莞市2011年春季荔枝管理技术讲座在大朗镇举行，华南农业大学王泽槐教授就如何做好荔枝壮花保果工作等知识作详细讲解。

是日，大朗镇交通分局在大朗长盛广场开展打击非法营运专项宣传活动。

是日，大朗镇村级动物防疫员兼农业安全员培训班在农技中心举行。

3月11日，尹景辉等党政人大班子成员、机关单位干部职工以及部分社区（村）相关人员到富通路植树点参加义务植树活动。

是日，大朗镇妇联、计生办和计生协会在荔香湿地公园举行“万家同乐、共享幸福”骑自行车春游活动。镇委委员、镇妇联主席陈慧娟和200多名家庭代表参加活动。

3月12日，由广州市卫生局、广州市医师协会组织的60多名会员到大朗镇参观社区卫生服务中心。

3月14日，大朗镇组织公安、交通、交警等部门对摩托车维修点进行专项检查，共检查辖区范围内的6个摩托车维修点。

是日，大朗镇社区卫生服务中心召开政风行风评议动员会，布置今年政风行风评议的相关工作。

3月15日，新华社广东分社社长杨春南一行到大朗镇调研加工贸易转型的情况，先后参观求富路社区、现代信息服务创意产业园、中心小学、行政服务中心、荔香湿地公园，尹景辉、游耀波、叶惠明等镇领导以及东莞市外经贸局副局长蔡康陪同。

是日，广东省委党校2011年第一期中青一班二支部40多位师生到大朗镇学习调研加快转型升级、建设幸福广东的具体经验和做法，在尹景辉、黄锦发、夏建中、周浩森等镇领导的陪同下，参观大朗镇行政服务中心、求富路花园、现代信息服务创意产业园和颖祺实业有限公司，尹景辉向中青班师生作题为《大朗镇大力推进产业升级　产业结构实现“六个转变”》的专题报告。

是日，中国移动东莞分公司总经理胡伟等公司高层来到大朗镇参观考察，尹景辉、叶惠明等镇领导接待，尹景辉介绍“数字大朗”、“智慧大朗”建设情况。

是日，东莞市社保局局长梁冰率社保局科级以上干部约40人参观大朗镇行政服务中心、求富路社区和现代信息服务创意产业园，尹景辉、游耀波、林熙仿、夏建中等镇领导陪同。

是日，东莞中级人民法院女法官及中层以上女干部一行约50人在大朗镇举行“拥抱春天，美丽有约”活动，祁沛全、陈慧娟等镇领导参加活动。

是日，大朗镇召开教育分会2010年年会，总结回顾大朗镇“十一五”期间教育科研工作，并提出在新形势下的教育科研工作要求，镇委委员、副镇长、镇教育办主任黄锦发出席会议并讲话。

是日，大朗镇委委员叶惠明同志在镇政府四号会议室主持召开会议，研究如何进一步抓好土地拍卖和“三旧”改造等工作。

是日，李德君、田博庵、殷玉江等3位当代著名花鸟画家的作品在蔡边商业步行街和雅轩画廊展出，镇委副书记游耀波参加剪彩。

3月16日，广东省林业局局长张育文等领导到大朗镇调研经济社会建设成果以及城市生态绿化情况，参观行政服务中心、荔香湿地公园、求富路社区和现代信息服务创意产业园，东莞市副市长李小梅和尹景辉、叶效怀等镇领导陪同。

是日，大朗镇召开校车交通管理工作会议。

3月18日，原东莞市政协主席李汉松、原东莞市政协副主席黄发分别带领市政协老干支部和市公安线的老领导近40人到大朗镇参观，参观求富路社区、大朗镇档案馆和行政服务中心，祁沛全、游耀波、陈慧娟、叶淑帆等镇领导陪同。

是日，大朗镇经贸办、质监、工商等有关部门联合行动，对镇辖区范围内的农贸市场以及大型商场超市等食用盐销售点进行检查，严把食用盐质量关。

3月21日，尹景辉、黄锦发、叶淑帆等镇领导到大朗医院了解新住院大楼建设情况。调研结束后，尹景辉书记在镇委镇政府主持召开工作会议，研究部署大朗医院新住院楼入驻等工作。

是日，东莞市电信局局长杨一鸣一行到大朗镇了解“数字大朗”、“无线大朗”、“智慧大朗”等建设情况，参观求富路社区和现代信息服务创意产业园，尹景辉、叶惠明等镇领导陪同。

是日，东莞锐发集团在大朗镇举行2011年毛衫机械银企合作推介会，林熙仿、傅秩恩等镇领导出席推介会。

3月22日，上海东方雨虹防水工程有限公司董事长何绍军、广东福德电子科技有限公司董事长李稳根和金蝶软件有限公司东莞分公司总经理姚军等一行到大朗镇考察投资环境。尹景辉、傅秩恩等镇领导接待，尹景辉介绍大朗镇投资营商环境和产业发展概况。

3月23日，广东省文化厅厅长方健宏一行在尹景辉、黄锦发等镇领导的陪同下参观求富路社区和现代信息服务创意产业园。

是日，宁兴特钢集团有限公司、广东宁兴特钢贸易有限公司客户答谢暨新厂落成典礼在大朗镇富民工业园举行。东莞市副市长邓志广、镇领导尹景辉、游耀波、叶淑帆、傅秩恩以及有关职能部门负责人，宁兴控股集团董事长吴以刚、宁兴特钢集团有限公司、广东宁兴特钢贸易有限公司高层、供应商、客户、员工等300多人出席庆典。

是日，全市关心下一代工作丘陵片现场会在大朗镇召开。市关工委主任李汉松以及尹景辉、祁沛全、傅振华等镇领导参加会议。

是日，大朗镇召开第一次全国水利普查动员大会，副镇长叶效怀出席动员大会。

3月24日，东莞市科技工作丘陵片座谈会在大朗镇召开，寮步、大岭山、黄江等镇街的相关负责人和企业代表参加会议，镇委委员韩暖渠出席座谈会并就大朗镇的相关情况进行汇报。

是日，大朗镇召开第一季度防范重特大安全事故暨消防安全工作会议，镇委委员、镇武装部部长陈根照出席会议并讲话。

3月25日，东莞市委党校校务委员张小聪率军转干部培训班学员100多人来到大朗镇参观学习，在镇委委员、镇纪委书记、镇人大副主席傅振华的陪同下，参观大朗镇行政服务中心、求富路社区和现代服务信息产业园。

是日，广东省中小学教研“十一五”规划课题——高中思想政治课堂教学课题结题鉴定会在大朗中学举行。

3月28日，大朗镇委书记、镇人大主席尹景辉到求富路、巷头、高英、竹山、黄草朗、洋乌、宝陂、蔡边等社区（村），检查指导村（居）委会换届选举工作，镇党政领导班子的其他成员也分别到各自负责的社区（村），检查指导村（居）委会换届选举工作。

是日，广东省文明办副主任林海华一行在镇委委员、副镇长、镇教育办主任黄锦发的陪同下，到大朗镇行政服务中心、长塘花园和求富路社区参观。

是日，公益慈善组织广东狮子会百善服务队在大朗镇宏育小学开展慈善捐赠活动，百善服务队向宏育学校捐赠5000册图书、24个书柜、13根文化柱、10面文化墙等物品。

是日，大朗镇2011年“兴隆杯”新春摄影比赛圆满结束，共评出金奖2幅、银奖4幅、铜奖6幅、入选作品88幅。

3月29日，广东省委常委、广州市委书记张广宁，广州市委副书记、市长万庆良率广州市党政考察团约100人到大朗镇参观学习大朗镇整合土地资源，建设农民公寓的做法和经验，参观求富路村史馆和图书馆，并游览求富路花园，刘志庚、李毓全等市领导和尹景辉、谢锦波等镇领导陪同。

是日，巷头花园举行开工仪式，尹景辉、谢锦波等镇领导参加开工仪式并与巷头社区两委干部共同挥动金铲为项目填土开工奠基。

3月30日，张群炎国画展在东莞艺展中心展出，省文联主席刘斯奋、市领导刘树基、庞国梅、王道平、吴道闻等出席张群炎国画展开幕仪式并剪彩，尹景辉、谢锦波、夏建中等镇领导和大朗镇文广中心有关负责人应邀出席。

是日，大朗镇的官方微博——“荔香大朗”在新浪网开通。

是日，大井头女子麒麟队作为全省第一支女子麒麟队，在广东省第三届麒麟舞大赛中获创新组金奖。

是日，智能吓数纸应用研讨会在大朗职中举行。

3月31日，大朗镇交警大队举行“警民心连心·开门大评警”警营开放日活动。

4　月

4月1日，东莞市民政局和东莞市普惠社会工作服务中心到大朗镇调研进社会工作服务的具体实施方案，镇委委员、镇妇联主席陈慧娟介绍大朗镇社工服务构想。

是日，大朗镇召开工业企业工作会议，副镇长、镇外经办及招商办主任傅秩恩出席会议并讲话。

是日，大朗镇2011年阳光文化之旅暨东莞市慈善会南华女性健康关爱基金公益巡演在佛子凹村进行演出。

4月2日，东莞市动物卫生监督所大朗分所对全镇餐饮企业开展乳猪专项检查。

4月5日，大朗镇开始第二轮脊髓灰质炎强化免疫普服活动。

4月6日，广东省实施《珠江三角洲地区改革发展规划纲要》评估考核组一行12人到大朗镇评估考核大朗镇贯彻实施《珠江三角洲地区改革发展规划纲要》工作，在东莞市委常委、常务副市长冷晓明及尹景辉、韩暖渠等镇领导的陪同下参观求富路花园，尹景辉详细介绍大朗镇实施《珠江三角洲地区改革发展规划纲要》的具体情况。

是日，广东省委党校县（处）级领导干部进修班一行40多名学员到大朗镇参观考察城市发展和转型升级成效，参观求富路社区、现代信息服务创意产业园和行政服务中心，尹景辉、谢锦波、游耀波、叶淑帆、周浩森等镇领导陪同。

4月7日，东莞市副市长成洪波和尹景辉、祁沛全、叶惠明等镇领导到大朗镇综治信访维稳中心，开展基层大接访活动。

是日，大朗镇委书记、镇人大主席尹景辉在镇委镇政府三号接待室主持召开会议，总结全镇社区（村）换届选举工作，部署换届完成后社区（村）的有关工作，镇党政、人大领导班子成员和各社区（村）书记参加会议。

4月8日，镇委书记、镇人大主席尹景辉在镇委镇政府三楼会议室主持召开大朗医院新住院楼扫尾入驻工作会议。

是日，镇委书记、镇人大主席尹景辉在镇委镇政府三楼会议主持召开会议，就镇属资产公司的工作进行研究部署。

是日，大朗镇召开支援日资企业现场办公会，了解日资企业的实际困难，帮扶企业渡过难关，副镇长傅秩恩出席办公会。

是日，东莞市妇联副主席叶丽云和黄锦发、陈慧娟等镇领导共同为大朗医院妇产科的省“巾帼文明岗”牌匾揭幕。

是日，大朗镇环卫所在全镇范围内开展“除四害”行动。

是日，东莞大朗中编印刷厂举行亚洲首台惠普T300型数码喷墨轮转印刷及马天尼装订联动生产系统发布会，李创业、傅秩恩等镇领导和中编印刷厂企业高层参加发布会。

4月9日，国家工信部规划司霍振武处长以及电子五所的相关领导到大朗镇参观调研，在镇委委员、镇组织人事办主任韩暖渠的陪同下，参观行政服务中心。

4月11日，大朗镇委书记、镇人大主席尹景辉代表大朗镇在高能所科技创新论坛上作“大朗大力推进产业升级，产业结构实现‘六个转变’”的主题报告。报告会由陈和生所长主持，中科院高能所相关领导及科研人员共200多人参加报告会。

是日，东莞市文广新局副调研员何环珠率市公共文化服务设施“五个有”调研组一行到大朗镇调研公共文化服务设施建设情况，镇委委员、副镇长黄锦发参加调研会。

4月12日，浙江省委书记赵洪祝率浙江省党政代表团一行约50人到大朗镇参观考察毛织业转型升级的具体经验和做法，在欧广源、肖志恒、徐少华以及刘志庚、刘树基、何嘉琪等省、市领导的陪同下到颖祺实业有限公司进行参观考察，谢锦波等镇领导以及颖祺高层分别就以信息化改造提升传统毛织产业、加快毛织业实现“两大转变”的具体经验和做法进行阐述。赵洪祝一行对大朗镇毛织业转型经验盛赞“非常牛”，认为大朗经验对于提高浙江毛织业发展具有重要的借鉴和指导意义。

是日，大朗镇在行政服务中心三楼召开全镇档案工作会议，各社区（村）、各单位约200人参加会议。镇委委员、镇信息产业办主任叶惠明总结大朗镇2010年的档案工作，并对2011年的工作进行部署。会后，镇档案馆与中山大学资讯管理学院签订《中山大学资讯管理学院实习基地建设协议书》，叶惠明和中山大学资讯管理学院副院长张洋等领导为“中山大学资讯管理学院实习基地”牌匾揭幕。

是日，市委党校副校长张惠玲一行3人到大朗镇调研产业升级和城市升级的具体经验和做法。镇委委员、镇信息产业办主任叶惠明介绍大朗镇以城市升级推动产业升级的做法。

是日，崇文小学被广东省科学技术普及志愿者协会评为“广东科普志愿服务先进单位”。

4月13日，尹景辉、韩暖渠、夏建中、傅秩恩等镇领导拜访阿里巴巴集团杭州总部和杭州盛世商潮控股股份有限公司，与两家企业高层就如何发展大朗镇毛织业电子商务，搭建毛织网上商城平台，助推大朗镇毛织产业集群做强做优进行洽谈。

是日，尹景辉、韩暖渠、夏建中、傅秩恩等镇领导在宁波拜访宁兴控股股份有限公司。

是日，广东省质监局验收组对大朗镇毛织专业镇标准化示范点建设工作进行检查验收，镇委委员、镇武装部部长陈根照汇报大朗镇示范点建设工作情况。

是日，恩平市副市长尹宁一行7人到大朗镇参观考察城市建设和产业转型升级成果，参观行政服务中心、求富路社区、现代信息服务创意产业园以及荔香湿地公园，镇委委员周浩森陪同。

是日，东莞市文广新局副局长王海明率驻片督察工作小组到大朗镇调研贯彻落实《东莞市建设文化名城规划纲要》的情况。

是日，长富、洋坑塘等15个社区（村）获挂“东莞市市容环境优美社区（村）”牌匾。至此，大朗镇28个社区村全部创建成“东莞市市容环境优美社区（村）”。副镇长叶效怀出席长富社区的挂牌仪式，并与市环卫整治办、市交警支队的相关负责人共同为“东莞市市容环境卫生优美社区”牌匾揭牌。

4月14日，大朗镇国税分局、地税分局联合举行税收政策宣讲会。

4月15日，大朗镇召开第二季度安全生产暨消防工作会议，镇委委员、镇武装部部长陈根照对第二季度的安全生产和消防工作进行部署，并与各社区

（村）、单位签订安全生产责任书和消防目标管理责任书。

4月16日，中央直属机关纪工委副书记、办公室主任梁潮平，中央纪委机关党委副书记、机关纪委书记杨天福率中直机关部分单位纪委书记到大朗镇参观考察，调研大朗镇贯彻落实“以人为本、执政为民”的做法以及反腐败工作开展的情况，并参观求富路花园，尹景辉、傅振华、叶淑帆等镇领导陪同。

4月18日，镇委书记、镇人大主席尹景辉在镇委镇政府三楼会议室主持召开会议，研究部署镇属重点工程的有关工作。

是日，大朗镇公安、消防、安监、火灾隐患整治等部门联合行动开展消防安全检查。

是日，大朗中学通过首批“东莞市绿色学校”的创绿工作复评。

是日，东莞市文化广场千场文艺演出大朗镇专场晚会在塘厦镇田心社区上演。

4月19日，大朗镇召开推行居住证、收取治安联防费工作部署会议，镇委副书记、镇政法办主任祁沛全出席会议并部署工作。

是日，大朗镇召开外资企业联合年检工作会议，副镇长、镇外经办及招商办主任傅秩恩出席会议并部署工作。

是日，东莞市残联到大朗镇开展基层残疾人组织规范化建设检查工作。

4月20日，林熙仿、叶惠明等镇领导在镇委镇政府四号会议室主持召开会议，研究尽快做好毛织贸易中心升级改造、经营管理及有关分工安排等工作。

是日，大朗镇召开政风行风评议动员会，镇委委员、副镇长黄锦发出席会议。

是日，东莞市质监局专家到大朗镇就最新版纺织产品国家强制性标准进行宣传。

4月21日，大朗镇委书记、镇人大主席尹景辉在镇委镇政府饭堂主持召开工作餐会，研究部署大朗商会第三届理事会就职典礼相关工作。

是日，大朗镇首个图书漂流点亮相行政服务中心办证大厅。

是日，镇农技中心到镇内各超市、农贸市场开展豆芽检查。

4月22日，大朗镇召开创建“平安公交”工作动员会，镇委副书记、镇政法办主任祁沛全出席动员大会。

是日，东莞市妇联妇女儿童权益部部长雷梅花率市终期评估督导组到大朗镇开展检查，镇委委员、副镇长黄锦发向督导组汇报《大朗镇实施妇女儿童发展规划（2001—2010）终期评估情况》。督导组一行在黄锦发、陈慧娟的陪同下，参观求富路社区、中心幼儿园、大朗医院和纳美（东莞）服装有限公司。

是日，大朗公安分局组织开展“创平安、迎大运”专项行动第一次集中统一行动。

4月23日，大朗镇2011年“阳光文化之旅”巡演走进松柏朗村。

4月24日，大朗公安分局、文化执法分队联合开展“扫黄打非”专项行动。

4月25日，尹景辉、叶惠明、叶效怀等镇领导到档案馆三期工程和莲湖公园的施工现场检查督导工程进展情况。

是日，大朗镇公安、交警、交通等相关部门组成联合执法组，开展新一轮为期5天的治摩行动。

4月26日，大朗商会举行第三届理事会就职典礼。东莞市政协主席刘树基、市政协副主席、统战部部长钟淦泉和尹景辉、谢锦波等镇领导出席典礼，并为大朗商会新一届理事会成员颁发牌匾。钟淦泉、谢锦波和大朗商会会长梁沛光讲话。

是日，大朗镇委书记、镇人大主席尹景辉在行政服务中心三楼会堂为大朗商会的会员作《认清形势　居安思危　准确把握未来发展趋势》的主题报告。

是日，民建广东省委会调研组在东莞市政协副主席周楚良的陪同下，到大朗镇调研毛织产业转型升级的具体经验和做法，参观行政服务中心、颖祺实业有限公司、荔香湿地公园、求富路花园和现代信息服务创意产业园，尹景辉、陈慧娟、叶惠明等镇领导陪同。

是日，大朗镇文化执法分队开展2011年侵权盗版及非法出版物统一销毁活动，现场共销毁非法出版物8万多张（册）。黄锦发、王博等镇领导参加销毁活动。

4月27日，省委政研副主任张劲松一行到大朗镇调研产业转型升级情况，参观行政服务中心、荔香湿地公园、求富路社区和现代信息服务创意产业园，尹景辉、叶惠明、王博等镇领导陪同。

是日，东莞市副市长梁国英率市城建、财政、规划、水务等部门负责人对市属重点工程进行视察，视察松山湖大道大朗段拆迁工作进度，尹景辉、谢锦波、李创业等镇领导陪同。

是日，东莞市农机监理所与大朗镇农林水办、安监、交警大队等部门联合开展无牌无证拖拉机专项整治行动。

是日，东莞市人口计生局检查组到大朗镇督查人口计生工作，镇委委员陈慧娟陪同。

是日，东莞市安委会和大朗镇安监、消防、火灾隐患整治办等多个部门联合开展“五一”节前安全生产大检查。

是日，大朗公安分局开展“创平安、迎大运”路面武装检查行动。

4月28日，黄江镇委书记、镇人大主席杨礼率党政考察团到大朗镇参观学习城市建设、社区管理、“三旧改造”的经验和做法，参观求富路社区、中心小学、长富社区和大朗现代信息服务创意产业园，尹景辉、谢锦波等镇领导陪同。

是日，东莞市住房和城乡建设局局长朱川等领导到大朗镇调研宜居城乡建设情况，参观求富路社区、长富社区和在建中的莲湖公园，尹景辉、叶惠明、李创业等镇领导陪同。

是日，2011年大朗镇第七届读书节启动仪式在中心小学礼堂内举行，东莞市文广新局副局长王海明、东莞图书馆副馆长冯玲和尹景辉、黄锦发、陈慧娟、叶惠明、王博等镇领导参加启动仪式。

是日，挪威服装设计大学36名师生在大朗镇委委员林熙仿的陪同下，参观拓美服饰展厅以及大朗毛织研发中心。

是日，大朗镇委委员林熙仿率镇质监、经贸、工商、卫生等部门组成检查组，对镇内的食品生产企业和商场超市、农贸市场等开展节前食品添加剂专项检查。

是日，大朗镇召开清理无证照经营工作会议，镇委委员林熙仿出席会议。

是日，第四届中国（大朗）毛织服装网上设计大赛落下帷幕，东莞市毛织服装设计师协会会员林岚创作的作品《悠然瑰丽》获金奖，还评出银奖2名、铜奖3名、优秀奖16名、最佳创意奖3名、最具商业价值奖3名、人气大奖3名。

4月29日，东莞市食品安全检查组联合大朗镇经贸、质监、工商、食药监站等部门开展打击食品非法添加和滥用食品添加剂专项行动。

5 月

5月4日，散裂中子源开工前项目评审会在北京市中国科学院高能物理所报告厅召开。评审会由中国科学院秘书长邓麦村主持，中国原子能科学研究院院士王乃彦等23位专家、中国科学院副院长詹文龙、国家发展与改革委员会高技术产业司巡视员刘艳荣、广东省发展与改革委员会副主任张军、东莞市政府副秘书长朱斌华以及尹景辉、叶惠明、韩暖渠等镇领导参加会议。中国科学院高能物理所作工程进展报告，专家评审组对“开工前项目总体报告”进行分项评审，并一致通过中国散裂中子源开工前项目总体方案。

是日，尹景辉、叶惠明、韩暖渠等镇领导到中央档案馆参观学习，并与国家档案局局长、中央档案馆馆长杨冬权在中央档案馆进行座谈。

是日，大朗国土资源分局深入有地质灾害隐患的社区（村）进行防灾避险宣传。

5月5日，《航天遥感改变我们的生活》科普报告会在大朗镇鸣凤小学多媒体室举行，中国科学院中国遥感卫星地面站科学家潘习哲进行现场讲解。

是日，大朗文化执法分队、公安、工商等部门联合对辖区内电器经营户开展突击检查，现场查获一批卫星电视接收器。

是日，大朗公安分局开展“创平安、迎大运”专项行动第三次集中统一行动。

5月6日，樟木头镇关工委一行20多人在大朗镇关工委有关领导的陪同下，参观长塘展览馆、求富路村史馆和图书馆。

是日，大朗交警大队在镇内多个路段设卡严查酒驾醉驾。

5月7日，大朗医院联合东莞市心理卫生协会开展“解读孩子行为的真相—心理咨询与心理健康评估活动”。

5月8日，大朗团镇委、文化广电中心联合主办的“牵手一生·幸福大朗”第四届大朗青年集体婚礼隆重举行，镇委委员、镇党政办主任、团镇委书记叶淑帆出席活动并为31对新人证婚。

5月9日，尹景辉、叶惠明、夏建中、叶效怀等镇领导和镇重点办相关人员到莲湖公园和镇档案馆三期工程施工现场，就施工情况和建设进度进行实地检查。

是日，大朗镇开展春夏荒救济慰问活动，向39户共118名低保对象送去慰问金47200元。镇委委员陈慧娟率社会事务办工作人员先后慰问黄草朗社区和洋坑塘村的低保户家庭。

是日，大朗公安分局在长盛广场开展“开门评警”户政业务咨询服务活动。

是日，大朗交通分局在辖区内开展客运行业服务质量专项整治活动。

5月10日，全国人大常委会委员、财经委副主任委员牟新生率全国人大调研组到大朗镇就“转变我国外贸发展方式”进行专题调研，并参观华科电子有限公司，省、市人大相关领导以及傅秩恩、陈志芬等镇领导陪同。

是日，大朗镇举行全镇卫生工作会议暨艾滋病防控知识培训班，镇委委员、副镇长黄锦发部署未来几年疾病预防控制、环境

卫生等公共卫生服务重点工作。会上，东莞市疾病预防控制中心副主任、市预防医学会副秘书长张巧利就目前艾滋病疫情形势、艾滋病基本防治知识，以及艾滋病防控政策等，为镇艾滋病防治领导小组成员进行解读。

是日，东莞市教育局专家组对大朗中学的《案例教学法在初中生物科环境教育中的应用研究》课题进行结题评审，并对大朗中学生物课题组的研究成果表示肯定。

是日，大朗消防大队组织举行消防监督检查业务培训，各社区（村）负责消防的干部以及公安派出所消防监督员参加培训。

是日，塘厦镇关工委一行40多人参观求富路社区和长塘花园。

是日，大朗镇第四届儿童故事大王比赛在长塘大厦拉开帷幕。

5月11日，国家住房和城乡建设部总规划师唐凯、国家住房和城乡建设部城乡规划司副司长吴建平以及广东省建设厅副厅长蔡瀛等领导到大朗镇参观考察。在尹景辉、李创业等镇领导陪同下参观大朗镇行政服务中心和荔香湿地公园，并骑单车畅游绿道。

是日，东莞市文化执法大队和各镇街文化执法分队相关负责人在黄锦发、王博等镇领导的陪同下，参观大朗镇行政服务中心，随后参加在行政服务中心举行的全市文化市场综合执法工作会议，共同学习简政强镇后已下放的行政执法项目的操作和权责。

是日，大朗镇开展助残日慰问活动，镇委委员陈慧娟、镇残联有关人员以及大井头社区两委干部到大井头社区两位残疾人家中进行慰问。

是日，大朗镇第四届儿童故事大王比赛圆满结束，宏育小学代表组、启东学校的李丽婷、中心幼儿园的钟乐欣分别获得亲子组、小学组、低幼组3个赛组的特等奖。镇长助理王博、文广中心有关负责人为获奖者进行颁奖。

5月12日，阿里巴巴（中国）网络技术有限公司“以商会友”大朗服务中心周年庆典在大朗镇行政服务中心举行，尹景辉、叶惠明、韩暖渠等镇领导和阿里巴巴公司有关人员及200多名客户代表参加庆典活动。

是日，新华社广东分社总编辑助理周伟到大朗镇调研地方换届的经验和做法，尹景辉、傅振华等镇领导和求富路社区有关干部作经验介绍。

是日，由广东省环保厅副厅长陈敏带队的省验收组到大朗镇参观考察，就大朗镇创建国家生态乡镇的各项工作进行考评验收，先后考察松山湖南部污水处理厂、凤山农科园和荔香湿地公园，谢锦波、李创业等镇领导以及环保分局相关负责人陪同。

是日，大朗镇2011年5·12护士节先进护士表彰大会在大朗医院召开，市卫生局有关领导以及黄锦发、陈慧娟、叶桂平等镇领导参加会议并为大朗医院的先进护理集体、先进护士长和先进护士进行颁奖。

是日，大朗镇应急避灾中心正式揭牌成立，镇委委员陈慧娟出席揭牌仪式。

是日，长塘社区举行国家减灾委员会、民政部授予的“全国综合减灾示范社区”揭牌仪式，镇委委员陈慧娟参加揭牌仪式。

是日，大朗人民法庭与大朗劳动仲裁庭签订合作协议，联手开辟劳动争议案件主动执行绿色通道。这是全国法院与劳动部门破解劳动仲裁执行难的一个首创。

是日，大朗镇教育办组织各公、民办幼儿园园长和教学骨干组成评审组对中心幼儿园进行市一级幼儿园复评。

5月13日，大朗镇召开火灾隐患整治重点地区求富路社区整治动员大会，镇委委员、镇武装部部长陈根照出席大会并作动员讲话。

是日，大朗镇在行政服务中心三楼3号会议室举行质监业务知识培训班，镇委委员、镇组织人事办主任韩暖渠作开班动员，市质监局有关专家就质监基础知识、特种设备巡查、安全隐患处置等内容进行讲解。

是日，东莞市大朗、樟木头、长安三镇申报国家生态乡镇考核评审会顺利召开，大朗镇创建国家生态乡镇各项工作通过广东省环境保护厅验收，同意推荐为国家级生态乡镇。广东省环境保护厅厅长陈敏等领导和专家以及副镇长李创业参加评审会。

是日，大朗消防、公安、安监等部门组成检查组联合开展消防检查。

是日，东莞市人民检察院在大朗一中举办主题为“知法守法，走好人生路”的法制讲座。

5月14日，国家档案局馆室司副司长王雁宾在省市档案局有关领导的陪同下到大朗镇调研档案馆建设工作，参观大朗镇行政服务中心和大朗镇档案馆，尹景辉、叶惠明等镇领导陪同。

是日，尹景辉、谢锦波、祁沛全、游耀波、叶惠明等镇领导率党政干部、公安民警、治安队员共600多人，对巷尾社区旺富市场周边以及圣堂社区东苑周边地区展开集中统一清查整治专项行动。

是日，大朗镇科技办在长塘大厦举行一场主题为“关注中风、关爱家庭”的健康讲座，东莞市中医院有关专家就中风的预防和应急处理等知识进行讲解。

5月16日，大朗镇经贸、工商等有关部门联合行动，对商场超市、酒楼等出售端午粽子的销售点进行检查。

是日，大朗镇食品药品监督站组织人员到辖区内部分学校、工厂的集体食堂进行卫生检查。

5月17日，第五批省级现代教育技术实验学校专家检查组到大朗中学和实验小学开展现场评估验收工作。

是日，大朗交警大队联合东坑、常平、寮步、横沥、松山湖和东莞高速6个交警大队开展“创平安、迎大运”交通安全整治行动。

是日，大朗镇质监站举办为期3日的全镇起重机司机业务培训班，特邀东莞市质监局质量技术服务中心有关有人员进行授课。

5月18日，东莞市副市长成洪波率市督导组到大朗镇检查、督导“食安一号”整治行动，并与尹景辉、谢锦波、林熙仿等镇领导以及相关部门负责人进行座谈，了解大朗镇“食安一号”整治行动的思路和举措。随后，在谢锦波、林熙仿等镇领导的陪同下到部分食品企业进行实地检查。

是日，2011年东莞市篮球联赛女子甲组决赛在大朗体育馆举行，大朗女子篮球队夺得冠军，尹景辉、谢锦波等镇领导到现场观看比赛，并对大朗女篮夺冠表示祝贺。

是日，大朗镇召开全镇数控织机交流会，镇委委员林熙仿出席会议。

是日，2011年东莞市习作、阅读教学研讨活动在大朗镇中心小学举行。

5月19日，东莞市第二次社区工作现场会的协调会在大朗镇府三号会议室召开，尹景辉、谢锦波、叶惠明、夏建中等镇领导和镇社会事务办、文化广电中心以及求富路、长塘、长富社区的有关负责人参加会议。镇委书记、镇人大主席尹景辉在会上作动员讲话。

是日，国家信访局投诉受理办公室副主任闫贵花率督查调研组到大朗镇进行调研，并参观大朗镇行政服务中心、长富社区、求富路花园和现代信息服务创意产业园，尹景辉、叶惠明等镇领导陪同。

是日，新疆特殊经济开发区建设与发展专题培训班学员一行35人参观求富路社区，学习大朗镇加快转变经济发展方式的经验和做法，广东省委党校有关领导和尹景辉、夏建中、周浩森等镇领导陪同。

是日，大朗镇召开2011年全镇打假工作会议暨打假业务知识培训班，镇委委员韩暖渠参加会议并布置下一阶段打假工作重点。随后，东莞市烟草专卖局、市酒类专卖局和市盐务局的打假专家对来自大朗镇各单位、社区（村）100多名负责打假的工作人员进行业务培训。

是日，大朗镇召开市内扶贫帮困“双到”工作会议，副镇长叶效怀出席并布置工作。

是日，东莞市第四期村级动物防疫员职业技能培训班在大朗镇举行，华南农业大学兽医学院、市动监所和市疫控中心的讲师对大朗、大岭山、黄江、东坑等镇的村级动物防疫员进行为期两天的动物疫病防治业务知识和技能培训。

是日，大朗镇质监、经贸、工商等多个部门联合行动，对辖区内一些餐饮店、粮油店进行突击检查。

是日，东莞市城市管理综合执法局主办的主题为“每人多一种好习惯　东莞添一份新精彩”的城市文明宣讲活动在大朗镇中心小学举行。

5月20日，东莞市委常委、副市长江凌在尹景辉、傅秩恩等镇领导的陪同下到迈科科技有限公司调研，并鼓励企业要突破动力电池技术瓶颈，使产品能得到广泛推广。

是日，大朗公安分局组织开展“创平安、迎大运”专项行动第四次集中整治统一行动。

5月23日，东莞市创建广东省社会主义新农村建设档案工作示范市验收会在大朗镇召开。广东省档案局局长徐大章，副局长李士智，东莞市副市长吴道闻，镇委委员、镇信息产业办主任叶惠明，省验收小组成员，市新农档领导小组成员及市各镇街有关领导共120多人出席会议。会议由李士智副局长主持，验收组组长吴晓琼宣布验收意见，省验收组成员王新宣读验收通过的决定，徐大章局长向东莞市授予广东省社会主义新农村建设档案工作示范市牌匾并作重要讲话，吴道闻副市长代表市委、市政府接受牌匾并作讲话。会后，省验收组一行参观大朗镇档案馆、长塘社区示范户和长富社区。

是日，大朗镇质监站联合东莞市质监局服务中心举办的为期3天电梯安全管理员培训班正式开班。

是日，大朗镇质监站联合东莞市质监局和东莞计量分院对辖区范围内的加油站计量器开展检定行动。

5月24日，丘陵片2011年第一次督导现场会在大朗镇召开，东莞市委常委、副市长江凌，副市长梁国英和市委督查室、市发改委、市财政局、市国土局等10多个职能部门的有关领导参加会

议并就各个事项的规划、申报、用地、资金分担等进行解答，大朗、黄江、寮步、大岭山等镇的书记、镇长参加督导现场会。

是日，广东省人口计生委副主任云斌率省市计生调研组一行到求富路社区、长塘社区和力克玩具厂调研流动人口计生信息管理系统和信息化建设情况，镇委委员陈慧娟陪同。

是日，2011年东莞市农业科技培训直通车首次走进大朗镇并举行荔枝保果技术现场会。

是日，东莞市东晟羊绒制品有限公司在大朗毛织贸易中心举行的以“雍‘绒’都市”为主题的为期两天的2011年秋冬产品订货会拉开帷幕。尹景辉、林熙仿、王博等镇领导参加订货会相关活动。

5月25日，大朗镇举行深圳酷比通信设备有限公司大朗投资项目签约仪式。尹景辉、谢锦波、叶惠明、韩暖渠、傅秩恩等镇领导和镇各职能部门负责人及深圳酷比通信设备有限公司高层人员参加签约仪式。镇委委员、镇人大主席尹景辉作致辞，副镇长、镇外经办及招商办主任傅秩恩代表大朗镇与酷比公司进行签约。

是日，广东省第三视察组人员到大朗镇对东莞市党政领导干部2009和2010年基础教育工作责任进行考核，并实地考察到大朗一中、大朗中心小学和大朗中心幼儿园等地进行视察，谢锦波、黄锦发等镇领导陪同。

是日，大朗城市管理综合执法分局对大朗广场以及美景大道的城市“六乱”现象进行突击清查整治。

5月26日，东莞市人大常委会副主任吴镇成率市督导组到大朗镇督导市内扶贫工作，与尹景辉、祁沛全、陈慧娟、叶效怀等镇领导进行座谈，并分别到新马莲、屏山等边远、贫困社区（村）和贫困户家中进行考察和慰问。

是日，中国科学院高能物理所向大朗镇赠送散裂中子源初步设计报告整套书籍，充实大朗镇档案馆内散裂中子源方面的资料。尹景辉、韩暖渠、夏建中等镇领导和中国科学院高能物理所副所长奚基伟、中国城市规划设计研究院深圳分院副院长朱荣远以及科技办、规划所、档案馆等有关部门领导参加赠书仪式。镇委书记、镇人大主席尹景辉代表镇委、镇政府接受书籍，并转交给大朗镇档案馆。

是日，大朗镇委委员、镇武装部部长陈根照率各社区（村）民兵营长对正在市国防教育基地集训的80名民兵进行慰问，并参观广东东江纵队纪念馆和进行实弹射击练习。

是日，大朗镇第58期宣传委员沙龙在黄草朗社区举行，镇委委员、副镇长黄锦发和镇长助理王博出席沙龙。

是日，大朗镇锅炉专项整治工作会议在镇政府一号会堂召开，各社区（村）、镇属公司环保干部和工业锅炉企业负责人参加会议。

是日，大朗镇2011年度食品安全工作会议在行政服务中心召开，镇委委员林熙仿出席会议并对下一阶段食品安全工作进行布置。

是日，2011年“兴隆杯”新春摄影比赛颁奖仪式暨十二期“威林摄影讲座”在行政服务中心举行，镇长助理王博出席颁奖仪式并为本次比赛的金、银、铜奖得主颁奖。随后，东莞摄影家协会大朗分会会长吴玩清举行《影像为何抓住你》专题讲座。

5月27日，东莞市长助理马润海在谢锦波、游耀波等镇领导的陪同下参观大朗镇行政服务中心、荔香湿地公园、求富路社区和现代信息服务创意产业园，对大朗镇以城市升级推动产业升级，实施“三旧”改造，发展创意产业，推进重大科技项目建设等方面的工作表示肯定。

是日，大朗镇召开艾滋病防治工作会议，镇委委员、副镇长黄锦发出席会议并对下阶段艾滋病防治工作进行部署。

是日，大朗镇庆“六一”“爱心父母”助学活动帮扶金发放仪式在政府会堂举行，现场共为镇内224名贫困学生发放助学金123000元，镇委委员陈慧娟出席仪式。随后，陈慧娟与女企业家们到佛子凹村慰问两家困难户。

是日，大朗公安分局对长盛广场附近的出租屋、住宅公寓开展拉网式治安清查。

是日，大朗镇2011年“小金库”专项治理工作会议在镇府一号会堂召开，各单位、社区（村）主管财务负责人和财务工作人员约140人参加会议。

是日，东莞市儿童福利会、市妇联有关领导到大朗镇慰问3户特困家庭儿童。

是日，大朗中心幼儿园举办“养成教育阶段性小结”交流活动，300多名来自市、镇幼儿园的园长和教师参加活动。

5月28日，共青团大朗镇委组织各社区（村）部分小朋友观看免费卡通电影。镇委委员、镇信息产业办主任叶惠明到现场慰问小朋友，向他们送上学习用品和玩具等礼物。

是日，大朗镇宣传教育办、文化广电中心等部门在青少年活动中心联合举办“梦想家园，幸福大朗”现场绘画亲子活动。

是日，大朗镇计生办以及妇联等部门联合组织开展“家庭乐”暨庆“六一”亲子活动。

5月29日，尹景辉、夏建中、周浩森、叶效怀等镇领导赴新疆农三师图木舒克市50团开展结对交流和实地考察工作，在新疆农三师图木舒克市党委常委、常务副市长于林，党委常委、副师长殷焕明以及农三师50团主要领导的陪同下参观前海棉纺织有限责任公司、50团3连场前高产枣园示范园、50团一中、50团机一连、小城镇建设等地。随后，大朗镇结对交流考察团与50团举行结对交流座谈会，就产业发展、城市建设等方面进行交流探讨。座谈会上双方领导互赠礼品，尹景辉代表大朗镇委镇政府向50团赠送15万元援助金和6台办公电脑。

5月30日，2011年东莞市篮球联赛男子甲级决赛在市体育馆举行，大朗男篮以65：63战胜南城男篮，勇夺全市男子甲级篮球联赛五连冠，镇委书记、镇人大主席尹景辉致电祝贺，谢锦波、黄锦发等镇领导到现场观看比赛。赛后，何嘉琪、吴道闻等市领导为获得本年度市篮球联赛冠军的大朗男、女篮颁发奖杯。

是日，清华大学副校长程建平一行参观大朗镇行政服务中心和现代信息服务创意产业园，东莞市人大常委会副主任吕兢和镇委委员韩暖渠陪同。

5月31日，大朗镇委委员陈慧娟和镇妇联、教育办有关人员到镇内多家幼儿园进行慰问。

6 月

6月1日，大朗镇委委员、武装部部长陈根照和镇消防大队等部门人员到镇内部分工厂、企业和学校进行消防安全检查。

是日，东莞市流动人口计划生育服务管理工作督查组在大朗镇委委员陈慧娟的陪同下，到大朗镇各社区（村）开展检查，并对大朗的流动人口计划生育服务管理工作表示肯定。

是日，大朗镇副镇长李创业及环保分局相关负责人分别为松山湖南部污水处理厂和东莞剑桥针织有限公司的“东莞市环境友好企业”牌匾揭幕。

是日，大朗公安分局、妇联联合在社区卫生服务中心和长富步行街开展“关爱儿童，反对拐卖”主题宣传活动。

是日，大朗司法所、大朗法庭联合东莞市法律援助处开展“法援直通车”活动，现场为新莞人解答各种法律问题。

是日，大朗镇宣传教育办、妇联、团委等部门人员到大井头社区慰问部分困难户家庭。

6月2日，大朗镇公务礼宾礼仪培训班在行政服务中心举行，东莞市外事局礼仪老师为来自全镇各社区（村）、单位的学员授课。副镇长、镇外经办及招商办主任傅秩恩出席培训班。

是日，大朗镇召开出租屋信息员队伍成立大会，80多名来自各社区（村）的新莞人受聘为出租屋信息员。

是日，大朗工商分局在流通领域开展台湾问题饮料清查行动。

是日，大朗公安分局开展“清源”行动暨全镇“创平安、迎大运”第六次集中统一行动。

6月3日，东莞市委书记、市人大常委会主任刘志庚到大朗镇调研地方党委换届工作情况，并与尹景辉、谢锦波、叶惠明等镇领导进行座谈，希望大朗严格执行换届工作纪律要求，确保换届环境风清气正。

是日，常熟市副市长、虞山镇党委书记唐晓东等领导到大朗镇参观考察，参观行政服务中心和求富路花园，尹景辉、叶惠明、夏建中等镇领导陪同。

是日，尹景辉、黄锦发、叶惠明、叶效怀等镇领导和镇重点办以及文广中心相关人员到莲湖公园和镇档案馆三期工程施工现场视察施工进度。

是日，大朗镇召开“防火墙”工程试点单位推广会暨安全生产工作会议，镇委委员、镇武装部部长陈根照出席会议并带领与会人员参观“防火墙”工程试点单位——东莞志丰电子有限公司。

6月4日，由中国健康教育中心主办的中国健康宝贝计划——妈妈健康讲座在大朗镇行政服务中心举行，来自广州、东莞等地的多名儿童健康保健专家为200多名家长讲解儿童营养、接种疫苗等育儿知识和经验。

6月8日，大朗镇举行“新世纪、新创想、非常5+2”篮球庆功宴，现场为大朗篮球运动发展基金募得捐款420万元。国家体育总局篮球运动管理中心副主任李金生、运营部部长宫鲁鸣，刘树基、吴道闻、莫布兴、梁海卫等市领导和袁李松、张继雄、傅照辉等市老领导以及尹景辉、谢锦波等镇领导参加庆功宴。会上，尹景辉、谢锦波代表镇委镇政府分别奖励新世纪俱乐部50万元和大朗男女篮球队各20万元。

是日，东莞市副市长吴道闻、市府副秘书长金行中到大朗镇调研社区公共卫生体系的建设情况，与尹景辉、黄锦发等镇领导和社区卫生服务中心有关负责人进行座谈，听取社区卫生服务中心建设、体制和运作等情况并表示肯定。

是日，尹景辉、谢锦波、叶

惠明、夏建中、叶效怀等镇领导实地检查大朗镇档案馆三期工程进展情况。

是日，大朗镇举行东莞市第二人民法院与大朗镇委司法协作体系协议签订暨大朗法庭办公楼启用仪式，东莞市第二人民法院党组书记、院长陈葵和谢锦波、祁沛全等镇领导参加启用仪式，并共同为大朗法庭的诉前联调工作室揭牌。谢锦波代表大朗镇党委与东莞市第二人民法院签订《东莞市第二人民法院与中共东莞市大朗镇委关于建立司法协作体系共建和谐大朗的意见》。

是日，东莞市社会救助及社会工作丘陵片调研座谈会在大朗镇召开，镇委委员陈慧娟及黄江、寮步、大岭山等镇的代表参加会议。

6月9日，尹景辉、夏建中、叶效怀等镇领导到乳源县指导对口帮扶工作，在乳源县有关领导的陪同下实地视察新民村商业楼施工现场和大东村卫生站选址等地，对大朗镇在乳源县的“双到”帮扶项目建设进行指导，并分别前往新民村、健民村、大东村的驻村办公室看望大朗驻村干部。随后，尹景辉书记一行对对口帮扶贫困户进行慰问。

是日，东莞市副市长成洪波到大朗镇进行调研社区建设情况，参观碧水天源小区筹建中的白玉兰家庭服务中心、长富社区、求富路社区以及长塘社区，谢锦波、陈慧娟、叶惠明等镇领导陪同。

是日，东莞市毛纺织行业协会第二届理事会选举大会在大朗镇行政服务中心举行，选举产生出第二届理事会成员，本届大会新设立专职秘书长，由镇毛织办主任兼任。镇委委员林熙仿出席会议并作讲话。

是日，大朗镇幼儿园教育教学交流讲座在中心幼儿园举行。

是日，大朗公安分局组织人员对竹山村内的出租屋进行清查行动。

是日，大朗交警大队举行“警民心连心　开门大评警”警营开放日活动。

6月10日，大朗镇委、镇政府召开会议，欢迎大朗公安分局新任局长黄兆棠上任。东莞市委组织部、公安局等相关领导以及尹景辉、谢锦波等镇党政、人大领导班子成员参加会议。

是日，东莞市政协副主席莫布兴等市领导与谢锦波等镇党政班子成员在大朗体育馆进行一场篮球友谊赛。

是日，大朗镇召开全镇城市“六乱”和在建违法建筑专项整治动员会议，副镇长李创业出席会议并部署工作。

是日，东莞市环保局副局长刘国军率市环保专业基地调研组一行到大朗镇环保专业基地实地参观考察。调研组随后与镇国土、环保、规划建设等相关职能部门负责人进行座谈，副镇长、镇外经办及招商办主任傅秩恩陪同。

是日，大朗镇2011年青年就业培训及青年就业见习训练招聘会在大朗人力资源分局举行。

6月11日，全国公安机关警务督察部门专项督察培训班一行约100人到大朗镇了解社会主义新农村建设和城市升级成果，在尹景辉、黄兆棠等镇领导的陪同下，参观求富路社区和行政服务中心。

是日，广东省扶贫开发“规划到户责任到人”工作交叉检查组在大朗镇副镇长叶效怀和乳源县有关领导的陪同下，考评大朗镇在乳源县新民村、健民村和大东村开展的扶贫开发“规划到户责任到人”工作情况，对大朗在帮扶脱贫工作中所取得的成绩表示肯定。

6月12日，大朗镇安监、消防、交警、交通、公用事业服务中心等10个部门在长盛广场联合开展“安全生产宣传服务咨询日”活动。

6月13日，大朗安监分局开展安全生产月专项检查行动。

6月14日，大朗镇水霖幼儿园通过东莞市绿色幼儿园评估验收。

6月15日，东莞市统计局局长陈锡稳一行到大朗镇调研，并与尹景辉、叶惠明、夏建中等镇领导座谈，了解大朗镇计统工作和机制架构。随后参观大朗镇行政服务中心、求富路社区和现代信息服务创意产业园，叶惠明、夏建中等镇领导陪同。

是日，“国家863新材料成果孵化园区战略发展报告”专家组在大朗镇委委员、镇组织人事办主任韩暖渠的陪同下，参观大朗现代信息服务创意产业园和毛纺织产品研发中心，就大朗毛织产业在新材料应用方面的情况进行调研。

是日，大朗镇召开2011年关心下一代工作会议，镇委委员、镇纪委书记、镇人大副主席傅振华出席会议并部署下阶段工作。

6月16日，大朗镇召开创建全国文明镇再动员大会，镇长助理王博主持会议，镇委委员、副镇长黄锦发出席会议并部署创建全国文明镇的下一阶段工作。

6月17日，东莞市人大常委会副主任李秀冰、副市长成洪波、市政协副主席莫布兴率市社区建设工作领导小组全体成员、市村级体制改革试点镇街、黄江、厚街、莞城等9个镇街分管民政工作领导、社会事务办主任、全市20个社区综合服务中心示范点社区的主要领导和37个新型社区的主要领导一行约170人到大朗镇参观考察。李秀冰、成洪波、莫布兴等市领导和尹景辉、谢锦波等镇领导为长富社区的东莞市妇联白玉兰家庭服务中心牌匾揭幕，并参观长富社区、求富路社区和长塘社区。随后，参加在大朗镇行政服务中心举行的全市社区建设工作会议，成洪波讲话并肯定大朗镇的社区建设成效，尹景辉作题为《全面加强和创新社会管理　建设富有特色新社区》的汇报。

是日，中国科协“社区益民计划”调研组参观求富路社区和现代信息服务创意产业园，对大朗镇的社区科普工作取得的成绩表示肯定，省、市科协有关领导和镇委委员、镇组织人事办主任韩暖渠陪同。

是日，由东莞市政府副秘书长黄福泉率市“文化惠民”工程督导组现场考察竹山等社区（村）“五个有”工程开展情况，镇长助理王博和镇文化广电中心、镇财政分局等部门负责人陪同。

是日，国家卫生部自然基金课题组有关领导和学者到大朗镇社区卫生服务中心参观考察。

是日，东莞市幼儿园等级评估工作培训在大朗中心幼儿园召开，陈海玉等省市幼教专家为各镇（街）幼教干事，部分幼儿园园长和骨干教师等300多人解读《广东省幼儿园督导评估方案》，并对大朗中心幼儿园进行教育视导。

是日，东莞市质量技术监督局和日立电梯（中国）有限公司东莞分公司在大朗镇举行一场电梯应急救援演练培训，来自大朗镇内30多家大型商场、住宅小区、学校等人员密集场所电梯使用单位的安全管理人员接受演练培训。

6月19日，东莞市环境卫生检查组到大朗镇检查环境卫生整治工作。

6月21日，广东省委常委、常务副省长朱小丹一行到大朗镇调研战略性新兴产业发展情况，到现代信息服务创意产业园考察散裂中子源项目，并观看《中国最大科学装置——散裂中子源》专题片，市委常委、常务副市长冷晓明和省发改委、经信委、科技厅、财政厅等部门人员以及尹景辉、韩暖渠等镇领导陪同。

是日，大朗医院获“2009—2010年度全省无偿献血促进奖”，成为自1998年《献血法》实施以来，首个荣获此项省级殊荣的镇级医院。

是日，大朗镇老年肺炎防治专题项目在大朗社区卫生服务中心正式启动。

6月22日，东莞市委组织部副部长王建周一行参观大朗镇档案馆三期，尹景辉、谢锦波等镇领导陪同。

是日，东莞市检察机关在大朗长盛广场开展“举报宣传周”活动，现场接受市民法律咨询和有关贪污、渎职的举报。

是日，东莞市质监局以及市教育局在大朗镇中心小学开展特种设备安全知识进校园课外教育活动。

是日，公安部构筑社会消防安全“防火墙”工程检查工作组到大朗镇检查指导工作。

是日，大朗镇启动为期两周的全镇疟疾主动病例侦查工作。

6月23日，大朗镇府机关党支部召开全体党员大会，开展民主评议党员活动，会议共评出尹景辉等15名优秀共产党员。随后，与会132名党员积极响应省委、省政府以“人人奉献爱心，共建幸福家园”为主题开展扶贫济困日活动的号召，踊跃捐赠特殊党费，现场共捐出特殊党费15050元。

是日，第59期宣传委员学习沙龙在求富路社区举行，镇长助理王博出席沙龙。

是日，大朗公安、消防、火灾隐患整治办等多个职能部门联合开展消防安全检查。

6月24日，东莞市档案馆、大朗镇档案馆晋升国家一级档案馆测评会在市政协大厦举行。国家档案局巡视员华丹等测评组人员、广东省档案局副局长李士智、东莞市副市长吴道闻和大朗镇委书记、镇人大主席尹景辉等领导参加测评会。大朗镇档案馆通过测评，晋升国家一级档案馆。尹景辉代表大朗镇接受国家一级档案馆牌匾。

是日，大朗镇组织广大党员干部收看学习中共中央政治局委员、广东省委书记汪洋通过省党员干部现代远程教育教学资源平台给全省的党员干部上的一节主题为“在建设幸福广东中再立新功”的党性教育课。尹景辉、谢锦波等镇党政、人大领导班子成员和200多名党员干部聆听党课。

是日，碧桂园集团总裁莫斌一行参观大朗镇行政服务中心，尹景辉、叶惠明、夏建中等镇领导陪同。

是日，深圳市东方银座集团董事局主席李森一行参观大朗镇档案馆三期和荔香湿地公园，尹景辉、夏建中等镇领导陪同。

是日，东莞市文广新局副局长王海明率市“文化惠民”工程督导组到大朗镇检查指导“五个有”工程建设工作，先后对高英、杨涌、沙步等12个社区（村）“五个有”工程的开展情况进行现场考察，并参观大朗镇档案馆三期，黄锦发、王博等镇领导陪同。

是日，第六届亚洲品牌小姐

大赛广东赛区在大朗镇启动。

6月25日，大朗镇举行第21个全国“土地日”宣传咨询活动。

6月26日，来自美国、日本、韩国、西班牙、意大利等15个驻穗领事馆84位领事官员及家属到大朗镇凤山农业科技园参观并参加啖荔活动，东莞市委常委、副市长江凌，市外事局局长蒋小莺和尹景辉、游耀波、傅秩恩等镇领导陪同。

6月27日，大朗镇委书记、镇人大主席尹景辉，副镇长叶效怀对松柏朗村低保困难联系户进行慰问。

是日，中共广东省直属机关工作委员会60余名离退休老同志参观大朗镇行政服务中心和凤山农业科技园，游耀波、陈根照等镇领导陪同。

6月28日，东莞市庆祝中国共产党成立90周年大会在市会议大厦召开，大朗镇党委和求富路社区党支部被授予“先进基层党组织”称号，大朗镇党委委员叶惠明、长塘社区党总支部书记叶惠光、长富社区党支部副书记、居委会主任叶国梅和大朗镇源兴厂党支部书记、厂长王锦湖被授予“优秀共产党员”称号，大朗镇党委委员、纪委书记、企业工委书记、社会组织工委书记傅振华和党委委员、党政办主任叶淑帆被授予“优秀党务工作者”称号。大朗镇委书记、镇人大主席尹景辉代表大朗镇党委接受“先进基层党组织”牌匾。

是日，大朗镇举行大朗镇档案馆荣获国家一级档案馆揭牌暨张群炎中国画展开幕仪式，原广东省人大常委会副主任李近维，东莞市人大常委会副主任李秀冰、吴镇成，副市长严小康，市政协副主席莫布兴等市领导，以及尹景辉、谢锦波等镇领导共同为大朗镇档案馆荣获国家一级档案馆揭牌和张群炎中国画展开幕剪彩。

是日，大朗镇在镇府一号会堂举行“广东扶贫济困日”捐赠活动动员会暨现场募捐仪式，尹景辉、谢锦波等镇党政、人大领导班子和镇政府机关干部等200多人现场捐款。

是日，大朗镇举行2011年企业代表荔枝节座谈会，尹景辉、谢锦波等镇党政、人大领导班子，各机关单位、企业和协会代表近200人参加座谈会。

是日，大朗镇“荔枝文化活动周”美术笔会活动在荔香湿地公园举行。

6月29日，广东省庆祝中国共产党成立90周年大会在广东省委礼堂召开，大朗镇委书记、镇人大主席尹景辉参加大会并代表大朗镇党委接受“广东省红旗基层党组织”牌匾。

是日，“华章九十载、红歌颂党恩”大朗镇庆祝中国共产党成立90周年高畅红歌独唱音乐会在天域歌剧院举行，中国音乐家协会副主席、中国音乐学院名誉院长、音乐教育家金铁霖和谢锦波等镇领导观看音乐会。

是日，大朗镇召开维护社会稳定工作会议，祁沛全、黄兆棠等镇领导参加会议并部署下阶段综治稳定工作。

是日，大朗镇委委员陈慧娟和镇社会事务办相关人员对沙步、竹山、松柏朗、水口等4个社区（村）的特重病患者进行慰问。

是日，大朗镇召开全镇民政干部工作会议，镇委委员陈慧娟参加会议并部署下阶段工作。

是日，大朗镇委委员、镇妇联主席陈慧娟出席大朗敬老院慈善超市揭牌仪式并为超市揭牌。

是日，由东莞市外经贸局主办的“制衣业创新产品及技术研讨会暨业务对接会”在大朗镇举行，全市200多家服装制造企业参加会议。

是日，大朗公安分局组织100多名警力对长顺街附近的出租屋开展拉网式治安清查。

6月30日，市委副秘书长曲洪淇、谢小薇率东莞市委办干部职工一行约80人到大朗镇参观考察，参观大朗镇档案馆、大朗展览馆和大朗艺术馆，尹景辉、叶惠明等镇领导陪同。

是日，广州东莞社会经济发展研究会在会长潘嘉念的带领下到大朗镇调研，并参观大朗镇中心小学、求富路社区、大朗镇档案馆，东莞市教育局副局长王旭辉和大朗镇委委员、副镇长、镇教育办主任黄锦发陪同。

是日，东莞市群众艺术馆馆长梁燕玲率干部职工参观团一行60人到大朗镇参观考察，先后参观求富路社区、大朗镇档案馆和荔香湿地公园，黄锦发、王博等镇领导陪同。

是日，东莞市委党校副校长赵卫华率市教育局调研组到大朗镇调研，与镇委委员、副镇长黄锦发及镇宣传教育办、人力资源分局、大朗职中和东莞市毛纺织行业协会等相关部门人员座谈，并参观大朗镇档案馆、大朗展览馆和大朗艺术馆。

是日，东莞市委宣传部副部长黄贵田、市书法家协会主席岑诒立等近10名书法家到大朗镇荔香湿地公园参加书法写荔枝活动。

是日，东莞市民政局退休老干部一行30多人在镇委委员、镇妇联主席陈慧娟的陪同下，参观求富路社区的村史馆和图书馆。

是日，大朗财政分局党支部全体党员干部在镇委委员夏建中的带领下，参观大朗镇档案馆、大朗展览馆和大朗艺术馆。

是日，华南农业大学档案馆组团参观大朗镇档案馆、大朗展览馆和大朗艺术馆。

是日，团镇委组织各社区（村）、单位的团员干部和机关青年参观大朗镇档案馆、大朗展览馆和大朗艺术馆。

7 月

7月1日，大朗镇组织党员干部集中观看庆祝中国共产党成立90周年大会。尹景辉、谢锦波等党政、人大领导班子成员和政府机关、文化广电中心、长塘社区等社区（村）、单位的党员干部通过电视直播，聆听中共中央总书记、国家主席、中央军委主席胡锦涛的重要讲话。

是日，大朗镇生产安全事故应急演练暨危化品泄露应急救援演练在大朗镇高普制漆厂举行，镇委委员、镇武装部部长陈根照和镇安监分局有关人员以及各社区（村）主管消防安全干部等100多人观摩演练。

是日，大朗消防大队组织全体党员官兵开展“坚定理想信念，忠诚履行职责”党课学习活动，镇委委员、镇武装部部长陈根照出席活动。

7月2日，国家统计局副局长许宪春一行到大朗镇开展调研，先后参观荔香湿地公园、颖祺实业有限公司和信易电热机械有限公司，广东省统计局副局长朱遂文、东莞市统计局局长陈锡稳以及尹景辉、叶惠明等镇领导陪同。

是日，广东省委宣传部原副部长蓝红、省文明办常务副主任张子兴等领导参观大朗镇档案馆、大朗展览馆和大朗艺术馆，尹景辉、叶效怀等镇领导陪同。

7月4日，大朗镇召开全镇领导干部会议，东莞市委常委、组织部部长庞国梅，副部长王建周等领导参加会议。王建周副部长代表市委组织部宣读市委的人事任免通知，大朗镇党委书记、镇人大主席尹景辉交流到长安镇任党委书记，提名镇人大主席候选人；莞城街道党委书记王检养任大朗镇党委书记，提名镇人大主席候选人；大朗镇党委副书记游耀波交流到石碣镇任党委副书记，提名镇长候选人。

7月5日，东城街道党委书记黄少文，党委副书记、办事处主任卢润江率东城区党政考察团一行200多人到大朗镇参观学习，并参观大朗镇行政服务中心和求富路社区，谢锦波、祁沛全等镇领导陪同。

是日，东莞市毛纺织行业协会第二届理事会就职典礼在大朗镇举行，陈锡培连任东莞市毛纺织行业协会会长。中国纺织工业协会副会长张延恺，中国毛纺织行业协会会长彭燕丽等国家、省、市行业协会领导和谢锦波、祁沛全等镇领导参加典礼。张延恺、谢锦波等领导分别为陈锡培和李谋任、任清伟颁发东莞市毛纺织协会会长和常务副会长牌匾。典礼为彭燕丽、邓志广、王检养颁发高级顾问牌匾，并为谢锦波、林熙仿、陈茜微颁发名誉会长牌匾。

是日，中国艺术摄影协会常务理事聂瑞声等摄影名家到大朗展览馆、大朗艺术馆、帝豪花园酒店、碧水天源住宅小区、求富路花园和茂荣集团等地进行采风创作，大朗镇文化广电中心和东莞市摄影家协会大朗分会有关人员陪同。

是日，大朗镇教育办组织全镇各中小学校长、幼儿园园长观看《广东省纠风工作专题暗访片》。

7月6日，应中山大学资讯管理学院的邀请，大朗镇委委员、镇信息产业办主任叶惠明作为外聘专家，到中山大学为近300名中大学子作题为“‘从大朗档案模式’看档案事业创新发展”的主题讲座。

是日，东莞市委政研室副主任卢汉彪一行6人到大朗镇调研产业转型升级工作，求富路、长塘等社区和外经办、经贸办、科技办等相关负责人分别就相关工作进行汇报。

是日，大朗公安分局组织警力对巷头、巷尾等社区的出租屋开展治安清查。

7月7日，大朗镇和长安镇的领导班子在大朗体育馆进行一场篮球友谊赛。

是日，东莞市市内扶贫工作年中考评组到大朗镇考评扶贫帮困“双到”工作，与谢锦波、叶效怀等镇领导进行座谈，对大朗镇扶贫帮困“双到”工作成效表示肯定，并分别到新马莲、屏山等社区（村）和贫困户家中进行考察和慰问。

7月8日，浙江省、江西省疾控专家一行20多人到大朗镇社区卫生服务中心参观考察，了解大朗社区卫生服务、疾病预防控制等工作的做法和经验。

7月10日，台北市东莞同乡会青年交流团一行30人到大朗镇展开寻根之旅，先后参观大朗镇档案馆和荔香湿地公园等地。

7月11日，东莞市委政研室副主任卢汉彪一行到大朗镇调研产业转型升级情况，并与镇委委员、信息产业办主任叶惠明以及民营办、外经办、经贸办、国土分局等部门人员进行座谈。

是日，大朗镇质监部门对辖

区范围内的手扶电梯开展专项检查。

7月12日，大朗司法所举行“广东省青年文明号”揭牌仪式，广东省司法厅、东莞市司法局、团市委的相关领导以及镇委副书记祁沛全出席仪式。

是日，东莞市创建和谐劳动关系示范区工作督导组到大朗镇检查督导，与镇人力资源分局、镇总工会、大朗商会以及企业代表们进行座谈，镇委委员、镇武装部部长陈根照参加会议并汇报大朗镇创建和谐劳动关系示范区工程的工作进展。

是日，大朗镇在行政服务中心召开全镇职业健康状况调查工作会议。

是日，2011年华南农业大学外国语学院“三下乡”暑期实践活动在大朗镇鸣凤小学启动，镇关工委、团镇委、镇教育办的相关人员参加启动仪式。

7月13日，广东省委组织部组织处处长曹永中一行到大朗镇调研，并参观迈科科技有限公司和现代信息服务创意产业园，市委组织部副部长欧阳贵有以及镇委委员、镇纪委书记、镇人大副主席傅振华陪同。

是日，大朗公安分局组织警力对大朗镇长盛街附近的出租屋开展拉网式治安清查。

是日，大朗镇召开全镇推广应用流动人口自助申报系统动员会。

7月14日，新疆生产建设兵团农三师党委常委、副政委付爱琴率考察团到大朗镇参观考察，并参观荔香湿地公园和毛纺织研发中心，谢锦波、夏建中等镇领导陪同。

是日，大朗镇召开求富路社区火灾隐患重点地区整治工作推进会，镇委委员、镇武装部部长陈根照出席会议。

是日，东莞市召开庆祝中国共产党成立90周年系列活动之第十届“东莞市十大杰出青年”颁奖典礼，市政协主席刘树基，市委常委、市委组织部部长庞国梅等领导和相关单位负责人参加颁奖典礼。大朗镇委委员、镇信息产业办主任、镇产业结构调整和转型升级工作领导小组办公室主任叶惠明获“东莞市十大杰出青年”。

是日，东莞市农机安全监管责任人培训班第四期在大朗镇举行，来自大岭山、黄江、樟木头等8个镇街的100多名相关责任人参加培训。

是日，大朗镇打假办组织镇工商、质监、公安、城市综合执法等职能部门开展夏季食品专项打假行动。

7月15日，东莞市餐饮服务食品安全示范街创建工作现场会在大朗镇召开，副市长邓志广、市食品药监局局长陈锡江和谢锦波、林熙仿等镇领导出席现场会。邓志广、陈锡江、谢锦波等领导共同启动“餐饮通”监管信息平台，和与会人员参观大朗美食街。

是日，大朗镇召开第三季度防范重特大安全事故暨消防安全工作会议，镇委委员、镇武装部部长陈根照出席会议并部署工作。

是日，大朗镇举办重点公共场所艾滋病高危行为干预培训班。

是日，大朗镇语文骨干教师培训第三次指导暨“第一课时教学”专题指导活动在鸣凤小学举行。

是日，2011年大朗镇大学生创业（社会）实践行动启动仪式在镇府一号会堂举行。

7月18日，大朗镇委书记王检养在叶惠明、夏建中、叶淑帆、叶效怀等镇领导的陪同下到长塘片各社区（村）调研，了解各社区（村）经济社会发展情况。

是日，大朗镇召开大运会安保工作动员大会，镇委委员、公安分局局长黄兆棠出席会议并部署下阶段工作。

7月19日，大朗镇委书记王检养在祁沛全、林熙仿、傅振华、陈根照、叶惠明、叶淑帆、陈志芬等镇领导的陪同下，到大井头片、巷头片各社区（村）开展调研，了解各社区（村）经济社会发展情况。

是日，大朗镇委委员、镇妇联主席陈慧娟和镇妇联、社会事务办、大朗慈善会等有关职能部门到巷头社区一户困难家庭进行慰问，并送上医疗救助金。

7月20日，大朗镇委书记王检养在黄锦发、叶惠明、叶桂平、叶淑帆、傅秩恩等镇领导的陪同下，到蔡边村和宝陂村开展调研。

是日，东莞市“打非治违”及“平安大运”专项督导组到大朗镇督查安全生产工作并到部分企业车间进行检查。镇委委员、武装部长陈根照向督导组汇报专项行动进展情况。

是日，长安镇宣传文体局参观团一行在大朗镇宣传办、文化广电中心有关负责人的陪同下参观求富路社区、大朗展览馆、大朗艺术馆和行政服务中心。

是日，团镇委和大朗镇人力资源分局联合举办2011年高校毕业生就业指导培训班，全镇200多名高校毕业生参加培训。

7月21日，大朗镇委书记王检养在黄锦发、叶惠明、叶桂平、叶淑帆、傅秩恩等镇领导的陪同下，到石厦片、松和片各社区（村）开展调研，了解各社区（村）经济社会发展情况。

是日，新疆农三师图木舒克市五十团党委书记、政委鲁维龙率对接交流考察团到大朗镇参观考察，与谢锦波、黄锦发、夏建中、周浩森、叶效怀等镇领导举行座谈会，会上，大朗医院负责人和农三师五十团医院负责人签订结对合作协议。随后，交流考察团一行参观大朗镇档案馆、大朗展览馆、中心幼儿园、行政服务中心以及颖祺实业有限公司。

是日，东莞市人口计生系统首届“人口杯”运动会在大朗体育馆举行，市政府副秘书长、市人口计生局局长邹联和谢锦波、陈慧娟等镇领导出席开幕式。

是日，大朗镇“每天绽放新精彩”2011年东莞市文化惠民千场文艺演出进基层活动正式启动，镇长助理王博出席活动启动仪式。

7月22日，大朗镇委书记王检养在黄锦发、陈慧娟、叶惠明、韩暖渠、叶淑帆、李创业等镇领导的陪同下，到蔡边片部分社区（村）开展调研，了解各社区（村）经济社会发展情况。至此，完成对大朗镇28个社区（村）的调研工作。

是日，大朗公安、消防、安监和火灾隐患整治办等职能部门联合开展消防安全隐患大排查行动。

是日，东莞市文明办组织公共文明指数测评组到大朗镇开展公共文明指数测评。

是日，2011年暑期“骏通杯”大朗镇学生篮球赛正式打响。

7月23日，“南华杯”2011年大朗镇歌唱大赛月赛在大润发露天广场正式启动。

7月25日，东莞市环保专业基地进展情况汇报会在大朗镇召开，市环保局副局长刘国军一行和长安、沙田、麻涌等5个乡镇的相关负责人以及副镇长傅秩恩参加会议。

7月26日，大朗镇委委员、公安分局局长黄兆棠率民警及治安力量400多人，开展“创平安、迎大运”治安重点整治专项行动。

是日，由镇武装部、社会事务办、商会、女企业家协会大朗分会组成的拥军慰问团在陈根照、陈慧娟等镇领导的带领下，对大朗镇仙村驻港部队进行慰问。

是日，莞韶产业园管委会考察团到大朗镇行政服务中心参观，镇委委员、镇信息产业办主任叶惠明陪同。

7月27日，第十届中国（大朗）国际毛织产品交易会首场新闻发布会在北京人民大会堂召开，中国纺织工业协会副会长陈树津，国家发改委重大项目稽查司司长马最良，中国毛纺织行业协会会长彭燕丽，中国纺织工业协会传媒中心主任魏林，东莞市副市长邓志广，副秘书长、驻京办主任刘学聪和谢锦波、林熙仿、李创业、王博等镇领导以及组委会、行业协会的相关领导、新闻媒体共约150余人参加发布会。

是日，谢锦波、林熙仿、李创业、王博等镇领导率东莞市毛纺织行业协会、大朗镇有关单位（公司）负责人和社区（村）书记一行30多人到北京市昌平区阳坊镇参观学习，先后参观清华阳光公司、中国坦克博物馆和南口桃园。

是日，大朗镇组织民兵和消防大队官兵开展射击比武活动，镇委委员、镇武装部部长陈根照参加活动。

是日，大朗镇委委员陈慧娟和社会事务办、武装部、组织办的相关负责人慰问3位在大朗镇工作的军嫂。

是日，中国国际金融公司董事长李剑阁一行6人到信易电热机械有限公司和颖祺实业有限公司调研，东莞市委政研室有关负责人和大朗镇委委员夏建中陪同。

是日，团镇委和大朗镇人力资源分局联合举办2011年高校毕业生创业指导培训班。

是日，大朗镇开展“创平安、迎大运”专项整治行动。

7月28日，社会事务办有关人员和大朗医院的医务人员到大井头、水口、宝陂等社区（村）的重点优抚对象家中开展送医送药活动。

是日，大朗镇召开2011年住房公积金扩面工作会议，副镇长叶效怀出席会议。

7月29日，广东省委组织部调研室主任张广宁率调研组到到大朗镇开展“主题式党组织生活开展情况”及“两新”组织党建经费保障机制试点情况专题调研，并参观大朗镇行政服务中心、长塘社区和长富社区，东莞市委组织部副部长欧阳贵和镇委委员、纪委书记、人大副主席傅振华陪同。

是日，团省委常委、农青部部长冯永忠一行10人参观大朗镇档案馆，叶惠明、叶淑帆、王博等镇领导陪同。

是日，大朗镇首个本土摄影家个人摄影展——叶伟强摄影作品展在大朗艺术馆开幕，镇长助理王博出席开幕仪式。

7月30日，中国·塘厦2011“越唱越红”歌唱大赛大朗分赛区在长塘大厦举行。

7月31日，大朗镇庆祝“八一”建军节文艺晚会在大朗消防大队举行，东莞市消防局政治处主任李凌，镇委委员、镇武装部部长陈根照出席并观看晚会。

是日，大朗镇计生办、妇联、大朗医院联合举办“大朗镇降消系列活动·预防围产儿出生缺陷专题讲座”。

8　月

8月1日，大朗镇召开“八一”建军节慰问大会，镇委委员、镇武装部部长陈根照出席大会。

8月2日，大朗镇委委员、公安分局局长黄兆棠率民警及治安力量400多人，开展“创平安、迎大运”治安重点整治专项行动。

是日，2011年暑期“骏通杯”大朗镇学生篮球赛落下帷幕。

8月3日，大朗镇夺得东莞市计生系统首届“人口杯”运动会女子篮球项目冠军。

8月4日，广东省食品药品监督管理局副局长陈德伟一行在东莞市食品药品监督管理局有关领导的陪同下到大朗镇调研餐饮服务食品安全示范街的做法。陈德伟一行首先实地参观长盛广场美食街，随后，在行政服务中心会议室听取谢锦波、韩暖渠等镇领导关于创建全市餐饮服务食品安全示范街的工作汇报。

8月5日，大朗镇召开“迎大运、保平安”文化市场联合清查行动会议，镇委委员、副镇长、镇教育办主任黄锦发出席会议并部署工作。

是日，大朗镇举行非公组织军民共建点挂牌仪式，镇委委员陈慧娟出席活动并为共建点揭牌。

是日，大朗镇举行垃圾分类处理试点启动仪式，东莞市城市综合管理局副局长陈旭坚以及副镇长叶效怀等领导参加启动仪式。

是日，大朗镇在镇政府一号会堂举办信息系统安全培训讲座，政府各办公室、单位、社区（村）的有关信息化管理人员近200人参加会议。

是日，大朗镇文化执法、公安、工商、文化广电中心等部门人员组成联合执法队开展迎大运、保平安“扫黄打非”专项行动。

8月8日，东莞市委常委、宣传部部长王道平一行到大朗镇检查指导全国文明镇创建工作和调研未成年人思想道德建设情况，在大朗镇宣传办有关工作人员的陪同下参观中心小学。

8月10日，东莞市毛织服装设计师协会举行换届大会，通过投票选举产生出新一届会长、副会长、秘书长和理事会成员，周菁连任会长。镇委委员林熙仿出席大会。

是日，东莞市消防局副局长王伟轩率检查组一行深入企业、超市等地检查消防安全工作，镇委委员、镇武装部部长陈根照和大朗消防大队等部门人员陪同。

8月11日，东莞副市长严小康，市府副秘书长黄福泉，市文广新局局长陈志伟、副局长王海明一行到大朗镇检查指导“五个有”工程建设工作，实地考察屏山社区和洋坑塘村的“五个有”工程开展情况，王检养、谢锦波、黄锦发、叶淑帆等镇领导陪同。

是日，祁沛全、黄兆棠等镇领导对江西警察学院的70名援莞学警进行慰问并送上慰问品。

是日，东莞市“迎大运、保安全”专项督查工作组第三小组人员到大朗镇检查大运会安全保障工作。镇委委员、镇武装部长陈根照作情况汇报，并陪同督查组到汽车站、气库和毛织企业等场所开展检查。

是日，广东省妇联巡视员杨洁芝、省妇联权益部部长杨世强等省妇联调研组一行到大朗镇调研白玉兰家庭服务中心建设情况，东莞市妇联主席黄慧红，镇委委员、镇妇联主席陈慧娟陪同。

是日，东莞市环保局局长袁

2011年8月19日，镇委书记王检养等领导到深入社区（村）调研。（黄启穆　摄）

绍东一行到大朗镇毛织环保专业基地进行调研。

是日，大朗镇举办食品安全知识培训班，全镇各学校、餐饮企业、社区（村）的有关负责人参加。

是日，大朗镇组织经贸、工商、质监等职能部门联合开展月饼质量专项检查。

8月13日，东莞市志愿者周末学堂第24期在大朗镇开讲，中华志愿者协会常务理事、广东青年职业学院教授谭建光为100多名志愿者授课。

8月15日，东莞市公安消防支队“开心迎大运，欢乐进警营”慰问演出在大朗消防大队举行，市消防局政治处主任李凌，镇委委员、镇武装部部长陈根照出席并观看晚会。

8月16日，大朗镇委委员、公安分局局长黄兆棠率民警及治安力量上街巡逻执勤，促进深圳大运行期间全镇巡逻防控工作开展。

8月17日，大朗镇府选区举行补选镇第十五届人民代表大会代表投票选举大会，镇委书记王检养全票当选为镇第十五届人大代表。

是日，首部大型东莞地方文献汇总——《东莞历代著作丛书》在莞城市民广场举行首发仪式。大朗镇党政领导班子成员、各社区（村）支部书记、主任、各单位负责人等领导以及莞城街道相关领导超过300人参加首发仪式。大朗镇委书记王检养、莞城街道党委书记刘林宏及“东莞史学泰斗”杨宝霖共同启动揭幕仪式。

是日，“笔墨印记——也墨作品展”在莞城美术馆正式开幕，大朗镇委书记王检养（也墨）、莞城街道党委书记刘林宏等领导共同为画展进行揭幕。

是日，大朗镇组织党政、人大领导班子成员、各社区（村）支部书记、主任、各单位负责人和各中小学校长、幼儿园园长等近200人到莞城街道参观学习，在莞城街道党委书记刘林宏等领导的陪同下先后参观汇峰中心、少年宫、图书馆、美术馆、市民广场等地。

8月18日，全市人口和计划生育综合改革工作现场会在大朗镇召开。国家人口计生委办公厅主任张春生，广东省政府副秘书长、省人口计生委主任张枫，东莞市政府副秘书长、市人口计生局局长邹联和大朗镇委副书记、镇长谢锦波等领导出席会议，并为全市人口计生综合改革示范点——求富路社区揭牌。镇委委员陈慧娟作经验发言。

是日，东莞市产业结构调整和转型升级工作会议在市会议大厦主会场召开，镇委副书记、镇长谢锦波代表大朗镇就产业结构调整和转型升级中的做法、成效和发展方向作发言。副镇长、镇外经办主任、招商办主任傅秩恩代表大朗镇上台领取产业结构调整和转型升级先进镇街奖。

是日，慈发电脑横机广东销售服务中心落户大朗镇，镇委委员林熙仿出席服务中心的开业典礼。

是日，大朗公安分局组织警力300多人开展治安重点整治专项行动。

8月19日，散裂中子源工作协调会在大朗镇召开。东莞市委常委、常务副市长冷晓明，中科院高能所副所长奚基伟，市财政局、供电局负责人以及王检养、谢锦波、韩暖渠等镇领导参加会议，会后实地考察散裂中子源项目施工现场。

是日，大朗镇召开2011年大学生创业（社会）实践行动总结表彰大会，镇委委员、镇党政办主任叶淑帆出席会议并为先进组织及先进个人颁奖。

是日，大朗镇经贸办、工商、质监等部门联合到镇内各大加油站检查推广使用粤Ⅳ车用汽油以及相关标识更新情况。

是日，大朗镇组织经贸、质监、工商分局、农技中心等职能部门联合开展猪肉市场检查。

8月22日，中国共产党大朗镇第十二次代表大会在镇政府一号会堂召开。东莞市委组织部副部长王建周出席会议并作讲话，镇委副书记、镇长谢锦波主持会议，镇委书记王检养代表中共大朗镇第十一届委员会作题为《建设和谐富裕的大朗》的报告。大会选举产生13名中共大朗镇第十二届委员会委员和5名大朗镇纪律检查委员会委员。随后，十二届镇委和镇纪委分别举行第一次全体会议，王检养当选中共大朗镇委书记；谢锦波、叶惠明当选中共大朗镇委副书记。叶桂平当选中共大朗镇纪委书记。最后，镇委副书记叶惠明宣读《中共大朗镇第十二次代表大会关于十一届镇委和镇纪委工作报告的决议（草案）》，批准第十一届镇委的报告和镇纪委的报告。

8月23日，大朗公安分局党委召开贯彻学习镇第十二次党代会精神工作会议，镇委委员、公安分局局长黄兆棠出席会议。

是日，大朗公安分局开展治安重点整治专项行动为大运会顺利闭幕护航。

8月24日，新疆农三师图木舒克市中青年科级干部培训班学员一行30人到大朗镇参观学习，在镇委委员夏建中的陪同下参观行政服务中心、中心小学、求富路花园和现代信息服务创意产业园。

8月25日，大朗镇第十五届人民代表大会第十次会议召开，镇委书记王检养当选镇人大主席，袁志

良、傅永杰当选副镇长。

8月30日，大朗镇校安办对全镇中、小学、幼儿园校舍开展安全检查。

8月31日，大朗镇委委员叶效怀到大朗中学、大朗一中、中心小学、中心幼儿园及水霖学校视察、了解各学校开学准备情况。

9 月

9月1日，大朗镇组织经贸、工商、质监等部门联合对学校及周边的小卖部进行专项检查。

是日，大朗镇组织公安、消防、供销等多个部门联合对辖区范围内的废品收购站进行专项检查。

9月2日，东莞市副市长成洪波、市公安消防局政委黄怀到大朗镇调研消防安全隐患整治工作，谢锦波、陈根照等镇领导陪同参加调研。

是日，大朗镇食品药品监督站开展为期一个月的学校食堂食品安全专项检查工作。

9月5日，大朗镇举办消防安全工作会议，谢锦波、陈根照等镇领导和公安、消防、供销社、火灾隐患整治办、派出所、各社区（村）分管消防安全干部及各废旧仓库、废品站有关负责人出席会议。会后，全体与会人员现场观看各社区（村）消防队伍拉练情况，检阅灭火执勤、抢险救援工作上的作战能力。

9月6日，大朗镇召开第十届中国（大朗）国际毛织产品交易会现场协调会，镇委副书记、镇长、“织交会”组委会主任谢锦波和镇委委员韩暖渠参加会议。

是日，大朗镇举办《幼儿习惯教育促进儿童早期发展实践研究》专家讲座，深圳市教育专家工作委员会副主任黄孔成受邀进行讲解。

是日，大朗镇举办废品收购站从业人员消防安全知识培训课，100多人接受培训。

9月7日，王检养、谢锦波、叶惠明等镇领导分别到大朗镇各中小学校、幼儿园慰问教育工作者，并送上节日慰问金。

是日，广东省消防总队政委牛跃光等省、市消防部门领导到大朗镇检查消防安全工作，察看巷头毛织一条街的部分毛织店铺，镇委副书记叶惠明陪同。

是日，东莞市外经贸局局长黄冠球率慰问小组一行到屏山社区开展对口帮扶慰问，傅秩恩、周浩森等镇领导陪同。

9月8日，大朗公共的士有限公司举行成立4周年志庆，叶惠明、叶桂平、袁志良、陈志芬等镇领导出席庆典。

是日，傅秩恩、周浩森、李创业、袁志良、傅永杰等镇领导分别到宏育小学、大朗第一小学、崇文小学、水口小学、鸣凤小学慰问教育工作者，并送上节日慰问金。

是日，东莞市毛织服装设计师协会产生第二届理事会会长、副会长、秘书长和理事会成员。镇委委员韩暖渠为获选连任的会长周菁等颁发牌匾。

是日，大朗镇召开市内扶贫工作会议，镇委委员周浩森出席会议并部署工作。

9月9日，陈根照、叶效怀等镇领导慰问巷头小学、巷头幼儿园的老师，并送上节日慰问金。

9月13日，东莞市民政局、财政局相关领导率市调研组到大朗镇调研社区综合服务中心示范点建设情况。

9月14日，大朗镇妇联白玉兰家庭服务中心在中心小学举行“回收月饼盒，环保献爱心”大行动，镇委委员陈慧娟出席活动。

是日，第九届中国（大朗）毛织服装设计大赛初赛评审会在中国（大朗）毛纺织产品研发中心举行，36份优秀作品入围本届大赛决赛。

9月15日，东莞市委宣传部文明办检查组到大朗镇检查指导群众性精神文明创建活动。

是日，大朗镇举办中、小学校、幼儿园档案业务培训班，50多名学校、幼儿园的档案员接受培训。

是日，大朗镇第七届读书节活动之一的“悦读大朗”镇情知识电视大赛初赛在中心小学展开角逐，来自中心小学、实验小学和大朗一中等学校的6名选手进入决赛。

是日，大朗镇组织经贸、质监、工商、公安和食品药品监督站等部门联合行动，对辖区范围内食用油销售和使用情况进行检查。

9月16日，第十届“织交会”新闻发布会在大朗镇行政服务中心召开，中国纺织工业协会副会长孙瑞哲、中国毛纺织行业协会理事长彭燕丽、中国国际贸易促进委员会纺织行业分会副会长陈伟康、东莞市府副秘书长任新合和谢锦波、韩暖渠等镇领导，以及来自全国各地的新闻媒体和参展企业代表共约200人参加新闻发布会。

9月18日，2011大朗第七届读书节之“悦读大朗”镇情知识大赛决赛在中心小学举行，镇委委员叶淑帆出席活动并为获奖者颁奖。

9月20日，第十三届中国东莞国际电脑资讯产品博览会在东莞国际会展中心开幕，镇委副书记、镇长谢锦波到大朗镇参展企业的展位参观，并与企业负责人进行交流。

9月19—21日，大朗镇委书记、镇人大主席王检养率考察团赴江浙考察产业集群。9月19日，考察团一行参观金龙机械有限公司。9月20日，考察团一行参观常熟服装城以及濮院镇的党建展示中心、中国毛衫城、环贸女装中心和飞虎科技有限公司。

9月21日，大朗镇组织公安分局、消防大队、火灾隐患整治办联合开展清查违规住人专项行动。

是日，大朗交警大队开展危险化学品车辆检查行动。

是日，大朗推出镇街首个短信问政平台。

是日，2011年东莞市“文化惠民”文艺百场培训在求富路花园会所举行，广州中华文化学院教授、合唱指挥家苗向阳教授为近70名音乐爱好者进行授课。

9月22日，中国东莞留学人员创业园揭牌仪式暨高层次留学人员创新创业周活动在大朗镇举行。原国家人事部党组副书记、副部长戴光前，广东省委常委、副省长肖志恒，东莞市委副书记、市长李毓全等领导出席活动，并共同为中国东莞留学人员创业园牌匾揭幕。

是日，大朗镇召开食品安全暨严厉打击地沟油违法犯罪专项工作会议，镇委委员韩暖渠出席会议并部署工作。

是日，东莞市纪检监察系统简政强镇事权改革业务座谈会在大朗镇举行。大朗、寮步等13个中心镇和松山湖、虎门港、生态园等3个市属园区的纪检系统人员参加业务知识培训，并进行座谈交流。市纪检监察局有关领导和镇委委员、镇纪委书记叶桂平出席座谈会。

9月23日，东莞市农业局联合大朗镇农林水办、安监分局、交警大队等多个部门，在大朗辖区范围内开展第二次无牌无证拖拉机联合执法专项整治行动。

是日，大朗镇组织经贸、工商、质监等多个部门联合行动，对餐饮行业食用油使用情况进行专项检查。

9月26日，厚街镇委书记、镇人大主席黎惠勤，厚街镇委副书记、镇长万卓培率厚街镇考察团一行约40人到大朗镇参观考察农民公寓建设的经验和做法，并参观长塘花园和求富路花园，王检养、叶惠明、夏建中、叶淑帆等镇领导陪同。

是日，大朗镇农技中心开展节前农资和农产品安全检查。

9月27日，2011年东莞市城市管理综合执法工作绩效考核会议在大朗镇行政服务中心召开，市城市管理综合执法局副局长刘永潮、副镇长袁志良等领导出席会议。

是日，大朗镇打假办联合工商、质监、烟草等部门开展节前商品打假行动。

9月28日，大朗镇召开民政工作会议，镇委委员陈慧娟出席会议并部署工作。

是日，大朗公安、消防、火灾隐患整治及供销社联合召开废品回收行业消防安全责任推进会。

是日，大朗镇“争当合格父母、培养优秀人才”——东莞市千场家庭教育大讲堂进村（居）活动首场讲座在宏育小学举行。

9月29日，东莞七海测量技术有限公司开业庆典和产品新闻发布会在大朗镇召开，镇委委员、镇招商办主任、外经办主任傅秩恩出席相关活动。

9月30日，国家食品药品监督管理局食品安全监管司副司长范学慧率国家、省、市食品药品监督管理局调研组一行到大朗镇检查指导工作。镇委副书记、镇长谢锦波向调研组汇报大朗创建餐饮服务食品安全示范街工作的相关情况。随后，调研组一行在镇委委员韩暖渠的陪同下，到大朗美食街现场进行检查指导。

是日，第48期“文艺百场”培训之《图书管理专业知识》讲座在求富路花园举行，东莞图书馆的图书管理专家为各社区（村）、中小学和大朗图书馆各分馆共100多名图书管理员讲解图书馆文献资源建设和管理等方面的知识。

是日，大朗司法所联合大朗法庭、工商、公安等部门对镇内多家法律咨询服务所进行检查。

是日，大朗镇联合公安、消防、安监、火灾隐患整治办等部门开展娱乐场所消防安全检查。

10 月

10月12日，东莞市委宣传部副部长梁轼文、市文明办副主任王培琦一行到大朗镇检查考核创建“全国文明镇”有关情况。检查组一行在镇委委员叶淑帆的陪同下参观大朗镇档案馆、中心小学、大朗市场和求富路社区，对大朗镇的文明创建工作表示肯定。

是日，大朗镇综治办组织公安、交警、交通等部门联合开展“治摩”专项行动。

10月13日，大朗镇在行政服务中心举行文学艺术界联合会成立大会。东莞市文联主席林岳、专职副主席宋媛以及叶惠明、王博等镇领导出席大会，并为东莞市大朗镇文学艺术界联合会牌匾揭幕。宋媛宣读东莞市文联关于

批准成立大朗镇文学艺术界联合会的批复，镇委委员叶淑帆为第一届委员会主席，邝任德为常务副主席，谢主连、邓石岭为副主席。镇委副书记叶惠明为第一届委员会主席、副主席等人颁发聘书。

是日，大朗镇召开全镇人口计生工作会议，镇委委员陈慧娟出席会议并部署工作。

10月14日，大朗镇司法所正式更名为东莞市司法局大朗分局。东莞市司法局副局长吴敏以及叶惠明、覃春等镇领导出席仪式并揭牌。

是日，东莞市公安消防局局长沈奕辉一行到大朗镇检查"清剿火患"战役的开展情况，检查毛织东街沿街商铺并对这些商铺的整改成功表示肯定。

10月18日，王检养、谢锦波、周浩森等镇领导到韶关乳源县乳城镇大东、新民和健民3条村督查扶贫"双到"工作。王检养书记一行与乳源县县委书记梁健等县领导共同为大朗镇出资兴建的朗东医疗卫生站揭牌，随后参观泰丰野猪养殖基地、大东上座坝子新村和新民村商业综合楼等帮扶项目，并到对口帮扶贫困户家中进行慰问。

是日，东莞市文化广播电视新闻出版局副局长叶淦奎率检查组到大朗镇检查指导工作，在叶淑帆、王博等镇领导的陪同下，参观大朗展览馆和大朗艺术馆等地以及沙步、洋坑塘和佛子凹等社区（村），对大朗在文化建设方面取得的成绩表示肯定。

是日，大朗镇组织文化执法、公安、工商、城市执法、文广中心、邮政等部门联合开展2011年"扫黄打非"专项行动。

10月19日，东莞市副市长严小康，市府副秘书长黄福泉，市府督查室主任梁杰钊，市文广新局副局长陈健秋、叶淦奎等领导到大朗镇检查指导"五个有"工程建设，实地考察佛子凹村、洋坑塘村和沙步村的"五个有"工程建设，王检养、叶淑帆等镇领导陪同。

是日，东莞市社保局副局长梁绍光率综治委考核组到大朗镇开展2011年度维稳综治工作年终考核。谢锦波、叶惠明、黄兆棠等镇领导向考核组汇报2011年度维稳综治工作，并考察综治信访维稳中心。

是日，广东省外经贸厅副巡视员周树伟率广东省产业转型升级突破点专题检查组到大朗镇参观考察，并参观大朗毛织贸易中心、大朗毛纺织研发中心和颖祺实业有限公司，市府副秘书长刘学聪，市经信局、市外经贸局有关领导和镇委委员傅秩恩陪同。

是日，东莞市人口计生年终考核调查组到大朗镇开展2011年的人口计生工作年终考核调查，并到镇计生办、大朗医院、求富路社区等地进行考核调查，镇委

2011年10月18日，镇委书记王检养到乳源县乳城镇为朗东医疗卫生站揭牌。（黄启穆　摄）

委员陈慧娟陪同。

10月20日，中国最大的科学装置——中国散裂中子源在大朗镇举行奠基仪式。中共中央政治局委员、国务委员刘延东，中共中央政治局委员、广东省委书记汪洋，中国科学院院长、党组书记白春礼，国家发展和改革委员会副主任张晓强，东莞市委书记、市人大常委会主任刘志庚，东莞市委副书记、代理市长袁宝成等国家部委、省、市领导和王检养、谢锦波等镇领导出席活动。刘延东、白春礼、张晓强和省委常委、常务副省长朱小丹分别在奠基仪式上作讲话。随后，刘延东、汪洋、白春礼、张晓强等领导为中国散裂中子源项目奠基培土。

是日，由东莞市教育局、社保局组成的联合检查小组到大朗镇检查部分民办学校、幼儿园教职工参保情况。

10月21日，大朗镇举行有劳动能力低保困难户就业指导励志培训班，120多名有劳动能力低保困难户参加培训。周浩森、覃春等镇领导出席活动。

是日，大朗镇委委员周浩森、镇长助理王博、沈艳萍到杨涌、新马莲、石厦的厂企参观调研。

10月22日，“2011海外青年才俊聚东莞”活动在大朗镇帝豪花园酒店举行，共吸引美国、新加坡、马来西亚以及香港等6个国家和地区的200多位青年才俊和9个海外华人专业社团参加。广东省侨办副主任林琳、东莞市副市长成洪波、市外事局局长蒋小莺以及镇委副书记、镇长谢锦波等领导出席活动。

是日，大朗镇举办2011“书香飘溢·情满荔乡”诗文配乐朗诵比赛，300多名各小学、幼儿园的小选手参加比赛。

10月23日，东莞市人民对外友好协会与日本神奈川县日中友好协会在大朗镇帝豪花园酒店举行友好合作组织关系备忘录签约仪式。广东省友协副秘书长陈广海、东莞市友协会长蒋小莺和神奈川县日中友协副会长牧内良平等领导出席仪式。

10月24日，第四批东莞市荣誉市民授荣大会在大朗镇帝豪花园酒店举行，东莞华科电子有限公司董事长邱郁盛、东莞标检研发中心总裁冯立中等36人获荣誉市民称号。市委副书记、代理市长袁宝成，市政协主席刘树基，市人民政府副市长成洪波以及王检养、谢锦波等镇领导出席大会。

是日，东莞市人大常委会副主任吴镇成率市督导组到大朗镇督导市内扶贫工作，与谢锦波、陈慧娟、周浩森等镇领导以及市外经贸局有关人员进行座谈。随后，到屏山社区考察并慰问贫困户。

10月25日，大朗镇召开市镇两级人大换届选举工作会议，叶惠明、傅振华、陈志芬等镇领导出席会议并部署工作。

是日，广东省军区副政委黄善春一行到大朗镇检查指导党管武装工作，并参观求富路社区的民兵营，东莞军分区有关领导和镇委委员、武装部部长陈根照陪同。

是日，大朗镇委委员黄兆棠和镇委委员韩暖渠召集公安、交警等相关职能部门人员，就第十届“织交会”安保工作进行协调和布置。

是日，大朗镇举办“婚姻法司法解释（三）”讲座，东莞市妇联权益部副部长易健华为全镇100多名社区（村）、单位的妇女干部进行讲解。

是日，大朗镇公安分局组织警力在全镇开展治安重点地区集中整治统一行动。

是日，大朗镇在启明学校举行民办学校教学管理经验交流会。

10月26日，大朗镇委委员、镇武装部部长陈根照召集镇消防、火灾隐患整治办、安监等职能部门人员到中国·大朗毛织贸易中心检查消防安全工作，并布置“织交会”期间消防安全工作。

是日，大朗镇召开2011年征兵工作会议，镇委委员、镇武装部部长陈根照出席会议并部署征兵工作。

是日，东莞市残联考核组到大朗镇开展残疾人工作量化考核。镇委委员陈慧娟向考核组汇报大朗镇2011年残联工作开展情况，实地查看黄草朗、石厦的残疾人康复站和残疾人协会。

是日，东莞市食品药品监督管理局副局长梁少华率市餐饮服务食品安全示范街考评小组到大朗镇检查指导工作。镇委委员韩暖渠向考评小组汇报食品安全示范街创建相关工作。随后，考评小组一行现场检查食品安全示范街。

是日，大朗镇召开食品安全工作会议，镇委委员韩暖渠出席会议并部署工作。

是日，大朗镇幼儿良好行为习惯养成工作阶段性总结活动在水口幼儿园举行。

10月27日，王检养、谢锦波等镇党政领导班子成员到中国·大朗毛织贸易中心就“织交会”的布展情况进行检查和指导。

是日，大朗镇2011年毛织风情节在新世纪长盛广场开幕，东莞市文广新局副局长蔡建勋以及谢锦波、叶惠明、陈慧娟、叶桂平、叶淑帆等镇领导出席开幕

式。

10月28日，山东如意集团东莞毛织品研发中心开业典礼在中国·大朗毛织贸易中心举行。谢锦波、叶惠明、韩暖渠等镇领导和市毛织协会有关负责人出席典礼并进行开业剪彩。

是日，香港中华总商会会长蔡冠深率香港中华总商会代表团一行30多人参观考察东莞标检产品检测有限公司，东莞市港澳事务局副局长陈国良、镇委委员傅秩恩陪同。

是日，镇委委员叶效怀为大朗镇实验小学的广东省体育传统项目（武术）学校牌匾揭幕。

是日，中国电信2011年大朗镇第二届青少年科技创新大赛在中心小学举行，镇委委员叶效怀出席大赛启动仪式。

是日，大朗镇开展社科界“走基层、进社区、访企业”知识讲座服务活动，广东医学院营养与食品卫生学副教授李华文为300名社区（村）工作人员授课。

10月29日，第十届中国（大朗）国际毛织产品交易会，在主会场中国·大朗毛织贸易中心开幕，广东毛织市场、富康路、富华北路、银朗北路4个分会场亦同时启动。中国纺织工业协会副会长张延凯、秘书长杨纪朝，中国毛纺织行业协会会长彭燕丽，广东省政府副秘书长林英，东莞市委副书记、代市长袁宝成、副市长邓志广和王检养、谢锦波等镇领导，以及国内外客商、专业采购团、参展企业代表和新闻媒体约2000人参加开幕典礼。会后，张延凯、彭燕丽、林英、袁宝成等领导在王检养、谢锦波等镇领导的陪同下巡视展会现场。

是日，“织城锦绣·幸福大朗”第十届中国（大朗）国际毛织产品交易会开幕式电视晚会在中国·大朗毛织贸易中心广场举行。中国毛纺织行业协会会长彭燕丽、副会长黄淑媛、市文广新局副局长叶淦奎和谢锦波、叶惠明等镇领导出席并观看晚会。

10月30日，2012中国（大朗）毛针织服装流行趋势发布会在中国·大朗毛织贸易中心三楼举行。中国纺织工业协会秘书长、中国贸促会纺织行业分会常务副会长徐迎新，中国流行色协会常务副会长梁勇以及王检养、谢锦波等镇党政、人大领导班子成员出席活动。

10月31日，“英伟杯”第九届中国（大朗）毛织服装设计大赛总决赛在中国·大朗毛织贸易中心举行，上海东华大学的梁雅洁以作品《交融》夺得冠军，大朗职中蔡杰玲和大朗本土设计师蓝琴花双双获得铜奖，大朗职中林岚获得优秀奖。谢锦波、叶惠明等镇领导出席活动。

是日，“东莞邮政传媒助力大朗毛织企业拓展本、内地市场研讨会”在中国·大朗毛织贸易中心举行，市邮政局副局长张东峰、局长助理陈健威以及镇委委员韩暖渠出席研讨会。

是日，广东新生代农民工网络高等学历教育专题研讨会在大朗镇帝豪花园酒店举行，教育部职成教司远程与继续教育处刘英处长、共青团广东省委副书记陈小锋、共青团东莞市委何学文副书记参加会议。

是日，大朗镇2011年毛织风情节“远航”中小学文艺展演在长盛广场举行，全镇10多所中小学近300名学生参加展演。

11　月

11月1日，东莞市委党校调研组莅临大朗镇调研转变经济发展方式、推动产业升级的具体经验和做法，并参观东莞标检和颖祺实业有限公司，镇委委员傅秩恩陪同。

是日，大朗镇在石厦村开展“人人享有康复服务”工作培训班。市残联社区康复指导中心的有关人员对30多位社区（村）的残协专职人员进行残疾人康复服务档案管理体系及多元化康复服务培训。

是日，大朗镇2011年初级注册安全主任培训班开班。全镇各社区、生产经营单位从事安全生产管理工作的185名人员参加培训班。

是日，广东国际旅游文化节之大朗毛织风情节活动之一“走进东莞文明”织城风韵文艺晚会在长盛广场举行。

11月2日，2011年大朗镇毛织风情节“毛织风情”演唱会在长盛广场举行。

11月3日，大朗镇召开“清剿火患”战役推进会暨第四季度防范重特大安全生产事故工作会议，镇委委员、镇武装部部长陈根照出席会议。

是日，2011年大朗毛织风情节颁奖晚会在长盛广场举行。镇委委员、镇党政办主任叶淑帆为新世纪房地产开发有限公司和东莞南华妇科医院颁发“热心公益、繁荣文化”牌匾，镇长助理王博和有关部门负责人为获得优秀组织奖、优秀演出奖的单位和最佳主持人、优秀演员进行颁奖。

是日，大朗镇无证照生产经营食品专项整治工作会议在大朗镇行政服务中心举行，副镇长袁志良出席会议。

是日，大朗医院与广东省脐带血库举行合作开展采集脐带血项目签约仪式。

11月6日，大朗镇“新莞人服务日”活动在长富步行街举行。

11月8日，大朗镇召开市镇两级人大换届选举投票筹备工作会议，叶惠明、傅振华、陈志芬等镇领导出席会议。

是日，大朗镇各中小学、幼儿园开展“119”消防疏散演练，全镇5万多名师生参加演练。

是日，东莞市重大动物疫病防控工作检查组到大朗镇考核2011年度防控重大动物疫病工作，镇委委员周浩森作汇报。随后，检查组一行实地检查仙村山羊养殖场和食品公司屠宰场的无害化处理池。

11月9日，大朗镇举行《朗读》创刊号首发式，王检养、叶淑帆等镇领导以及作家协会代表、热心读者参加首发式。

11月10日，大朗镇举行市第十五届人大代表、镇第十六届人大代表选举大会，共选出16名市第十五届人大代表，80名镇第十六届人大代表。

是日，大朗镇消防、安监等部门在大朗体育馆前联合举行消防宣传现场教育活动，镇委委员、镇武装部部长陈根照参加活动。

是日，大朗镇计生办、计生服务所、妇联、工会、大朗医院和司法分局等部门联合在东莞纳美服装厂举办2011年大朗镇新莞人计划生育宣传服务活动，镇委委员陈慧娟参加活动。

是日，大朗镇第二届“外商杯”篮球赛圆满落幕，源亨厂代表队、信易厂代表队和骏威厂代表队分获得冠、亚、季军。

11月11日，大朗镇象山工业园举行东莞市创建和谐劳动关系示范区工程示范点揭牌仪式。副镇长覃春和市、镇有关部门负责人出席揭牌仪式。

11月12日，东莞马可波罗队在大朗体育馆举行2011—2012新赛季球迷开心见面会。

11月15日，大朗镇召开2011—2012CBA大朗赛区工作协调会，镇委委员叶效怀出席会议。

11月16日，广东省食品药品监督管理局处长吴有声率考评组一行到大朗镇考评验收创建省餐饮服务食品安全示范街工作。镇委委员韩暖渠作工作汇报。随后，考评组一行实地检查验收长盛广场美食街。

是日，大朗镇“每天绽放新精彩”2011年东莞市文化惠民千场文艺演出在宝陂新村举行。

11月17日，在大朗镇政府二号会堂举行党的十七届六中全会精神报告会，由东莞市委宣讲团宣讲东莞职业技术学院思政部主任郑继海副教授作题为《齐心协力，共促社会主义文化大发展、大繁荣》的报告。谢锦波、叶惠明等镇党政领导班子成员和各社区（村）两委干部、各部门、各单位负责人近500人参加会议。

是日，东莞市文化惠民文艺百场培训第110期“群众文化活动组织与策划”培训讲座在大朗镇求富路花园举行。

11月18日，东莞市副市长成洪波率市督察组到大朗镇考察肉制品专项整治成果，在王检养、韩暖渠等镇领导的陪同下，参观大朗市场和部分餐饮场所。

是日，东莞市荔枝冬季管理技术讲座暨经验交流会在大朗凤山农业园举行。荔枝种植专家赵吉庆为全市150多位果农们作讲解。

11月20日，大朗台商分会和台湾慈济功德会的30多名热心人士到大朗敬老院慰问。

11月21日，大朗镇召开校车安全专项工作会议，共200多名校车司机参加。

11月22日，大朗镇十六届人大一次会议隆重召开。会议审议《政府工作报告》、《大朗镇第十五届人民代表大会主席团工作报告》和《大朗镇2011年决算和2012年预算草案的报告》。王检养、谢锦波等79名人大代表和115名列席代表参加会议。镇委书记、镇人大主席王检养宣布会议开幕。镇委副书记、镇长谢锦波作政府工作报告，总结过去五年的成绩，提出未来五年的目标任务。

是日，大朗镇“每天绽放新精彩”2011年东莞市文化惠民千场文艺演在求富路花园举行。

是日，东莞市委党校新兴产业学习班40多名学员到大朗镇参观学习，在镇委委员、镇外经办、招商办主任傅秩恩的陪同下，参观东莞标检和迈科科技有限公司。

11月23日，大朗镇第十六届人民代表大会第一次会议胜利闭幕。王检养当选为大朗镇人大主席，祁沛全当选为大朗镇人大副主席，谢锦波当选为大朗镇人民政府镇长，覃春、袁志良、傅永杰当选为大朗镇人民政府副镇长。市委组织部副部长王建周为王检养颁发当选证书，王检养分别为谢锦波、覃春、袁志良、傅永杰、祁沛全颁发当选证书。

是日，大朗品牌毛衫直销中心开张试业。

11月24日，大朗食街被正式授予“广东省餐饮服务食品安全示范街”，成为全市成功创建省级的两个示范街之一。省食品药品监督管理局副局长陈德伟、市食品药品监督管理局局长陈锡江、镇委委员韩暖渠参加授牌仪式。

11月28日，东莞市民政局党

组成员、市民间组织管理局局长利伟中率检查组到大朗镇检查考评民政工作，在镇委委员、镇妇联主席陈慧娟的陪同下，考察长富社区、求富路社区、蔡边村的社区综合服务建设等工作。

11月29日，全国餐饮服务食品安全示范工程建设现场交流会在东莞市召开。国家食品药品监督管理局安全司副司长范学慧率第二参观考察组一行36人到大朗食街参观，对大朗的省餐饮服务食品安全示范街创建工作表示肯定。

是日，广东省文化厅社文处副处长唐国华率省文化厅评估定级验收组到大朗镇检查文化活动开展情况，对大朗镇文广中心申报广东省特级文化站进行评估定级验收，并先后参观大朗镇档案馆、大朗艺术馆、求富路村史馆和东莞图书馆求富路分馆，镇委委员、镇党政办主任叶淑帆，镇长助理王博陪同。

是日，谢锦波、陈慧娟、叶效怀等镇领导到大朗中心幼儿园，调研创建“广东省一级幼儿园”及“广东省巾帼文明岗”工作。

是日，莞惠城际GZH-6标项目部“奋进一号”盾构机正式始发。镇委委员叶效怀和中国铁建二十局集团的有关领导出席“奋进一号”盾构机始发仪式。

11月30日，丘陵片经济社会发展情况座谈会在大朗镇召开，东莞市发改局、统计局和大朗、寮步、黄江、大岭山等镇区负责人参加会议。镇委副书记叶惠明作汇报。

是日，大朗镇第七届读书节总结表彰大会在大朗镇行政服务中心举行，傅永杰、王博等镇领导出席会议，并为60多个先进个人和单位颁发证书。

是日，大朗镇召开在建工程安全隐患专项整治工作会议。

是日，大朗镇2011年“阳光文化之旅”公益巡演在犀牛陂村举行。

12 月

12月1日，大朗镇召开“五五”普法总结表彰暨“六五”普法动员大会。谢锦波、叶惠明等镇领导为30个先进单位和80个先进个人进行颁奖。会议邀请深圳大学新加坡研究中心主任吕元礼教授，就新加坡经济繁荣、政治稳定、社会和谐有序等方面原因进行解读。

是日，大朗镇召开文联、各文艺协会代表学习十七届六中全会精神座谈会。镇委委员、镇党政办主任叶淑帆出席会议。

是日，大朗镇2011年“阳光文化之旅”暨东莞市慈善会南华女性健康关爱基金公益巡演在蔡边商业步行街广场举行。

12月2日，西藏林芝县委书记蔡家华率参观学习组一行15人参观大朗镇行政服务中心、综治信访维稳中心、大朗镇档案馆和求富路社区等地，王检养、叶惠明、叶淑帆等镇领导陪同。

是日，东莞市基层党组织党务公开考核组到大朗镇检查考核党务公开工作。镇委委员、镇纪委书记叶桂平出席汇报会。

12月4日，大朗镇2011年志愿服务总结暨表彰大会在大朗镇行政服务中心举行。会议表彰长塘社区志愿服务站等4个优秀志愿服务集体、傅伟斌等6名志愿服务先进工作者及刘灼星等41名优秀志愿者。

12月6日，东莞信易电热机械有限公司被认定为第十一批广东省省级企业技术中心。

12月7日，东莞市对台联络员工作会议在大朗镇召开。市台办主任游匡正通报当前两岸关系形势及今后一段时期中央对台大政方针，总结2011年全市对台工作情况，部署2012年工作任务。镇委委员、镇外经办主任、招商办主任傅秩恩汇报大朗镇开展对台经贸合作做法。会议还对傅秩恩等68名对台工作干部授予“对台工作先进个人”等称号。

是日，东莞市促进港口繁荣之镇街推介会在大朗镇举行。

是日，东莞市毛纺织行业协会召开第二届二次会员大会，审议通过协会2011年工作报告和财务报告，并新增6名会员、4名理事和5名副会长，协会的会员企业增至98家。

是日，东莞市妇联宣教组联部部长许敏一行到大朗中心幼儿园指导该园创建省“巾帼文明岗”工作，镇委委员、镇妇联主席陈慧娟陪同。

12月8日，东莞市民族宗教事务局局长胡荏光到大朗镇调研民族宗教事务，镇委委员、镇妇联主席陈慧娟作汇报。

12月9日，东莞市公安消防局副局长朱东生一行到大朗镇检查指导消防安全工作，谢锦波、陈根照等镇领导汇报工作。随后，朱东生一行参观求富路社区和大朗派出所等地。

12月10日，大朗镇2011年新兵欢送仪式在镇政府举行，谢锦波、叶惠明、陈根照等镇领导和接兵干部、各社区（村）两委干部、26名入伍新兵及家属参加大会。

12月14日，东莞市文广新局副局长叶淦奎率市2011年“文化惠民”工程验收小组到大朗镇对黎贝岭、洋乌、洋坑塘、竹山等12个社区（村）“五个有”工程进行验收，叶淑帆、覃春、王博等镇领导陪同。

是日，韶关市曲江区政府副区长卢春燕一行20多人到大朗镇参观中心小学和毛织贸易中心等地，镇委委员叶效怀陪同。

12月15日，东莞市安全生产考核组到大朗镇考核2011年安全生产责任制，谢锦波、陈根照等镇领导汇报工作。

12月16日，东莞市委副书记、代市长袁宝成，副市长贺宇一行到大朗镇调研，参观颖祺实业有限公司和求富路社区，王检养、谢锦波等镇领导陪同。随后，袁宝成一行在镇政府三号会议室与大朗镇党政领导班子进行座谈。

是日，东莞市第二人民法院大朗法庭、东莞市第二人民法院民三庭以及大朗交警大队共同筹备成立的东莞市第二人民法院交通事故大朗巡回法庭在大朗交警大队挂牌成立。东莞市第二人民法院院长陈葵、大朗镇镇委副书记叶惠明等领导出席挂牌仪式。

是日，大朗镇女企业家协会举行换届选举大会，胡燕萍连任大朗镇女企业家协会会长。镇委委员、镇妇联主席陈慧娟以及市女企业家协会相关负责人参加选举大会。

是日，新疆伊吾县县委副书记、县长艾尼瓦尔·阿不列孜率考察团到大朗镇参观大朗毛织贸易中心，镇委委员周浩森陪同。

12月17日，“南华杯”2011年大朗镇歌唱大赛总决赛在大朗广场举行。

12月18日，2011年中国语言文学创新人才培养高峰论坛专家教授一行到大朗镇参观大朗镇档案馆、大朗毛织贸易中心和求富路花园，镇委委员、镇外经办主任、招商办主任傅秩恩陪同。中国人民大学陆贵山、华南师范大学谢飘云等教授在大朗镇档案馆为大朗题字。

12月19日，东莞市宜居社区考核小组在镇委委员叶效怀的陪同下，到圣堂、长塘、蔡边、巷尾、长富、求富路等6个社区（村），参观考核公园、村史馆、文体设施等社区公共服务项目，了解宜居社区建设情况。

12月20日，东莞市食品药品监督管理局副局长张惠洪率考核组到大朗镇检查2011年食品安全工作，镇委委员韩暖渠作汇报。

是日，大朗镇举行“五个有”工程图书室管理人员培训班。

12月21日，国家档案局副局长李和平率东莞市创建“全国社会主义新农村建设档案工作示范市”国家验收组成员一行实地查验大朗镇社会主义新农村建设档案工作情况，省、市相关部门领导以及谢锦波、叶惠明、叶淑帆等大朗镇领导陪同。

是日，东莞市毛织服装设计师协会召开会员大会，大朗镇委委员韩暖渠和60多名设计师出席会议。

12月22日，大朗镇第9期幼儿园教育教学交流讲座在中心幼儿园举行。

12月23日，大朗镇信访维稳工作会议在大朗镇行政服务中心召开，谢锦波、叶惠明等镇领导出席会议。镇委副书记叶惠明传达全国政法工作电视电话会议和全市信访维稳工作会议精神，镇委副书记、镇长谢锦波作讲话。

是日，大朗镇召开加强校车安全管理工作会议。会议通过《大朗镇校车交通安全“护航一号”行动方案》，副镇长覃春代表镇政府与部分社区（村）签订《东莞市大朗镇学校道路交通安全责任书》，镇交警大队、教育办与各使用校车的民办学校签订责任书。

12月26日，东莞市第二批小学语文学科带头人展示交流活动在大朗镇中心小学举行，全市各小学300多教师参加活动。

是日，东莞市伤口护理学术研讨会在大朗医院召开，全市卫生系统500多名医护人员参加会议。

12月27日，福建省石狮市市委常委张桂森率考察团到大朗镇参观大朗镇档案馆、大朗展览馆、大朗艺术馆和求富路社区，副镇长傅永杰陪同。

12月29日，东莞市农业农村工作分组座谈会在大朗镇召开，大朗、黄江、寮步、大岭山4个镇的有关人员参加会议。镇委委员周浩森出席座谈会。

是日，聚龙纺织机械科技有限公司新品展示会在大朗镇帝豪花园酒店举行，镇委委员韩暖渠和东莞市毛织行业协会、大朗毛织业界有关人员参加展示会。

12月31日，苏宁电器大朗盈丰大厦店开业。谢锦波、傅秩恩、韩暖渠等镇领导出席开业庆典。

是日，大朗镇2011年“文化惠民”工程重要项目之一的图书ATM服务站正式启用。副镇长覃春出席ATM图书馆的启用仪式。

特　载

建设和谐富裕的大朗

——在中国共产党大朗镇第十二次代表大会上的报告

（2011年8月22日）

王检养

大朗镇委书记、人大主席王检养

各位代表，同志们：

中国共产党大朗镇第十二次代表大会今天召开，现在，我代表中共大朗镇委向大会作工作报告，请予审议。

一、过去五年的工作回顾

镇第十一次党代会以来的五年，在市委、市政府的正确领导下，在历届镇委、政府打下的基础上，全镇干部群众坚持落实科学发展观，团结一致，求真务实，开拓创新，全面完成了镇第十一次党代会提出的各项任务，开创了大朗经济社会发展的新局面。

——综合实力迈上新台阶。2010年全镇生产总值135亿元，比2005年增长91%。2010年全镇税收总额、财政总收入、各项存款余额、工业总产值、规模以上工业产值、实际利用外资、出口总额等7项指标均比2005年翻了一番。2006—2010年，实际利用外资（新口径）累计4.2亿美元，固定资产投资额累计171亿元。内生能力不断增强，全镇现有注册企业4500多户，其中内资企业占88%。加工贸易逐步转型升级，2008年以来共有133家企业成功转型，145家企业开拓内销市场。经济效益明显提升，2010年与2005年相比，每平方公里的GDP产出增加91%，每亿元GDP能耗下降22%，每亿元GDP税收提高41%。

——产业发展呈现新格局。我们抓住机遇，加快“转方式、调结构”步伐。中央政治局委员、广东省委书记汪洋2008年以来4次到大朗调研指导工作；今年1月，省委、省政府在大朗召开全省专业镇转型升级现场会，汪洋书记和黄华华省长出席会议并肯定大朗创新发展的做法。毛织特色产业逐渐由低端向高端发展。2010年规模以上毛织业工业总产值83.7亿元，是2005年的2.5倍，以毛织品为主的一般贸易出口额是2005年的6倍。建好中国·大朗毛织贸易中心、毛织产业创新服务中心、毛织服装时尚设计创意区，完善了公共服务平台。鼓励企业使用数控织机，全镇数控织机使用总量从2005年的不足1000台增加到现在的2万多台；大朗成为数控织机集散地，盛星、银河等17家企业在大朗生产数控织机，斯托尔、慈星等97个国内外数控织机品牌在大朗设立销售机构。以毛织贸易中心为龙头的中国毛衣市场逐渐成形。大朗“织交会”成为国内外具有较大知名度和影响力的行业盛会。电子信息产业快速发展。2009年大朗被中国电子商会授予“中国电子信息产业名镇”称号。华科电子有限公司被认定为省跨国公司地区总部，华新、明利、信易、艾尔发等行业龙头企业稳步发展，新引进了远峰科技、深圳酷比等知名企业。现代信息服务创意产业园集聚了50多家中小型网络和软件企业。全镇共有1.3万家企业和个体工商户在阿里巴巴等网站开展电子商务。东莞互联网数据中心落户大朗。现代服务业繁荣发展。现有东莞标检、中国赛宝实验室软件评测中心东莞检测中心等5家检测机构。吸引碧桂园、深物业、东方银座、富盈、敏捷、钜隆等10多家品牌房地产企业进驻。现有14座写字楼，总建筑面积20多万平方米。商贸业繁荣，2010年社会消费品零售总额40亿元，是2005年的2.6倍，其中大润发超市营业额年均增长43%。全镇有酒店、旅馆100多家。大朗物流中心进驻了80多家物流企业；投资2.5亿元的华南国际汽配城、投资2亿元的天虹集团华南物流配送中心稳步发展。

——城乡面貌发生新变化。我们按“借势松山湖，对接松山湖，融入大市区”的总体思路，开展新一轮城市规划建设，加快以城市升级推动产业升级。镇财政安排近2000万元对全镇13个片区进行控规编制，目前共有8个控规通过市审批。完成35项重点工程，其中有松佛路、大源路等道路项目17项，行政服务中心、新中心幼儿园、大朗松山湖南部污水处理厂等城市配套项目18项。长盛片区聚集了长塘花园、求富路花园、万科·金域蓝湾等10多个高尚住宅小区，长盛广场、帝豪花园酒店、中心小学新校、农商行大厦等城市配套，逐渐发展为大朗商贸文化中心区。积极推进镇村公园建设，荔香湿地公园和凤山农业科技园成为生态休闲区。建成富有荔乡特色的珠三角绿道5号线大朗段。扎实进行“三旧”改造，长盛二期等重点地块有序推进。探索以镇级为主导、镇村合作的土地开发模式，加强土地统筹，2008年以来共拍卖经营性用地14块1087亩，成交金额22亿元。开展“四清理”和“五整治”，加强精细化管理，城乡环境不断改善。

——自主创新开创新局面。我们把创新作为推动企业发展的灵魂，激发企业创新活力。2008年设立“创新型大朗”工程专项资金，镇财政连续五年每年投入2000万元，支持企业提高自主创新能力。大朗获专业镇建设先进单位和省“双提升”示范专业镇称号，成为省创建区域国际品牌3个试点单位之一、首批15个省产业集群升级示范区之一和省现代信息服务业技术创新专业镇。现有国家重点扶持高新技术企业14家，省民营科技企业21家；2010年末大朗实现省市科技（专利）立项61项，专利授权量总数达到1935件，比2005年末增加1255件。中国最大的科学装置——散裂中子源国家实验室落户大朗。

——群众生活得到新改善。我们坚持以人为本、民生为先，千方百计解决民生问题，促进发展成果普惠于民。2010年末全镇城乡居民储蓄存款余额达到132亿元，比2005年末翻了一番；农民人均纯收入20225元，年均增长5%。建成户籍劳动力资源库，推荐1.1万名户籍人员实现就业；组织开展技能培训和转岗培训，五年来累计培训3.4万人次；成立大朗公的公司、物业管理公司，共解决700多名户籍劳动力就业。投资2亿元的大朗医院住院大楼基本建成；建成1个社区卫生服务中心和14个服务站，打造了“社区医疗15分钟服务圈”。全面推动农保制度与职工医疗保险和基本养老保险制度并轨，完善基本生活救助制度，全镇城镇居民养老保险参保率达到100%，2006—2010年共征收社会保险基金9.6亿元。加快公租房建设，已建成公租房700多套。开展汶川地震灾区捐赠、玉树地震灾区捐赠、“广东扶贫济困日”、“东莞慈善日”等活动，做好市内、市外扶贫“双到”工作。

——社会管理迈出新步子。我们整合综治维稳力量，加强社会管理，社会局面保持稳定。成立镇综治信访维稳中心，深入开展领导干部大接访活动；设立大朗网络问政平台，及时化解各类矛盾。加强社会治安管理，狠抓“治摩”、“黑网吧”整治，大力打击违法犯罪行为。坚持重心下移，进一步健全镇、村、企业（家庭）三级安全监管体系，安全生产形势保持稳定。强化食品安全管理，创建为广东省食品安全示范镇。完善应急管理机制，突发性事件预防和处置能力进一步增强。2008年成立新型社区长富社区，探索健全城市管理机制，共为1800多名人才办理了入户手续。

——社会文明实现新飞跃。我们把促进社会文明进步放在更加突出的位置，推动精神文明和物质文明同步发展。教育事业实现“2个先进”。2006—2010年，教育支出年均增长20%以上。现有省一级学校5所，市一级学校10所，市一级幼儿园4

所。2009年按省一级学校标准建成中心小学新校和新中心幼儿园。2009—2011年教育连续三年实现“两个先进”，其中2011年大朗中考平均分超出全市30分，高考上本科线83人，超出市定目标53人。文化事业繁荣发展。大朗网网站群、大朗电视台、大朗周刊、大朗快讯、“荔香大朗”微博、悦读大朗等媒体的宣传推广能力不断增强。大朗第一部正式出版的地方志《大朗镇志》、广东省第一部镇街年鉴《大朗镇年鉴》成功发行。大朗档案馆成为全国第一家镇级的国家一级档案馆。图书馆服务体系不断完善。城市规划展示馆、展览馆、艺术馆、长塘展览馆、求富路村史馆建成开放。醒狮、舞龙、木偶戏、曲艺等民间艺术得到传承发展。体育事业加快发展。大朗成为CBA联赛史上第一个镇级主场，是全国上座率最高的CBA主场之一，2010—2011赛季新世纪烈豹队获得CBA联赛第三名。2007年以来，大朗男篮连续5年获得市篮球联赛冠军，大朗女篮2次获得市篮球联赛冠军。2009年成功创建“省文明镇”。全镇注册志愿者超过1.3万人，通过举办“送爱进社区”、“彩虹行动”等活动服务群众20多万人次。

——党的建设取得新成效。加强学习型党组织建设，通过组织开展学习实践科学发展观活动、解放思想大讨论活动、干部大培训等，增强全镇领导干部的思想政治素质和科学发展意识。积极开展创先争优活动，进一步增强了基层党组织的凝聚力和战斗力。深入推进党建信息化，建成党务管理系统、全市首家镇级党建网。设立29个党代表工作室，搭建党代表联系党员和群众的桥梁。严格执行廉洁自律，持续开展党风廉政建设，强化政风行风评议。以作风建设、提高效能为切入点，大力推进机关党的建设，建成行政服务中心，实现“一站式”服务，提高了行政服务效率和群众办事满意度。今年6月，镇党委被授予“广东省红旗基层党组织”称号。

工会、共青团、妇女、计生、武装、统计、侨联侨务等工作也取得了新的成绩。

过去五年，我们取得的成绩令人振奋。这是上级党委正确领导的结果，是全镇各级党组织、广大共产党员和人民群众团结拼搏的结果，是历届镇委不懈努力的结果。在此，我谨代表大朗镇委向所有关心、支持大朗建设，为大朗发展作出贡献的同志们、朋友们，表示衷心的感谢！

要清醒地看到，我们的工作还存在一些不足。主要是：产业结构不够优、效益不够高；城市集聚力、承载力不够强；文化、教育水平有待提升；社会管理、社会治安、公共服务有待加强等。我们必须高度重视这些问题，继续认真加以解决。

二、新时期的目标任务

在全市区域竞争中成为排头兵，是我们未来五年的奋斗目标。这是我们这届党委肩负的使命。只有实现这个奋斗目标，我们才无愧于大朗人民，无愧于这片哺育我们的土地。

今后五年，全镇工作的指导思想是：深入贯彻落实科学发展观，按照市委、市政府“加快转型升级，建设幸福东莞”的部署，坚持“以良好的政风民风促和谐、以扎扎实实的工作求富裕”的宗旨，发展有税工业，打造城市核心，创建特色文化，实施优质教育，全力抓好治安，推动经济社会全面发展，建设和谐富裕的大朗。

三、今后五年的工作要求

（一）关于工业。

在今后五年乃至更长时间，大朗还必须要以工业立镇。从工业发展史上看，大朗工业化的道路从加工贸易开始，至今仅仅走了二十多年，尚处于工业化的初级阶段。从区位看，大朗虽然是省中心镇，有一定的优势，但不处于东莞的核心区位，第三产业要超过第二产业，在经济中占主导地位，还要假以时日。从城市发展规律看，如果大朗放弃了工业基础，产业发展和城市发展将如无源之水、无本之木。从大朗工业的现实情况看，我们的工业基础还不够雄厚，表现在：毛织企业规模较小，其他工业上规模的不多，纳税大户不多，工业园区规模偏小、规划欠佳。如果我们现在还不抓紧时间整合资源、发展工业，就会舍本求末、坐失良机。因此，我们一定不能放弃工业，一定要扎扎实实地稳步发展工业。从现状看，大朗的城市布局较为分散，所消耗的土地已很多，建成区超过70平方公里，但人均和地均效益却不理想。一个突出的问题是，沿街沿路的商铺占全大朗建成区近一半面积，但其缴纳的税收在全镇税收总额所占的比例却极少。大朗再没有土地给无税企业发展了。我们必须围绕“税”字做文章。接下来，大朗工业发展的目标是：发展无污染、多缴税的工业企业。做好这一点，就是对产业转型升级的最好诠释。引进一家工业企业，最好现在就是无污染、有税的企业；如果今日无税，明日有税也可以；如果它自己无税，使到其他企业有税也可以。以上都不是的，就不要引进。我们发展有税工业的主要措施：一是鼓励社区（村）引进有税工业企业。

社区（村）新引进有税工业企业所缴纳的税收，从镇所得部分返还一半给社区（村）用于公共服务，使社区（村）不再以厂租作为引进企业的主要目的，而以有税收作为引进企业的主要目的。二是鼓励集体和私人对旧厂房进行改造升级。上个世纪80年代、90年代建设的厂房，大都是标准厂房，大部分面积为2000—3000平方米，规模较小，建设标准低，楼面负荷不足，只能引进一些适合标准厂房的轻化工业企业、加工贸易企业，无法引进一些需要特种厂房的有税的工业企业。因此，我们大力鼓励集体和私人对旧厂房进行改造升级，对改造升级旧厂房的社区（村）和私人，可以给予一定年限的租金补偿，以弥补其损失；对改造升级后新引进有税工业企业的社区（村），同样享受税收分半的优惠政策。只有厂房的改造升级，才有新的发展空间、新的面貌；只有厂房的改造升级，才能“换笼换鸟”，为全镇的企业转型升级解决根本性问题。

在重点发展无污染、有税工业的同时，我们还要着力抓好四项工作：一是优化产业结构。继续推进毛织特色产业转型升级。做强做优电子信息产业。发展生产性服务业，促进现代服务业与先进制造业协调并进。二是加快集聚高素质人才。努力营造人才向往、人尽其才、才尽其用的良好局面。三是提高自主创新能力。依托散裂中子源国家实验室等平台，加强产学研合作，推动科技成果产业化，提高产业核心竞争力。四是加强企业服务管理。继续实行镇党政领导班子成员挂点联系企业制度，切实帮助企业解决发展问题。

（二）关于城建。

城市既要有核心，也要有亮点。核心可以使城市功能得以充分发挥，亮点是城市的形象和名片。为什么东莞的城市形象近几年有较大提升，给人的印象越来越好？这是从走东莞大道开始的，是从看东莞新城区、松山湖开始的。一个城市有核心、有亮点，才能建立起自己的良好形象，这是个规律。所以，我们一定要在大朗划出城市核心，使之建出特点、建出品位、建出水平，成为亮点。目前大朗的城市建成区铺得较大、较分散，房地产、配套设施项目布点也相对分散，中高档消费市场还未建起来，商铺租金水平不高，城市产出水平较低，城市管理成本较大。比如，由于房地产项目规模小，小区内的配套、环境营造都不完善，需要靠城市环境来配套，但由于房地产项目比较分散，要完善配套，我们付出的成本就相当大，有时甚至得不偿失。因此，我们下来的城建目标是：划定重点区域，全力制造亮点，打造城市核心，力争5年内在大朗打造出在全市有较强影响力和辐射力的城市核心区。当下，我们要借助松山湖的优势，以长盛片区为龙头，往松山湖方向推进，将涵盖长塘、求富路、松柏朗、佛子凹、黄草朗、洋坑塘等社区（村）部分或全部面积，约6平方公里的区域，划定为大朗的城市核心区。在这个区域内，发展约2500亩的房地产项目，配套高水平的教育、文化、商业设施，整治市容街景。其他区域，除了做好群众工作和生活需要的城市配套、文化设施、教育设施、商业网点外，重点发展工业，原则上不新布点房地产项目，并将一些已上报的“三旧”改造房地产项目还原为工业园区、工业厂房，有可能的，还要征收一批效益差的商业设施，转变为工业厂房。

在重点打造城市核心区的同时，我们还要做好以下城建工作：一是加快重点项目建设。配合做好莞惠城轨、松山湖大道大朗段建设。加快建设220千伏水平输变电工程等5个重点电网项目。支持社区（村）力所能及建设农民公寓。配合做好已落地房地产项目的动工建设。推进环保专业基地建设。二是继续做好规划工作。力争松佛、黄洋、高竹、水沙、杨石等片区控规早日通过市审批。三是继续加强城市管理。加强城市管理综合执法，抓好环境整治和保护，营造良好的城市环境。

（三）关于文化。

当代社会，区域竞争的焦点已从物质竞争上升为文化竞争。城市的硬件、高楼大厦可以复制，科技也会全球化，但是，特色文化是不可复制的。人们认识一个城市，一个国家，往往从文化开始。文化既能丰富人的精神世界，增强人的精神力量，促进人的全面发展，又是一个地区的灵魂、形象，一定意义上决定着这个地区的竞争力。一句话，建设和谐富裕的大朗，需要文化的有力支撑。我们发展文化，一定要根据大朗实际和考虑周边地区的情况，实行差异化发展，以尽快形成大朗的文化特色。我们要推进文化创新，巩固和弘扬大朗已有的特色文化，加快发展文化事业和文化产业。以创建全国文明镇为契机，推动全镇形成文明之风。丰富、提升、弘扬大朗荔枝文化、毛织文化、篮球文化和民俗文化，打造群众喜闻乐见、地方特色鲜明的文化序列。整合镇内图书资源，加快构建现代图书馆网群服务体系。办好大朗周刊、大朗电视台、大朗网、大朗快讯、“荔香大朗”微博等媒

体。巩固国家一级档案馆建设成果，进一步发展档案事业、档案文化。

在此基础上，我们要着力建设具有较大影响力的文化设施，打造独具特色的文化品牌。在全市来说，市区已有玉兰大剧院、岭南画院、莞城美术馆等设施，我们没有必要重复建设；莞城打造了文化周末品牌，我们也没有必要再朝着这个方向走。要按照“缺什么、建什么”的原则，完善文化设施，打造大朗文化品牌，提升群众的品位和素质，促进社会和谐。这样，我们的财政投入就真正做到了取之于民、用之于民、受益于民。下来，要重点做好三个项目建设：一是建设大朗音乐厅。音乐厅，是人们感受音乐魅力的地方。严格地讲，音乐厅的声学要求比大剧院高。目前我市还没有音乐厅，而周边城市只有广州和深圳才有。为了听一场原声的音乐会，有很多音乐爱好者可以驱车上百公里，甚至坐飞机远赴千里之外。因此，我们如果能够建成一座以声学效果见长的音乐厅，不仅能有效地宣传大朗，吸引更多人前来大朗接受音乐的熏陶，还能引导大朗人去学习音乐、享受音乐。二是建设大朗视觉艺术馆。以视觉艺术为主题的艺术馆属全国首创。我们要通过建设视觉艺术馆推动摄影艺术和艺术短片的发展。目前，在全镇乃至全市范围内有众多摄影爱好者，这些人既爱好摄影，也乐于与他人分享自己的成果。要通过建设大朗视觉艺术馆，给摄影爱好者提供一个分享作品的平台，并积极举办各类全国性的摄影比赛、摄影展览，增强群众参与艺术活动的兴趣，提高群众艺术欣赏的水平。通过推动艺术短片的发展，可以确立大朗在这一艺术领域的全国领先和领导地位，从而有力地提升大朗的总体形象。三是建设大朗青少年宫。我们要通过建设集科技、艺术、文学、体育等教育培训为一体的青少年宫，将其打造为人才培养的摇篮、精神文明建设的阵地、对外宣传的窗口。条件许可的情况下，在大朗青少年宫内开设大朗儿童剧场。

（四）关于教育。

过去几年，大朗在教育方面做了大量工作，自己纵向对比，教育质量稳步提升，中考、高考都取得了不错的成绩，值得肯定。但是，我们也要清醒地看到，与先进镇（街）相比，与国内一些城市相比，仍存在较大差距，现在，还有相当部分有条件的大朗人想方设法送孩子到市区或松山湖读书。为改变这一现状，我们要着力打造一至两间优质中学、两至三间优质小学、两至三间优质幼儿园，逐步达到“大朗人自豪地让小孩在大朗读书，大朗以外的人愿意送小孩到大朗读书”的目标。实现这一目标，要实施四项工程：一是实施培育“名校”工程。我们认为，教育需要均衡发展，但无名校带动、低水平的均衡不是我们的愿望，有名校带动、高水平的均衡才是我们的目标。要充分利用现有的优质资源，继续推动龙头示范学校建设，着力打造一批在全市具有影响力的名校。要努力发挥龙头学校的辐射、带动作用，促进其他学校提升办学水平，促进全镇教育高水平均衡发展。二是实施培育“名校长”工程。促进全镇广大校长增强责任感，拓展思路和视野，提升能力，用新思想、新理念、新方法，管好学校，办好教育。继续完善校长选拔聘用制度，强化校长考核机制，造就一批具有先进理念和较高管理水平的名校长，逐步实现教育家办学。三是实施培育“名师”工程。坚持“培养为主、引进为辅”的原则，通过“国内培训、国外学习”等方式，不断推动教学水平的提高。组织引导教师开展经常性的教学研究活动，及时更新观念，加强对外语、计算机等现代教育技术的学习和运用，加强对教学理念和教学方法的探索，丰富育人艺术，提高育人水平。四是实施培育“名家长”工程。学校教育、社会教育、家庭教育，对于学生的成长缺一不可、同等重要。从某种意义上说，好的家长、好的家庭氛围，对学生的成长，特别是良好品格的形成，至关重要。因此，培养、推广“名家长”，也是办教育的一个重点。

（五）关于治安。

大朗由于经济总量比较大、城市规模比较大、人口比较多，这几年治安问题一直成为舆论的焦点和群众关心的热点。本地人希望大朗的治安好，新莞人希望大朗的治安好，投资者也希望大朗的治安好，所以治安搞好了，既能让所有在大朗居住的群众安居乐业，同时也是我们招商引资的一个最好的条件。因此，下来社会治安的目标是力争实现“五升五降”，即维稳能力提升，群体性事件同比下降；打击能力提升，严重暴力性案件数同比下降；防控能力提升，社区警情同比下降；治安管理能力提升，“黄赌”举报线索同比下降；群众对社会治安满意度提升，涉法涉诉信访案件下降。

为了达到这个目标，我们要重点抓好五项工作：一要抓好治安防控工作。抓好社会治安，防控是第一要务。防控工作要取得成效，抓好社区警务是基础。社区警务工作搞好了，可以从根本上改变我们被案件牵着走的被动局面。在当前治安形势较为严峻的情况下，社区警务建设已刻不容缓。公安机关和各社区（村）要积极探索和建立社区警务新机制，达到“一社区一警务室一民警”的标准，真正实现社区民警专职化，借助警务室这一平台，把公安工作进行有效延伸，使社区警务室成为治安防范的第一道防线。此外，还要以全市公安机关“大巡警”建设为契机，按照“警情引导警务”的要求，把警力摆到案件高发、防范薄弱、群众最需要的重点部位、重点时段，提高路面见警率，增强人民群众安全感。二要重拳打击各类违法犯罪活动。对大案、要案能不能镇得住、破得快，对突出治安问题能不能抓得准、治得好，是检验公安机关战斗力的重要标准。公安机关要突出打击，集中优势警力，采取更加快、狠、准的打击措施，开展严重暴力犯罪攻坚，打出声威、打出成效、打出平安。三要继续加强治安管理。公安机关要会同相关职能部门加强对酒店、旅馆、游戏厅、歌舞厅等娱乐行业的监管，坚决扫除社会丑恶现象，努力净化社会环境。要定期开展治安重点整治行动，对群众反映强烈、治安问题突出的重点区域、重点行业进行重点整治。四要加大社会维稳力度。继续加强综治信访维稳中心建设，完善网络问政平台，将矛盾化解在萌芽状态。抓好安全生产，加强消防隐患排查整治，健全各项危机管理机制，严防事故发生。五要坚持群防群治的方针。“社会治安社会治”，治安整治工作是公安机关的法定职责，也是全社会的共同责任，我们要充分发挥社会力量维护社会治安。目前大朗仅有民警240多人，警力有限，民力无穷，我们要把工作的着力点放在挖掘民防资源和组织、发动群防群治力量上来。一方面，要发挥好治安联防队伍的辅助作用，健全基层治保组织联防机制，加强和规范社区（村）治保组织建设，增加社会面可视联防力量。另一方面，要动员社会各方面力量投入到治安整治行动中来，大力弘扬正气，充分发挥市、镇两级见义勇为奖励金的激励作用，大力宣传见义勇为的先进事迹，激励群众自发地同违法犯罪分子作斗争，营造匡扶正义、打击邪恶的良好氛围。

（六）其他方面。

刚才，我详细讲了前面五项工作，其他方面工作这里就不详细讲了，但不详细讲不等于不重要。在这个发展的关键时期，我们要坚持“整体推进、重点突破”，在重点抓好工业、城建、文化、教育、治安五项工作的同时，也要做好其他各项工作，只有这样，才能下好全镇“一盘棋”，才能达到我们定下来的发展目标。我们要抓好党的建设。加强领导班子和干部队伍建设，积极创建学习型党组织，不断提高党员干部的整体素质，提升党的执政能力。加强党组织基层建设，巩固党的执政基础。加强党风廉政建设，深入开展党性、党风、党纪教育，切实改进机关工作作风。要加强和创新社会管理。不断改进和创新群众工作方法，切实提高群众工作的水平。加快推进“智慧大朗”建设，助力社会管理信息化。加强市场监管，维护市场经济秩序。加强食品安全综合整治，全面提升食品安全保障水平。要保障和改善民生。加强就业创业服务，促进群众就业创业。进一步办好大朗医院，加强社区医疗卫生服务机构建设，提高医疗服务水平。抓好人口计生工作，提高人口素质。完善社会保障体系，广泛开展孤寡老人和弱势群体的帮扶救助活动，抓好保障房建设，做好扶贫双到工作。继续关爱新莞人，鼓励新莞人积极投身大朗的各项建设。积极发挥工会、共青团和妇联等组织的作用，维护广大职工的合法权益，培养青年后备力量，维护妇女儿童权益。重点培育发展公益性社会组织，完善新型社区管理机制，抓好社区综合服务中心示范点建设，提高服务社会能力。要狠抓工作落实。形成党委领导下的领导班子成员分管负责制的管理模式，将镇领导班子联系社区（村）制度调整为分管社区（村）制度，充分调动各级领导干事创业的积极性，形成权责分明、齐抓共管的良好局面。全镇各级各部门务必以高度的责任感和紧迫感，强化任务分解与责任到人，坚定不移、不折不扣地抓好各项工作的落实，以良好的工作成效取信于民。

同志们，让我们深入贯彻落实科学发展观，万众一心，和衷共济，为建设和谐富裕的大朗而扎实工作！我们的大朗“大日仲靓”！

政府工作报告

——在大朗镇第十六届人民代表大会第一次会议上

（2011年11月22日）

谢锦波

镇委副书记、镇长谢锦波

各位代表：

我受镇人民政府委托，向大会作政府工作报告，请予审议，并请其他列席人员提出意见。

过去五年工作回顾

在市委、市政府和镇委的正确领导下，在镇人大的监督支持下，过去五年，我们始终坚持以科学发展观为指导，团结带领全镇人民，锐意进取，开拓创新，求真务实，全面完成了镇十五届人民代表大会提出的各项任务，推动了大朗经济社会稳步发展。

经济和社会发展主要指标是：

（1）2010年国内生产总值135亿元，比2005年增加64.5亿元，年均增长13.8%。

（2）2010年工业总产值291.2亿元，比2005年增加145.5亿元，年均增长14.9%。

（3）2010年出口总额16.1亿美元，比2005年增加10.1亿美元，年均增长21.7%。2010年实际利用外资1.1亿美元，比2005年增加0.8亿美元，年均增长27.7%。

（4）2010年镇财政总收入18.8亿元，比2005年增加10.5亿元，年均增长17.7%。2010年各项税收完成14.7亿元，比2005年增加9.3亿元，年均增长22%。

（5）2010年农村人均纯收入20225元，年均增长6%。至今年10月底全镇各项存款余额194亿元，是2005年底的2.4倍，其中私人存款134亿元，比2005年底翻了一番。2010年社会消费品零售总额40亿元，是2005年的2.6倍。

（6）2010年末户籍人口70192人，年均增长1.5%。

回顾过去五年，全镇经济社会呈现良好的发展态势。我们重点抓了以下七项工作：

——*加快产业结构调整*。我们抓住机遇，不断推动产业结构调整和转型升级。毛织特色产业竞争力持续提升。大朗被列为全国唯一的“中国毛衫流行趋势发布基地”，获得“中国毛衫产业集群推动奖”，被评为省“双提升”示范专业镇和省专业镇建设先进单位。2010年规模以上毛织业工业总产值83.7亿元，是2005年的2.5倍，以毛织品为主的一般贸易出口额是2005年的6倍。出台政策鼓励企业购买使用数控织机，全镇数控织机总量近3万台，97个数控织机生产企业和销售机构在大朗集聚。建设毛织产业创新服务中心、毛织服装时尚设计创意区，完善公共服务平台。每年举办一届“织交会”，大朗“织交会”成为国内外深具影响力的行业盛会，获“2009年度中国行业品牌展会金鼎奖”。电子信息产业不断壮大。2009年大朗被中国电子商会授予“中国电子信息产业名镇”称号。引进了远峰科技、长园集团、深圳酷比等行业龙头企业。华科电子有限公司被认定为全市三个省跨国公司地区总部之一。全镇有近1.5万家企业和个体工商户在阿里巴巴等网站开展电子商务。现代服务业蓬勃发展。积极发展检验检测业，现有东莞标检等5家检验检测机构，提供国家实验室认可检测服务160多项。现代物流业加快发展，目前有天虹物流等80多家物流企业。建成大朗创意产业园。房地产业加快发展，成功吸引碧桂园、深圳东方银座等知名企业前来投资。酒店业稳步发展，现有酒店、旅馆100多家。

——*促进经济发展方式转变*。通过加快转方式，促进经济可持续增长。提升自主创新能力。设立“创新型大朗”工程专项资金，支持企业提高自主创新能力。现有国家重点扶持高新技术企业14家，省民营科技企业21家；2010年末大朗实现省市科技（专利）立项61项，专利授权量总数达到1935件，比2005年末增加1255件。中国最大的科学装置——散裂中子源项目落户大朗并顺利奠基。积极帮扶企业。实施镇党政领导班子成员挂点帮扶重点企业制度，深入企业协调解决发展过程中遇到的问题，有效应对国际金融危机。2010年全镇50家重点工业企业产值达到141亿元，以全镇1%的企业数量创造了全镇50%的工业产值。推动加工贸易转型升级。2008年以来共有138家“三来一补”企业成功转型，145家企业开拓内销市场。聚集各类人才。大力实施人才强镇战略，全镇现有各级各类人才4万多人。大朗职中在全省率先设立毛织设计与管理类专业，培养了一批毛织行业的专业人才。

——*加大城乡规划建设力度*。着力完善配套设施，改善人居环境，优化城市功能，提升城市形象。开展新一轮城市规划。我们按“借势松山湖，对接松山湖，融入大市区”的总体思路，开展新一轮城市规划建设，土规修编已通过市批准，城市总体规划修编方案即将报市政府审批，全镇13个片区控规已有9个通过市审批。扎实推进重点工程。2008年以来完成重点项目35项，包括松佛路、大源路等道路项目17项，行政服务中心等城市配套项目18项。加快集聚发展。长盛片区聚集了长塘花园、求富路花园、万科·金域蓝湾等10多个住宅小区，中心小学新校、长盛广场、帝豪花园酒店、农商行大厦等城市配套，逐渐发展为大朗商贸文化中心区。全面优化城市环境。积极推进镇村公园建设，荔香湿地公园和凤山农业科技园成为生态休闲胜地。国家生态镇创建顺利通过国家考核验收。建成富有荔乡特色的珠三角绿道5号线大朗段。加强城市管理，积极开展“五整治”。扎实推进“三旧”改造，长盛二期等重点地块改造工作有序推进。切实做好防洪减灾工作。启动13项水利工程建设，水口排站等6项顺利完工，内涝问题得到有效缓解。

——*加快文教体事业发展*。把促进社会文明进步放在更加突出的位置，推动精神文明和物质文明同步发展。文化事业繁荣发展。成功创建“省文明镇”。大力创建文化强镇，大朗周刊、大朗电视台、大朗网、“荔香大朗”微博等媒体辐射范围越来越广。图书馆服务体系逐步完善，建成长塘、求富路等3个市图书馆社区分馆以及26个社区（村）“农家书屋”。镇档案馆成功创建为国家一级档案馆。《大朗镇志》、《大朗镇年鉴》成功出版发行。舞龙、醒狮、木偶戏、曲艺等民间艺术得到传承发展。教育事业加快发展。2006—2010年，教育总支出年均增长20%以上。2009年按省一级标准建成新中心小学和新中心（艺术）幼儿园，新增优质学位2200多个。目前有省一级学校5所，市一级学校10所，市一级幼儿园4所。教育质量稳步提升，2009—2011年连续三年实现“两个先进”目标，其中万人升大学比例全市排名从2006年的第20位提升到今年的第3位。体育事业蓬勃发展。新世纪烈豹队实力稳步提升，2011年CBA联赛排名第三。大朗男篮、女篮分别连续5年、连续两年获得市篮球联赛冠军。

——*落实便民惠民措施*。不断加大民生投入，提升群众生活质量，促进社会和谐稳定。着力解决就业问题。组织开展技能培训和转岗培训，五年来累计培训3.4万人次。建成户籍劳动力资源库，推荐1.1万名户籍人员实现就业；成立大朗公的公司、物业管理公司，解决700多名户籍劳动力就业；引导企业成立11间“本地人就业车间”，推动近500名户籍劳动力实现就业。采取小额贷款等有效措施，促进群众自主创业。健全医疗卫生体系。投资2亿元的大朗医院住院楼基本建成；建成1个社区卫生服务中心和14个服务站，基本形成社区医疗15分钟服务圈，进一步方便群众就医。计划生育工作稳步推进。完善公共交通。全镇现有公交线路17条、公交车141台；公共的士达到195台，市民出行便利度不断提高。加强社会保障。全面推动农保制度与职工医疗保险和基本养老保险制度并轨，完善基本生活救助制度，城镇居民养老保险参保率达100%，2006—2010年共征收社会保险基金9.6亿元。加快公租房建设，建成700多套。落实扶贫济困。开展汶川、玉树地震灾区捐赠、“广东扶贫济困日”、“东莞慈善日”等活动，做好市内、市外扶贫“双到”工作。

——*加强社会管理*。全面强化综治信访维稳，保持社会局面和谐稳定。强化综治信访维稳力量。成立镇综治信访维稳中心，实行综治、信访、应急、司法等部门集中办公；深入开展领导干部大接访活动，加强矛盾纠纷排查调处。完善应急管理机制，进一步增强突发性事件预防和处置能力。强力整治社会治安。深入开展各类打击违法犯罪行动，违法案件数量有所下降；全面打击“黄赌毒”。实施人性化“治摩”、“禁电”，发放补偿及奖励资金近600万元。确保安全生产形势稳定。不断完善消防基础设施，深入开展“一畅两会”教育活动，全省第六次消防安全责任人会议在大朗举行。扎实推进社区（村）消防队伍建设，全镇27个社区（村）建立了志愿消防队。现役消防中队顺利进驻。大力开展“三小”场所、出租屋安全隐患综合整治。全面加强城市综合管理。成功创建为省食品安全示范镇，加强歌舞娱乐场所管理，大力整治“黑网吧”，持续开展劣质毛衣整治行动，深入打击非法行医活动，全面清理无牌无证经营场所，营造良好的市场秩序。2008年成立新型社区长富社区，探索健全城市管理机制，共为1800多人办理入户手续。充实志愿者队伍。全镇注册志愿者达1.3万人，志愿服务队伍不断壮大，发挥了积极作用。

——加强政府自身建设。坚持依法行政，着力深化行政效能建设，不断向服务型政府转变，提高政府公信力和执行力。建成行政服务中心，逐步完善一个窗口办事、一站式服务机制，服务大厅投入使用以来共接待办事人员14.5万人次，接受办理事项16.7万宗。深入推进“数字大朗”建设，大朗网月访问量达65万人次；大朗网络问政平台成为镇委、镇政府密切联系群众的重要平台，信件办结率达98%，随着大量问题得到快速有效解决，来信来访量、网上信访量均呈下降趋势。着力提升干部素质，多次组织镇中层以上干部、社区（村）及单位负责人等参加各类学习培训。强化财政投资审核工作，规范政府采购，全面深入推进“小金库”治理工作。加强农村财务的监督和管理，落实资产清查工作，加强应收款追缴力度，强化土地款管理。

工会、共青团、妇联、新莞人服务管理、武装、司法、统计、侨务等工作也取得了新的成绩。

五年来，我镇经济和社会发展所取得的一切成绩，是在市委、市政府和镇委的正确领导下、镇人大的监督支持下，全镇广大党员干部群众齐心协力、努力拼搏的结果，是社会各界鼎力支持的结果。在此，我谨代表镇政府向一直以来关心和支持大朗发展的社会各界人士表示衷心的感谢！

过去五年积极而富有成效的探索和实践，为我们今后的发展打下了坚实的基础，提供了宝贵的经验。但是，我们也清醒地看到发展中存在的困难和问题，主要是：产业结构不够优、效益不够高；城市集聚力、承载力不够强；文化、教育水平有待提升；社会管理、社会治安、公共服务有待加强等。对此，我们一定要引起高度重视，采取有力措施认真加以解决。

今后五年的目标任务

未来五年，机遇与挑战并存，机遇大于挑战。国内工业化、信息化、城镇化、市场化、国际化深入发展，珠三角一体化步伐加快，大朗地处松山湖国家高新区、东莞市区与深圳之间的区位优势越来越凸显，散裂中子源国家实验室顺利奠基，这些都为大朗的发展提供了良好的条件和广阔的空间。同时，东莞各镇街你追我赶、竞相发展，区域竞争日趋加剧。新形势下，我们必须按照镇第十二次党代会的工作部署，充分利用各种有利条件，克服不利因素，奋发进取，狠抓落实，创造新的辉煌。

今后五年，大朗的奋斗目标是在全市区域竞争中成为排头兵。全镇工作的指导思想是：深入贯彻落实科学发展观，按照市委、市政府“加快转型升级，建设幸福东莞”的部署，认真贯彻落实镇十二次党代会精神，坚持“以良好的政风民风促和谐、以扎扎实实的工作求富裕”的宗旨，发展有税工业，打造城市核心，创建特色文化，实施优质教育，全力抓好治安，推动经济社会全面发展，建设和谐富裕的大朗。

全镇上下要为此而奋力拼搏，努力实现以下目标：

经济实力进一步增强。经济保持健康持续发展，镇本级可支配财政收入稳步增长，力争到2015年，全镇生产总值达到200亿元，各项税收总额超过33亿元。

发展质量进一步提高。经济结构不断优化，现代产业体系加快构建，毛织特色产业和电子信息产业实力更加雄厚，现代服务业优化发展，企业自主创新能力和核心竞争力不断增强，人口素质不断提高，实现经济效益与生态效益的双赢。

城市功能进一步优化。约6平方公里的城市核心区逐步成形，城市形象进一步改善，功能布局进一步优化，城市品位进一步提升。

社会事业进一步发展。教育、文化、医疗、卫生、体育等社会事业全面进步，社会管理不断加强和创新，社会治安形势继续好转，安全生产状况持续改善。

生活质量进一步提升。保障和改善民生的各项措施落到实处，人民群众收入不断提高，就业创业环境更加优化，社会保障体系日益完善，群众生活质量和幸福感不断提高。

政府服务进一步优化。法治政府、责任政府、高效政府和廉洁政府建设不断深入，行政效能不断提高。

各位代表，我们将按照上述

指导思想和发展目标，与全镇人民一起团结奋斗，力争通过五年的不懈努力，建成和谐富裕的大朗，在全市区域竞争中成为排头兵。

2012年的主要工作

2012年，是新一届政府的开局之年。做好这一年的工作，对顺利完成镇第十二次党代会提出的目标任务，具有十分重要的意义。按照科学发展观的要求，综合分析宏观形势和大朗自身条件，全镇经济社会发展的主要预期目标为：生产总值增长8%，全镇财政总收入增长15%，其中税收收入增长18%。

围绕上述目标，要重点抓好以下八个方面的工作：

一、着力转变经济发展方式，加快产业转型升级

坚持工业立镇原则，以发展无污染、多缴税的工业企业为主攻方向，不断优化管理服务，提升企业创新能力，在推进产业转型升级上再求新突破。

一是大力发展无污染、有税工业。加大选商引资力度，加强招商队伍建设，优化招商服务，按照《大朗镇鼓励引进优质工业项目奖励试行办法》，鼓励引进有税工业企业。落实《大朗镇工业区（厂房）改造补贴试行办法》，大力推进工业区、旧厂房改造升级。

二是继续优化产业结构。进一步提升毛织产业发展水平，重点在三个方面下工夫：第一，抓研发，力争与东莞理工学院合作，组建一个有一定规模和较强研发能力的研究院，大力引进知名品牌的研发机构、展示机构。第二，抓生产，鼓励企业从被动接单向主动接单生产转变，从贴牌加工向创立自主品牌转变。第三，抓市场，在巩固国际市场的同时，鼓励企业积极拓展国内市场，办好“织交会”，装修毛织贸易中心三楼表演厅，定期举办时装表演、时装擂台赛，完善周边餐饮、娱乐、购物等配套设施，集聚人气，做旺市场。做强做优电子信息产业，努力引进和培育一批行业龙头企业和上市企业，提升电子信息产业竞争力。积极发展生产性服务业，加快完善产业链，促进现代服务业与先进制造业协调并进、双轮驱动。

三是提升自主创新能力。大力鼓励和协助企业建立研发设计中心，推进研发设计本土化。依托散裂中子源国家实验室、创意产业园、毛纺织产品研发中心等平台，加强产学研合作，促进科研成果转化。优化发展环境，聚集高素质人才，努力营造人才向往、人尽其才、才尽其用的良好局面。

四是加强企业服务。继续实行镇党政领导班子成员挂点联系企业制度，切实帮助企业解决发展难题。继续推进加工贸易企业就地转型升级，开拓内销市场。认真贯彻落实省、市融资支持政策，积极帮助中小企业解决融资难问题。引导企业完善治理机制，建立现代企业制度，提升经营管理水平。

二、着力打造城市核心，优化城市功能

以城市核心区建设为主抓手，加强城市规划，完善城市功能，优化城乡环境，全力打造城市核心和城市亮点，提升大朗城市形象。

一是推进城市核心区建设。借助松山湖的优势，以长盛片区为龙头，往松山湖方向推进，把涵盖长塘、求富路、松柏朗、佛子凹、黄草朗、洋坑塘等社区（村）部分或全部面积，约6平方公里的区域，划为大朗城市核心区，加快推进“三旧”改造，配套高水平的教育、文化、商业设施。其他区域重点发展工业，将一些已上报的“三旧”改造房地产项目还原为工业园区、工业厂房。

二是抓好重点项目建设。配合做好莞惠城轨、松山湖大道大朗段建设，抓好金朗路、莲湖路等11项路网升级改造工程的筹建工作。加快建设220千伏水平输变电工程等5个重点电网项目。抓好自来水厂的扩建增产工作。加快推进沙步排站建设，尽快启动松木山水库排洪河道（沙步段）改造等4项水利防灾减灾工程。支持巷头、圣堂、巷尾、大井头、蔡边等社区（村）建设农民公寓。配合做好已落地房地产项目的动工建设。

三是继续加强城市规划。抓好规划修编工作，以科学的规划引领城市和产业升级。力争松佛、高竹、水沙、杨石等片区控规早日通过市审批。

四是优化城乡生态环境。加快推进绿道网建设，抓好道路绿化、闲置地绿化，营造良好的市容街景。强化环保执法，加大环境整治力度。强化污染源治理，加强水源保护，确保饮用水安全。加快推进环保专业基地建设。

三、着力推进差异化发展，打造大朗特色文化

深入落实中共十七届六中全会精神，全面贯彻“为人民服务、为社会主义服务”的方向和“百花齐放、百家争鸣”的方针，大力发展文化事业和文化产业，着力建设文化强镇。

一是传承提升传统特色文化。推动全镇形成文明之风，力争创建为全国文明镇。巩固和弘扬篮球文化，加大CBA新世纪队主场宣传声势，打造中国篮球强镇。提升大朗荔枝文化内涵，传承荔枝文化。依托毛织特色产

业，继续办好毛织风情节系列活动，展示毛织文化魅力。弘扬民俗文化，广泛开展群众文化活动，做好醒狮、舞龙、麒麟、木偶、粤剧等项目的传承、宣传和推广。

二是规划建设标志性文化设施。按照“缺什么，建什么”的原则，打造独具特色的文化品牌和标志性文化设施。加快规划建设一座以声学效果见长的大朗音乐厅，填补东莞在专业音乐厅建设上的空白，吸引一批市外乃至省外的听众来大朗欣赏音乐、接受音乐熏陶。加快规划建设全国首个以视觉艺术为主题的大朗视觉艺术馆，为摄影爱好者提供一个分享作品的平台，并以视觉艺术馆为载体，推动艺术短片的发展。加快规划建设集科技、艺术、文学、体育等教育培训于一体的大朗青少年宫，内设大朗儿童剧场，打造成为人才培养的摇篮、精神文明建设的阵地、对外宣传的窗口。

三是丰富完善文化传播体系。继续办好大朗周刊、大朗网、大朗电视台、大朗快讯、“荔香大朗”微博等媒体。整合镇内图书资源，加快构建现代图书馆网群服务体系。精心办好文史艺术类文摘双月刊《朗读》，大力倡导爱读崇学的读书氛围。巩固国家一级档案馆建设成果，进一步发展档案事业、档案文化。

四、着力提升全镇教育质量，实现教育高水平均衡发展

坚持优先发展教育，实施培育名学校、名教师、名校长、名家长“四名”工程，巩固提升“两个先进”成果，开创教育内涵发展、优质发展和均衡发展的良好局面。

一是建设一批“名校”。推动龙头示范学校建设，着力打造一至两间优质中学、两至三间优质小学、两至三间优质幼儿园，辐射和带动其他学校提升办学水平。加强学校资源整合，加快以信息化推动教育现代化。实施素质教育，促进学生全面发展。优化教育环境，打造文明校园、绿色校园、和谐校园、平安校园。

二是打造一批“名校长”。立足于专家型的校长队伍建设，加强培训，促进全镇广大校长增强责任感，拓展思维和视野，提升行政管理能力和业务水平，用新思想、新理念、新方法，管好学校，办好教育。继续完善校长选拔聘用和考核评价机制，形成能者用、好者上、庸者下的良好氛围，造就一批具有先进理念和较高管理水平的名校长，逐步实现教育家办学。

三是培育一批“名教师”。坚持“培养为主、引进为辅”的原则，大力培养和引进学科带头人和骨干教师，打造素质优良、经验丰富、业务精湛的教师队伍。组织引导教师开展经常性的教学研究活动，及时更新观念，加强对外语、计算机等现代教育技术的学习和运用，加强对教学理念和教学方法的探索，丰富育人艺术，提高育人水平。继续在全镇大力营造尊师重教的良好氛围，让教师成为最受人尊敬的职业之一。

四是培养一批“名家长”。继续办好家长学校，探索建立家长义工队伍，开展形式多样的家庭教育活动，提高家教水平。充分发挥关工委、团镇委以及教育、宣传、文化等部门的作用，进一步形成学校、家庭、社会三结合的教育合力。培养和推广一批“名家长”，为学生的成长提供良好的家庭氛围，促进学生良好品格的形成。

五、着力发展社会事业，切实保障和改善民生

坚持以人为本、民生为先，下大力气解决群众关心的就业、医疗、食品安全、社会保障等问题，切实改善群众生活。

一是突出推进就业创业。认真落实各项优惠政策，营造良好的就业创业环境。完善就业服务平台，加强户籍劳动力职业技能培训。切实做好户籍毕业生就业工作。抓好本地人就业车间建设，推动新莞人培训工程，帮助城乡失业人员、零就业家庭、新莞人等群体实现充分就业。

二是加快发展医疗卫生事业。加快大朗医院新住院楼装修进度，争取早日投入使用；加强社区卫生服务中心和14个服务站建设。抓好流行病的防控。严厉打击非法行医。开展爱国卫生运动，营造健康卫生的居住环境。继续实施挂钩帮扶人口计生工作制度，千方百计稳定低生育水平，提高人口素质。

三是全力抓好食品安全工作。持续加强食品安全综合整治，形成工作合力，细化工作措施，发动群众参与，严厉打击不法分子，全面提升食品安全水平。

四是健全社会保障体系。进一步完善城乡一体的社会保障体系，落实各种保险增资扩面工作。完善最低生活保障制度，建立健全救助体系。扩大住房公积金覆盖面，抓好公租房和保障房建设。

五是加大扶贫济困力度。创新帮扶模式，注重帮扶实效，做好市内市外“规划到户，责任到人”扶贫帮困工作。继续开展孤寡老人及弱势群体的帮扶救助活动。大力发展社会福利和慈善事业。

六、着力推进平安创建，提高人民群众安全感

坚持防范与打击并重，强力整治社会治安，维护社会安全稳定，力争实现“五升五降”的社会治安目标。

一是强化社会治安防控。积极探索建立社区警务新机制，达到“一社区一警务室一民警”的标准，真正实现社区民警专职化，推动警务前移、警力下沉。以全市公安机关“大巡警”建设为契机，按照“警情引导警务”的要求，把警力摆到案件高发、防范薄弱、群众最需要的重点区域、重点时段，增强人民群众安全感。进一步加强治安管理，加强对酒店、旅馆、游戏厅、歌舞厅的监管。

二是加大综治维稳力度。加强综治信访维稳中心建设，完善网络问政平台，将矛盾化解在萌芽状态。抓好安全生产，加强消防隐患排查整治，健全各项危机管理机制，严防事故发生。加强劳动保护，建立健全劳动纠纷协商处理机制，构建和谐劳动关系。

三是严厉打击违法犯罪。实行严重刑事犯罪案件侦破工作领导责任制，重拳打击八类严重暴力犯罪。深化“打黑除恶”工作。积极配合做好“清网行动”。建立完善便衣伏击队伍，重点伏击“两抢一盗”违法犯罪行为。强化娱乐场所和重点部位突击清查，大力打击“黄赌毒”。

四是加强群防群治工作。健全基层治保组织联防机制，加强和规范社区（村）治保组织建设，增加社会面可视联防力量。加快镇第三期视频监控系统建设，引导社区（村）、企业、出租屋自发安装。大力宣传见义勇为的先进事迹，发挥市、镇两级见义勇为奖励金的激励作用。

七、着力加强和创新社会管理，确保社会和谐稳定

坚持依靠群众、服务群众，把握新形势下群众工作的新特点，加强和创新社会管理，全面提高社会管理科学化水平。

一是推进社会管理体制创新。完善社区（村）管理模式，建立镇领导分管社区（村）制度，充分调动各级领导干事创业的积极性，形成权责分明、齐抓共管的良好局面。完善长富社区管理机制，深入推进现代新型社区示范建设。抓好社区综合服务中心示范点建设，提高服务社会能力。

二是提高新莞人服务管理水平。注重新莞人权益保障，逐步推进基本公共服务均等化，切实解决好新莞人子女教育、医疗、社保等问题。深入实施积分制入户政策和居住证制度，畅通制度通道。加强出租屋管理服务，推广购买出租屋及新莞人意外保险。继续开展“一号关爱”活动，加强对新莞人的人文关怀，促进本地人和新莞人和谐共处，增强新莞人的城市认同感和归属感。

三是加强城市精细化管理。加快推进“智慧大朗”建设，助力社会管理信息化和精细化。抓好城市管理综合执法，营造良好的城市环境。加强市场监管，维护市场经济秩序。

四是鼓励社会各方参与社会建设和管理。积极发挥工会、共青团和妇联等组织的作用，维护广大职工合法权益，培养青年后备力量，维护妇女儿童权益。重点培育发展公益性社会组织。充分发挥志愿者在服务群众工作中的作用，拓展服务领域，提升服务质量。针对社区需求设置社工岗位，推进居民自治，完善社区服务体系。

八、着力加强政府自身建设，不断提升服务水平

牢固树立以人为本、执政为民的理念，大力建设法治政府、责任政府、高效政府和廉洁政府。

一是建设法治政府。把依法行政贯穿于政府工作的各个方面、各个环节，切实做到依法决策、依法办事。加强和改进行政执法工作，做到规范执法、文明执法、公正执法。加大政务公开力度，打造阳光政府。

二是建设责任政府。坚持求真务实，做到问政于民、问需于民、问计于民，千方百计为人民群众谋福祉。坚持增收节支，大力压缩一般性财政支出，把财政资源更多地用于公共服务、保障民生等方面。坚持厉行节约，勤俭办事，杜绝浪费，特别是减少投资的浪费。

三是建设高效政府。本着“人尽其才、精简高效”的原则，明确部门、岗位职责，不断优化机关单位人员配置，整合优化行政资源，提高工作效能。发挥城市核心区建设工作领导小组、工业区（厂房）改造工作领导小组、宣传文化工作领导小组和拆迁工作领导小组的作用，把各项工作落到实处。形成健全的机制，加强机关作风建设，努力营造敢抓落实、狠抓落实、会抓落实的良好氛围。

四是建设廉洁政府。加强财政财务工作，重点完善政府采购、工程招投标等监督机制。强化任期、任中经济责任审计工作。以镇、村集体资产管理为重点，严格执行重大事项审查、财政资金集中支付、会计委派轮岗、经济合同管理和责任追究等制度。加强廉洁从政思想教育，严肃查处各类违法违纪案件，以反腐倡廉的实际成效取信于民。

各位代表！回顾过去，勤劳智慧的大朗人民创造了累累硕果；展望未来，科学发展的宏伟蓝图催人奋进。让我们深入贯彻科学发展观，认真落实镇第十二次党代会精神，万众一心，和衷共济，为建设和谐富裕的大朗而扎实工作，为在全市区域竞争中成为排头兵而努力奋斗！

大朗镇六项措施加快推动毛织特色产业转型升级

（来源：2011年1月9日，全省专业镇转型升级现场会发言材料）

东莞市大朗镇是首批中国羊毛衫名镇，以大朗为中心的产业集群，有近万家毛织企业，仅大朗就有3000多家，整个产业集群的毛衣年销售量超过12亿件，在大朗集散的有8亿件。2008年3月，中央政治局委员、广东省委书记汪洋到大朗视察时，指出："推动产业结构调整和转型升级，是东莞落实科学发展观最核心的任务。今天不主动调整产业结构，明天就会被产业结构调整。"面对新的历史使命，我们紧紧抓住被列为广东省专业镇技术创新试点单位的机遇，把创新作为推动行业发展的灵魂，实施六项措施，加快推进毛织业从产品经营向品牌经营转变，从生产基地向现代毛纺商贸城转变，取得明显成效。大朗毛织业在2009年实现逆势上扬，规模以上毛织企业工业总产值同比增长19%，毛织品出口总额同比增长29%基础上，2010年规模以上毛织业工业总产值同比增长51%，2010年1—11月，以毛织品为主的一般贸易出口同比增长41%。大朗毛织产业集群呈现了信息化与毛织业高度融合、技术结构优化、产品附加值增加、产业链条拉长、产业集聚力和影响力不断增强的良好发展态势。我们的主要做法是：

（一）抓创新促转型。我们把创新作为推动企业发展的灵魂，把创新的理念贯穿到研发设计、人才培养、品创创建和营销展览等方面，激发了企业的创新活力。一是推进时尚元素与创意元素相结合。投资5000多万元建设毛织服装产业时尚创意区，吸引众多企业和知名服装院校入驻，着力打造成集毛织服装研发设计、展示、交流和销售等多项功能于一身的高端毛织服装时尚设计集聚区。二是创新产业人才培养模式。推进职业教育和产业发展紧密结合，依托大朗职中开设毛织设计与管理专业，毕业生就业率达100%，且大部分被本地大型毛织企业招录。在毛织商贸区筹建面积约5000平方米的大朗毛织教育培训基地，与毛织企业深度合作，实施"订单式培训"，预计年培训学员2000人。与西安工程大学合作，建立大朗（西安工程大学）实践基地。三是创新品牌创建模式。借鉴意大利皮具、瑞士钟表的品牌创建模式，大力创建"大朗"区域国际品牌，完成了"大朗"图形商标及VI系统的设计制作，并在世界80多个国家和地区进行了注册；以"大朗毛织"统一形象参加国内外重要展会，推进"大朗毛织"区域品牌的推广和宣传工作。四是创新"织交会"办展模式。通过打造在线"织交会"，实现网上和网下互联、互通，展会规模和效益进一步提升，"织交会"荣获"2009年度中国行业品牌展会金鼎奖"。

（二）融两化促升级。坚持走新型工业化道路，以现代信息技术提升改造毛织产业，推进信息化与毛织业高度融合，逐步实现数字化设计、数字化生产和网络化销售。一是以现代信息技术提升改造传统生产方式。2010年镇财政安排1000万元，用于鼓励企业购置数控织机，目前全镇企业使用数控织机数超过1万台，可节省劳动力近8万人，全员劳动生产率提高了10多倍。二是大力发展电子商务。鼓励企业在环球资源网、中国制造网、阿里巴巴网等网站开展电子商务，在大朗毛织网站设立供求专栏，建设电子贸易商城，实现毛织产品端对端的无间隔贸易。目前，有2000多家毛织企业在网络平台开展电子商务。三是开展网上设计大赛。自2008年起，每年举办一届全国唯一的毛织服装网上设计大赛，通过远程网络传输，实现异地设计、本地生产，丰富设计款式，提高设计水平。2010年共收到参赛作品近400份，点击率达60万人次，网上设计大赛逐渐成为行内知名赛事。

（三）建平台促服务。针对产业集群内中小企业众多，公共服务平台不足等问题，着力加快完善质量检测、信息咨询、展销物流、融资服务等公共服务平台，引导企业提高研发设计、品质监管、营销策划等三种能力。一是完善质量检测平台。与东莞市质监局共同建设广东省质量监督毛织品检验站（东莞），该站通过中国合格评定国家认可委员会认可，拥有84类纺织品、服装产品及115项国内外标准的检测能力，同时还引进华南地区最大的第三方检测机构东莞标检等企业，为毛织企业提供测试、检验、认证服务，有效应对欧美发达国家技术壁垒。二是完善展销物流平台。投资4亿多元，建成国内毛织行业规模最大的大朗毛织贸易中心展馆，以该馆为平台，建成大朗品牌毛衫直销中心，已有132家企业进驻。投资1亿元建成大朗（国际）物流中心，进驻70多间物流公司，货运量3000多吨，开通国内外300多个城市的直达专线。三是完善信息咨询平台。成立东莞市毛纺织行业协会，促进行业交流与沟通，目前，规模以上企业和品牌企业占协会会员80%以上。成立东莞市毛织服装设计师协会，积极开展学术交流、挖掘设计人才、举办职业培训。建成毛织网站，向企业提供资讯查询、供求发布、企业推介、产品展示、人才招聘、合作交流等信息服务。目前，正在筹建毛织图书馆、毛织博物馆等平台。四是完善融资服务平台。成立信用担保和小额贷款公司，为优质企业提供融资服务，累计为400多家企业融资6亿多元，帮助购置数控织机1000多台。

（四）延链条促研发。针对企业缺乏自有品牌、研发设计能力不强等问题，大力发挥产业集群优势，加快延伸产业链条，不断提升产品研发设计水平和整体竞争力。一是提高整体研发设计水平。近两年来，投资1000多万元，成立大朗毛纺织产品研发中心，通过加强与世界知名设计师的合作、建设毛衫流行趋势发布基地、加强与服装大院校的合作、举办毛衣设计大赛等载体，全面提高毛织行业的研发设计水平。目前，我镇规模以上毛织企业80%以上设立了研发设计部，有中高级设计师1300多人，年设计毛衣20万款。搭建产学研合作基地，引进广东工业大学、广州纺织服装职业学校、深圳泛美职业学校、惠州学院等服装院校。目前正在筹建毛织服装设计中心（工作室）。二是加大力度开发延伸产业链。引进科技含量较高的数控织机生产企业，盛星等11家数控织机企业在大朗设立生产基地和研发机构；60家国内外数控织机品牌商在大朗设立销售机构，知名品牌德国斯托尔和日本岛精都在大朗设立全球一级销售部，去年在大朗销售的数控织机近3万台，大朗成为全国最大的数控织机集散地，成为国内数控织机企业进军东南亚市场的桥头堡。三是有序转移劳动密集型工序。有序转移劳动密集型的低端工序，实行跨区域资源调配。如颖祺实业公司在内陆城市设立分工厂11家，主要负责织片、缝盘等劳动密集型前整工序，而大朗总部重点负责研发设计、品质监管和营销管理。

（五）聚要素促协作。针对城市和产业布局较分散，城市集聚力不强，影响生产要素集聚等问题，进一步优化城市发展平台，完善和提升城市功能，增强城市对各种资源要素的集聚力和配置力，加快以城市的优化升级推动产业的转型升级，提升毛织业的集约化水平。一是用城市规划引导产业集聚。进一步完善城市总体规划和控制性详细规划，努力打造以毛织贸易中心为龙头的毛织商贸区，促进毛织高端资源要素向这个片区集聚。同时，结合“三旧”改造工作，升级改造毛织商贸片区的外部环境，活跃商贸氛围。目前，毛织商贸区已扩展到10平方公里，有12条毛织专业街、1800多家毛织生产企业和1600多家毛织销售商户。二是创建品牌名店集聚商贸片区。鼓励集群内的龙头生产企业在商贸区设立销售总部，引进了鄂尔多斯、日本樱花、日本岛精、德国斯托尔等名企名店进驻商贸区，去年商贸区销售值同比增长73%。三是顺势而为建设专业街区。根据商贸活动情况，划分纱线原料街、数控织机一条街、毛衣成品街、五金配件一条街等专业街区，形成前店后厂、配套完善的经营生产格局。

（六）强帮扶促环境。针对国际金融危机以来企业利润降低，国内区域竞争压力加大等问题，我们积极创新政府服务方式和内容，为企业提供优质服务，为产业集群创造良好环境。一是实行重点帮扶。出台《大朗镇毛织产业集群建设工作方案（2009—2020年）》，成立了大朗镇毛纺织产业发展管理委员会，确定20家毛纺织企业作为重点扶持对象；加大国内外市场开拓力度，积极组织毛织企业参加北京、纽约、巴黎等国内外服装展览会、展销会，并在展位制作、品牌宣传等方面给予补贴。二是加强行业引导。强化毛纺织行业协会建设，为企业提供咨询、培训、交流等服务；通过大朗毛织网站，向企业提供各种资讯；定期召开毛织产业分析会，分析经济形势，宣传政府帮扶措施，及时研究解决企业发展遇到

的问题。三是优化发展环境。强化城市规划建设管理，推动城市升级与产业升级相适应，筹建占地60公顷的毛织环保专业基地；依法整治无证照经营户，大力清理消防隐患严重的家庭作坊式加工厂，坚决淘汰污染严重的洗水、漂染、印花等落后产能，为企业提供良好的发展环境。

以上是我镇推进创新创业工作的一些做法和体会。虽然取得了一些成绩，但对比上级的要求，还存在较大的差距。我镇将继续以科学发展观为指导，继续创新方法，开拓进取，扎实推进专业镇技术创新试点工作！

以舒适便利城市环境引领新一轮发展 加快建设宜居幸福家园

——在全镇城建工作会议上的讲话

（2011年3月8日）

尹景辉

同志们：

昨天上午，镇委、镇政府组织大家参观了先进镇街的城建亮点工程，今天在这里召开会议，主要是为了传达2011年全市城建亮点工程视察活动总结会、市政府（全体）扩大会议和2011年全市重点项目建设工作会议等三个会议精神，学习先进镇街的城市建设经验，进一步解放思想，鼓足干劲，加温提速，加快推动落实既定的城市建设任务，抓住城市建设这个牛鼻子，加快推动产业升级，建设宜居幸福家园。下面，我讲四点意见。

一、跳出大朗看城建，积极学习借鉴先进镇街的经验

昨天上午，我们参观了黄江、寮步和东莞生态园的城建亮点工程，很多同志都说体会很深，感触很大，强烈感受到“前有标兵、后有追兵”的发展态势。总的来看，主要有以下几个特点：

一是城市建设的投入大。比如黄江启动66项重点项目，总投资超100亿元，其中投资2亿元，建设了全长26.8公里的黄江绿道，有效整合了生态资源。寮步集聚了市篮球馆、市中医院、市第六中学、东莞理工学院城市学院等市重点项目，以及香市动物园、香市公园、香市影视城、十里香堤等镇内项目。生态园截至去年底，已启动道路、治水、绿化工程33项，总投资43.8亿元，已完成投资21.7亿元。对比周边镇街大手笔、大气魄推动城市建设，大朗就略显小气。近几年，镇财政投资超过亿元的工程项目并不是很多，松佛路投入了3400多万，荔香湿地公园投入了6500多万，新中心小学投入了8000多万。

二是城市建设的速度快。昨天参观的黄江、寮步都在丘陵片区，发展水平都差不多，他们现在建设的湿地、绿道、公园和水体，有些借鉴了我们湿地公园的建设经验，但他们舍得投入，建设速度非常快。有些项目，从启动、设计到建成，用了不到一年的时间，就见了效果，效率非常高。比如黄江的绿道标准很高，但用了不到一年的时间；寮步的香市影视城，从设计到建设用了不到4个月；生态园学习观看了大朗的规划宣传片后，在不到两个月的时间里，就高质量制作了生态园介绍片。

三是城市建设的特色明显。昨天参观的城市亮点工程都非常注重创新，人文特色浓郁，城市建设实现“人无我有，人有我新”。比如寮步的香市公园以香市历史文化、中华龙文化、岭南民俗民风文化为主题，整合神仙岭和龙船山，以仿古明清岭南建筑为主，建成寮步镇中心区规模最大、生态环境和休闲设施最完善的城市休闲公园。黄江的环黄牛埔水库段绿道，以自行车运动文化为主导，配备了国际自行车赛道、自行车运动场地、广场、观景台、亲水平台、凉亭驿站、登山小径等休闲设施，提高绿道的经济、社会和生态效益，为群众提供一个运动、休闲、自然的绿色公园。

四是营造了生态宜人的城乡环境。优化生态环境，建设宜居城乡，是建设幸福家园的重要内容。从昨天参观的亮点看，近年来，全市各镇街非常重视加强环境建设，营造了花红草绿的优美环境。比如生态园坚持“生态优先、治水为前、以绿为基、以水为源”，重建区域水生态环境，建立以燕岭、下沙、大圳埔三个湿地公园为轴心的“大湿地”生态系统，打造“城水相融、岛城相映、水绿相依”岭南水乡特色，为群众创造了一个宜居和谐、生态优美的环境。黄江的环黄牛埔水库段绿道，遵从黄牛埔水库的生态特点和地形分布，配置各项设施，融山水康体、农业观光、休闲旅游于一体，突出黄牛埔水库的自然生态特色，成为群众度假休闲的好地方。

通过参观学习，使我们进一步拓宽了思维和视野，感受到与先进镇街发展的差距和压力，增强了加快发展的信心和动力。置身于全市各镇街“千帆竞发、百舸争流”的发展竞争格局中，我们必须有一种“等不起”、“慢不得”、“坐不住”的强烈紧迫感。

“等不起”，就是要抢抓机遇。今年是“十二五”的开局之年，我们面临着重大历史机遇。从昨天的参观可以看出，全市各镇街现在对生态、宜居、绿色、低碳的认识都已经是很深刻了，看准方向，就下足决心去干，而且起点高，速度快，效果好，让我们强烈感受到周边镇街大手笔、大动作推进城市建设的气势。因此，我们必须认真学习先进镇街的经验，乘势而上，以只争朝夕、时不我待的精神，扎实抓好城建工作任务落实。

“慢不得”，就是要加速跨越和赶超。近几年，大朗在城市建设方面做了很多工作，城市面貌发生了很大变化，自己跟自己比，有很大进步，对外美誉度也有一定提高。但是，与南城、东城、虎门、长安等先进镇街相比，还存在很大差距；与周边同一水平的镇街相比，也有不少落后的地方。而且，2009年、2010年大朗城市建设的速度相对放缓了。在现在这种发展态势下，不发展就是退，慢发展也是退，等距离发展还是退；谁的行动快，谁就能夺取驾驭发展的主动权，最先在有限的市场资源配置中获取最佳份额。我们要在坚持发展质量的前提下，能快则快，才可能实现跨越式发展，才能赶超先进。

“坐不住”，就是要有风风火火、雷厉风行的实际行动。再好的思路、再好的蓝图，不去落实，不去付诸行动，就只能像画在“墙上的饼”。只有干起来、动起来，才能把美好的蓝图变为现实。全镇各级各部门要自觉履行职责，该负的责任勇于担当，该管的事情主动管好，该解决的问题及时解决，围绕工作目标和任务，明确工作责任，在本职岗位上尽责、尽心、尽力，决不能无所作为、得过且过。定下来的事情，要说干就干、抓紧实施；部署了的工作，要加强督查、一抓到底，坚决改变散漫拖沓、推诿扯皮现象，纠正各种慵懒行为。

二、立足大朗看城建，过去一年大朗城市建设成绩斐然

2010年，全镇各级各部门，特别是城建线的工作部门，鼓足干劲，全力以赴，着力优化发展空间，完善综合配套，健全城市建设管理体制，规划设计了一批影响全局的重点工程，并陆续启动一批项目建设，大朗城乡面貌发生新变化，大朗的美誉度、城市的舒适度和居民的幸福感不断提高。

（一）新商贸文化中心区形象提升集聚力增强。长盛片区相继建成万科·金域蓝湾、汇盛大厦、金融大厦、盈丰大厦、金莎雅苑等项目，城市形象全面改善，人流物流密集，商贸繁荣，大润发超市、帝豪花园酒店营业额分别增长20%和15%。大朗花街建成使用，成为春节期间大朗重要的景观亮点，游览市民达65万人次，有效集聚了人气和财气。大朗碧桂园、东方银座顺利开盘，富盈商业中心动工建设，有效增强银朗片区集聚力。

（二）道路升级深入实施“外联内聚”格局形成。大力实施“路网建设年”工程，去年在建道路改造工程共投资1.9亿元。中心小学周边道路、杨新路、水新路一期、富通路一期等道路改造工程建成使用；富华路改造升级完成60%；积极配合做好莞惠城际铁路大朗段建设；水新路二期、金朗路、长盛路、富洋路等前期筹备工作正加紧进行。

（三）公共配套加快完善城市承载力不断增强。原艺术幼儿园综合整治工程顺利完工，大朗一中学生宿舍、大朗中学运动场、档案馆三期、新马莲市场、莲湖公园等项目正加快建设；求富路花园配套逐步完善，建成有特色的村史馆和社区图书馆；象山110千伏等9项电力工程加快规划建设。

（四）成熟社区建设加快推进生活舒适度不断提升。随着中心小学新校的建成使用，松佛路及中心小学周边道路的升级改造完成，求富路花园建成入住，求富路村史馆图书馆建成使用，长富社区现代城市管理机制进一步完善，以帝豪花园酒店、碧水天源、明上居、万科·金域蓝湾、求富路花园、现代信息服务产业园为组团的成熟社区逐步成形，资源集聚度、市民生活舒适度不断提高，也给外来宾客留下了非

常好的印象。

（五）城乡环境继续优化更加突出生态宜居。富有荔乡特色的珠三角绿道5号线大朗段建成使用，荔香湿地公园、凤山农科园等公共设施进一步完善，全镇绿地养护面积达54万平方米；“创模”、总量减排、水源保护等专项整治工作力度不断加大，环境治理成果进一步巩固；城市“六乱”、违法建筑、违法用地等整治工作深入开展。

三、乘势而上抓城建，以更优美环境提升居民幸福感

经过前几年的规划建设，我镇城市建设的基础更加扎实，推动城市大发展的氛围已经形成。2011年，是“十二五”规划的开局之年，我们要进一步解放思想，抓住机遇，全力做好城市建设各项工作。整体思路是：以科学发展为主题，深刻把握大朗在珠三角经济一体化中的角色定位，按照“借势松山湖，对接松山湖，融入大市区，打造八大经济板块”的战略要求，加温鼓劲，继续以城市升级推动产业升级，加快外联内聚，增强城市集聚力，努力实现率先转型升级，建设民富镇强幸福大朗。

今年初，我们提出了打造“八大经济板块”的发展战略，即把长盛片区打造为商贸文化中心区，把银朗片区打造为行政服务区，把毛织商贸片区打造为总面积约10平方公里的中国毛衣市场，把松佛片区打造为创意产业孵化基地和战略性新兴产业承接地，把黄洋片区打造为战略性新兴产业集聚地，把富民工业园打造为先进制造业集聚地，把荔香湿地公园、凤山农科园打造为生态休闲经济圈，打造以散裂中子源项目为中心、涵盖周边30平方公里的中子科技新城。这“八大经济板块”有些是前几年提出来的，也推进了一些项目，取得了阶段性成效，比如长盛片区、银朗片区；有些是结合新的发展形势提出来的，还没有启动或者全面铺开，比如中子科技新城和中国毛衣市场建设等。这“八大经济板块”是管今后相当长一段时间的，目标已经很明确，关键是我们要抓好落实。结合工作开展情况，今年在城市建设上，要在以下六个方面有新的突破：

（一）要在推进长盛二期建设上有新突破。一直以来，我们坚持实施“强心”战略，整合提升中心区功能布局，随着大朗信息化与工业化、城市化、国际化“四化融合”的加快，各种资源要素不断向长盛片区聚集，以长盛广场为龙头的长盛片区，正成为大朗新的商贸文化中心区，辐射范围和区域影响力不断扩大。早在2007年，镇委镇政府就提出要乘势而上，建设长盛二期，强化镇中心区的集聚力，并高标准完成了长盛二期的城市规划，开展了相关前期工作。目前，长盛二期9个地块中，已有6个地块办好征地手续，但是，仍然有部分征地拆迁未完成。今年，要结合三旧改造，以更大的力度、更快的速度、更实的举措来解决好征地拆迁问题，力争在长盛二期建设上取得实质性突破。长塘社区、镇拆迁办要集中时间、集中精力，争取在上半年完成剩下的拆迁工作；规划、国土等部门要做相关审批手续，土地储备办要及时跟进，做好推拍前期工作，争取在上半年推出4个地块进行招拍挂。

（二）要在建设10平方公里的中国毛衣市场上有新突破。要积极借鉴江浙一带发展服装专业市场的经验，坚持专业市场规划与城市升级相结合、政府主导和企业推动相结合、产业发展和市场培育相结合，重新规划布局以毛织贸易中心为龙头约10平方公里的毛织商贸区，努力把大朗打造成为全国乃至世界有较大影响力的中国毛衣市场。今年上半年，要加快装修贸易中心一楼的展馆、建设毛织培训中心和实训中心，抓紧完善公共饭堂、电梯、外围环境等配套设施，尽快启动毛织博物馆和毛织图书馆建设，积极引进龙头商贸企业、金融网点进驻。要进一步丰富东莞毛织产业科技创新中心、毛织服装时尚设计创意区、毛织贸易中心的内容，打造融科技创新、时尚设计、展览贸易于一体的高端资源集聚区。

（三）要在规划建设30平方公里的中子科技新城上有新突破。要依托散裂中子源项目，涵盖水平、屏山、犀牛陂等村及五埂林场近30平方公里的土地，规划建设成一个中子科技新城。城建线部门要对全镇总规和控规编制进行调整，在散裂中子源项目附近，规划预留2000—3000亩的土地，用于引进、吸纳国家级甚至世界级重大科学装置和实验室，集聚一批世界级顶尖科学家。各有关部门要按照散裂中子源6月份进行动工奠基倒排工期，抓紧做好专用道路的建设等工作；要加快理顺省管樟木头林场五埂工区权属问题，规划建设一个市级森林公园；要加快400亩民用核技术产业园的选址和筹建工作；要做好1000亩水平公园的规划建设，并在周边规划建设散裂中子源展览馆、公租房、医院、学校、派出所、消防等配套设施。水平、屏山、犀牛陂等社区（村）要大力完善基础设施，提升建成区城市功能和形象，提高发展战略性新兴产业的承载能力。

（四）要在黄洋片区的规划

建设上有新突破。松山湖台湾高科园的开发建设，给我镇的黄洋片区带来新一轮发展机遇。毗邻园区的洋坑塘、黄草朗等6个社区（村）和城建线部门，要大力支持配合台湾高科园、借势台湾高科园、对接台湾高科园，加快富洋路、富通路、景富路改造升级，做好与台湾高科园松洋路、象洋北路、东城大道、东城北路等道路的对接。今年，要加快规划建设大朗汽车客运总站综合体、黄草朗小学新校等项目；环保、市政、城市执法等部门要主动介入，协同洋坑塘、黄草朗等6个社区（村）完善设施、美化绿化、强化管理，加快构建大朗与松山湖“交通干道直接通达，产业功能承接合作，城市空间相互交融，公共中心互为吸引”的发展格局。

（五）要在完善六纵九横的交通路网上有新突破。按照“六纵九横”的路网架构，加快富华路改造升级工程，争取今年4月底建成使用；加快改造富通路二期，争取年底完工；今年上半年要争取启动金朗路、水新路二期、长盛北路建设，要做好水常路、朗东路等道路升级改造的前期工作。继续配合做好莞惠城际铁路大朗段建设工作。

（六）在提升城市承载力上有新突破。要加快完成大朗一中学生公寓建设，力争10月底封顶，明年春季招生；要做好大朗中学学生公寓及运动场、长盛幼儿园筹建工作。切实抓好象山110千伏变电站等9项电力工程建设。要加快建设松木山水库高渠（巷头段）工程等10项水利工程，进一步健全防洪减灾体系。大力支持巷头、巷尾、圣堂、大井头等社区（村）筹建农民公寓；要通过镇村两级合作开发，统筹开展公共租赁住房建设，进一步完善住房保障体系。启动市域绿道网建设，并连接珠三角5号绿道和松山湖环湖绿道。继续推进村级公园建设，加快新马莲莲湖公园建设进度，争取今年上半年完成。

四、齐心协力促城建，以更大决心抓好城建任务落实

各级领导对推进城市建设的重视程度和工作力度，是能否全面完成城市建设任务的根本和关键。各单位、社区（村）一定要进一步提高认识，切实加强领导，采取强有力措施，努力营造齐心协力推进城市建设的浓厚氛围。

（一）时间观念要更强一点。城建工作时间紧、任务重，各职能部门一定要主动提高办事效率，加快办理工程报建手续，做到不拖拉，不扯皮，想方设法加速推进，保证项目能如期动工建设；全镇各单位、各企业和承建单位要克服困难，增强紧迫感，一天当做三天用，想干、敢干、快干、会干，确保工程如期竣工。

（二）工作效率要更高一点。要坚持以目标倒逼进度，以时间倒逼程序，层层制订计划，级级落实责任，向时间要效率，全力抓好开工建设。继续实施镇党政领导班子成员挂点督导重点工程制度，各督导领导每月至少一次联系挂钩项目；各项目负责单位要加强与挂钩督导领导的协调联系，及时报告项目建设进度、问题困难等情况；镇重点办要对项目进展情况进行定期分析、定期督查、定期汇报，强化工程质量监管；镇党政办要及时掌握工程督导情况，做好跟踪汇报；镇宣传部门要对督导工作和项目实施情况进行跟踪报道，努力提高广大干部群众关心和支持项目建设的积极性和参与度。

（三）征地拆迁要更快一点。当前，征地拆迁问题仍然是制约重点项目建设进度的“老大难”问题。各相关社区（村）和镇拆迁办要全面履行好责任，用好用活市的征地补偿政策，稳中求快地推进征地拆迁，及时交付建设用地。松山湖大道大朗段是市政府的重点建设项目，对大朗进一步对接松山湖、融入大市区具有非常重要的意义，但由于征地拆迁问题，导致工程迟迟未能动工建设，黎贝岭村、镇拆迁办要切实增强紧迫感，多想办法，争取今年尽快完成征地拆迁工作，确保工程早日动工。有征地拆迁任务的其他社区（村）也要配强配足人手，做好做细工作，突破征地拆迁瓶颈，确保既定项目如期开工。要严格拆迁程序，规范拆迁行为，加强对补偿资金的拨付、使用、管理。要加大对征地拆迁优惠政策的宣传，多与拆迁户沟通，做到“以情拆迁”、依法拆迁、和谐拆迁。要充分理解拆迁对群众生活带来的影响，主动帮助群众解决实际困难。

（四）联动机制要更活一点。加快城市建设，改变城乡面貌，不单是城建部门的事，需要全镇各部门通力合作，协力推进。全镇各级各部门要有全局思想，淡化本部门利益，在工作中自觉摆正位置，做到职责范围内的事情认真负责，大胆管理，需要本部门参与的事情，积极主动配合，搞好协作。城建部门要切实增强责任感、使命感和荣誉感，不折不扣地完成镇委、镇政府交办的任务。

（五）工程质量要更好一点。重点项目的建设，既要快字当头，也要好字优先，做到好中求快。要始终把质量作为头等大事，狠抓项目建设各个环节的全过程动态化监管。要坚持“安全

第一，预防为主”的方针，严格各项操作规程，抓好安全生产、安全施工，杜绝重特大安全事故的发生。要牢固树立精品意识，把高标准、严要求贯穿于整个城市建设过程，确保建一项工程成一件精品，经得起群众挑剔、专家评议和历史的检验，力争多留精品，少留遗憾。

同志们，城市建设工作事关经济社会发展大局，事关产业结构调整升级的成效，事关民富镇强幸福大朗建设的成败。全镇各级各部门一定要以今天的会议为契机，迅速行动起来，开拓创新，真抓实干，不断提高工作效率和水平，坚决打好城市建设的攻坚战，为率先转型升级、建设民富镇强幸福大朗作出新的更大贡献！

全面加强和创新社会管理　建设富有特色新社区

（来源：2011年6月17日，全市社区工作会议发言材料）

大朗现有28个社区（村），其中社区12个，社区户籍人口3.3万人，流动人口20多万人。近年来，我们以创建省“六好”平安和谐社区为契机，以创新社会管理为抓手，努力建设环境优美、管理有序、服务完善、文化活跃、社会和谐的社会生活共同体，取得初步成效。目前，长塘获评“全国社区商业示范社区”、“全国综合减灾示范社区”，全镇有10个社区获评省“六好”平安和谐社区，去年东莞向省里申报了10个“宜居社区”，大朗占了3个。我们的主要做法是：

一、高度重视，把社区建设摆在突出位置

社区是社会的基本单元，是人们社会生活的共同体和人居的基本平台。我们深刻认识到，加强社会管理的重心在社区，改善民生的依托在社区，维护稳定的根基在社区，社区和谐是社会和谐的基础，社区稳定是社会稳定的前提。因此，在实际工作中，我镇党政领导班子高度重视，成立镇社区建设工作领导小组，由镇委副书记担任组长，把推进社区建设作为创新社会管理、构建和谐社会的一个主要着力点和工作重点，经常放在镇委镇政府的议事日程上面去讨论、去督促、去检查，并在人、财、物三方面给予大力支持，努力形成举全镇之力联动推进社区建设的良好氛围。

同时，我们根据各个社区的不同优势，因地制宜，综合考虑，引导创建各具特色的社区品牌。积极引导求富路社区打造为和谐幸福家园。依托求富路花园，积极打造现代宜居幸福社区示范点，建成求富路社区文化活动中心，包含村史馆、图书馆、健身室、舞蹈室、儿童游乐室等设施。其中，求富路村史馆共收藏实物120多件，通过声光电技术，演绎了求富路社区从“牛过之路”到“求富之路”，再到“宜居之路”、“幸福之路”的奋斗历程；东莞图书馆大朗求富路分馆总投资150多万元，藏书近3万册，分综合阅览区、亲子阅读区、存储藏书区和电子阅览区，为居民提供了良好的读书休闲场所。积极引导长富社区打造为现代新型社区示范。剥离传统社区的经济管理职能，创新社区服务管理机制，把主动服务、靠前服务作为长富社区工作的着力点，在各楼盘建立社区服务中心，把“办事窗口”下沉到小区，实行就近办事、“一站式”服务。成立社区义工服务站，发展义工150多名，经常性开展社区爱心服务。以信息化提升社区服务水平，将社区网站建成24小时办公室、居民生活指南针，目前月访问量超过10万人次。积极引导长塘社区打造为义工服务品牌社区。依托长塘花园社区群众集约居住的特点，在长塘社区组建全镇第一支党员义工服务队，目前共有注册义工413人，开展了各种义工服务活动20多场，参加活动人员1500多人次，服务时间超过5600小时，义工服务成为长塘的一块闪亮名片。

二、以人为本，扎实推进社区建设提升居民幸福感

我们坚持从社区居民最关心、最直接、最现实的需求出发，整合社区资源，搭建服务平台，创新服务方式，为居民提供便利、高效、优质的社区服务，不断提升居民生活质量。

一是注重民生完善配套，进一步提升居民生活舒适度。我们以农民公寓建设为抓手，加快推进农民向市民转变。目前，全镇已投入8.4亿元，先后建成了长塘、求富路、佛新、宝陂、校椅围等5个设施齐全的农民公寓，圣堂、巷头、巷尾、大井头等社区正在加紧建设。在此基础上，我们进一步完善社区办公场所、活动场所和服务设施。目前，建成多功能活动室32个，警务室35个，人民调解室28个，劳动服务站28个，星光老年之家32个，社区残疾人协会27个，残疾人康复站4个，户外文体广场、镇村公园32个等。在加强配套建设的同时，我们特别注重解决民生问题，通过开展技能培训、实行物业管理人员本土化、搭建本地人就业车间、帮扶“摩的”司机转型就业等方式，帮助1200多名本土劳动力，尤其是原“摩的”司机、零就业家庭、“4050”就业困难妇女实现就业。认真落实合作医疗保险制度、农（居）民养老保险制度、低保制度、困难残疾人专项补助制度等，基本做到了应保尽保。建设社区卫生服务中心和14个社区卫生服务站，为广大群众提供安全有效、方便低价的基本卫生医疗服务。接下来，我们将抓住长富、求富路被列为市社区综合服务中心示范点的契机，进一步完善服务体系，拓展服务功能，满足不同人群的物质、文化需求。

二是创新服务数字惠民，进一步提升社区居民便利性。我们顺应网络时代发展潮流，注重用数字化手段提升社区的管理和服务水平。积极打造信息化示范小区，求富路花园实现光纤直接连入，建立保安视频监控、可视对讲、住宅门禁、社区广播等九大系统，推行智能化管理，被评为市信息化示范小区。积极打造网上社区，针对居民电脑拥有率、上网率均超过七成的情况，长富社区在社区网站设立了“政务公开”、“行政办事”、“书记信箱”、“便民问答”、“生活指南”等栏目，及时发布社区各种信息；设立“社区论坛”，为居民网上评议社区服务提供渠道。积极打造无线社区，长塘社区建立全市第一个无线办公应用示范点，用户通过3G手机网络，可随时随地进行事项审批处理、户籍管理、社区信息查询等。

三是整合资源繁荣文化，进一步提升社区居民的文化素养。近年来，我们立足实际，加快整合，积极打造全方位的知识传播体系，先后投入3亿多元建设城市规划展览馆、长塘展览馆、求富路村史馆、荔香湿地公园等公共文化设施；建成长塘、求富路、碧水天源3个市图书馆社区分馆，21个社区（村）“农家书屋”，初步形成了覆盖全镇的图书馆网群。我们以民俗文化、荔枝文化、毛织文化、篮球文化等大朗特色文化为载体，持续广泛开展贴近生活、贴近群众、贴近时代的文化活动，提高公共文化服务覆盖面，丰富广大群众的文化生活。如长富社区建立了合唱队、篮球队等近10支文体队伍，通过举办嘉年华系列活动，打造社区文化品牌；长塘社区积极打造篮球文化，长塘篮球队多次获得镇春节篮球联赛冠军，并输送了一批篮球人才。

四是强化党建夯实基础，进一步密切社区党群关系。我们始终将基层党建工作摆在社区建设的重要位置，狠抓队伍建设，强化党员素质，切实加强基层党群联系。一是加强队伍建设。积极培养吸收年轻血液进入社区班子，目前在全镇12个社区中，35岁以下、本科以上学历的“两委”干部占总数的三成，呈现年轻化高学历趋势。如为推进数字建设，我们从镇委、镇政府选派了一批有朝气、有干劲、理念新的干部充实长富社区，目前该社区“两委”干部和工作人员平均年龄29岁，全部本科以上学历。正是由于搭建了年轻而富有创造力的班子，长富社区的数字社区建设和网站建设成效明显，走在大朗前列。二是加强党员教育。开通了全市首家镇一级党建网，组织社区全体党员开通《大朗党讯》，推进学习模式向网络化转变；每周组织党员参与党的知识问答，调动党员学习积极性。三是加强党群联系。每个社区配备“四室两栏”，“四室”是指警务室、居民接访调解室、宣传阅览活动室、妇检室，“两栏”是党（居）务公开栏、宣传栏，社区政务财务定期上墙、上栏，接受群众监督。社区“两委”干部定期走访群众，为群众排忧解难，将各种矛盾有效化解在基层和萌芽状态。

三、共建共享，推进社区服务实现四个转变

通过近几年的努力，我镇社区社区服务体系逐步完善，广大群众关注社区建设、参与社区管理的积极性明显提高，社区服务载体、对象、方式和内容等都实现了新转变。

一是在服务载体上，改变了过去依靠社区开展服务的单一途径，创新和完善了“居委会+社工+志愿者（义工）”的互动模式，整合社工、义工两种人力资源，利用长富义工服务站、求富路社区活动中心、长塘志愿者服务站以及长富、求富路社区综合服务中心等载体，形成共同推进社区建设合力，为群众提供更多更优质的社区服务。

二是在服务对象上，从过去的低保人员、特困群众、残疾人、老年人等传统民政对象拓

宽到社区全体居民，尤其是把“4050”待就业人员、原“摩的”司机以及居家养老人员的服务摆在了突出位置，更加注重人文关怀。

三是在服务方式上，从过去的面对面、手把手的服务，发展到通过社区网、手机短信等信息化技术，实现远程办事和服务，缩短了群众办事时间，提高办事效率和便利性。如长富社区网站月访问量超过10万人次，居民通过长富社区网这个24小时办公室进行网上咨询、网上办事，突破了时间、空间限制。

四是在服务内容上，从过去单纯的社会福利、优抚安置、低保救济服务逐步发展到包含劳动就业、社会保障、医疗保健、文体娱乐、环境卫生的全方位服务。同时，以农民公寓、商住小区为载体，通过经常举办丰富多彩的文化活动，在潜移默化中提升农民素质，引导农民逐步改变农村的生活方式和生活习惯，加快农民向市民转变。

以上是我镇推进社区建设的一些做法和成效。社区建设是一项系统工程，涉及方方面面，需要全社会的共同参与、共同努力。今后，我们将进一步加大力度，坚持以提高社区居民生活质量、更好地服务社区群众为宗旨，不断完善社区功能，加强社区管理，扎实推进社区建设各项工作，为全面建设大朗特色新社区而努力。

东莞大朗镇加快人才集聚推动产业转型升级的做法和启示

（来源：刊登于省委政研室2011年《情况与建议》第23期）

被誉为“中国羊毛衫名镇”和“中国电子信息产业名镇”的东莞市大朗镇，近年来大力实施人才强镇战略，通过发展新兴产业、创新培育载体、优化服务工作等举措，着力聚才、育才、留才，强化党政人才、企业人才和技术人才建设，有力推进了产业转型升级。目前，全镇共有各级各类人才4万多人，其中博士20人，硕士131人，本科5122人，大专1.5万人；高级职称人员312人，中级职称1506人。2010年与2005年相比，大朗镇税收总额、财政总收入、各项存款余额、工业总产值、规模以上工业产值、实际利用外资、出口总额等7项指标均翻了一番，每平方公里的GDP产出增加91%，每亿元GDP能耗下降22%，每亿元GDP税收提高41%。大朗镇通过加快人才集聚推动产业转型升级的做法，对我省其他地区具有较好的借鉴意义。

一、主要做法

*1. 引进专业人才，推动新兴产业发展。*大朗镇围绕建设散裂中子源科学项目、现代信息服务产业园、企业研发中心等平台建设，吸收大批优秀人才，有效促进了战略性新兴产业和现代服务业的发展。

一是聚揽高科技人才，促进研发平台建设。配合建设中国最大的科学装置——中国散裂中子源项目，吸引高科技人才来大朗工作。该项目建设周期为6年，将有600多名科研人员参与建设，现已有300多名人员为该项目服务。同时，专门设立1亿元“创新型大朗”工程专项资金，鼓励企业建立研发中心，目前全镇共有43家重点企业建立了研发中心或研发部，集聚高科技人才1200多人。

二是引进网络技术人才，推动“智慧大朗”信息化建设。以建设“数字大朗”为载体，促成中国电信东莞互联网数据中心落户大朗，集聚了一批信息科技和互联网人才。大朗现代信息创意产业园建成后，重点引进东莞互联网企业、电子商务企业和科技企业的软件开发部，现已有53家中小型网络和软件企业进驻，聚集了软件工程师、创意设计人员500多名。

三是招聘高素质专业人才，促进现代服务业发展。着眼推动第三产业的发展，积极引进服务业专业人才。如，引进东莞标检、信宝电子产品检测、赛宝软件评测中心等5家检验检测机构

进驻大朗，吸引了176名检测人才在大朗就业。依托美国信安达档案公司、大朗档案馆，引进了30多名档案管理人才。加快发展现代物流业，促成天虹集团物流配送中心落户大朗，集聚了72名现代物流管理、配送人才。积极发展金融服务业，建成14家中高档写字楼，吸引了银行、保险、证券等金融机构40家、金融网点52个，汇聚了金融管理、投融资人才600多名。大力发展医疗卫生事业，吸引医疗专业人才2000多人，其中有20多名学科带头人。

2. 创新培训载体，多渠道培育实用人才。大朗镇在多方位招揽人才的基础上，积极实施人才培养工程，结合产业发展需要，不断创新人才培育方法和载体，有效促进本地人才的快速成长，有力促进了产业转型升级。

一是实行订单式培训，为专业集群培育实用技能人才。在毛织商贸区筹建面积约5000平方米的毛织实训中心，实施“订单式培训”，服务毛织产业技能人才需求，预计年培训学员2000人。适应产业形势，在大朗职中开设毛织设计与管理专业，前三届200多名毕业生已全部就业，且大部分被颖祺等本地大型毛织企业招录，成为技术骨干。

二是举办毛织设计大赛，集聚并培育创意设计人才。从2003年，每年举办一次全国毛织服装设计大赛，以设计赛为载体网聚人才。2008年大朗镇又创设网上毛织服装设计大赛，通过互联网搭建起毛织服装设计人才的选拔培养平台，实行异地设计、本地生产的运作模式，吸引了大量设计人才汇集大朗。

三是加强产学研合作，依托高校资源培养毛织人才。与东莞理工学院、西安工程大学、广东工业大学等院校开展广泛的产学研合作，提升研发能力。投资1000多万元成立毛纺织产品研发中心，加强与世界知名设计师及各大服装院校的合作。通过开展产学研合作，大朗镇每年可培训毛织人才1000多人次。

3. 优化城市环境，千方百计留住高素质人才。大朗镇通过营造良好城市环境，加强软硬环境建设，切实提升公共服务水平，确保各类高素质人才进得来、留得住，成功打造了集聚人才的新“洼地”。

一是营造开放兼容的人文氛围，注重做好拴心留人思想工作。大朗镇以科学的人才观为指导，高度重视人才集聚和培养工作，大力弘扬“海纳百川、厚德务实”的东莞城市精神，以开放开阔的胸怀广纳贤才。积极倡导营造尊重知识尊重人才的良好氛围，实施镇领导班子成员挂点联系企业制度，建立人才服务站，成立社会组织工委，定期到社区（村）、企业走访调研，及时了解各类人才的思想动向，在为他们解决居住入户、子女入学等实际困难的同时，有针对地作好思想工作，做到以情感人。

二是打造宜居和谐社区，用优越环境留住高素质人才。大朗镇大力加强社会建设，创新社会管理方法，完善公共配套设施，为高素质人才提供优越的居住环境、医疗条件和子女学位。在长盛片区投入8000多万元建设中心小学新校，投入2000多万元，对长盛片区的周边道路进行升级改造，吸引碧桂园、万科等品牌商进驻，努力打造宜居、便利、和谐的成熟社区。目前，约1.6万高素质人才选择在以长盛广场为核心的新文化中心区定居生活。同时，成立现代新型社区——长富社区，理顺人才入户关系，将高素质人才聚居的城市核心区和物业楼盘划归该社区管理，让高素质人才更乐意在大朗工作和生活。

三是加强政务建设，用优质服务留住人才。建设行政（产业）服务中心办事大厅，为人才来大朗镇工作提供“一站式”的优质服务，今年1—7月共接待办事人员3.8万人次，接受办理事项3.6万宗。畅通高端人才入户手续办理，并安排一名工作人员专门提供咨询服务，确保入户畅通。着力解决各类人才的住房难问题，在镇中心已建成500多套公租房，并正在筹建800套公租房。建立人才数据库，定期与各类人才座谈，主动帮助解决各种困难，努力做好人才引进的后续工作。

二、几点启示

大朗镇用事业集聚人才、多渠道培育人才、以环境留住人才，依靠人才的力量推进产业转型升级，取得明显成效。其经验和做法为我省乡镇提供了有益的启示。

启示一：树立和落实科学人才观，是促进经济发展的前提。人才是经济发展的财富之源，是真正意义上的第一资本。大朗镇组织100多名领导干部到国家行政学院学习，及时更新产业发展理念，树立了科学的人才观。同时，坚持用事业造就人才、用环境凝聚人才，及时了解各类人才的思想动向，并为他们解决实际困难，在全镇范围形成尊重知识、尊重人才的正确导向，形成了很好的人才集聚效应，有力推动了本地经济社会发展。大朗镇的经验说明，要推动经济社会发展，必须解放思想注重抓好人才工作，树立和落实科学人才观，走优先开发人才资源的道路，从战略上重视高素质人

才队伍建设，才能逐步改变搞经济轻科技，搞科技轻人才，搞人才轻高层次人才的状况，促进经济腾飞。

*启示二：着力引进和培育实用型人才，是促进产业转型升级的关键。*在人才引进和培养方面，大朗镇非常注重“匹配”理念，因业引才、按需培育，有力推动了本地经济发展。如大朗镇结合新兴产业发展引进高端科研、信息技术研发等方面的高素质人才，促进了新兴产业的发展。同时，结合毛织产业特点，通过筹建毛织实训中心、实行订单式培训、开展校企合作，加大对实用型技能人才的培训力度，有效促进了大朗毛织产业的转型升级。大朗镇的做法说明，根据经济建设和产业发展需要来构建人才发展规划，缺乏什么引进什么，需要什么培养什么，做到人事相宜、人尽其才，才能充分发挥人才的力量推动产业转型升级。

*启示三：营造有利于人才发展的大环境，是留住人才的重要因素。*大朗镇通过优化城市软硬件设施、理顺人才入户关系等，为高素质人才营造了有用武之地、无后顾之忧的拴人引才环境，让高素质人才产生“归属感”，吸引他们在大朗落户、扎根大朗。同时，加大投入，支持科研，创新培训载体，建立有利于优秀人才脱颖而出、健康成长的人才机制，努力为人才服好务、办实事，营造了很好的培养、留住人才的政策环境。大朗镇的做法证明，实施人才战略，必须“栽好梧桐树”，优化基础设施和基础服务，才能“引来凤凰栖”，以城市升级吸引高素质人才集聚，以人才集聚推动产业转型升级。

东莞大朗镇全面推进城镇化水平的经验和启示

（来源：刊登于省委政研室2011年《研究报告》第8期）

东莞市大朗镇面积118平方公里，辖28个社区（村），常住人口近50万。近年来，大朗以统筹城乡发展的科学规划为引领，优化城镇空间布局和功能分区，以崭新的城镇面貌吸引高端产业和高素质人才，形成产业转型升级与城市升级相互促进的良好局面；同时注重完善城乡基础设施和公共服务，营造优良的生态和生活环境，创新基层社区管理模式，促进农民向市民转变，初步建成了“功能完善、产业高端、人才集聚、生态优良、宜居宜业”的现代化特色城镇。2010年，全镇工业总产值、规模以上工业产值、税收总额、财政总收入、各项存款余额、实际利用外资、出口额等7项指标均比上年增长20%以上，比过去五年翻了一番。大朗提高城镇化发展水平的经验和做法，对全省各地具有积极的借鉴意义。

一、大朗提高城镇化发展水平的主要做法

（一）统筹城乡规划，以规划引领建设。

大朗镇较早确立了规划在城镇化中的统筹和先导地位。2006年成立了东莞首个镇级城镇规划委员会，迄今共安排近2000万元用于城镇总体规划修编、土规修编，对全镇13个片区进行控规编制，还投资300多万元建成面向公众开放的城镇规划展示馆，在全社会宣传规划、征集意见。

大朗注重发挥毗邻东莞松山湖的区位优势，确立了“借势松山湖，对接松山湖，融入大市区”的发展战略。实施全镇“一盘棋”规划，以中心区为引擎，发挥辐射带动作用，分类打造八大经济板块。作为镇中心区的长盛片区，目标建设成以金融商贸、酒店餐饮、娱乐休闲、高尚居住为主的中心商圈；东部的银朗片区建设行政服务区；南部的富民工业园建设先进制造业集聚区；黄洋片区以对接松山湖台湾科技园为目标，主要发展战略性新兴产业；东南部，依托占地1360亩的荔香湿地公园和占地2500多亩的凤山农业科技园，建设生态旅游休闲区；西南部，依托中国最大的科学装置——中国散裂中子源项目，规划建设30平方公里的中子科学新城；西北部的松佛片区着力建设创意产业孵化基地；北部依托毛织商贸片区，建设现代毛纺织商贸城。

通过规划先行，明确城镇发展定位和功能布局，统筹基础设施配套建设，促进资源优化配置，有效提升了大朗城镇化水平。目前，长盛片区已经建成长塘花园、求富路花园、万科金域

蓝湾等10多个高尚住宅小区，盈丰大厦、农信大厦、汇盛国际等高档写字楼拔地而起，20多家金融机构争相进驻，人流物流密集，商贸繁荣，大润发超市、帝豪花园酒店2010年的营业额同比分别增长20%和15%。毛织商贸片区集聚了3000多家毛织企业，形成了完善的产业配套，集散毛衣达8亿件，60%出口意大利、美国等80多个国家和地区，被中国纺织工业协会授予“中国羊毛衫产业集群推动奖”。富民工业园已引进了世界热缩材料行业龙头——长园电子材料、世界GPS行业龙头——远峰国际、世界塑料辅机行业龙头——信易电热机械等自有品牌、自主技术企业，发展形势向好。

（二）大力推进产业结构调整和优化升级，增强城镇发展实力。

大朗在加快传统优势产业转型升级的同时，积极培育高新技术产业和现代服务业，集聚高素质人才，提升经济发展质量，增强城镇发展实力。

一是推动传统毛织产业从低端向高端转型升级。毛织业是大朗的传统优势产业。近年来，在国际金融危机的倒逼作用下，大朗对毛织加工业加快改造提升，向集制造、设计、贸易、会展于一体的毛织产业集群发展。首先，加快原有制造业更新改造，鼓励企业引进数控织机代替传统机械织机，由低端制造提升为高端制造。目前大朗数控织机使用量超过1万台，实现了数字化设计、数字化生产；90多个数控织机品牌商在大朗设立生产、销售中心，年产数控织机6000多台，成为全国乃至全球最大的数控织机集散地。制造业的更新改造不仅促进了产业发展和提升，同时促进了人口结构的优化。2010年大朗规模以上毛织业工业总产值同比增长51%，毛织品出口额增长41%，相反劳动力却节省了近8万人，更重要的是吸引了中高级设计师1300多人。以颖琪公司为例，2007年以来该公司共引进数控织机1000台，产能增长了4.5倍，一线劳动力却减少了85%，研发设计人员从30多名增至120多名，企业员工结构得到了较大优化。其次，推动企业建立研发机构，提高自主创新能力，打造自有品牌。全镇125家规模以上毛织企业中，超过八成设立了设计部或研发部，年设计毛衣约20万新款；全镇毛织企业注册商标625个，其中省名牌产品3个，省著名商标4个。第三，大力发展会展、营销等现代服务业。每年举办“大朗国际毛纺织交易会”，来客20多万人次，获得“2009年度中国行业品牌展会金鼎奖”。

二是着力培育新型电子、民用核技术等高新技术产业。大朗通过腾笼换鸟，淘汰落后产能，培育高新技术产业。首先，发展新型电子信息产业。目前大朗已引进了电子信息产业行业龙头企业20多家，生产加工诺基亚、微软、戴尔等40多个国际知名品牌的电子信息产品，被中国电子商会认定为“中国电子信息产业名镇”。2010年规模以上电子信息企业工业产值增长33%。其次，培育民用核技术产业。依托国家散裂中子源项目，规划建设民用核技术产业基地，主要包括辐照中心、工业检测中心、质子治癌医院等项目，努力形成新的产业带。目前中国散裂中子源项目前期的征地拆迁和土地平整工程已基本完成，即将进入动工建设阶段。第三，强化产学研合作。与东莞理工学院、西安工程大学、广东工业大学、西纺广东服装学院等院校开展广泛的产学研合作，设立了1个企业博士后工作站，5个省、市工程技术研究开发中心，吸引了大批工程技术人才，为高新技术产业发展提供智力支撑。2010年大朗新增国家重点扶持高新技术企业3家、省民营科技企业4家，共有45家外资企业设立了研发中心（机构），总数位居东莞市第一。

三是加快发展物流、工业设计、检验检测、创意等现代服务业。加快发展物流业。全镇现有70多家物流企业，日货运量达4100多吨，为毛纺、电子等制造业企业提供了完善的物流配套服务。其中深圳天虹集团投资2亿多元，在大朗建成华南地区唯一的物流配送中心。大力发展工业设计、标准检验等生产性服务业。引进东莞标检、美国钜邦家具设计、信安达档案管理等龙头企业，带动生产性服务业快速发展。其中，东莞标检是华南地区最大的提供产品测试、检验、认证、技术服务的第三方检测机构；钜邦家具公司是美国第二大家具设计公司；大朗信安达是档案文件管理服务供应商美国信安达在中国设立的9个公司之一。以“三旧”改造为契机，加快进军创意产业。大朗投资1600万元，将原来一家占地2.6万平方米的“三来一补”企业改造成现代信息服务创意产业园。原“三来一补”企业有员工2000多人，以高中和中专学历为主；改造后吸引了50多家软件设计、信息服务、动漫游戏、电子商务企业进驻，已与多家科研院所开展了8项产学研合作，员工总数减少为500多人，学历以大专和本科为主。改造后的创意产业园与改造前的旧厂房相比，物业月租金从8元/平方米提高到15元/平方米，年税收从198万元提高到1000万

元，人均收入从1500元/月提高到4500元/月。2010年大朗被评为“广东省现代信息服务业技术创新专业镇”。

（三）完善公共服务，促进农民向市民转变。

大朗注重加快基础设施和公共服务设施向农村延伸，通过改善农民居住条件、生活环境和就业、医疗、教育、文化等公共服务，提升农民素质，引导农民向市民转变。

一是推动农民上楼，享受市民的居住条件。以建设农民公寓为载体，推动农民由“洗脚上田”变成“脱鞋上楼”。目前，全镇已投入8.4亿元，建设62幢高层住宅楼，形成了长塘、求富路等5个配套设施齐全的农民公寓。在农民公寓中设有图书馆、篮球场、小游园、老人活动中心等文化休闲设施，经常举办丰富多彩的文化活动，在潜移默化中提升农民素质，接受现代城镇文明，逐步改变农村的生活方式和生活习惯，加快农民向市民的角色转变。

二是解决农民就业，保证农民生活水平。开展就业培训。建成户籍劳动力资源库，每年开展计算机操作、烹调、美容美发等技能培训和转岗培训，提高农民就业技能。加强创业服务。采取小额贷款、提供资金担保等措施，帮助近580人成功申请8926多万元创业资金，切实提高农民自谋职业、自主创业的积极性和成功率。开辟就业渠道。成立公共的士有限公司，投放的士195台，拨款300多万元对原“摩的”司机进行培训，解决了390名“摩的”司机就业。成立物业管理公司，面向本地户籍劳动力进行招聘，主要解决原“摩的”司机、零就业家庭的就业问题。成立本地人就业车间15个，帮助600多名本地就业困难妇女实现再就业等等。

三是完善公共基础设施，提高基层教育、文化、医疗服务水平。建立覆盖全镇的图书馆服务体系，建成长塘、求富路、碧水天源等3个市图书馆社区分馆以及21个社区（村）“农家书屋”，帮助农民提高文化水平。举办了6届读书节文化活动，参与人数超过30万人次。投资2.5亿元建成大朗医院新住院楼，新增床位820多个，同时加强社区卫生服务中心和14个服务站建设，提供安全有效、方便低价的基本医疗卫生服务。

四是加强生态建设，美化农民生活环境。首先，推进旧村整治工作。投入4000多万元对松木山、水平、松柏朗等11个社区（村）进行整治，村容村貌得到明显改善。其次，推进以镇村合作开发模式建设大型公园。全镇规划建设大小公园32个，总投资2.5亿元，形成镇中心区有大公园、村村有小公园的格局，为市民提供了休闲娱乐、健身运动、农业观光的绿色自然空间。其中占地1360亩的荔香湿地公园已全面启用，占地 2500亩的凤山农业科技园一期工程顺利完成，水平荔湖公园、新马莲莲湖公园、高英公园和沙步公园等村级公园正在加快建设中。第三，建设大朗绿道网。在完成珠三角绿道网5号线大朗段建设任务的同时，启动46.6公里的社区绿道建设。目前，全镇绿化覆盖率达41.3%，人均公共绿地面积15平方米。

（四）创建新型社区，提高城镇管理水平。

在促进农民向市民转化的同时，大朗积极构建新型社区，创新社区管理模式，提高社区管理和服务水平，为和谐稳定地推进城镇化奠定了基础。

一是创新社区管理机制。大朗2008年3月设立了现代新型宜居社区——长富社区，代管镇中心区7个楼盘和现代信息服务产业园，剥离了传统社区的土地和经济管理职能，重点抓好社区管理和服务、人才落户等工作，创新了社区服务管理机制。

二是以信息化提升社区服务水平。长富社区通过开办社区网站，设立政务公开、行政办事、书记信箱、生活指南、社区论坛等栏目，指定专人维护，将长富社区网站建成“24小时办公室”，成为居民生活的指南针；推行“一站式”服务，在各楼盘建立社区服务中心，把“办事窗口”下沉到小区，缩短居民办事路程，提高办事效率；成立义工服务站，发展义工100多名，经常性开展社区爱心服务，倡导互帮互助的文明风尚。

三是打造篮球、荔枝和社区等特色文化。大力塑造篮球文化。大朗每个居民小区和农民公寓都设立篮球场，组建篮球队，男女老少积极参与。大朗男篮已连续夺得东莞市篮球联赛四连冠，大朗女篮去年首夺冠军，大朗体育馆成为全国上座率最高的CBA主场之一，新世纪烈豹队的主场上座率超过85%，篮球文化成为大朗文化的金字招牌。坚持做强荔枝文化。大朗是著名的荔枝之乡。通过举办荔枝文化节、荔乡摄影大赛等活动，鼓励群众广泛参与，不断做强“荔枝之乡”的文化品牌。着力繁荣社区文化。在社区广泛开展各类文艺活动，常年举办“阳光文化之旅”巡演、艺术作品巡展、电影下乡、流动图书馆等流动文化活动。全镇有文化广场32个，覆盖全镇所有的社区，全年广场舞活动超过800多场次。

二、几点启示

省委十届八次全会提出，把提高城镇化发展水平作为加快转型升级、建设幸福广东的重要抓手，以城乡一体化为目标，强化科学规划，优化城镇布局，提高城镇化质量，以城市转型升级带动产业和区域转型升级。大朗以科学规划为龙头，全面统筹城乡规划建设、经济发展、人居生活和社会管理，不断提高城镇化水平，其经验和做法为我省各乡镇提供了有益的启示。

*启示一：以科学统筹规划引领和提升城镇化发展水平。*没有高水平的规划，就没有高水平的城镇建设。大朗高度重视规划工作，率先建立城乡一体化规划机制，在规划中充分考虑产业集群发展，中心区集中发展现代服务业，北部集中发展毛织业，南部侧重发展高新技术产业和先进制造业，西北部侧重发展创意产业，这为调整产业结构明确了方向，创造了空间。各地在推进城镇化中，应借鉴大朗的经验，按照城乡一体化的要求，率先建立城乡统一规划、统一建设、统一管理的新机制，统一谋划城市的空间布局和产业布局，坚持先规划后建设，充分发挥规划在城镇化中的引领作用。

*启示二：以加快产业转型升级夯实城镇化发展基础。*大朗通过城市更新改造，美化城乡面貌，完善公共服务，吸引高端产业、高端人才落户，从而推动产业结构调整和转型升级，促进人口结构优化和质量提升。各地要深刻认识城市转型升级和产业转型升级的关系，注重把提高城镇化发展水平和调整优化产业结构、加快经济发展方式转变有机结合，通过集聚高层次人才、推动产业结构调整和转型升级，增强城镇发展实力，为提升城镇化水平夯实基础。

*启示三：以提高居民素质为根本实现人的城镇化。*提高城镇化水平，绝不是简单地转换一下户籍身份或者农用地转为非农建设用地的问题，本质是要实现“人”的城镇化。随着城镇化进程加快，村民称为市民，从形式上、身份上已经城镇化了。但部分农民仅仅实现了身份的转换，在生活和就业方式上没有融入现代城镇，即所谓的“半城镇化”现象。大朗通过改善原有农民的居住条件、生活环境和公共服务等，提高他们的就业技能和综合素质，使原有的村民能适应城镇化，融入城镇新生活。因此，在农村向城镇转变的过程中，各地要高度重视人的观念转变和素质提高，切实关注和努力提高原村民的文明程度、文化素质和就业技能，促进当地居民加快从农民的思想观念、生活方式、生活习惯向市民转变。

*启示四：以创新社区管理为保障全面提升城镇化发展水平。*长期以来在城镇化过程中存在着“重建设、轻管理”的问题，管理水平与建设水平不相适应。大朗通过构建新型的长富社区，剥离传统社区的土地和经济管理职能，创新管理机制，重点抓好社区服务、人才落户等社区管理工作，提高信息化管理水平，打造特色社区文化，促进了新型社区的和谐稳定。各地在推进城镇化中应借鉴大朗经验，加强新型社区的建设和管理，培育发展各类社区组织，让居民共同参与社区建设和社区服务，不断提高管理水平，为提升城镇化发展水平提供基层管理保障。

大朗镇情

建置沿革

东晋成帝咸和六年（331年），划出南海郡的东、南部，立东官郡，辖宝安、兴宁、海丰、安怀、海安、欣乐等六县。安怀县治在东莞大朗镇东部水口村黄屋围一带。南朝齐时（479—502），安怀易名怀安，东官郡治迁至怀安。1995年9月第一版《东莞市志》记述："徙郡治于安怀（安怀在东莞大朗镇东）。"大朗一度成为安怀县、东官郡的政治、经济、文化中心，历时200多年。南朝梁时（502—557），立怀安侯国。大朗原有遍地野生卢蒸（俗名"蓢"），故名大蓢，后为书写方便，写成"大朗"。

明末清初，大朗属东莞县文顺乡第三都和恩德乡第九都。清乾隆时属东莞县京山司第三都，清末属东莞县缺口司第五都。

1949年10月—1952年12月，属东莞县第一区（犀牛陂乡属第二区）。1953年6月30日，大朗改设为乡级镇。1955年9月，东莞县第四区改为大朗区。1957年撤区，废乡级镇，大朗区分为大朗、东坑、黄江3个大乡。1958年9月20日，废大乡制，成立大朗人民公社。1983年8月—1987年3月，大朗公社改设大朗区公所。1987年4月撤区建镇，成立大朗镇。

自然地理

【位置、范围、面积】 大朗镇位于东莞东南部，毗邻松山湖科技产业园，距莞城25公里，处于北纬22° 58′ —22° 68′ 、东经113° 51'—113° 52′ 之间，面积118平方公里。东南部的石厦、仙村以蚬壳海与黄江镇为界；西南部的水平、西部的犀牛陂与宝安区罗田水库相连；西部的松木山、犀牛陂与大岭山镇交界；西北部的黎贝岭、巷头与寮步镇接壤；北部的高英、竹山与东坑相连。大朗镇交通发达，北至广州白云机场85公里，南达深圳宝安机场46公里，距东莞火车站7公里。省道莞惠公路横贯而过，莞深、莞佛高速公路在境内交汇并设有3个出入口，规划建设中的番莞高速越境而过。

【地质、地貌】 大朗镇地形东北宽、西南窄。东西相距从大井头边缘至西南犀牛陂边缘长有16公里；最宽处从高英边缘至仙村边缘相距12公里。地势从西南向东北倾斜，西南部偏高，东北部低，均属丘陵地区。东、南、西部有连绵起伏的大小山岗，形成一幅天然屏障，拥有良好的耕作条件；西南部的犀牛陂、水平和松木山是山地，附近有10多个山冈，海拔100—250米，均属边缘地界，以上村庄的地面高度在海拔20—25米之间。中部从黄草朗至东北部的竹山、巷头、大井头、蔡边、水口、杨涌、沙步地势偏低，山丘与山丘之间构成丘陵地区，其中海拔50米以下的小山丘星罗棋布，附近村庄地面高度在海拔10—15米左右；最低的水口排站和土地坑砖窑海拔6米。

【山脉】 大朗镇主要山脉有东山、花园岗、凤山、石龙岭和马宗岭。东山位于大朗东南部，主峰位于南部边缘，海拔215米。花园岗位于大朗西部松木山水库侧，主峰海拔102米。凤山位于大朗东南部，主峰海拔136米。石龙岭位于大朗东部，主峰海拔95米。马宗岭支脉属大岭山山系，分布在大朗西部，主峰海拔75米。

【河流】 大朗镇属丘陵地带，河流较少，主要有大陂海和蚬壳海。大陂海属大朗地段的长10.3公里，发源于莲花山东麓的大坑洞，经平埔、金狮洞南侧茅田与颜屋两水汇合，流入水牛湖，经犀牛陂后段流至宝陂前，向东流至松木山金鸡山大坑洞，经大陂海河道向东流经联桥，经德寿庄、校椅围、紫泥墩、乌石岭、木胡头，流过蔡边地段的羊寮、蕉山岭；另有水陂一条，由莲塘头水库出水，经雄鸡边流过顶水岭侧注入大陂海。蚬壳海位于大朗镇东南面，属大朗镇的地段长7.05公里，河流发源于黄江镇南门山塘，经过竹山下长龙下流洞北转流到黄牛埔，经黄江墟、仙村、其南冚岭、坳厦、油塔岭、石龙岭，流过莞樟公路桥（蚬壳海桥），向北流经沙步红花岭、龟龙山、长岭，流入土地坑，汇合大陂海河流入常平袁山贝，再向北经横沥镇注入寒溪水（即青鹤湾）。

【气候】 大朗镇地处北回归线以南，属南亚热带气候。靠近南海沿岸，受季候风影响，四季分明，日照充足，雨量充沛，气候温和。气温年平均为21.9℃，年均无霜期339天。一年内有7个月（4—10月）月平均气温22℃以上。最热月份是7—8月，月平均气温28℃。日最高气温35℃以上的天数平均每年36天。最冷是1月，月平均气温13.5℃。日最低气温5℃以下的天数平均每年7.3天。极端最低气温为0.4℃（1967年1月17日）。降雨量充沛，年平均降雨量为1790—2000毫米。雨天40—60天，年内雨量集中4—9月，占全年总雨量83%。

【矿产资源】 大朗镇内已知的矿产种类主要有煤、重晶石、银矿、黄石、河沙。煤主要分布在沙步沙塘围、莲塘头、坳厦等地。重晶石主要蕴藏在巷尾石头坟岭。银矿在水平五埂的银囫岭。黄石，又名山石，分布在蔡边、水口、洋乌、沙步、石厦、杨涌、松木山、水平、屏山、犀牛陂等地的山冈上，以水口的蕴藏量最多。河沙主要分布在大陂海、蚬壳海下游。

【动植物资源】 大朗镇野生动植物种类繁多。主要野生动物有：哺乳类、鸟类（36种）、鱼类（29种）、甲壳类和多种贝类、爬行类、两栖类、昆虫类（38种）等。主要野生植物有：树木类、粮油类、糖烟类、蔬菜类、瓜类、豆类，水果类30多种、观赏植物60多种、野生药用植物90多种。

【旅游资源】 大朗是岭南古镇，存有东晋怀安县城遗址、文光庙、大井头古建筑群、大井公古井、保安墟古街、诚士书室等古迹，建有福德堂等爱国主义教育基地；大朗拥有革命传统，东山庙是东莞抗日革命根据地之一，大朗镇内现存黄介之墓、五壮士之墓以及分布在松柏朗、犀牛陂、松木山、水平、大井头、石厦等社区（村）的革命烈士纪念碑，吸引不少游客瞻仰；改革开放后，大朗大力发展毛织特色产业，建成了占地113亩的中国·大朗毛织贸易中心，每年到中国·大朗毛织贸易中心参观、购物的游客数以十万计；大朗体育事业发展迅猛，CBA球队新世纪篮球队将主场设在大朗，是全国上座率最高的主场之一；大朗自然风光优美，建成了占地1360亩的荔香湿地公园和占地2500亩的风山农业科技园。旅游、休闲度假设施完善，糯米糍、桂味、妃子笑等优质荔枝品种闻名海内外，榄酱炒饭、水平鹅饭、手打鱼丸、烧鹅濑粉、大朗腊味等美食不胜枚举。

人口·民族·语言

【人口】 2011年大朗镇总人口为31.22万人。其中，户籍人口总数为71280人，比2010年增加1088人，增长1.55%；外来人口24.09万人。户籍人口密度731人/平方公里，常住人口密度3202人/平方公里。

【民族】 据2000年第五次全国人口普查数据，大朗镇镇普查人口中，汉族人口24.82万人，占总人口的98.05%；少数民族人口4937人，占1.95%。

【语言】 大朗镇内流行粤方言，户籍人口绝大部分说粤方言。外来暂住人口以说普通话为主。

行政区划

2011年，大朗镇有12个社区、16个村，共有77个村（居）民小组。

2011年各社区（村）行政区划

社区（村）	村（居）民小组（个）	居民小组名称	村民小组名称
长塘社区	6	第一居民小组	
		第二居民小组	
		第三居民小组	
		第四居民小组	
		第五居民小组	
		第六居民小组	
长富社区	0		
求富路社区	2	第一居民小组	
		第二居民小组	
佛新社区	0		
松柏朗村	10		第一村民小组
			第二村民小组
			第三村民小组
			第四村民小组
			第五村民小组
			第六村民小组
			第七村民小组
			第八村民小组
			第九村民小组
			第十村民小组
佛子凹村	2		第一村民小组
			第二村民小组
巷头社区	4	第一居民小组	
		第二居民小组	
		第三居民小组	
		第四居民小组	
巷尾社区	2	第一居民小组	
		第二居民小组	
竹山社区	4	第一居民小组	
		第二居民小组	
		第三居民小组	
		第四居民小组	
高英村	2		第一村民小组
			第二村民小组
黎贝岭村	8		第一村民小组
			第二村民小组
			第三村民小组
			第四村民小组
			第五村民小组
			第六村民小组
			第七村民小组
			第八村民小组

社区（村）	村（居）民小组（个）	居民小组名称	村民小组名称
大井头社区	3	第一居民小组	
		第二居民小组	
		第三居民小组	
圣堂社区	0		
水口村	4		第一村民小组
			第二村民小组
			第三村民小组
			第四村民小组
大朗社区	0		
蔡边村	7		西坊村民小组
			南坊村民小组
			九屎丁村民小组
			天保村民小组
			盘古庙村民小组
			地塘头村民小组
			关岭头村民小组
黄草朗社区	2	第一居民小组	
		第二居民小组	
洋坑塘村	0		
洋乌村	3	校椅围居民小组	洋陂村民小组
			乌石岭村民小组
宝陂村	0		
犀牛陂村	3		第一村民小组
			第二村民小组
			第三村民小组
松木山村	2		第一村民小组
			第二村民小组
水平村	2		第一村民小组
			第二村民小组
屏山社区	0		
石厦村	3		第一村民小组
			第二村民小组
			仙村村民小组
新马莲村	3		莲塘头村民小组
			新塘围村民小组
			马坑村民小组
沙步村	3		沙步村民小组
			沙塘围村民小组
			土地坑村民小组
杨涌村	2		杨梅岭村民小组
			郑公涌村民小组

经济社会发展综述

【经济实力继续壮大】 2011年，大朗镇生产总值144亿元，同比增长5%；工业总产值305亿元，增长4.7%；财政总收入23.1亿元，增长22.7%；税收总收入19.7亿元，增长29.8%；年末各项存款余额205亿元，增长13.2%；全镇注册企业总量近4800家，其中内资企业占89%；固定资产投资额36.5亿元。预计实际利用外资（新口径）1.3亿美元，增长9.3%；出口总额16.2亿美元，增长1%。

【产业结构持续优化】 2011年，大朗镇着力调整产业结构，转变发展方式。大力发展有税工业。出台两个试行办法，鼓励引进有税工业企业，推进工业区、旧厂房改造升级。产业结构继续优化。毛织业加快转型升级，规模以上毛织企业产值79亿元，全镇使用数控织机近3万台，集聚了近100家数控织机生产企业和销售机构，举办第十届“织交会”，“织交会”荣获“2011中国最具影响力的品牌展会50强”称号。电子信息产业集聚发展，规模以上电子信息行业总产值增长8%，华科电子华南营运总部奠基，投资5亿元的音乐手机龙头企业深圳酷比、投资5亿元的中诺电子等行业龙头企业进驻大朗。现代服务业蓬勃发展，社会消费品零售总额46.7亿元，增长15.6%。转型发展加速推进。累计有138家加工贸易企业成功转型，位居全市前列。内生能力增强，新增注册企业973户，总量近4800户，其中内资企业占89%。招商引资成效显著。实际利用外资（新口径）1.2亿美元，增长7.4%。创新能力不断提高。中国最大的科学装置——散裂中子源项目于2011年10月20日在大朗镇奠基建设。新增东莞大宝模具切削工具有限公司、东莞艾尔发自动化机械有限公司、东莞呈越电脑配件有限公司、东莞市永兴电子科技有限公司、东莞市亿达音响制造有限公司等5家国家高新技术企业，总量达14家；新增1家省民营科技企业东莞市昊通电线电缆有限公司，总量达21家；新增市民营科技企业9家，总量达63家；新增3家市专利试点企业，总量达9家；新增两家市专利培育企业，总量达14家。全镇目前共有注册商标近1600个，其中广东省著名商标8个，广东省名牌产品6个。共获得国家、省、市科技（专利）等立项50项，专利授权量总数达到275件。

【城市建设有序推进】 2011年，大朗镇加快城市建设，优化城市功能。各项规划加快修编。松佛、黄洋片区控规方案和长盛片区控规调整方案通过市规委会审议，13个片区控规已有10个通过市规委会审议；镇“三旧”改造专项规划通过市政府审批；长盛二期片等4个片区“三旧”改造方案已上报审查。重点工程加快建设。富华路等3条道路建成投入使用，总长10.6公里。毛织贸易中心装修工程、新马莲莲湖公园等7项工程完成。城乡环境更加优美。珠三角绿道5号线大朗段顺利建成。宝陂、石厦、蔡边被评为“省宜居示范村庄”；28个社区（村）全部创建为“市容环境优美社区（村）”。长盛片区加快集聚发展。各种资源要素加速向长盛片区聚集，长盛商圈有经营户近900户，品牌专卖店200多个。

【城市管理不断完善】 2011年，大朗镇加强社会建设，创新社会管理。推进“网上信访”，完善大朗网络问政平台，率先推

大朗新貌　（叶绍求　摄）

出短信问政平台，有效解决一系列问题，来信来访量、网上信访量双双呈下降趋势。抓好社会治安，持续打击盗抢、严重暴力和“黄赌毒”等违法犯罪行为，整合31个警务室资源，实行24小时值班备勤制度，构建“大巡警”机制。抓好安全生产，推进“安全生产年”活动，强化安全生产监管，重点抓好火灾隐患重点地区、消防安全“防火墙”工程、出租屋安全隐患等专项整治，促进全镇安全生产形势稳定好转。加强食品安全管理，开展食品安全专项检查，大朗食街创建为“省餐饮服务食品安全示范街”。加强城市综合管理，不断完善长富社区服务管理机制，为近2000名人员办理入户手续。重点抓好城市“六乱”及违章广告、在建违法建筑“两大整治”，抓好“非法行医”、无证照经营等专项执法。

【社会建设取得新进展】

2011年，大朗镇坚持统筹兼顾，推进文明创建，保障和改善民生。文明程度迈上新台阶。创建成“全国文明镇”，求富路、黄草朗、水口、宝陂等社区（村）创建为市文明（标兵）社区（村），大朗中心小学创建为市文明标兵单位。文体事业蓬勃发展。创办文史艺术类文摘双月刊《朗读》。大朗档案馆成功晋升国家一级档案馆。“荔香大朗”微博被评为“2011年度中国优秀政务微博”；大朗电视台、大朗周刊、大朗网、大朗快讯等媒体资源进一步整合。文化惠民“五个有”工程顺利通过市验收。新世纪烈豹队勇夺CBA联赛第三名；大朗男篮荣获市篮球联赛五连冠，女篮荣获二连冠。教育事业巩固发展。2009—2011年连续三年实现“两个先进”目标，2011年中考平均分比全市高30分，万人升大学比例升至全市第3位。促进就业成效显著。全年帮扶2100多名户籍劳动力实现就业，各项就业补贴金额1600多万元。社会保障逐步增强。截至2011年底共征收社会保险基金15亿元，共发放低保对象各项补助金近400万元。落实优抚安置政策，向126名优抚对象发放优待金近120万元。建设大朗应急避灾中心和大朗慈善超市，开办3家平价商店。“一号关爱”和“送爱进社区”两项活动入选首届珠江公益节“双千一百”公益项目。医疗卫生继续优化。大朗医院住院大楼即将完工。社区卫生服务中心和14个服务站逐步完善，“社区医疗15分钟服务圈”继续优化。人口和计生工作进一步加强。扶贫济困落实到位。开展“广东扶贫济困日”、“东莞慈善日”等活动，共筹集善款385万元。做好市内、市外扶贫“双到”工作，折合帮扶资金1300多万元。帮助社区（村）申请市各类扶贫资金260多万元。

商贸长盛 （叶绍求 摄）

党政机关

中共东莞市大朗镇委员会

【推进产业结构调整升级】 2011年，大朗镇经济实力迈上新台阶，产业结构更加优化，产业竞争力进一步提升。一是毛织特色产业稳步转型。2011年规模以上毛织企业工业总产值79.1亿元。全镇毛织企业使用数控织机近3万台，大朗成为全球重要的数控织机生产基地和集散地，盛星、欧大纬、银河等17家企业在大朗生产数控织机，斯托尔、岛精、斯坦格等97家国内外数控织机品牌商在大朗设立销售机构。引进山东如意集团、宏德物业、卓为公司总部项目。改造升级毛织贸易中心，增设毛衫直销中心、公共饭堂等公共配套设施。第十届“织交会”吸引专业客商近5万人次参观采购，数控织机成交意向近4000台，成交意向金额近6000万元。“织交会”荣获“2011中国最具影响力的品牌展会50强”。二是电子信息产业快速壮大。2011年电子信息行业产值104.4亿元，同比增长8.1%。把握深圳电子信息行业产业转移的有利契机，积极做好产业转移承接，全年共从深圳地区引进大宗项目10宗，包括总投资5亿元的国内音乐手机龙头深圳酷比通讯设备公司、投资5亿元的民营高科技企业中诺电子工业有限公司、投资1000万美元的全球专业汽车业连接器和端子供应商胡连电子科技公司。年产值5000万元的测量设备生产龙头企业海克斯康计量产业集团（东莞七海测量技术有限公司）进驻大朗。华科电子华南营运总部奠基。信易电热机械有限公司被认定为省级企业技术中心。环球工业机械（东莞）有限公司凭借其研发的“五轴钻铣复合机床”获得金属加工行业领域的荣格技术创新奖，全国仅有35个企业获得该殊荣。三是现代服务业蓬勃发展。2011年社会消费品零售总额46.7亿元，增长15.6%。东莞标检、天虹物流发展迅速。镇档案馆三期工程完工，总用地面积达2.1万平方米，总建筑面积近1万平方米，新增寄存档案47000多盒，总数达11万盒。镇物业管理公司管理物业面积超过34万平方米。长盛商圈加速发展，各种资源要素不断聚集，集聚了200多个品牌专卖店，成为一个集商贸餐饮、金融证券、文化教育、体育健身、休闲娱乐、中高档住宅于一体的大型商圈，成为大朗镇的商贸金融文化中心和投资创业的首选区域。

【重要会议】 全省专业镇转型升级现场会　2011年1月9日，省委、省政府在大朗镇召开全省专业镇转型升级现场会，中共中央政治局委员、省委书记汪洋出席会议，省委副书记、省长黄华华出席会议并作重要讲话。会议表彰了专业镇先进单位和个人代表，并为省“双提升”示范专业镇授牌。镇委书记、镇人大主席尹景辉代表大朗镇作题为《大朗镇六项措施推进毛织业转型升级》的经验发言。

镇基层党（总）支部、村（居）委会及集体经济组织换届选举工作会议　2011年2月25日，在镇府二号会堂举行全镇基层党（总）支部、村（居）委会及集体经济组织换届选举工作会议。会议对全镇基层党（总）支部、村（居）委会及集体经济组织的换届选举工作进行动员部署。镇委委员、镇纪委书记、镇人大副主席傅振华就选举各项工作进行具体部署。镇委书记、镇人大主席尹景辉作动员讲话，要求从建设民富镇强幸福大朗的高度，充分认识做好换届选举工作的重要意义，正确把握换届工作的原则要求，切实选好配强各基层党（总）支部、村（居）委会及集体经济组织领导班子。

全镇城建工作会议　2011年3月8日，在镇府二号会堂召开城建工作会议。会议主要内容是学习贯彻全市城建亮点工程视察活动总结会精神，总结大朗镇参

观全市城建亮点工程活动，部署今年工作任务。镇委副书记、镇长谢锦波传达2011年全市城建亮点工程视察活动总结会、市政府（全体）扩大会议和2011年全市重点项目建设工作会议等三个会议主要精神。镇委书记、镇人大主席尹景辉发表讲话，提出三点要求：一要开阔眼界，明确差距，积极借鉴先进镇街城建经验；二要解放思想，抢抓机遇，围绕打造“八大经济板块”的发展战略，力求在长盛二期建设、中国毛衣市场、种子科技新城、黄洋片区规划、完善交通路网和提升城市承载力等六个方面有新突破；三要提高认识，加强领导，加强时间观念，提高工作效率，抓好征地拆迁，强化工作联动，确保工程质量，齐心协力推进城市建设。

全镇领导干部会议　2011年7月4日，在行政服务中心三楼会堂召开全镇领导干部会议。市委常委、组织部部长庞国梅，副部长王建周等领导参加会议。会议宣布了市委的人事任免通知，大朗镇党委书记、镇人大主席尹景辉交流到长安镇任党委书记，提名镇人大主席候选人；莞城街道党委书记王检养任大朗镇党委书记，提名镇人大主席候选人；大朗镇党委副书记游耀波交流到石碣镇任党委副书记，提名镇长候选人。

中国共产党大朗镇第十二次代表大会　2011年8月22日，在镇政府一号会堂召开中国共产党大朗镇第十二次代表大会。市委组织部副部长王建周出席会议并讲话。大会选举产生13名中共大朗镇第十二届委员会委员和5名大朗镇纪律检查委员会委员。随后，十二届镇委和镇纪委分别举行第一次全体会议，王检养同志当选中共大朗镇委书记；谢锦波、叶惠明同志当选中共大朗镇委副书记。叶桂平同志当选中共大朗镇纪委书记。会议还批准通过第十一届镇委工作报告。报告明确今后五年全镇工作的指导思想：深入贯彻落实科学发展观，按照市委、市政府“加快转型升级，建设幸福东莞”的部署，坚持“以良好的政风民风促和谐、以扎扎实实的工作求富裕”的宗旨，发展有税工业，打造城市核心，创建特色文化，实施优质教育，全力抓好治安，推动经济社会全面发展，建设和谐富裕的大朗。

2011年度镇领导班子民主生活会　按照市纪委和市委组织部关于开好2011年民主生活会的通知精神和具体要求，2011年9月15日，镇委、镇政府召开2011年度镇领导班子民主生活会，副市长邓志广、市社会组织纪工委书记贺贤夏，以及大朗镇全体党政人大领导班子成员参加会议。会议以“坚持以人为本执政为民理念、发挥密切联系群众优良作风”为主题，镇领导班子结合各自分管工作，围绕推进产业结构调整升级、加强作风建设、推进廉洁从政等方面进行对照检查、深入剖析、查找原因、提出思路。

大朗镇十六届人大一次会议　2011年11月22日，在政府二号会堂召开大朗镇十六届人大一次会议。镇委书记、镇人大主席王检养，镇委副书记、镇长谢锦波等79名人大代表和115名列席代表参加会议。会议审议并通过《政府工作报告》、《大朗镇第十五届人民代表大会主席团工作报告》和《大朗镇2011年决算和2012年预算草案的报告》。镇委副书记、镇长谢锦波作政府工作报告，报告总结过去五年的成绩，提出今后五年的目标任务，具体布置2012年的主要工作，要求重点做好八个方面：一是着力转变经济发展方式，加快产业转型升级；二是着力打造城市核心，优化城市功能；三是着力推进差异化发展，打造大朗特色文化；四是着力提升全镇教育质量，实现教育高水平均衡发展；五是着力发展社会事业，切实保障和改善民生；六是着力推进平安创建，提高人民群众安全感；七是着力加强和创新社会管理，确保社会和谐稳定；八是着力加强政府自身建设，不断提升服务水平。

【重要考察】　赴北京、浙江参观考察　2011年4月10日至14日，大朗镇委书记、镇人大主席尹景辉率领由部分领导班子成员、镇科技、招商等部门有关同志组成的考察团，参加中科院高能所在北京举办的科技创新论坛，并赴浙江拜访阿里巴巴、盛世商朝、宁兴控股集团等企业。其中尹景辉应邀在科技创新论坛上作题为《大朗镇大力推进产业升级，产业结构实现“六个转变”》的主题报告。

赴新疆农三师图木舒克市50团考察　2011年5月28日至6月2日，大朗镇镇委书记、镇人大主席尹景辉率领由部分领导班子成员组成的考察团，赴新疆农三师图木舒克市50团开展结对交流和实地考察工作。考察团参观前海棉纺织有限公司、50团3连场前高产枣园示范园、50团一中、50团机一连、小城镇建设等地，就产业发展、城市建设等方面进行交流探讨。

赴江浙考察产业集群　2011年9月19至21日，大朗镇委书记、镇人大主席王检养率领由部分党政领导班子成员、社区（村）负责人组成的考察团，赴江浙考察产业集群。考察团一行参观常熟服装城、濮院党建展示中心、濮院中国毛衫城、环贸女装中心和飞虎科技有限公司，学习借鉴江浙服装市场发展经验。

【重要决策】 社会建设 2011年1月，印发《关于大朗镇贯彻落实〈东莞市建设文化名城规划纲要（2011—2020）〉实施意见的通知》；3月，印发《关于成立大朗镇重点青少年群体教育帮助和预防犯罪工作领导小组的通知》；5月，印发《关于加强“荔香大朗”官方微博宣传推广的通知》；6月，印发《关于建设中子科学城的行动计划的通知》；10月，印发《关于大朗镇重大事项社会稳定风险评估实施细则的通知》；12月，印发《大朗镇法制宣传教育的第六个五年规划》。

组织建设 2011年3月，印发《关于印发大朗镇2011年村（居）民委员会、社区（村）集体经济组织换届选举工作实施方案的通知》、《关于成立大朗镇基层党（总）支部、村（居）委会及集体经济组织换届选举工作领导小组的通知》、《关于印发大朗镇基层党（总）支部换届选举工作实施方案的通知》、《关于调整大朗镇党政领导班子成员挂点联系重点工业企业安排的通知》、《关于成立大朗镇对口支援新疆工作领导小组的通知》；4月，印发《关于各社区（村）党（总）支部委员会换届选举结果的通报》、《关于非公企业和社会组织党（总）支部换届选举结果的通报》、《关于机关单位党（总）支部换届选举结果的通报》、《关于大朗镇落实2011年党风廉政建设和反腐败工作部署分工的通知》、《关于各社区（村）集体经济组织理事会、监事会选举结果的通报》、《关于成立中国共产党东莞市公安局大朗分局委员会的通报》；6月，印发《关于印发大朗镇关于进一步建立“两新”组织党建经费保障机制的实施意见的通知》、《关于安排社区、村“两委”干部到机关挂职的通知》；8月，印发《关于大朗镇委委员、副镇长、人大副主席分工的通知》；9月，印发《关于印发大朗镇市镇两级人大换届选举工作实施方案的通知》、《关于进一步规范大朗镇领导干部外出请示报告制度的通知》；10月，印发《关于印发大朗镇党的基层组织实行党务公开实施方案的通知》。

先进表彰 2011年3月，印发《关于表彰2010年度先进单位和先进个人的决定》；4月，印发《关于2010年度受市以上表彰的先进单位和先进个人的情况通报》；6月，印发《关于表彰大朗镇2011年度优秀共产党员的通报》；12月，印发《关于表彰2011大朗第七届读书节活动获奖单位和获奖个人的通报》、《关于表彰大朗镇“五五”普法工作先进单位和先进个人的通报》。

【镇委委员、副镇长联席会议】 2011年，镇委委员、副镇长联席会议共召开29次，集体学习中央、省、市有关指示精神，讨论全镇部分社区（村）和有关部门、单位的请示、报告，分析研究大朗经济发展的问题和工作思路，研究部署全镇有关方面工作等。

附：2011年大朗镇委员会领导名录

镇委书记：尹景辉（任至6月）
王检养（6月任职）
镇委副书记：谢锦波
祁沛全（任至8月）
游耀波（任至6月）
叶惠明（8月选举产生）
镇委委员：尹景辉（任至6月）
王检养（6月任职）
谢锦波
祁沛全（任至8月）
游耀波（任至6月）
林熙仿（任至8月）
黄锦发（任至8月）
傅振华（任至8月）
叶惠明　陈根照　陈慧娟
黄兆棠（6月任职）
傅秩恩（8月选举产生）
叶桂平　韩暖渠
叶效怀（8月选举产生）
夏建中　叶淑帆　周浩森

大朗镇人民代表大会

【概况】 大朗镇人大办为大朗镇人民代表大会的办事机构，协助镇人大主席团召开镇人大会议，协助组织人大代表视察、执法检查和评议，受理代表的建议、批评和意见，转交有关部门办理，做好代表和群众的来信来访工作，承办镇人大闭会期间的其他工作。大朗镇人大设人大主席1名，副主席2名（2011年11月人大换届后，设人大主席1名，副主席1名）。大朗镇人大办设办公室主任1名、副主任1名、办事员1名。2011年，大朗镇人大办获东莞市基层人大工作一等奖。

【人大会议】 2011年1月21日，大朗镇召开第十五届人大九次会议，本次会议共有代表78名，实到代表74名。列席人员有66名。会议审议和通过政府工作报告、人大工作报告和财政预决

算报告。8月17日依法补选一名镇人大代表。8月25日召开了镇十五届人大十次会议，补选王检养同志为镇人大主席，袁志良、傅永杰同志为副镇长。

【人大代表工作】 代表联系选民 2011年，由市镇人大代表组成20个联系选民小组，在人代会闭会期间负责联系选民活动，听取群众对镇政府及其职能部门的意见和建议，积极反映社情民意，切实解决群众的难点问题，同时自觉接受选民的监督。

市长约请市人大代表 2011年，镇人大通过联系代表，深入群众，对目前社会反映比较强烈的热点难点问题进行专题调研，综合整理成《关于加强文化建设的建议》。

【人大监督】 监督司法工作 2011年3月1日，大朗镇人大组织市人大代表参加市中级法院座谈会，对法院工作提出建议和意见。4月25日，市第二人民法院邀请代表参与观摩庭审和座谈讨论，对法院工作进行评议。6月15日，镇人大协调组织代表参与市第二法院见证执行活动。

开展行风评议 2011年8月，大朗镇人大组织代表参与大朗医院等12个单位行风评议工作。通过听取报告、召开座谈会、发放调查问卷等形式收集意见和建议，及时反馈给被评议部门，支持和促进职能部门开展工作。

参与“市民评机关”活动 2011年10月，大朗镇人大组织代表参与“市民评机关”活动。按照市人大常委会、镇委镇政府的安排，通过代表对市、镇行政职能部门进行评议打分，促进部门依法行政，改进工作作风，提高服务效率。

代表参政议政 2011年，代表对影响和制约大朗转型升级和社会发展等问题提出意见和建议，为本镇贯彻落实“十二五”规划纲要建言献策。镇人大及时对有关建议和意见进行分类归纳，落实负责单位，做好建议的催办和督办工作。

议案建议督办 2011年1月21日，出席大朗镇第十五届人大九次会议的代表，依法向大会提交《关于在金域蓝湾小区正门十字路口设置交通电子眼问题》等3件建议，议案审查委员会对代表所提的建议进行审查和督办。

【协助市人大工作】 2011年4月12日，市人大选联工委在大朗召开座谈会，就市政府关于《加强文化名城建设 全面提升东莞文化软实力的议案》的办理方案征求意见。镇人大协助组织虎门等7个镇的人大副主席、市人大代表参加会议。

【人大换届选举】 2011年9月中旬召开大朗镇市镇两级人大换届选举工作动员大会，全面启动和布置人大换届选举工作。镇人大统筹安排，制定工作实施方案和日程安排，培训选举工作骨干；科学合理划分选区，进行选民登记；优化代表结构，提名推荐代表候选人。在11月10日全市投票选举日选举产生大朗镇16名市人大代表和80名镇人大代表。11月22—23日，召开镇第十六届人大第一次会议，依法选举新一届镇人大和镇政府班子成员。

【人大宣传】 2011年，大朗镇人大通过工作信息、简讯、电视新闻等方式，对人大会议、组织代表视察、调研、评议等工作进行宣传和报道，让群众充分了解人大的工作，提升人大代表的形象。镇人大联合镇文广中心选送作品《人大代表给力幸福大朗》参与第十九届“东莞人大新闻奖”评选，获三等奖。

（刘惠瑜）

附：2011年大朗镇人民代表大会领导和大朗镇人大办公室领导名录

人大主席：尹景辉（任至8月）
王检养（8月任职）
人大副主席：傅振华
陈志芬（任至11月）
祁沛全（11月任职）
人大办公室主任：
陈志芬（任至11月）
人大办公室副主任：梁智雄

大朗镇人民政府

【全镇性重要专项会议】 2011年，大朗镇人民政府召开全镇性重要专项会议主要有：大朗镇2011年人口和计划生育工作会议；2010年社区（村）干部报酬结算工作会议；大朗镇消防安全工作会议；大朗镇2010年度总结表彰大会；大朗镇第十五届人大九次会议；2011年大朗镇委镇政府开年会议；大朗行政服务中心三楼会堂《大朗年鉴·2011》编纂工作会议；大朗镇基层党（总）支部、村（居）委会及集体经济组织换届选举工作会议；大朗镇城建工作会议及大朗镇创建全国文明镇动员大会；大朗镇“防火墙”工程试点单位推广会暨安全生产工作会议；富康路、富丽路集中整治行动工作会议；2011年全镇城市“六乱”和在建违法建筑专项整治动员会议；大朗镇维护社会稳定工作会议；全镇工业厂房普查会议；大朗镇第三季度防范重特大安全事故暨消防安全工作会议；大朗城管综合执法系统上半年工作会议及整治无证行医工作会议；2011年大朗镇政风行风助评会；大朗镇第十五届人大十次会议；大朗镇消防安全工作会议；大朗镇消防安全工作会议；第十届“织交会”开幕典礼工作会议；市镇两级人大换届选举工作会议；大朗镇2011年“市民评机关”活动工作会议；大朗镇第十六届人民代表大会第一次会议；2011年全镇农业线先进评比总结会议；2011大朗第七届读书节总结表彰会议；大朗镇“五五”普法总结表彰暨“六五”普法动员大会；2011年社区（村）干部报酬结算会议；大朗镇2011年度安全生产责任制考核述职汇报会；全镇信访维稳工作会议；2011年度全市安全生产工作总结表彰大会；2011年度全镇城市管理综合执法系统总结会议暨违法建筑专项整治工作会议。

【重要政事活动】 2011年，大朗镇人民政府的重要政事活动主要有：2011年大朗镇迎春慈善长跑活动；全镇档案工作会议及中山大学资讯管理学院实习基地揭牌仪式；大朗商会第三届理事会就职典礼；大朗第七届读书节启动仪式；礼宾礼仪培训班；东莞市第二人民法院与大朗镇委司法协作体系协议签订暨大朗法庭办公楼启用仪式；2011年大朗篮球庆功宴；党员干部赴乳源县开展扶贫开发“一帮一”工作；2011年“安全生产月”宣传；收看学习省委主要领导讲党课；“广东扶贫济困日”捐赠活动动员会暨现场募捐仪式；大朗档案馆荣获国家一级档案馆揭牌暨张群炎中国画展开幕仪式；参观大朗档案馆、展览馆、艺术馆及张群炎中国画展；“华章九十载 红歌颂党恩”大朗镇庆祝中国共产党成立90周年高畅红歌独唱音乐会；大朗镇生产安全事故应急救援演练；东莞七海测量技术有限公司开业庆典；组织参加法庭庭审和观摩；东莞市司法局大朗司法分局挂牌仪式；中国散裂中子源奠基仪式；2011广东国际旅游文化节之大朗镇2011年毛织风情节开幕式；第十届中国（大朗）国际毛织产品交易会开幕典礼；“织城锦绣·幸福大朗”第十届中国（大朗）国际毛织产品交易会开幕式电视晚会；文史艺术类文摘双月刊《朗读》首发仪式。

【重要政策】 经济建设 2011年3月，印发《关于调整大朗镇毛纺织产业发展管理委员会成员的通知》；5月，印发《关于成立大朗镇发展利用资本市场工作领导小组的通知》；10月，印发《关于印发〈大朗镇工业区（厂房）改造补贴试行办法〉的通知》、《关于成立大朗镇工业区（厂房）改造工作领导小组的通知》、《关于印发大朗镇鼓励引进优质工业项目奖励试行办法的通知》。

社会管理 2011年1月，印发《关于下达2011年各社区（村）、单位人口计划的通知》、《关于大朗镇流动人口计划生育“一盘棋”综合改革实施方案的通知》、《关于大朗镇吸取樟木头镇“1·13”火灾事故教训专项整治工作方案的通知》、《关于调整大朗镇妇女儿童工作委员会成员的通知》；2月，印发《关于成立大朗镇第一次全国水利普查领导小组的通知》；3月，印发《关于大朗镇第一次全国水利普查实施方案的通知》、《关于2011年大朗镇法制宣传教育工作要点的通知》；4月，印发《关于调整大朗镇艾滋病防治领导小组成员及成立镇高干队的通知》；5月，印发《关于大朗镇2011年火灾隐患重点地区整治工作方案的通知》、《关于大朗镇社区居委会、村委会文书档案归档范围和保管期限表的通知》、《关于2011年大朗镇“防灾减灾日”活动方案的通知》、《关于大朗镇开展食品安全专项整治“食安一号”行动实施方案的通知》、《关于大朗镇开展富康路、富丽路集中整治行动方案的通知》；6月，印发《关于大朗镇2011年住房公积金扩面任务指标的通知》；7月，印发《关于大朗镇2011年社会建设人才培训工作实施方案的通知》；9月，印发《关于调整大朗镇消防安全委员会成员名单的通知》、《关于印发〈大朗镇2011年人口与计划生育工作考核办法〉的通知》、《关于调整大朗镇防灾减灾工程领导小组的通知》；11月，印发《关于成立大朗镇土地卫片执法检查工作领导小组的通知》、《关于大朗镇2011年非法营运车辆联合整治方案的通知》；12月，印发《关于成立大朗镇农村集体土地确权登记发证工作领导小组的通知》、《关于大朗镇农村集体土地所有权确权登记发证工作实施方案的通知》。

城市建设 2011年2月，印发《关于大朗镇公共租赁住房建设实施方案的通知》；3月，印发《关于大朗镇创建国家级生态乡镇工作方案的通知》；9月，印发《关于做好镇属单位（公司）土地证、房产证移交工作的通知》；12月，印发《关于成立大朗镇拆迁工作领导小组的通知》。

社会事业及民生 2011年1月，印发《关于表彰2010年大朗镇第五届“六个好”评选活动

和第六届读书节获奖单位和个人的决定》；2月，印发《关于下达2011年统筹款和兵役款上缴任务的通知》；3月，印发《关于大朗镇创建全国文明镇工作实施方案的通知》、《关于成立大朗镇创建全国文明镇工作领导小组的通知》；4月，印发《关于大朗镇创建和谐劳动关系示范点工程实施方案的通知》、《关于成立大朗镇创建和谐劳动关系示范点工程工作领导小组的通知》、《关于开展中小学生校外教育活动的通知》、《关于印发〈大朗镇篮球运动发展规划（2011—2015）〉的通知》、《关于2011大朗第七届读书节工作方案的通知》；5月，印发《关于大朗镇社区（村）公共文化服务设施“五个有”工程建设实施方案的通知》；9月，印发《关于表彰2010—2011学年度大朗镇优秀班主任、优秀教师的通报》、《关于2011年大朗镇“敬老月”活动方案的通知》；10月，印发《关于第二届“东莞慈善日”大朗镇系列活动实施方案的通知》、《关于调整大朗镇征兵工作领导小组成员的通知》；11月，印发《关于大朗镇职业健康基本情况调查方案的通知》、《关于大朗镇社区综合服务中心示范点建设实施方案的通知》；12月，印发《关于大朗镇中小学生安全知识普及教育方案的通知》。

机关建设 2011年4月，印发《大朗镇政务信息公开暂行办法》、《关于各村（居）民委员会换届选举结果的通报》；11月，印发《关于开展大朗镇2011年“市民评机关”活动的通知》。

附：2011年大朗镇人民政府领导名录

镇　长：谢锦波

2011年1月13日，尹景辉、谢锦波等大朗镇党政、人大领导班子成员带领各界群众参加迎春长跑。（虞进泉　摄）

副镇长：黄锦发（任至8月）
　　李创业（任至11月）
　　傅秩恩（任至8月）
　　叶效怀（任至8月）
　　覃　春
　　袁志良（11月选举产生）
　　傅永杰（11月选举产生）

党政办

【概况】 大朗镇党政办负责处理党委、政府日常公务，公文处理、拟审文件、收集综合信息、监督检查党委、政府工作布置的贯彻落实情况；负责党委、政府重要活动的组织，管理机关后勤事务，承担接待工作；承办党委、政府交办的其他事项。

【综合文稿工作】 2011年，大朗镇党政办全年共完成各类材料600多篇，近200万字，包括领导讲话稿67篇、汇报材料28篇、镇委镇政府工作会议纪要37篇，其中《东莞市大朗镇全面提升城镇化水平的经验和启示》、《东莞大朗镇加快人才集聚 推动产业转型升级的做法和启示》得到中共中央政治局委员、广东省委书记汪洋批示，《关于印发建设中子科学城的行动计划的通知》得到东莞市委书记、市人大常委会主任刘志庚批示。

【调研工作】 2011年，大朗镇党政办全年共撰写参考价值较高、决策性较强的调研报告34篇，被市以上刊物采用24篇，其中，1篇在省委政研室《研究报告》刊登，1篇在省委政研室《情况与建议》刊登，5篇在《广东调研》刊登，17篇在《东莞调研》上刊登；多篇调研报告转化为镇委镇政府的决策。

【督查工作】 2011年，大朗镇党政办强化督查督办力度，开展全镇季度、年度重点工作督查、领导批示件督查等。全年共受理市镇主要领导批示件13份，办结12份，办结率达93%，接受办理群众来信5封，协助完成市督导工作21宗；开展7次全镇性专题督查活动；向市委市政府报送《督查专报》共12期，被采用1篇。

【信息工作】 2011年，大朗镇党政办共向市信息调研科报送信息111篇，被采用14篇，采用总分连续三年在全市32个镇街中排名第一；向省信息调研处报送信息172篇，被采用40篇；向省委政研室报送信息38篇，被采用8篇；编印《大朗信息》36期。

【办文办会】 2011年，大朗镇党政办进一步完善党政机关公文办理办法及公文编制格式，规范办文流程。全年共处理市来文1800多份，发文280多份，受理请示220多份，整理镇党政联席会议议题共140多条，撰写镇党政联席会议纪要29份。承办、协办大小会议70多场次，圆满完成全省专业镇转型升级现场会、中国东莞留创园揭牌仪式暨高层次留学人员创新创业周活动、中国散裂中子源奠基仪式、第十届“织交会”等相关会务工作。

【接待工作】 2011年，大朗镇党政办不断创新方法，提升接待水平：挖掘参观亮点，增加大朗档案馆（展览馆、艺术馆）、长富社区综合服务中心等亮点工程参观点；宣传城市名片，推出大朗宣传片、《悦读大朗》电子版等宣传媒介；新建毛织贸易中心饭堂，进一步完善镇府大院、行政服务中心、创意产业园饭堂卫生设施，优化接待就餐环境。全年共接待各方宾客50多批共1000多人次，包括浙江省考察团、寮步、黄江等镇街考察团、新疆农三师图木舒克市考察团等。

【保密工作】 2011年，大朗镇党政办突出抓好综治信访维稳中心、武装部、文印室等保密要害部门、部位的监督巡查，加大防控力度。全年共组织开展保密专项检查4次，检查范围包括党政领导班子成员办公室和镇委镇政府各办公室。加大废旧内部文件资料和存储介质的清理力度，将领导班子和党委政府各办公室内部文件资料移交镇保密委办公室集中粉碎。2011年共清理和销毁内部文件资料6000多份。

【获得荣誉】 2011年，在全市办公室工作目标管理考评中，大朗镇获全市办公室系统先进单位、信访工作先进单位，大朗党政办被评为保密工作先进单位、信息工作先进单位、办文先进单位和接待工作先进单位，6人获得先进个人称号。2011年7月，大朗党政办获省委政研室颁发“2010年度先进调查联系点”称号。大朗党政办被评为2011年度向中共广东省委办公厅报送信息先进单位，两人被评为2011年度信息报送先进个人。

（刘贺斌、陈浥春）

附：2011年大朗镇党政办领导名录

主　任：叶淑帆
副主任：李　玉　陈浩华
莫国芬（10月任职）
张伟锋（任至9月）
谢小鹏
刘贺斌（4月任职）
黎钟华　周任利

纪检监察办

【概况】 中共大朗镇纪律检查委员会在大朗镇党委领导下进行工作，根本职责是保证党的政治纲领和政治目标的实现。大朗镇纪委下设纪检监察办公室（机关效能投诉中心与其合署办公），负责贯彻落实上级党委、政府以及市纪委、监察局关于加强党风廉政建设和行政监察工作的决定，维护党的章程和规章制度；监督检查党的路线、方针、政策和决议的执行情况与党员干部遵纪守法的情况，调查和处理党组织和党员干部违法、违纪案件。

【组织领导】 2011年，大朗镇纪委认真贯彻市纪委全会精神，落实党风廉政建设和反腐败专项工作，召开全镇落实党风廉政建设和反腐败专项工作会议，强调全镇党员干部要认真开展党风廉政建设及预防职务犯罪工作，各部门、各社区（村）要深入贯彻落实领导干部责任制，单位一把手要带头抓好任务部署，推动工作落实。制定《2011年大朗镇落实党风廉政建设和反腐败专项工作任务的实施意见》和《2011年大朗镇预防职务犯罪工作计划》。

【廉政教育】 2011年，大朗镇纪委坚持以教育强化认识，定期开展专题教育活动。一是开展经常性教育。各社区（村）党总（支）部每月开展一次中心组学习活动，集中学习有关党风廉政知识；利用反腐倡廉录像带、DVD对党员干部进行正反两方面的宣传教育；邀请市委市政府以及市纪委领导来授课，集中讲授反腐倡廉的重要性和必要性；镇主要领导亲自给党员干部授课。二是开展专题教育。认真开展纪律教育学习月和廉政文化建设活动。2011年大朗镇在纪律教育月期间共召开70多次纪律教育学习专题会，党员干部约3000多人次观看《暴风雨中的忏悔》、

《欲盖弥彰》等廉政警示教育片。组织学习《建立健全惩治和预防腐败体系2008—2012年工作规划》、《廉政准则》等专题教育资料。三是开展廉政宣传信息化工作。通过大朗电视台定期滚动播放廉政动漫、宣传片、标语等内容，推进党风廉政建设深入民心。建立“大朗党讯”，以信息的方式，定期向全镇所有党员发送“廉政专栏”手机彩信。四是大力推进廉政文化建设。在廉政文化“一镇街一品牌”活动基础上，继续完善廉政文化主题公园，整合廉政教育资源，开展廉政文化进机关、进企业、进社区、进学校、进家庭、进农村活动，深入开展廉政文化“六进”工作。五是扎实开展“制度建设巩固年”工作。完善整理各项规章制度，根据实际需要废旧立新，并梳理2007年以来基层党风廉政建设各项制度，专人汇编成册。六是以民主评议的方式推进政风行风教育工作。2011年，大朗镇全面展开对大朗医院、社区卫生服务中心、公安分局、财政分局、人力资源分局、社保分局、环保分局、交警大队、交通分局、文化执法分队、综合执法分局、司法所、邮政分局、电信分局等14个单位开展民主评议政风行风活动。

【党务公开工作】 2011年，大朗镇认真贯彻落实市纪委工作部署，成立大朗镇党务公开工作领导小组，设办公室于纪检监察办，负责日常协调和指导工作。各党组织也成立相应的党务公开工作领导小组。制定《大朗镇党的基层组织实行党务公开实施方案》、《大朗镇党务公开目录》等指导性文件，要求各基层组织结合实际制定党务公开工作实施方案及党务公开目录，不断完善制度，规范党务公开各项工作。坚持党务公开与党风廉政建设相结合，围绕建立健全惩治和预防腐败体系，推进“阳光党务”工程建设；坚持党务公开与作风建设相结合，把征求意见、整改落实、民主评议等情况及时向社会和党员群众公开；坚持党务公开与政务公开、村务公开、厂务公开和公共事业单位办事公开有机结合起来，统筹兼顾，协调发展；坚持党务公开与党员群众关注的热点问题相结合，确保党员群众的知情权、参与权、选举权、表达权和监督权落到实处。

【作风建设】 2011年，成立大朗镇加强机关作风建设工作领导小组，组织机关干部集中观看暗访专题片，开展干部交流讨论。严肃处理违纪窗口工作人员，以典型促整改。制定《大朗镇加强机关作风建设实施方案》，进一步加强机关行政效能建设，提高工作效率和服务质量。完善责任追究制度，把机关作风建设与各单位和单位领导年度考核相挂钩，认真核查有关群众反映的以及暗访查到的违纪问题，对于经调查核实的问题，从严从重处理。完善机关作风明查暗访工作机制，由镇纪委牵头，充分通过专项检查、明查暗访、民意打分、座谈讨论和投诉回访等方式，对全镇各单位、各部门机关作风建设情况开展专项督查。

【预防工作】 2011年，召开大朗镇党政领导班子成员专题会和全镇党员干部会议，认真布置2011年预防工作计划，围绕《2011年东莞市预防职务犯罪工作要点》中的若干重点进行分析，对如何贯彻实施好《工作要点》提出具体要求。在大朗镇比较繁华的路段设立大型户外预防职务犯罪广告牌。定期在大朗电视台播放廉政宣传短片。充分利用预防职务犯罪工作短信平台，加强农村换届选举预防贿选工作宣传。组织大朗镇班子成员、各单位负责人共100多人到市图书馆参观反腐倡廉历程大型图片展览，提升公职人员拒腐防变意识。重点加强对“三旧”改造工作重点环节的监督制约，实现对土地行政管理权和执法权的有效监督；重点加强对“三旧”改造征地拆迁的监督检查，加强对市、镇试点改造片区建设用地评估环节、征地环节职务犯罪的预防监督，着力预防征地拆迁、公告、赔偿等“三旧”改造过程中的职务犯罪隐患问题。2011年度大朗镇荣获全市预防职务犯罪工作先进单位。

【选举纪律】 2011年，是农村基层换届之年，大朗镇纪委强化监督，提前介入，防止在换届选举中出现腐败问题。召开社区（村）换届选举工作动员大会，严肃选举纪律。召开农村两委换届选举培训班，加强农村预防贿选工作，保证选举纪律。深入全镇各社区（村），与党员干部进行一对一培训学习，提高基层党员干部对有关选举法律法规的了解，加深党风廉政建设及预防职务犯罪工作的认识。健全投诉举报信访机制，主动向社会公布干部监督举报信箱、举报电话，实行专人负责、专门处理。

【监督工作】 2011年，大朗镇纪委着力加强监督，强化对工程招投标、政府采购、药物监管的监督检查，把党风廉政建设与政府采购、工程建设、药物监管有机结合起来，防止出现职务犯罪行为。一是抓好政府采购监督工作。2011年，大朗镇共进行政府集中采购56次，采购预算价为3372.2万元，采购中标价为2573.87万元，中标价比预算价减少798.33万元，下浮23.67%。二是抓好工程招投标监督工作。在镇实行招标的集体工程共有25宗，完成工程招投标24宗，1宗流标。工程预算价为6641.78万元，中标价为5455.1万元，中标价比预算价减少1186.68万元，下浮17.87%。在市实行招投标的2宗，工程预算价5715.11万元，中标价4687.06万元，中标价比预算价减少934.6万元，下浮19.94%。三是抓好药物监管监督工作。2011年大朗镇药品采购中标金额4716.6万元，平均降幅14.03%，给群众让利金额数869.6万元。四是抓好投诉举报处置工作。设立干部作风监督举报电话，向社会公布，接受广大人民群众的监督。

【案件查处】 2011年，大朗镇纪委加强源头治理和预防工作。开设预防职务犯罪短信平台，加强对党风廉政建设和预防职务犯罪的宣传力度。不断加强纪检信访工作力度，对群众来信来电反映的问题进行深入了解，认真查处。在执纪办案时严格实行领导包案、归口办理、限期处理的原则，件件予以落实。2011年，大朗镇纪委共收到来访、来电、来信投诉件50宗，办结50宗，办结率100%。其中立案1宗，处理党员1名。

附：2011年中共大朗镇纪律检查委员会领导及大朗镇纪检监察办领导名录

纪委书记：傅振华（任至8月）
叶桂平（8月选举产生）
纪委副书记：
叶桂平（任至8月）
叶卓彬
叶剑雄（8月选举产生）
纪委委员：傅振华（任至8月）
叶桂平　叶卓彬
陈仲轩（任至8月）
方树芬
陈雪红（8月选举产生）
纪检监察办主任：叶卓彬
纪检监察办副主任：吴磊超

组织人事办

【概况】 大朗镇组织人事办公室、企业工作委员会、社会组织工作委员会、流动党员管理服务中心“四个牌子”一套人马，共有在职人员8人。人才服务站的任务划入人力资源服务中心，不再保留人才服务站。2011年大朗镇党委获省委“广东省红旗基层党组织”和市委“先进基层党组织”。大朗镇委组织办获省委组织部“全省组织系统先进集体”和“全市组织工作一等奖”，大朗镇人事办获“高校毕业生就业工作先进单位”，大朗镇企业工委（流动党员管理服务中心）获“企业党建工作一等奖”。

【党组织和党员】 2011年，大朗镇共有基层党组织208个，其中基层党委2个，总支部16个，支部190个，其中非公企业党支部93个，社会组织党支部13个，全镇共有党员3917人，比2010年增加275人，“两新”组织流动党员431人。共发展党员117人，其中35岁以下党员93人，大专以上93人，占79%，本科54人。女党员发展数量稳步增长，新发展女党员29名，占25%。

大朗镇党员情况统计表

项目	人数
2010年底总数	3646
2011年底实有数	3917
2011年增加	354
2011年减少	85
发展党员	117
死亡	26
转入组织关系	237
转出组织关系	47

【镇村两级换届】 基层党组织换届选举　2011年3月2日，大朗镇28个社区（村）党（总）支部分别召开党员大会，选举产生新一届社区（村）党（总）支部委员，共136人，新进党（总）支部班子的23人。平均年龄39岁，具有大专以上文化程度的88人，比上一届多21人，提高31%。除竹山、大井头、水平、新马莲、杨涌等5个社区（村）外，在23个社区（村）全面推广公推直选，占全镇社区（村）总数的82%，超过市委组织部不少于30%的要求。3月7日，全镇92个企业党（总）支部和8个社会组织党支部顺利选举产生新一届领导班子282人和24人，书记全部实行公推直选。

村（居）委会换届选举　2011年3月30日，大朗镇完成村（居）委会换届选举工作。选举产生新一届村（居）委成员104人，其中经提名选举达到“两个过半”直接产生的村（居）委成员88人，占总数的84.6%，新进村（居）委班子的42人。平均年龄39.1岁，具有大专文化程度的34人，28个村（居）委会全部配备至少1名妇女干部，比换届前多17人。

镇党委、人大、政府换届选

举　2011年8月22日，大朗镇召开镇第十二次党代表大会，选举产生中共大朗镇第十二届委员会委员13名、书记1名、副书记2名和大朗镇纪律检查委员会委员5名、书记1名、副书记两名，与市委批复完全一致。11月22日，召开镇第十六届人民代表大会，选举产生镇人大主席、镇长和人大副主席1名以及人民政府副镇长3名，与市委批复的候选人一致。

【党建信息化】　2011年，大朗镇继续将党建工作信息化作为一项重要任务来抓。《大朗党讯》自2011年3月开通至2011年12月底，已发出84期，学习内容由原来两项改版升级为包括上传下达、大朗党建、党的常识问答、廉政专栏等7项内容。《党的常识问答》发出83期。加快建设党员干部数字档案室，逐步将公务员、事业干部、合同制干部职工等档案信息资料扫描录入党员干部信息管理系统，已将公务员、事业干部的档案扫描115个。

【创先争优活动】　2011年，大朗镇把创先争优活动与促进各项工作紧密地结合进来，打造特色精品。长塘社区党总支部"'党心暖流'志愿服务活动"被命名为"东莞市特色党建示范区"；求富路社区等4个党支部获"先进基层党组织"称号，华科等3个党支部被命名为市"五星级党组织"；英伟等10个党支部被命名为市企业工委"四星级党组织"；水霖学校党支部被命名为市社会组织第一批"四星级党组织"；长塘社区党总支部"党员志愿服务岗"、长富社区党支部"便民服务岗"被命名为"东莞市党员承诺示范岗"，叶惠明等8名同志被评为"市优秀共产党员"，傅振华等5名同志被评为"市优秀党务工作者"。大朗镇共评选377名优秀共产党员。

【党员经常性教育】　2011年，大朗镇共有超过3.5万人次通过远程教育观看专题片；组织全镇农村、社区、企业等100多个党组织350多名党员和入党积极分子参加"周日党课"的专题学习；举办1期入党积极分子培训班，共200多人次参加。

【"两新"组织党组织建设】　2011年，大朗镇继续在"两新"组织中开展形式多样的活动，不断增强党组织的凝聚力。开展"双星双创"活动促企业发展。对创"五星级"党组织的先拨付10000元/个/年、"四星级"的拨付8000元/个/年、"三星级"的拨付5000元/个/年。突出党组织组建重点。对2011年重点组建党组织的大朗洋洋学校、东明学校、现代英才小学、朗升小学、宏阳小学等学校建立党支部，实现民办中小学组建党组织率达100%。探索"两新"组织党建经费运行新机制，制定并下发《大朗镇关于进一步建立"两新"组织党建经费保障机制的实施意见》。

【简政强镇】　2011年，大朗镇理顺了人权、事权等关系。完成与大朗社保分局、人力资源分局、交通分局、文化执法分队、粮所、医院等6个下放给中心镇管理的市直派出机构人事关系转接手续，共转接1061人。承接市直部门下放的542项权限，接收了全部业务专用章，并将业务专用章交接到相关单位。除医院外，其余5个单位已完成资产移交手续。除医院实行自收自支外，市财政将其余社保分局等5个单位的人员和公用经费直接划转至镇财政分局，再由镇财政分局按属地有关规定和程序发放到单位和个人，所有经费包括人员工资待遇暂按原来市核发的标准发放。

【编制管理】　公务员编制　2011年，大朗镇政府、司法所、财政分局、环保分局、安监分局、城市管理综合执法分局、社保分局、人力资源分局、交通分局、文化执法分队等单位共有公务员134人，录用4人，调进3人，调出5人，退休3人，死亡1人。各公务员单位不存在超编进人的现象。

事业编制　2011年，大朗镇共有事业单位18个。全年共调入5人，退休3人，死亡1人，辞职1人。另，医院编内人员403人。各事业单位不存在超编进人的现象。

【年度考核】　2011年，大朗镇按市规定参加年度考核的公务员134人，事业编制人员596人，其中被定为优秀等次107人，称职107人，合格489人。

【干部培训】　干部能力建设　2011年，大朗镇安排6名党政副职领导干部参加省市培训；选派19名干部参加市委组织办、市委党校、市人力资源局的类专题研讨班；通过走出去、请进来、部门交流等方式，共组织干部教育培训达2400多人次。

社区（村）干部培训　继续推进年轻的镇机关单位中层干部、社区（村）干部、大学生"村官"交流轮岗。换届后，安排35周岁以下的社区、村"两委"干部分5批轮流到镇党政办、信访办、外经办挂职主任助理各1个月，每批挂职3个月。

【军转干部安置】 2011年，大朗镇共接收军转干部1人，安置在镇农技中心工作，事业编制干部。（叶慧萍）

附：2011年大朗镇企业工作委员会领导名录

书　记：傅振华（任至11月）
副书记：方树芬
　　　　周运华（5月任职）

2011年大朗镇社会组织工作委员会领导名录

书　记：傅振华（任至11月）
副书记：方树芬　钟绍强

2011年大朗镇组织人事办公室领导名录

主　任：韩暖渠（任至10月）
　　　　方树芬（10月任职）
副主任：方树芬（任至10月）
　　　　张伟锋（任至7月）
　　　　李创宁
　　　　周运华（5月任职）

2011年大朗镇流动党员管理服务中心领导名录

主　任：方树芬
副主任：叶桂兴　叶慧萍

宣传教育办

【概况】 大朗镇宣传教育办的主要职责是宣传党的路线、方针、政策，组织党委中心组学习，开展社会科学工作和党史工作，正确引导舆论，开展群众性精神文明创建，指导文化建设。2011年，大朗镇宣传教育办（含镇体委）共有人员14人，设主任1人，副主任2人。2011年，大朗镇获评“东莞市宣传思想工作先进镇一等奖”、“舆情信息工作先进单位”称号。《朗读》获全市宣传思想工作创新奖。

【理论学习】 *党委中心组学习* 2011年，大朗镇大力推进党委中心组学习的规范化和制度化建设，年初制定详细的学习计划，完善学习内容和学习方式，坚持定期集中学习和个人自学相结合，全年共安排贯彻科学发展观、创建“全国文明镇”、建设学习型党组织、贯彻十七届五中全会精神及党风廉政建设等专题学习活动12次。镇主要领导撰写的《以建设学习型党组织为抓手推动创先争优活动深入开展》、《东莞市大朗镇再亮剑，推出“六招”举措推进毛织业转型升级》等学习心得体会文章在报刊发表。其中，《东莞市大朗镇再亮剑推出“六招”举措推进毛织业转型升级》获东莞市第二届哲学社会科学优秀成果奖（政府奖）二等奖。

理论学习方法创新 2011年，大朗镇编制《开启云计算之门》、《让绿道走进我们的生活》、《物联网——助推经济发展方式转变》、《战略性新兴产业发展探析》等辅导资料；征订《广东省加快转变经济发展方式干部培训系列读本》70套发至班子和中层领导干部；征订《南方杂志》、《沈浩日记》、《人民日报》等党报党刊约18680册（份）发至基层党支部。

【理论宣传】 2011年，大朗镇委宣传办围绕贯彻落实科学发展观、加快产业转型升级的举措和成效等，协调大朗电视台、《大朗周刊》、大朗网、“大朗快讯”、“荔香大朗”微博等媒体进行宣传报道，开辟“转型升级　富民强镇　幸福家园”、“落实珠三角规划纲要”、“争创全国文明镇”等专题、专栏。11月17日，镇宣传办策划，邀请市委宣讲团讲师郑继海副教授作主讲，举办主题为学习贯彻党的十七届六中全会精神宣讲报告会，大朗镇党政、人大领导班子成员、镇委、镇政府全体同志和各社区（村）两委干部，以及有关部门、单位的负责人共500多人聆听了报告。2011年，大朗镇利用28个社区（村）的市民学堂平台资源，开展文明礼仪、创业理财、医疗卫生、理论宣传及政策解读等主题教育活动，全年共举办相关活动50余场。

【宣传委员沙龙】 2011年，大朗镇宣传办以“宣传委员沙龙”为平台，组织开展内容丰富、形式多样的学习活动，增强党员干部学习意识，营造重视学习、崇尚学习、坚持学习的浓厚学习氛围。“宣传委员沙龙”每期都有镇领导、宣传文化线全体同志、各社区（村）宣传委员等50多人参与。全年共安排文化强镇建设、文明镇创建、志愿服务体系构建、学习十七届六中全会精神等主题沙龙活动10期。

【媒体建设】 *《东莞日报·大朗周刊》* 2011年，《东莞日报·大朗周刊》围绕中心，服务大局，引领大朗经济社会发展。全年共出版发行52期。深入挖掘和全面总结各项工作的亮点和成效，策划推出“转型升级　富民强镇　幸福家园”、“落实珠三角规划纲要”、“争创全国文明镇”、“解读政府工作报告”及“关注企业节后招工”等专版报道45个；“东莞烈豹”、“法律伴我行”、“大朗古仔”、“百姓故事”、“国家重点扶持高新技术企业巡礼”、“走遍大朗”等专题、专栏10个。

【《大朗快讯》】 2011年，大朗镇加快推进《大朗快讯》的宣传普及，至2011年底，固定用户已超过10000人，成为大朗镇开展公益宣传及发布政府公告的重要平台。《大朗快讯》以手机彩信的形式进行发布，每天至少发布两次，分上、下午发布，上午发布时间为十点，发布的内容包括：国内、国际、财经、娱乐体育等方面热点新闻；下午发布时间为六点，发布的内容包括：大朗新闻、专题报道、天气预报、生活资讯、大朗方言、好书推荐、生活提示、国内热点新闻等方面信息；遇突发事件或重大信息即时发送，填补"大朗电视"、大朗网及《大朗周刊》等媒体的时滞性问题。全年共发布信息626次，1.3万多条。

【《朗读》创刊】 2011年，大朗镇创刊文史艺术类文摘《朗读》双月刊，致力办成典雅别致纯粹的文史艺术类文摘杂志。大朗镇编辑出版《朗读》，旨在全镇乃至更大范围内大力倡导良好的读书学习氛围。《朗读》创刊号共编选了25篇文章，分为《朗读关注》、《朗墨书香》、《朗月轻吟》、《朗语清风》、《朗韵艺苑》、《朗游天下》六个栏目。2011年编辑出版两期。《朗读》面世后，《南方日报》、《东莞日报》、《东莞时报》等媒体作了专门报道，与此同时，网易、搜狐等门户网站，凤凰网、21世纪新闻网、东莞阳光网、东莞时间网等新闻网站也对《朗读》的面世作了报道。被市委宣传部授予宣传思想工作创新奖。

【"荔香大朗"微博开通】 2011年，大朗镇在新浪、腾讯等门户网站注册开通"荔香大朗"镇府官方微博，该微博主要发布大朗本土新闻、城市亮点、生活资讯、历史人文等信息内容。通过微博直播青年集体婚礼、直播市篮球联赛、举行有奖微活动等方式，聚集了人气，已成为宣传大朗的第五媒体。在处置"公交车停运"等突发新闻事件中，"荔香大朗"微博发挥了积极作用。

【媒体采访接待与对外宣传】 2011年，大朗镇宣传办围绕"加快转型升级，建设幸福大朗"这一核心任务，大力宣传大朗转变经济发展方式、创建"全国文明镇"、建设文化强镇、庆祝建党90周年、"织交会"等各项重点工作的措施、成效和经验。通过加强对本地媒体的新闻指导，内外宣传相结合，主题宣传和社会宣传有声有色。2011年，大朗镇共接待大小采访120多人次，媒体推出专版报道8个；大朗镇各类信息、新闻被省电视台采用两篇，被东莞广播电视台采用602篇，被东莞电台采用565篇，被东莞阳光网采用817篇，被东莞日报社采用182篇，被省级报刊采用463篇，被《东莞宣传》采用13篇，被《东莞市精神文明创建简报》采用6篇，基本实现省级媒体每周、市级媒体每天有报道大朗工作的稿件刊发，新闻用稿量排名全市第8位。2011年"织交会"迈向第十届，为加强展会宣传造势，大朗镇与《南方日报》合作，于10月26日起，连续3天在《南方日报》主报上推出"织交会"专题报道《毛织时尚　潮起大朗》共3篇；在《东莞日报》、《香港商报》上推出《百万富翁一条街的秘密　转型升级造就大朗神话》、《十年会展辉煌　载产业奇迹》等"织交会"专版报道3个。

2010—2011年大朗新闻稿件采用情况对比表（纸质媒体）

年份	采用稿件情况（篇）													
	1月	2月	3月	4月	5月	6月	7月	8月	9月	10月	11月	12月	全年	平均每天
2010	59	30	59	58	69	85	84	84	77	72	62	58	797	2
2011	46	29	67	51	80	45	51	75	70	55	57	62	688	1.89

【舆情监测】 2011年，大朗镇委宣传办健全舆情监控机制，利用"中泓互联网舆情监控系统"、"网络问政平台"和手机短信问政平台，加强网络舆情监测。坚持舆情短信每天一报，设两名舆情监控员，每天收集《人民日报》《南方日报》《羊城晚报》《南方都市报》《广州日报》等10多家平面媒体报道大朗相关新闻，并根据党政领导班子成员的需求，形成不同的舆情动态报告，以短信形式汇报。坚持舆情动态每月一整理，编发《大朗舆情动态》，每月至少出版一期，遇突发事件随时编发，及时分析每月舆情特点、总结新闻突发事件处理经验、汇报重大舆情

动态和提供突发事件处理意见，为领导决策提供参考。全年共编发12期。

【突发新闻事件处理】 2011年，大朗镇委宣传办按照“及时发现、主动联系、迅速发布、抢先报道、严密监控”的新闻突发事件处理原则，较好地处理了“5·2”婚礼劫杀案等突发新闻事件10多起。2011年，大朗镇通过召开新闻发布会，组织记者集体采访、专访、吹风会、发布新闻通稿、答复记者的电话传真和电子邮件问询等形式，进行新闻发布近100次。其中，发出新闻通稿75篇，召开新闻通气会5场，举办新闻发布会两场，分别是：7月27日，在北京人民大会堂举行的“织交会”第一次发布会，有近120家国内电视、电台及平面媒体到场并作报道；9月16日，在大朗举办“织交会”第二次新闻发布会，《南方日报》、《广州日报》及阳光网等近20家平面媒体和网络到场并作报道。2011年大朗没有发生一起因瞒报、漏报而被媒体炒作的事件。

【创建全国文明镇】 概况 2011年，大朗镇把创建“全国文明镇”作为一项中心工作来抓，创新工作思路，坚持从具体事情做起，坚持从细微处入手，扎实开展创建工作，成功创建成“全国文明镇”，求富路、黄草朗、水口、宝陂等社区（村）成功创建为市文明（标兵）社区（村），大朗中心小学创建为市文明标兵单位，求富路村史馆被列为东莞市爱国主义教育基地。

未成年人思想道德教育 2011年，大朗镇广泛开展“做一个有道德的人”主题实践活动。建成大朗中心小学学校少年宫。抓社会文化环境净化，不断优化未成年人健康成长环境。

道德模范学习宣传活动 2011年，制定《大朗镇第三届道德模范评选工作方案》，切实抓好道德模范的评选宣传学习工作。大朗电视台、《大朗周刊》、大朗网、大朗快讯等媒体对活动全程跟踪报道，营造人人争当道德模范的社会风尚。

纪念中国共产党成立90周年活动 2011年，大朗镇开展党的理论、党的历史和党的知识宣传教育，举办“盛兴杯”大朗镇庆祝建党90周年征文比赛，同时积极组织群众参加东莞地方党史知识竞赛，获得“优秀组织奖”。

“一号关爱”活动 2011年，每月1日，大朗镇如期举办“一号关爱”东莞城市暖流行动，共举办12期，活动地点设在长富步行街，全年服务总人数超过10万人。

文明习惯养成活动 2011年，大朗镇积极打造平台、创新机制、营造氛围，把市民素质提升贯穿于文明创建的全过程。突出教育对象的广泛性。针对户籍居民、未成年人、新莞人等不同群体，开展“六个好”、“做一个有道德的人”等不同的主题教育活动。坚持教育载体多样性。以社区（村）为单位，以基层群众为主体，成立市民学校28所。开展“讲文明、树新风”、“讲道德、做好人”等系列文明习惯养成活动，引导市民自觉提升文明素质。完善志愿服务体系。志愿者总人数达到12000多人。全年共组织开展“关爱空巢老人”、“关爱农民工”等大型社会服务活动40多场，累计参加人数近7000人次，服务时间累计约1.3万小时。

“我们的节日”主题文化活动 2011年，大朗镇结合元旦、春节、建党节等节日，组织开展春节、元宵、建党节3个大型文艺晚会及“我们的节日”系列主题活动，大力弘扬传统文化，唱响红色文化，做大特色文化，活动总参与人数超过30万人。其中，为更好地营造节日氛围、提升城市品位，大朗投资200多万元，建设大朗花街，吸引全市及周边地区65万人前来观赏。

（刘焱良）

附：2011年大朗镇宣传教育办领导名录

主　任：谢主连

副主任：邓石岭　梁仲坤

机关事务办

【行政服务】 “一站式”服务平台 行政服务大厅位于行政服务中心首层，集中职能部门17个，设有窗口34个，其中9个收费窗口，25个办事窗口，涉及财政、外经、城建、房产等办事事项90多项。服务大厅设立电子触摸屏、LED屏等信息化设施，公开各服务窗口的办事流程和政府采购、工程招投标等信息。2011年，印制4万份窗口办事指南供群众免费参阅。建立行政服务中心网站，将有关事项的申请办理程序、收费标准等信息向群众公布，形成公开、透明的政务环境，网站月均访问量3000多人次。同时，通过电视台、网站等新闻媒体，大力宣传行政服务中心的职能和窗口办事流程，广大群众对政务信息的知晓率越来越高。

成功创建市级“青年文明号” 2011年3月底，大朗镇行政服务中心顺利通过考评验收，被团市委授予市级“青年文明号”、先进基层团组织的荣誉称号。2011年，行政服务大厅共接待办事人员59008人次，接受办理事项58589宗。

【机关事务】 会议服务 行政服务中心设有各类不同大小的会议室18间、接待室6间，可容纳10—200人不等，多个会议室配置投影等多媒体先进设备。镇机关事务管理办推行会议室网上预订系统，为各单位部门提供会议室网上预订服务。2011年共接受会议室预订871多批次，成功协助举办全省专业镇转型升级现场会、省委党校中青一班二支部座谈会、大朗镇历届领导和外出干部迎春座谈会等多宗大型会议。

参观接待 2011年，大朗镇机关事务管理办共接待274批次约3297人次。其中，接待国家级领导两批次，省级领导39批次，其他市级领导233批次。同时，全面做好行政服务中心参观线路的安排和规划展示厅的管理，确保每次参观接待工作的顺利进行。2011年规划展示厅共吸引参观人员323批次5111人次。参观人员有国家、省、市、兄弟镇（街）领导、社区（村）领导干部、中小学老师以及国内外知名企业领导等。

餐饮服务 2011年，大朗镇机关事务管理办在镇行政服务中心饭堂、镇现代信息服务产业园饭堂、镇府大院饭堂的基础上，于2011年10月26日新增毛织贸易中心饭堂，不断完善饭堂设施，提高餐饮服务档次，打造以四大饭堂为中心的餐饮接待模式。2011年度，行政服务中心饭堂共为110090人次提供工作用餐，其中早餐21618人次，中餐61240人次，晚餐27242人次。创意产业园饭堂大厅共为41080人次提供工作用餐，其中早餐4593人次，中餐25305人次，晚餐11182人次。镇府大院饭堂大厅共为47912人次提供工作用餐，其中早餐17835人次，中餐24074人次，晚餐5388人次。毛织贸易中心饭堂大厅共为5879人次提供工作用餐，其中中餐4821人次，晚餐1058人次。

【物业管理】 2011年，大朗镇物业公司积极探索本地物业管理公司运营模式，共有行政人员17人，工勤人员276人，其中物业管理处主任5人，保安员146人，接待员23人，保洁员78人，水电工19人，客服员5人。

业务拓展 2011年，大朗镇物业公司陆续接管镇府大院和大朗毛织贸易中心的物业管理，物业管理面积分别为1万平方米和11.6万平方米。2011年6月，接管档案馆的物业管理，物业管理面积0.61万平方米。截至2011年年底，物业服务面积达34.5万平方米。

队伍建设 2011年，大朗镇物业管理公司坚持以人为本的管理理念，加大员工培训管理力度，积极打造一支事业心强、懂经营、善管理、通技术、精业务的优秀人才队伍。一是健全人员架构。从现有各岗位员工中物色有能力的骨干，提拔为公司中层管理人员，并搭建部门主管—小区主管—助理的三级管理架构，增强了公司的中层管理力量，为公司日后扩充业务打下坚实的基础。公司现有中层管理人员14人，其中部门主管5人、小区主管5人、助理4人。二是完善部门架构。2011年，在原有保安部、保洁部、工程部、客服中心的基础上，进一步细化分工，设立行政人事部、饭堂管理部、财务部等部门，明确各部门的职责。三是鼓励员工报考专业资格证书。积极鼓励接待员报考大专学历、会计从业资格证、物业管理证；水电工考取电梯、空调等专业资格证；保安考取保安、消防等资格证。目前，大专以上学历人员共有24人，另有8人报考或就读大专（本科）；取得会计从业资格证7人，持有物业管理师资格证1人、助理物业管理师资格证1人、物业管理员证23人。

规范管理 2011年，大朗镇物业管理公司持续推行ISO9001:2008质量管理体系，不断完善和提高体系的运行标准，制订出更具操作性、前瞻性的服务标准，严格推行标准化管理，以消除员工流动性大而带来的管理服务标准下降的弊端。2011年11月，通过国际认证机构SGS现场复审，保证ISO9001:2008认证继续有效。（韩淑儿）

附：2011年大朗镇机关事务办领导名录

主　任：黎钟华

副主任：刘沃光

2011年大朗镇物业管理公司领导名录

经　理：刘沃光

副经理：彭惠良　韩淑儿

综治信访维稳中心

【概况】 2011年，大朗镇综治信访维稳中心共有人员20人，其中信访办（综治办）9人、司法分局11人，实现一套人马统一受理群众来信来电来访和法律援助、人民调解等工作。至2011年12月，大朗镇共建成综治工作站（室）49个，其中社区（村）工作站28个，企业工作室21个，28个社区（村）及300人以上1000

人以下企业设立综治信访维稳信息联络员。全年共受理群众来信来访368宗1442人次，成功化解364宗，化解率达98.9%；组织各部门、社区（村）和企业开展社会矛盾纠纷排查331宗，成功化解325宗，化解率达98.2%；排查治安重点地区3处，已整治3处，整治率达100%。大朗镇被评为2011年度全市维护稳定和社会治安综合治理先进镇（街）。

【应对日资企业不稳定因素】 日本“3·11”地震发生后，大朗镇迅速采取针对性措施，确保日资企业稳定。各社区（村）迅速摸底排查日资企业生产经营情况，及时上报；派出工作组深入日资企业走访调查，安抚企业和员工情绪；及时与员工沟通，引导员工与企业同舟共济、共渡难关；开展业务培训、技术创新等活动，凝聚员工，鼓励员工爱岗敬业，推动企业持续稳定发展。

【大运会安保工作】2011年，大朗镇高度重视深圳大学生运动会安保工作，采取一系列措施，保障大运会期间社会和谐稳定。专门成立“创平安、迎大运”工作领导小组，制定《大朗镇“创平安、迎大运”巡逻防控工作方案》，完善领导包干责任制；加强排查，落实矛盾纠纷、涉法涉诉案件化解责任，大运会期间共排查出各类社会矛盾纠纷20宗37人次，成功化解20宗，化解率为100%；加大监控力度，各社区（村）及警务室稳控辖区范围内重点人员的动态情况；构筑严密防控网络，做好涉疆涉少数民族维稳工作；及时对全镇范围内的涉枪、涉爆等重点敏感场所进行治安隐患检查。

【加强和完善社会管理】2011年，大朗镇积极落实责任，明确各职能部门工作职责，进一步加强和完善社会管理。加强对学校及周边治安进行集中整治，完善法制副校长到校工作制度，强化校园出入管理，充实学校安保力量，完善校园视频监控系统，全年未发生故意伤害师生案件。以整治公交治安为重点，通过警企联防、警民共建、打防结合、综合治理等方式，进一步强化公交治安防控体系建设。

【综治宣传工作】 2011年，大朗镇组织综治、司法、治摩、禁毒等部门，积极开展综治宣传工作。通过大朗电视台、《大朗周刊》、大朗网等媒体大力宣传“治摩”工作，全年组织400多人次参加“治摩”宣传活动，共派发资料2700多份。深入开展妇女维权、“一号关爱”、“六五”普法、“6·26”国际禁毒日、“12·4”法制宣传日及“送法进社区（村）、进学校、进企业”等法制宣传活动。通过制作宣传画、派发宣传资料、播放宣传片段、举办图片展览等方式深入各社区（村）宣传防抢劫、防盗窃等知识，全年共派发《法律援助手册》、《劳动法》、《劳动合同法》等法律法规书籍近3万册，张贴法制宣传挂图720多幅。

【“平安社区（村）”创建】 2011年，大朗镇进一步巩固平安社区（村）创建成果，通过了长塘、圣堂、求富路、佛新、宝陂等5个社区（村）的复查验收。截至2011年底，全镇28个社区（村）中已有23个顺利创建为“平安社区（村）”。大朗镇组织相关部门集中力量对巷尾社区旺富市场周边进行重点整治，通过落实整治责任、加强打防管控等一系列强力措施，及时清除一批治安黑点和安全隐患，全年共组织开展20多次集中清查整治行动，整治重点部位30多个。

【信访工作】 概况 2011年是镇村换届选举年，大朗镇信访工作实现“两降一无”，来信来访量和网上信访量分别下降11%和23%，无发生对社会影响较大的群体性事件，社会大局和谐稳定。全年共受理群众来电来信来访368宗1442人次，同比分别减少43宗170人次。其中，来信来电109宗，与去年持平；到镇府来访251宗1309人次，同比分别减少51宗192人次；到市政府上访8宗24人次，同比分别增加1宗13人次。群众到镇府集体上访33宗738人次，同比增加3宗，减少189人次。全年无发生到市以上部门集体上访案件。大朗镇被评为市信访工作先进单位。

排查社会矛盾纠纷 2011年，大朗镇先后组织各部门、社区（村）和企业开展社会矛盾纠纷排查行动331宗，成功化解325宗，化解率达98.2%，妥善处置“1·8”大角岭卫生站医疗纠纷、“9·16”东莞市戈雨服饰毛织有限公司劳资纠纷等重点案件。

网络问政平台建设 2011年，大朗镇继续强化网络问政平台建设，群众通过网络问政平台可以直接问书记镇长、问职能部门、问社区（村）。全年累计接收群众网上来信3864封，同比减少23%，有效办结3814封，办结率达98.7%，网络问政已成为群众反映诉求的主要方式。2011年9月，大朗镇继续创新方式，在全市32个镇街中率先开通自主开发的手机短信问政平台。

落实领导接访制度 2011年，大朗镇认真落实领导接访制度、领导包案制度、领导值班制度，全年镇主要领导亲自接访或处理案件25宗，落实领导包案25宗，办结率达100%。全年共编印18期《信访案件调处情况》，将全年重点案件上报镇主要领导。

信访队伍建设 2011年，大朗镇继续完善《大朗镇信访干部培养方案》，定期选派信访干部到市信访局跟班学习。实行新任副股级干部到镇信访办挂职锻炼制度，全年共有两名副股干部到镇信访办挂职锻炼。全年共安排20名35周岁以下的新当选的社区（村）"两委"干部分批轮流到镇信访办挂职锻炼。

【应急工作】 **大朗镇应急避灾中心** 2011年5月12日，大朗镇应急避灾中心正式揭牌成立。该中心共有32个房间，70张避灾床位，在台风、寒冷等各种自然灾害及其他突发公共事件时，将开放接收需要应急避灾的人员，并提供基本生活服务、医疗救治等。

应急预案演练 2011年，大朗镇积极组织各单位、部门和社区（村）干部及群众开展消防应急演练、电梯应急救援演练、传染病疫情应急演练、甲型H1N1流感防控演练、食品安全应急演练等，其中消防演练118次，参与演练消防人员2000多人次，参与演练群众60000多人次，把应急演练与应急预案结合起来，并通过演练争取达到检验预案、锻炼队伍、完善机制的目的。

加强值守和突发事件信息报告 2011年，大朗镇继续完善24小时值班制度，在防汛、抗旱及防控流感时期落实镇村干部值班制度，确保值班电话24小时畅通，信息及时传递，重要情况及时上报。2011年，大朗镇上报应急信息12期。 （刘胜波）

附：2011年大朗镇综治信访维稳中心领导名录

政法办主任：
　　祁沛全（任职至8月22日）
　　叶惠明（8月23日任职）
专职副主任：
　　叶天升（任至4月）
　　杨　健（4月任职）
副主任：吴达强
综治信访维稳中心专职副主任：
　　杨　健（4月任职）
综治办专职副主任：
　　叶天升（任至4月）
　　杨　健（4月任职）
信访办主任：
　　叶天升（任至4月）
　　杨　健（4月任职）
副主任：刘素婷
应急办主任：
　　叶天升（任至4月）
　　杨　健（4月任职）

2011年6月21日，省委常委、常务副省长朱小丹到大朗调研战略性新兴产业。（黄启穆　摄）

群众团体·社会组织

总工会

【概况】 2011年，大朗镇总工会共组有大朗镇非公有制企业工会146家（其中工会联合会1家），验收“职工之家”43家，创建“职工书屋”3家，发展工会会员13100人。2011年大朗镇总工会被市总工会分别授予“工会先进单位”、“工会组建工作先进单位”和“工会信息工作先进单位”。

【工会组织建设】 2011年，大朗镇总工会创新组建工作方法，将市总分配的组建任务直接分解到各工会联合会。全年共新组建工会组织146家、发展工会会员13100人。比市总下达的组建任务100家和发展会员11000人，分别超额完成了46家和2100人。严格、高标准对合格“职工之家”验收和“模范职工之家”创建活动。全年共验收合格“职工之家”43家，东莞市宝达日用品制造有限公司在2011年获“全国模范职工之家”。

【创建和谐劳动关系】 2011年，大朗镇总工会在全镇230多家企业开展创建和谐劳动关系活动，全部成立工会。2011年共申报市劳动和谐关系企业4家，并复查2009年市委授予的4家，在这8家企业中，东莞宝达日用品制造有限公司、东莞联志五金制品有限公司分别在2010年荣获“广东省和谐劳动关系先进企业”。

【劳模服务工作】 2011年，大朗镇总工会对5位困难劳模进行走访慰问，组织3位退休劳模免费检查，组织两位劳模参加省组织的考察、疗养活动。

【送温暖活动】 2011年，大朗镇总工会实施“送温暖”和“送清凉”工程，建立完善的困难职工档案，当好困难职工第一知情人。以不同形式救助困难职工及学生461名，共资助困难职工和困难农民工子女212人，帮扶资金达120万元。全镇各级工会组织还筹款130万多元，全部用于对困难职工的帮扶，共慰问困难职工家庭81户，慰问农民工237人。向困难职工和下岗失业人员提供政策宣传520人次，帮助符合条件的困难职工落实惠民政策330人次，共协助政府有关部门帮助390名职工追讨欠薪82.46万元。

【女职工维权机制】 2011年，大朗镇总工会组建女职工委员会，努力实现“哪里有女职工，哪里就有女职工组织”。全年举办3次全镇女职工委员会主任知识培训班；邀请专家为100多名女职工举行新《婚姻法》司法解释讲座。先后到13家企业开展2011年新莞人妇女学校宣传服务活动。组织女职工参加广东省总工会等单位举办、以“新时代、新女性、新风采”为主题的粤港澳女职工书画摄影活动。组队参加2011年东莞市养老护理员（老年护理）职业技能竞赛。

【劳动竞赛和保护】 2011年，大朗镇总工会创新劳动竞赛机制，与市毛纺织协会积极探索了电脑横机挡车工的劳动竞赛机制，8月29日举办该劳动竞赛活动，为全市开展劳动竞赛活动积聚经验。实行工伤报告、探视制度，要求企业工会发生工伤事故不能超过24小时上报到辖区工会联合会。全面开展“安康杯”竞赛活动，制定《大朗镇开展“安康杯”竞赛活动工作方案》，2011年增加15%企业参加该项活动，通过活动提高广大职工安全防范意识。东莞市宝达日用品制造有限公司连续两年荣获“全国‘安康杯’竞赛优胜企业”称号。

【特殊工会会费】 2011年，在“广东扶贫济困日”活动中，大朗镇总工会向全镇工会组织和工会会员发出《“人人奉献爱心、共建幸福家园”缴纳特殊工

会会费倡议书》，共收到特殊工会会费136890.1元。

【经审组织建设】 2011年，大朗镇各级经审组织都按要求开展经审的各项工作，收好管好工会经费，在经费使用上坚持集体领导下的“一支笔”审批，杜绝乱支和浪费现象。全镇所有工会经审工作都能严格执行国家财经政策和有关财务制度，经费合理使用，无发现违法、违纪、违规情况。

【“读书节”活动】 2011年，大朗镇围绕“打造学习之城、阅读之城”的工作目标，积极组织企业员工参加市总工会组织和大朗镇组织的“读书节”活动。开展以“人文关怀”为主题职工演讲、诗歌朗诵、征文比赛等系列活动，并从中选出5篇上报市总参加市总工会组织的征文活动。

【工会文体活动】 2011年，大朗镇总工会以工会活动为载体，增强工会活力和凝聚力，在元旦、春节、三八妇女节、五一、国庆期间都开展各种文体和趣味性活动等比赛，丰富职工文化生活。

【信息报送】 2011年，大朗镇总工会做好《工人日报》、《南方工报》等报刊征订工作，全镇超额完成市总下达的报刊征订任务。2011年向市总报送了信息24篇，被《东莞工会工作信息》采用4篇，被《东莞工会网》采用12篇；在《东莞日报》发表稿件14篇。 （覃桂德）

附：2010年大朗镇总工会领导名录

主　席：韩暖渠（任至4月）

袁志良（4月任职）

副主席：覃桂德

共青团

【概况】 2011年，大朗镇共有基层团组织252个，其中二级团委2个，团总支部30个，“两新”团组织196个，全镇共有团员6342人。团镇委获“东莞市共青团工作优胜奖”称号，长塘社区团总支部等4个团（总支部）获得“东莞市先进基层团组织”称号；镇委副书记叶惠明获东莞市第十届十大杰出青年称号及第十三届“广东青年五四奖章”个人提名奖；邓建军、李胜利获“东莞市优秀青年”称号；袁敏锋等6人获“东莞市优秀共青团员”称号；叶校枝等5人获“东莞市优秀共青团干部”称号；叶俏茹等两名同学获“东莞市优秀学生团干部”称号；叶伟成等6名同学获“东莞市优秀学生团员”称号。

【大学生创业（社会）实践行动】 2011年7月20日至8月20日，团镇委开展岗位锻炼、义教、篮球联赛、工商模拟市场、大学生就业指导等12项大学生创业（社会）实践活动，1108名在读大学生参与各项活动，约占全镇在读大学生的92%，周溢繁等4人获“2011年东莞市大学生创业（社会）实践行动积极分子”称号。长塘青少年暑期实践、长富嘉年华等社区（村）举办的青少年实践活动是团镇委的创业（社会）实践活动的重要补充。

【“两新”团组织建设】 2011年，团镇委稳步推进“两新”团建工作，全年新建“两新”团组织19个，至2011年底全镇“两新”团组织达196个。在扩大“两新”团建覆盖面同时，团镇委积极组织“两新”团组织参与市“两新”篮球赛、“圆梦100”读书计划等活动，团镇委还开展“两进三同”、“彩虹行动”、玫瑰学堂、青工学堂等活动，做好新生代农民工人文关怀

2011年7月14日，镇委委员叶惠明荣获“东莞市十大杰出青年”称号。（庹进泉　摄）

工作和服务好青工学习成长成才。

【志愿服务】 2011年，大朗镇志愿服务中心重点打造“送爱进社区”、“与CBA同进退”、“爱心斑马线”、“彩虹行动”等品牌活动，并举行志愿服务表彰活动和镇志愿服务中心微博宣传。2011年，镇志愿服务中心共开展爱心助学、关爱新莞人子女、探访空巢老人等活动50多项，参与志愿服务活动达1000多人次，服务时间共计达8000多小时，服务群众达4万多人次。2011年，镇志愿服务中心获“东莞市优秀志愿服务中心”称号，大朗长富社区志愿服务站、大朗长塘社区志愿服务站、大朗职中志愿服务站和大朗医院志愿服务站获“东莞市优秀志愿服务站”称号，镇志愿服务中心的“青春暖流 与爱同行——志愿者送爱进社区”活动被确定为“爱·大家”首届珠江公益节“双千一百”评议活动的“千个公益项目”称号，长富社区志愿服务站的“垃圾分类志愿服务”获东莞市志愿服务项目绩效奖，叶妙芳等3人获“东莞市志愿服务先进工作者”称号，彭志广等5人获“东莞市优秀志愿者”称号。

【创号争手】 2011年3月，大朗镇创建青年文明号单位接受东莞市创号争手活动检查小组的评估验收，镇行政服务中心等4个单位获“东莞市2010年度青年文明号”称号，镇司法所获“广东省2010年度青年文明号”称号，钟晓华等5人获“2010年度东莞市青年岗位能手”称号。截至2011年12月，大朗镇共有市级青年文明号31个，省级青年文明号单位两个，国家级青年文明号单位1个。

【少年先锋队】 2011年，大朗镇共有少先队大队22个，中队685个，少先队员3万多名。大朗镇少先队在市镇两级团委的领导下，通过开展“地球家园”少年儿童环保行动、“少年儿童平安行动”、“唱响校园”、“雏鹰奖章”等活动，不断增强少先队组织的吸引力、凝聚力、创造力，带领全体队员健康成长。2011年，长塘小学少先队大队被评为“广东省红旗大队”，长塘小学少先队大队被评为“东莞市少先队红旗大队”，大朗宏育小学五（1）中队、大朗黄草朗小学五（2）中队被评为“东莞市少先队先进中队”，巷头小学红领巾广播站被评为“东莞市先进红领巾广播站”，中心小学何溢纬被评为东莞市十佳少先队员，第一小学中队辅导员沈宇秀、三星小学大队辅导员何清富及启东学校大队辅导员刘利娜被评为“东莞市优秀少先队辅导员”。

（刘家驹）

附：2011年大朗镇团委领导名录

书　记：覃　春（任至1月）
叶淑帆（1月任职，任至10月）　莫国芬（10月任职）
副书记：陈浩华（1月任职）
刘家驹　彭衬儿

妇　联

【概况】 2011年，大朗镇妇联基层妇女组织构成有28个社区（村）妇代会，44个单位妇委会，17个非公有制企业妇委会，全镇有妇女学校37间（含新莞人妇女学校9间）。大朗镇妇联2011年度被市妇联评为“妇女工作先进单位”。

【女性素质工程】 2011年，大朗镇妇联切实抓好妇女的学习培训及调研工作，不断提升妇女综合素质。一是加强妇干业务学习。7月4日至6日，组织各社区（村）妇女干部参加市妇联基层妇女干部业务知识培训班，提高妇女干部服务大局、服务基层、服务妇女的能力；10月25日，邀请市妇联易建华副部长为100多名妇女干部进行新《婚姻法》司法解释，加深广大妇女干部对新《婚姻法》的了解。二是依托妇女学校送知识送服务。根据妇女需求制定学习培训计划，以妇女学校阵地为依托，开展送卫生、法律、技能等知识进社区、企业活动。开展新莞人妇女学校宣传服务。5月9日至12日，镇妇联联合计生办先后到纳美、力克、玮丰、信易等4家新莞人妇女学校开展宣传服务活动，提供免费查环查孕、口腔检查等服务，同时宣传“降消”、维权、生殖保健等知识。举办企业新莞人妇女生殖健康讲座。9月至11月，镇妇联、计生办联合在宝达厂、三星厂、力克厂等9个企业举办企业新莞人妇女生殖健康小常识讲座，加深企业女工对生殖健康的认识。开展妇女法制宣传月活动。11月10日、19日，镇妇联联合计生办、司法分局等部门在纳美厂、玮丰厂进行妇女法制宣传和文艺表演，向女工宣传新《婚姻法》、《妇女权益保障法》等法律法规。

【优化儿童环境】 2011年，大朗镇妇联坚持“儿童优先”原则，充分发挥妇儿工委协调作用，为少年儿童健康成长营造良好的环境。一是深入开展“降

消”宣传咨询和免费婚检、孕检工作，保障妇女儿童健康。通过制作专题宣传片（标语）、印发小册子、讲座、咨询等形式，大力宣传“降消”、免费婚检、孕检工作；开展免费婚检便民服务，提高婚检率，预防出生人口缺陷。二是深化家庭教育，提高家长素质。3月，聘请中国时代之声演讲团讲师为巷头小学、实验小学等5间小学举办“让生命充满爱”感恩家庭教育演讲会。9月至10月，在宏育小学、大朗一中等11间学校举办“争当合格父母、培养优秀人才”家教讲座，使过万名家长清楚了解到当前学生的心理需求。三是举办第三届家庭教育电影亲子活动月。4月的每周六晚通过大朗自办频道播出《浅蓝深蓝》、《妈妈再爱我一次2》、《天堂的孩子》、《一个也不能少》经典影片，在播放影片之前还播放大朗镇情、安全教育片、禁毒宣传片，从多种角度启发家庭教育的重要性，同时，还在大朗网教育频道开设论坛，引导家长分享家庭教育心得。

【帮扶弱势群体】 2011年，大朗镇妇联组织开展扶贫扶助活动，关心关注弱势群体，及时帮扶贫困妇女儿童解决实际问题。元旦春节期间，组织慰问60户贫困单亲母亲、纯二女户、独生子女户以及新莞人独生子女户，发放慰问金3万元和慰问品。“三八”期间，组织慰问65名特困单亲母亲，发放慰问金3.25万元和棉被60张；组织妇女干部和女企业家为敬老院老人捐款8200元，并组织到敬老院慰问演出。“六一”期间开展“爱心父母”助学帮扶行动，198名领导干部和社会热心人士对口帮扶230名低保户、单亲特困家庭贫困学生，共筹集助学款12.3万元。5月30日，镇妇联慰问部分幼儿园儿童。响应省妇联“姐妹情深10元捐”行动，募集捐款57238.5元。慰问因患上系统性红斑狼疮肾炎而卧床的17岁新莞人庄坤娜，送上1万元医疗救济金。慰问湖南籍举牌寻母兄妹，送去助学金5000元。

【维权宣传活动】 2011年，大朗镇妇联通过宣传和举办现场宣传咨询活动等形式，营造良好社会舆论氛围。一是开展“三八维权周”宣传活动。3月1日，镇妇联联合计生办、司法所等部门以“一号关爱”活动为契机，开展“三八”维权周宣传服务活动，为新莞人妇女提供妇女权益、防拐知识、避孕节育、计生政策、法律援助等宣传咨询服务。二是开展创建“平安家庭”“反拐”专题宣传活动。9月举办“反拐”宣传月活动，先后在长盛广场、嘉荣商场、社区卫生服务中心，开展以“关注儿童·反对拐卖”为主题的“反拐”专题宣传咨询活动，现场发放宣传资料和解答新莞人咨询，宣传“反拐”案例及相关知识。三是开展“反家暴知多D”宣传活动，11月1日，联合白玉兰家庭服务中心开展“反家暴知多D”宣传活动，通过“有奖问答”形式，宣传家庭暴力知识以及预防家庭暴力创建幸福家庭的方法小贴士。四是开展创建“平安家庭”评选表彰活动。评选23户2011年度在构建“平安大朗”，营造“平安家庭”上作出突出贡献的家庭。

【大朗镇白玉兰家庭服务中心】 2011年6月17日，“东莞市妇联白玉兰家庭服务中心（大朗镇）”揭牌仪式在长富社区举行。市人大常委会副主任李秀冰、副市长成洪波、市政协副主席莫布兴、市妇联主席黄慧红、镇委书记尹景辉、镇长谢锦波等领导为中心揭牌。“白玉兰家庭服务中心”正式启动，为广大妇女、儿童和家庭提供综合维权、技能培训、家庭教育、婚姻家庭、帮扶救助等“一站式”综合服务。（谢凤英）

附：2011年大朗镇妇联领导名录

主　席：陈慧娟（兼）

专职副主席：谢凤英

兼职副主席：叶轩顺　叶国梅

侨　联

【概况】 2011年，全镇拥有侨联团体会员28个，个人会员84人。大朗镇有归侨9人，返乡侨胞4人，侨眷26人，侨属4人，出国劳务人员3人，留学人员6人。已建立相关数据库，为日后的统战工作、加强与港澳地区的联谊工作提供信息支持。

【为经济建设服务】 2011年，大朗镇侨联做好华侨、华人、港澳同胞、海外社团、大企业的接待工作，扮演好宣传推介、牵线搭桥的角色，不断拓展对外合作交流的广度和深度。在荔枝节及“第十届中国（大朗）国际毛织产品交易会”期间，大朗镇接待来访的海内外社团、访问考察团、厂商、华侨及港澳台同胞，介绍大朗镇的发展情况、风土人情、投资环境、城镇规划建设等情况。2011年7月6日，省港澳办副处长张建军一行在市港澳事务局有关领导的陪同下，先后到盈利时表业（东莞）有限公司和源亨皮具制品有限公司调研产业转型升级情况，在盈利时公司与盈利时表业、源亨皮具、澳源纺织、金边五金等港澳资企业负责人座谈。张建军副处长听取了参会企业高层介绍公司概况、生产流程和产品设备，以及公司近年来转型升级的做法，研究讨论当前企业在生产经营和转型升级方面遇到的主要问题。

【为港、台、侨资企业提供服务】 2011年，大朗镇做好港、台、侨资企业的服务保障工作，帮助他们提升产业竞争力和自主创新能力，促进港、台、侨资企业做大做强。2011年7月10日，台北市东莞同乡会会长殷富率领台北市青年交流团一行30人，在市台湾事务局有关领导和镇外经办有关人员的陪同下，参观大朗镇档案馆、荔香湿地公园、求富路花园。

附：2011年大朗镇侨联领导名录

主 席：陈慧娟

副主席：韩灼辉

关工委

【概况】 2011年，大朗镇关工组织共有47个，其中镇级关工委1个，社区、村关工委28个，教育系统关工委17个，单位关工委1个，人数达400多人。2011年，镇关工委坚持每周集中学习一次，到社区（村）和中小学校召开调研会、座谈会20次，分别在大朗一中、大朗第一小学等学校召开家长座谈会。全市（丘陵片）校外教育活动现场会在大朗镇召开。

【开展校外教育活动】 2011年，大朗镇关工委在全镇开展校外教育活动。大学生创业（社会）实践活动总人数达1108人（含2011年考入大学的高中生），对比本镇大学生总人数的1198人，参与率为92%，参与活动人数与参与率为历年之最。大学生暑期活动向中小学生伸延，中小学生开展校外活动的社区（村）、单位与参与活动的中小学生人数对比2010年以前有数倍增长。2011年，长富社区、大井头、松柏朗、巷头、三星小学等单位组织了活动，约有近2000名中小学生参加了活动。2011年3月23日东莞市（丘陵片）校外教育活动现场会在大朗镇召开。

【“五有”组织建设】 2011年，大朗镇关工委狠抓“五有”组织建设工作，不断完善社区、村关工委“五有”组织建设，把社区、村关工委做到有班子、有队伍、有场所、有经费和有活动。2011年，全镇28个社区、村关工委全部符合“五有”组织建设标准。

【开展调研会、家长座谈会】 2011年，大朗镇关工委在全镇社区、村、中小学校召开了研调会和家长座谈会20次。其中，大朗镇关工委分片到社区、村、学校召开16次调研会，家教辅导小组召开4次家长座谈会。分别有12月6日大朗镇第一小学家长座谈会、23日大朗一中家长座谈会等。

【抓好班主任建设】 2011年，大朗镇关工委协助和指导教育办开展好班主任经验交流会，收集全镇各中小学班主任的工作经验交流材料、体会文章，汇编出版《为了明天的太阳》第五辑一书，为全镇各学校班主任提供相互交流和借鉴学习平台。

（陈锦繁）

附：2011年大朗镇关工委领导名录

主 任：孙仲林

副主任：谢焕祺、叶金镇

商 会

【大朗商会】 2011年，东莞市大朗商会有专职工作人员1人，商会会员人数119人。其中，会长1人，高级顾问3人，荣誉会长3人，名誉会长8人，顾问单位14间，副会长25人，正副秘书长2人，常务理事16人，理事13人。会员中出任市工商联（总商会）副会长1人，常委3人，执委6人，市政协常委2人，市政协委员2人，市人大代表1人，镇人大代表7人，出任村委主任2人。会员企业中有国家免检产品的4家，省名牌产品7家，省著名商标7家。在2011年市总商会第三届文化体育艺术节中，大朗商会获得优秀组织奖、歌唱比赛金奖、高尔夫球个人赛第一名、个人书画比赛第一名、团体赛第二名、男子篮球比赛第五名等荣誉，被市工商联（总商会）评为“2011年度先进商会”被大朗镇人民政府评为“2011年度民营经济工作先进单位”另有三间企业进入大朗镇2011年纳税前十名，分别是东莞市碧水天源物业有限公司、东莞市帝豪花园酒店有限公司和东莞市东方银座置业有限公司。

第三届理事会成立 2011年1月12日，大朗商会召开第三

届理事会换届选举大会，审议通过大朗商会章程、选举办法，会议上顺利选举产生新一届理事会，梁沛光成功连任，当选为第三届商会会长，叶见杨为常务副会长，孙仲林为秘书长，理事会成员共56人。4月26日，大朗商会第三届理事会就职典礼在帝豪花园酒店举行，市政协主席刘树基，市政协副主席、市统战部部长钟淦泉等到场祝贺。

九周年庆典　大朗商会在九周年庆典之际，设计出版大朗商会画册《大气爽朗·共创辉煌》，画册以近9年来大朗商会的巨大变化以及所做出的贡献与成果。立足于现状，展望未来，展示商会会员的风采，展现商会参与社会公益事业的历程。另外，为庆祝九周年庆典，9月23—27日由梁沛光会长组织会员到云南考察，9月22—26日由叶见杨常务副会长组织会员到四川考察，进一步加强会员之间的交流和合作。

光彩公益及拥军爱军活动　2011年，在"广东扶贫济困日"和第二届"东莞慈善日"活动中，大朗商会分别捐款30万元、5万元，全年累计捐赠资金近100万元。春节前夕，为敬老院捐献了53台冷暖空调机，价值18万元。会员企业（碧水天源物业有限公司）捐赠了一台商务车，价值13.28万元，对大朗仙村驻港部队司训连和综合训练场进行拥军慰问并送上慰问金4万元。

商会文化　2011年，大朗商会为提高会员的综合素质，积极为会员争取各种学习交流机会，组织会员参加"东莞市民营企业家面对面"、"全镇民营经济工作大会"、"企业政策法规业务咨询会"、各种的座谈会、研讨会和项目推荐会等活动。

附：2011年大朗商会领导名录

会　长：梁沛光

常务副会长：叶见杨

秘书长：孙仲林

【大朗台商协会】　2011年，大朗台商分会会员发展到150家，分布于五金、电子、针织、灯饰、机械、塑料等行业。协会继续发挥"联谊、交流、服务"等作用。2011年4月21～24日，积极动员会员参加第二届东莞台博会。4月25日，召开"十届三次理监事会议"，并邀请会员联谊餐叙；5～8月，分别与大朗环保、劳动、公安等部门领导座谈交流；8月13～14日，组织会员赴江西龙南县旅游考察；9月24日，在信易公司举办大朗台商分会十七周年庆典联谊活动，有400余名会员嘉宾出席。11月12日，台商分会承办协二区会员联谊活动。11月20日，郑添福会长率领会务干部及会员乡亲代表与台湾慈济功德会义工赴大朗敬老院慰问老人，送上慰问金共计31800元。12月15日，举办"社会保险法"宣讲会。

（谢　捷）

附：2011年大朗台商协会领导名录

会　长：郑添福

秘书长：黄淡城

【东莞市外商投资企业协会大朗分会】　东莞市外商投资企业协会大朗分会（简称"大朗外商协会"），成立于2009年12月23日，东莞市大朗镇内的外商投资企业自愿结成的地方性、联合性、非营利性的社会组织，是东莞市外商投资企业协会在大朗镇的分支机构。办公地点位于大朗镇行政服务中心3楼，有专职工作人员1人。2011年第一届监理事会企业27家，会员企业32家，涵盖家具、皮具、服装、毛织、五金、塑胶、机械、电子等行业。首届监理事会领导有：会长1人、副会长11人、监事长1人、副监事长1人、监事3人、理事11人。2011年1月13日举行成立一周年暨新年团拜会。3—9月，组织会员企业与大朗镇国土、工商、环保、社保、安监、人力资源等政府部门交流，商讨解决企业生产经营中遇到的实际问题。12月15日，会同大朗镇人力资源分局举行《社会保险法》宣讲会。

政法·军事

审 判

【大朗人民法庭】 2011年，大朗人民法庭共有工作人员23人，中共党员10名，本科以上学历12名。全庭人员分为3个工作小组，立案调送组负责立案、案件材料送达、财产保全及诉前调解，诉讼组负责案件审判，执行组负责处理强制执行案件。2011年，大朗人民法庭获东莞市第二人民法院集体特殊贡献奖。

【司法统计】 2011年度（2010年12月21日至2011年12月20日），大朗人民法庭受理案件2234宗，结案率90.33%，调解率50.86%。其中受理诉讼案件1429宗，办结1282宗，结案率89.71%，调撤率50.86%；受理执行案件805宗，办结736宗，执结率91.43%，和解率25%。

2008—2011年大朗镇诉讼案件、执行案件情况表

	诉讼案件			执行案件		
	数量（宗）	结案率（%）	调撤率（%）	数量（宗）	结案率（%）	和解率（%）
2011年	1429	89.71	50.86	805	91.43	25
2010年	1642	97.56	69.08	1476	95.39	41.97
2009年	2443	97.71	71.86	2006	93.87	15.78
2008年	2597	92.99	37.31	905	67.29	9.2

【法庭办公楼启用】 2011年6月8日，大朗人民法庭办公楼顺利启用。在启用仪式上，东莞市第二人民法院与大朗镇委签订《东莞市第二人民法院与中共东莞市大朗镇委关于建立司法协作体系共建和谐大朗的意见》，该《意见》约定东莞市第二人民法院与大朗镇党委、镇政府及相关职能部门、村委会等基层组织，对于东莞市第二人民法院涉及大朗镇辖区的司法活动，在法律规定的范围内互相沟通、支持和配合。《意见》约定，东莞市第二人民法院和大朗镇党委、政府及相关职能部门共同成立司法协作体系协调小组，共建信息互通、诉调对接和协调配合三大机制。当天，大朗镇诉前联调办公室挂牌成立。

【首创劳动争议案件主动执行机制】 2011年5月12日，大朗人民法庭与大朗劳动仲裁庭签订合作协议，联手开辟劳动争议案件主动执行绿色通道。今后大朗劳动仲裁庭受理的劳动争议纠纷，经申诉人同意，当仲裁调解书、裁决书送达后，由劳动仲裁庭主动移送给法庭，待文书生效时，由法院直接立案执行，以免当事人来回奔波。这是全国法院与劳动部门破解劳动仲裁执行难的一个首创，在2011年5月15日的《人民法院报》头版报道。

【司法公开】 2011年，大朗人民法庭落实和深化司法公开工作，多渠道推进司法公开。一是开设法庭微博。3月3日，大朗人民法庭在新浪网上开通官方微博，取名为“东莞第二法院大朗人民法庭”。截至2011年底，共有粉丝8000多人，发表微博365篇，成为展现法庭工作及与群众交流的重要平台之一。二是曝光赖账者名单。为提高执行效率，3月31日至4月6日，大朗人民法庭通过大朗电视台及法庭微博公布执行赖账者名单及被执行人信息。曝光后，几个被执行人迫于

压力主动履行法律义务或是与申请执行人进行和解。三是开展见证执行活动。邀请大朗镇人大、政协、司法所、学校、企业、市人民检察院民事行政检察科等单位的8名代表参与见证执行。四是与大朗镇司法所共同组织大朗镇60余名人民调解员亲临法庭观摩庭审。

【交通事故巡回法庭成立】 2011年12月16日，东莞市第二人民法院大朗交通事故巡回法庭在大朗交警大队挂牌成立。巡回法庭主要负责道路交通事故损害赔偿案件中的调解、立案、审判工作及调解协议的司法确认；依法决定财产保全、先予执行、司法鉴定等事宜，同时加强对道路交通事故民事赔偿人民调解工作的指导。

【队伍建设】 2011年，大朗人民法庭采取一系列措施进一步加强队伍建设。一是签订廉政责任书。2011年3月28日举办全体干警廉政责任书签订仪式，2011年，大朗人民法庭未发生严重工作失误及违纪违规情况。二是加强党建，以党建带队建。开展重温入党誓词、组织观看《建党伟业》等活动，进一步增强党员的使命感、光荣感。三是开展学习型组织建设，确立部门愿景。响应东莞市第二人民法院号召，在全庭范围内开展关于学习型组织建设活动。经全体干警多次讨论，大朗人民法庭的部门愿景确立为：“创建团结互信、共同管理、互相提高的一流团队，打造人民满意的一流法庭。”

（方　印）

附：2011年大朗人民法庭领导名录

庭　长：莫沛林

副庭长：刘伍雄

公　安

【东莞市公安局大朗分局】 东莞市公安局大朗分局（以下简称“大朗公安分局”），设指挥中心、政工监督室、法制室、国保大队、刑事侦查大队、治安管理大队、巡警大队、特警大队、大朗派出所、保安墟派出所、黄草朗派出所等11个室、大队、派出所，有民警242人，文职64人，治安队员333人。2011年，大朗公安分局在全市公安机关“创平安、迎大运”专项行动考核中排名第4位，获一等奖，其中刑事破案项目、宣传项目排在全市前列；在全市公安机关“清网行动”中获二等奖。

【打击各类违法犯罪活动】 2011年，大朗镇共立刑事案件1281宗，比去年下降11%；共立“两抢一盗”案件957宗，比去年下降17.7%；破获刑事案件590宗，刑事拘留549人，呈请逮捕451人，移交起诉469人；共受理治安案件1517宗，查处治安案件695宗，治安拘留757人，强制戒毒145人；打掉各类犯罪团伙45个，抓获团伙成员196人；2011年命案侦破率达100%，实现了“命案必破”的工作目标。

全警动员推进“清网行动” 2011年5月26日，公安部部署开展“清网行动”，大朗公安分局抽调精干民警30多人组成赴外追逃小组，先后赶赴广东、湖南、四川、陕西、海南、重庆、广西、福建、黑龙江、江西等省、市全力展开劝投和抓捕工作，共抓获网上逃犯55名，抓获在逃犯绝对数位居全市第8名，网上在逃犯下降率达80.88%，在下降率排名全市前16名的单位中，大朗分局抓获在逃犯数位居全市第2名，超额完成省公安厅、市公安局“清网行动”目标数。

打击多发性侵财犯罪 2011年，大朗公安分局共破获“盗抢”案件421宗，其中破获抢劫案件179宗，抓获犯罪嫌疑人193名，破获抢夺案件98宗，抓获犯罪嫌疑46人，破获盗窃案件144宗，抓获犯罪嫌疑人118名，成功侦破“2·1”韩俊才团伙持枪抢劫案、“4·9”百万现金被盗案以及省厅督办的“5·2”郭四喜等人被故意伤害案、“5·12”郑丰明等人被故意伤害案等一系列重特大案件。

整治“黄赌毒”违法犯罪 2011年，大朗公安分局共破获赌博案件6宗，刑事拘留7人；查处各类老虎机、六合彩涉赌案件163宗，治安拘留203人，罚款211人；查处卖淫嫖娼案件7宗，收容教育7人，查封涉黄场所43家，停业整顿22家；破获贩毒案件31宗，刑事拘留36人，强制戒毒144人，缴获海洛因96克、冰毒159克、麻古2640粒。

强化社会面防控 2011年，大朗公安分局全力推进“大巡警”建设，成立巡警大队及警务室建设工作领导小组，巡逻民警由原16人增加至48人，并增招100名治安队员充实巡逻力量；成立自行车巡逻防控专业队，抽调巡警大队4名民警和16名治安员，配置20辆专用巡逻自行车分4组开展巡逻工作；设5个路面武装执勤小组，在全镇重点路段采取武装设卡行动；组织便衣伏击组分成3个小组，加强银行、车站等路段的伏击工作；组织借调的70名江西警察学院学员投入到一线巡逻、专项保卫等各项工作任务中，进一步增强路面见警率，震慑路面违法犯罪行为。

整治治安重点地区 2011年，大朗分局先后组织开展“粤安11”、“创平安、迎大运”等20多次集中清查整治行动，整治治安重点地区和重点部位30多个，检查出租屋7000多家，娱乐场所600多家，网吧50多家，二手市场200多家，及时整治清除一批治安黑点和安全隐患。

【户政管理工作】 2011年，大朗公安分局户政部门共为群众办理出生、收养入户805人次，死亡注销412人次，镇内迁移808人次，市内迁入108人次，市内迁出109人次，市外迁入799人次，市外迁出94人次，共受理申领、补领、换领二代居民身份证3150张。

【出入境管理工作】 2011年，大朗公安分局出入境共受理大朗镇居民申请出（国）境材料14614人次，比去年上升2.81%，其中办理往来港澳通行证13576人次，护照1038人次；受理港澳台人员进行临时住宿登记1716人次，其中台湾1608人次、香港107人次、澳门1人次；受理外国人签证延期、签发、变更申请208人次，其中公务活动105人次，旅游探亲103人次。

【队伍建设】 2011年，大朗公安分局通过开展分局内设机构领导职位竞争上岗工作、纪律作风建设工作、“大走访”开门评警活动等，共选拔16名副科级领导和33名正股职领导；分局及下属各部门共荣立集体三等功1次、集体嘉奖1次，立个人三等功8人次，获个人嘉奖30人次；共走访居民群众3000余户，企业、单位200余家，组织警民恳谈、民警述职、法制讲座等开门评警活动12场次，发放开门评警征求意见表3000份，收集意见、建议100多条，办理、解决群众反映的问题和难题70多件。

（王 刚）

附：2011年大朗公安分局领导名录

局 长：黄兆棠
政 委：叶明超
副局长：林国辉 曾冠龄
袁效田 杨 宇

【东莞市公安局交通警察支队大朗大队】 东莞市公安局交通警察支队大朗大队（简称“大朗交警大队”）内设勤务中队、事故中队、机动巡逻中队，主要负责全镇的交通安全宣传教育、交通事故处理、交通管理任务。2011年，共有民警47名，均为大学专科以上文化程度，中共党员44人。被市交警支队评为执法示范单位、交通秩序整治工作先进单位、道路交通安全集中整治行动侦破逃逸案件工作先进单位。大朗交警支队民警被评为市优秀人民警察1人次，获个人三等功2人次，被市公安局嘉奖7人次，获侦破肇事逃逸案件先进个人1人次，获文秘工作先进个人1人次，获信息化工作先进个人1人次。

【道路交通管理】 2011年，大朗交警大队以严厉查处各类严重交通违法行为为主线，以严密源头管控为基础，狠抓酒后驾驶整治、“治摩”、重点车辆集中整治等工作，全年共出动警力3万人次，共处理交通违法32312人次，其中校车交通违法7宗，大客车交通违法506宗；查处无证驾驶148宗，酒后驾驶34宗，其中27人醉酒驾驶，刑事拘留47人（含醉酒），行政拘留148人次，查扣汽车2725辆、摩托车7645辆、电动车905辆、证件42个。

2010年和2011年大朗镇道路交通安全事故情况对比

	2010年	2011年	同 比
事故数量（宗）	324	297	-8.33%
死亡（人）	27	26	-3.7%
受伤（人）	408	365	-10.54%
经济损失（万元）	23.24	21.26	-8.52%

【“清网行动”】 结合上级部署，大朗交警大队成立“清网行动”工作领导小组，定期组织会议，落实责任领导和责任民警，制定具体追逃方案和工作措施，对8名（重庆、湖北、河南籍各1人，湖南籍5人）网上在逃人员实施追逃。一是通过对在逃肇事案件重新细致分析，进行信息比对，继续深挖在逃人员行踪及活动轨迹。二是发信函到在逃人员村委会及其家庭，加强政策宣

传，做好规劝工作，督促在逃人员尽快投案自首。三是抽调3名骨干民警，积极配合支队“清网行动”追逃工作，参与到湖南南片地区追逃小组，深入在逃人员户籍所在地进行走访，通过对在逃人员家属亲友进行劝解，从而起到敦促在逃人员投案自首的作用。截至12月31日，大朗交警大队抓获网上在逃人员7人，“清网”率达87.5%。

【交通安全宣传教育】 2011年，大朗交警大队紧紧围绕“关爱生命，平安出行”主题，不断创新宣传手段，丰富宣传内容，开展道路交通安全宣传工作。根据不同时期工作重点，适时组织开展大型集中宣传和各类专项行动宣传；在交通违法和事故处理窗口、镇区街道及客运场站，通过发放宣传材料、张贴宣传标语、摆放宣传展板、播放录音录像、讲解交通安全知识、设立交通事故模拟展台、利用镇电视台滚动播放交通安全提示信息等多种形式开展宣传；加强交通安全进广播、进电视、进报纸、进网络活动和“五进”宣传活动，营造浓厚的交通安全舆论氛围。2011年，共开展户外交通安全宣传55次，悬挂横幅108条，展出宣传栏12次，派发宣传单张3万份，到学校、工厂、企业运输公司上交通安全课24次，受教育近3万人次。

【安全保通工作】 2011年，大朗交警大队共参与警卫任务以及现场保卫任务66次。每次警卫活动，事前开会研究，制定警卫工作方案，安排足够警力，全力以赴执行，圆满完成各项交通安全警卫任务。一是在中招、高招考试期间，在学校门口和执勤点，全力做好交通安全保卫工作，为考生提供便利的出行条件和轻松的考试环境。二是根据元旦、春节、元宵、清明、五一、端午、中秋、国庆、重阳等节日期间的交通管理实际，强化重点路段、人群密集场所和旅游线路的隐患排查，有针对性地采取管控措施，确保节日期间全镇道路交通安全形势平稳，期间未发生一起涉及客运车辆的交通事故。三是圆满完成建队以来最高警卫等级警卫工作。

【成立交通事故巡回法庭】 12月16日，东莞市第二人民法院交通事故大朗巡回法庭正式挂牌成立并投入使用。巡回法庭主要通过交通事故处理调解“一站式”服务，让当事人面对面进行交流，使调解方法更加灵活，对有效处理和解决因交通事故引发的赔偿纠纷起到积极作用。

（王　锦）

附：2011年大朗交警大队领导名录

大队长：谢少斌

教导员：黄焕源

副大队长：欧阳春球　卢树球

消　防

【东莞市公安消防局大朗大队】 东莞市公安消防局大朗大队是大朗镇消防安全管理的职能部门，大队下辖东莞市公安消防支队大朗中队和大朗镇专职消防队。2011年，大、中队和专职消防队共45人，执勤消防车共8辆：其中云梯车1辆，高喷车1辆，泡沫水罐车3辆，水罐车2辆，抢险救援车1辆，冲锋舟2艘，以及一大批特种装备器材。火灾隐患整治办在大朗镇消防安全委员会的领导下开展日常工作，负责辖区内“三小”场所、出租屋的消防安全隐患整治和巡查监管，2011年有专职人员6人，被评为镇安全生产先进单位。

【消防安全专项整治】 2011年，大朗消防大队开展多项消防安全专项整治。一是开展“清剿火患”战役，共检查社会单位2674家，发现火灾隐患或违法行为11194处，下发责令改正通知书1673份，临时查封51家单位，督促整改火灾隐患或违法行为11194处，责令“三停”单位17家，处罚单位41家单位，处罚金额共28.14万元，行政拘留13人。二是开展社会单位消防安全“防火墙”工程，镇主要领导及分管消防安全工作的领导多达11次专题参与“防火墙”会议，组织大朗镇公安派出所消防监督检查培训班5次，召开社会单位消防安全“四个能力”建设培训班6次，多次指导试点单位消防安全“四个能力”建设，建立一个重点单位群、建立一个重点单位手机短信群平台、设定一名网络监管专员实行每周网上巡查一次，充分发挥网络技术及电信通讯科技，创新“三个一”管理，对消防重点单位实行高效动态监管，确保全镇火灾形势稳定。三是开展大朗镇“三小”场所、出租屋专项整治工作，共检查“三小”场所、出租屋7053家，合格4487家，发出限期整改书2539份，复查合格2358家，复查不合格场所仍在整改处理中，停电或查封处理56间，处理群众投诉32宗，调查火灾事故28宗。四是指导社区建立消防检查档案，全镇28个社区(村)全部完成2011年消防检查档案，分区分类别，做到一家一档，每家检查场所从简单一张纸到完整的正规消防档案。

【灭火救援】 2011年，大朗消防大队共接处警547起，其中火警235宗，抢险救援234宗，虚假警78宗，出动人员5544人次，出动消防车辆1618台次，由消防中队扑灭135宗（占总扑灭率的57.4%），村、工厂、屋主等扑灭100宗（占总扑灭率的42.6%），救出被困人员125人，抢救财产价值7300多万元。

2010年和2011年火灾基本情况对比表

	接处警（宗）	火警（宗）	经济损失（万元）	伤亡人数
2010年	548	267	57.1	0
2011年	547	235	46	0
同比下降	-0.2%	-12%	-19.4%	0

【火灾隐患重点地区求富路社区顺利摘牌】 2011年，求富路社区被确定为东莞市34个火灾隐患重点地区之一。大朗镇委、镇政府高度重视，镇主要领导及分管消防安全工作的领导多次深入求富路社区指导火灾隐患整治工作。整治工作中，对求富路辖区内846间各类经营场所开展消防安全检查，共发出整改通知书352份，停电停业整改7间，取缔搬迁3间。求富路社区共举办15期消防安全培训，对象为当地居民、“三小”场所经营者、出租屋房东及二手房东、工厂企业消防责任人和管理人。进行了15期消防演习，共2533人参加演习。投资近170万元进行火灾隐患专项整治，其中，投入100万元改善和安装工厂、企业的消防系统，3.5万元添置一台四轮消防摩托车，6.5万元加强兼职消防队的消防器材，50万元对消防供水管网进行改造，增加12个消防栓。2011年12月，顺利通过市政府火灾隐患重点地区专项整治验收组的验收，实现摘牌。

【新购水罐泡沫车】 2011年3月，经大朗镇政府同意，大朗消防大队淘汰一辆2000年购买的8吨震旦水罐车。2011年5月，新购买一辆SG80型水罐泡沫消防车。

【消防知识宣传教育】 2011年，大朗镇通过各种方式加大宣传力度，营造浓厚的消防安全氛围。一是结合专项检查行动，广泛开展消防安全宣传，在检查过程中，对“三小”场所经营者12156名进行消防知识宣传培训。二是结合专项检查行动，制作专题电视报道，利用镇电视台、大朗网站等媒体普及消防知识。2011年广电站播放消防新闻107条，公益广告播放289次。三是结合“11·9”消防宣传月活动，开展消防车大巡游、消防知识咨询活动、消防大演练，共32辆消防车参与消防巡游，派发消防宣传手册1100份，其中消防安全“四个能力”建设资料300份，“三小”场所类宣传小册子400份，家庭、企业、宾馆各类宣传挂图400份。四是结合“清剿火患”战役，实现28个社区（村）样板街试点企业的员工和业主100%接受宣传培训，100%熟知“一畅两会”，100%经过消防安全疏散演练。（罗晓童）

附：2011年大朗消防大队领导名录

大队长：门长青
教导员：张佰军
副大队长：文理华

2011年大朗镇火灾隐患整治办领导名录

主　任：门长青
副主任：彭焕耀

司法行政

【东莞市司法局大朗分局】 2011年10月14日，东莞市司法局大朗司法所正式挂牌更名为东莞市司法局大朗分局（以下简称“大朗司法分局”）。大朗司法分局与东莞市大朗镇法律服务所、东莞市法律援助处大朗办事处以“一套班子，三块牌子”的运行模式进行联合办公。2011年，大朗司法分局共有工作人员11名，全部本科以上学历，通过司法考试人员3名，中共党员8人。

【普法教育】 2011年，大朗司法分局积极响应大朗镇“一号关爱”、“青春暖流·志愿同行”及“新莞人服务日”等活动，现场设立普法专台、张贴海报、派发宣传资料、提供法律咨询服务，普法内容重点围绕新莞

人关心的劳资纠纷、工伤处理、交通事故、人身损害、出租屋管理、家庭婚姻等热点问题。2011年，大朗司法分局共开展8场普法宣传活动，其中5月份开展“大朗普法宣传月”活动，主要有三方面：一是开展多场“法律六进”普法宣传讲座；二是举办多场普法宣传咨询活动；三是举办环境保护法竞赛，共派发法制宣传刊物4000余份。

【人民调解】 2011年，大朗司法分局共调解民间纠纷200宗，成功调解197宗，调解成功率为98.5%。大朗司法分局坚持调派人员在综治信访维稳中心接访，坚持一个窗口服务群众、一个平台受理反馈、一个流程调解到底、一个机制考核落实的“四个一”运作方式，主动加强与信访、公安、劳动、社保等部门及居委会、村委会的联系，提高人民调解效率。

【法律援助】 2011年，大朗司法分局共现场接待法律咨询320人次，法律咨询服务热线电话解答近500人次，办公场所接待咨询380余人次，共受理法律援助案件29宗，代理诉讼案件8宗，法律援助代书21宗。

【法律服务市场管理】 大朗司法分局定期对大朗镇的法律服务机构进行走访，检查其依法经营情况，并向各法律服务机构派发《依法经营倡议书》，教育法律服务机构要规范执业行为，禁止超范围经营。2011年9月30日，大朗司法分局联合综治办、工商分局、公安分局、信访办等部门对大朗镇的法律服务机构进行全面清查，现场察看其营业执照、工作档案，同时与其签订法律服务机构自律承诺书，要求各法律服务机构合法经营，强化社会责任。清查过程中，发现无牌、无证经营的咨询所1家，检查组当即要求其停业整顿。

【法律服务】 2011年，大朗镇法律服务所继续巩固法律顾问业务，拥有33家法律顾问单位，为法律顾问单位参加诉讼72宗，涉及标的数额近2600万元人民币。同时，大朗镇法律服务所不断强化非诉业务。2011年，大朗镇法律服务所共接访群众来访来电500宗，为社会各界起草、见证合同120宗，其中，为镇政府、镇属单位起草、见证合同36宗，涉及标的数额近人民币7000万元。

【社区矫正与安置帮教】 2011年，大朗司法分局重点围绕《社区服刑人员和刑释解教人员大运安保工作方案》，深入开展一系列加强落实社区服刑人员和安置帮教对象监管和教育工作。截至2011年底，大朗镇共有重点人员30人，其中社区矫正服刑人员8人，安置帮教人员22人。为完善管理，大朗司法分局还建立“两类人员”的个人档案。

【队伍建设】 2011年，大朗司法分局积极推进党建工作，发展优秀干部入党，共有8名正式党员，1名预备党员，2名入党积分子，并于3月进行换届选举，形成新一届平均年龄为26岁的班子。2011年，大朗司法分局获“广东省青年文明号”称号。

（谢宝怡）

附：2011年东莞市司法局大朗分局领导名录

所　长：傅永杰（任至3月）
　　　　赖盛群（5月任职）
副所长：赖盛群（任至4月）
　　　　袁敏锋

民兵武装

【大朗镇武装部】 2011年，大朗镇武装部设部长1名、副部长1名、干事2名、军械员1名，现有人员5名。被市评为“2011年度标兵武装部”、“2011年度军事训练先进单位”、“2011年度民兵营（连）‘四个基本’建设先进单位”、“2010年征兵工作全优单位”。

【民兵工作】 民兵政治教育　2011年，大朗镇武装部在全体民兵预备役人员中开展“从点滴养成做起争当践行核心价值观的模范”、“深刻认识意识形态领域斗争的复杂性严峻性始终坚定理想信念不动摇”主题教育活动，采取授课辅导、集中读书、组织讨论和配合活动等方法步骤展开，镇委委员、武装部长陈根照为全镇民兵预备役人员集中授课，武装部组织民兵预备役人员到大岭山东江纵队纪念馆进行了缅怀先烈、重温民兵誓词的爱国主义教育。

民兵训练　2011年4月25日至28日，大朗镇武装部三名轻舟分队队员参加军分区组织的全市民兵轻舟分队集训，合格率为100%。2011年5月23日至6月3日，大朗镇武装部组织80名基干民兵参加东莞军分区2011年度基干民兵集训，主要进行队列动作、战术基础、防护救护、轻武器射击、民兵常识、内务条令和纪律条令等科目训练。参训人员通过各项科目的考核验收，成绩均在良好以上。

民兵整组　2011年4月上旬，大朗镇武装部召开全镇民兵营长工作会议，部署2011年民兵整组工作任务，探索民兵整组工作的新方法、新路子，下大力度抓好民兵整组工作。经整组，大朗原有基干民兵556人，出队38人，入队38人，现有556人；原有普通民兵4668人，出队78人，入队78人，现有4688人。经整组，全镇原有民兵总数5244人，现有5244人。

“四个基本”建设　民兵营（连）“四个基本”建设是军委总部根据新时期军事斗争的特点和要求推出的，其核心内容是基本教育建设、基本队伍建设、基本设施建设和基本制度建设，旨在通过民兵营（连）“四个基本”建设，提高武装工作的现代化、制度化、年轻化。2011年，大朗镇武装部在民兵营（连）“四个基本”建设达标率100%的基础上，进一步强化“四个基本”建设工作，增强民兵营（连）的凝聚力和战斗力。

维稳工作　大朗镇民兵应急分队建设按照平时服务、急时应急、战时应战的要求，不断优化人员编组，加强教育训练，完善保障机制，提高遂行任务能力。2011年，民兵应急分队5次出动共500多人次，协助公安部门整治社会治安。

【征兵工作和拥军优属】　征兵工作　2011年，大朗镇积极报名应征的青年有1000多人，参加体检580人通过市、镇各项体格检查和政治审查合格，经市人民政府批准入伍的优秀青年共27人。2011年2月18日至23日，大朗镇武装部组织全镇民兵营长前往湖北武汉等地部队驻地，对去年入伍的27名新兵进行跟踪慰问。

拥军优属　2011年春节和“八一”建军节，大朗镇党政领导班子成员及民政、武装、妇联等单位到本镇驻军和友邻部队进行走访慰问，为部队送上慰问金及慰问品共计20多万元。大朗武装部协助镇社会事务办做好现役军人和退伍军人的统计、核对工作。大朗镇2011年现役军人102名（含当年退伍军人20人），现役军官2名都得到相应的家属优待金，退伍军人20人得到了相应的自谋职业补助金。

【人民防空】　2011年，大朗镇武装部扎实做好人防工作，4月份，对全镇的防空警报操作员进行业务培训，对辖区内中继台、防空警报器进行定期检查；认真做好人防知识宣传教育工作，张贴试鸣公告300多张，电视广播宣传5天，增强市民的国防观念和人防意识，确保年度防空警报试鸣演习工作顺利进行，年度试鸣率达到100%；完善战时人口疏散方案，确保辖区人口在战时能够安全、有序转移。

（刘惠军　叶效容）

附：2011年大朗镇武装部领导名录

部　长：陈根照

副部长：刘福祥

2011年12月10日，大朗27名新兵告别家乡，奔赴军营。（庹进泉　摄）

城建·环保

城市规划

【大朗镇规划管理所】 大朗镇规划管理所受大朗镇人民政府和东莞市城乡规划局双重管理，行政上以镇管理为主，业务上接受市城乡规划局指导。内设机构有办公室、办事窗口、规划编制室、规划报建室、规划验收室、档案室、规划展厅，共有工作人员16人。成立于2010年的大朗镇绿道网建设工作领导小组办公室设在大朗镇规划所。大朗镇规划管理所被市规划局评为2011年度城市规划工作先进单位，获得东莞市第四届“规划杯”运动会优秀组织奖。大朗镇绿道办获评为2011年度东莞市绿道网建设工作表扬单位。

【规划委员会】 2011年4月和9月，大朗镇规划委员会各召开1次会议，研究讨论议题10项，涉及中央盛景、东逸湾花园、长盛幼儿园、公租房、大朗中学学生公寓、深物业·松湖朗苑、敏捷春天花园、中熙·香华里、叙福花园、碧水天源·怡景湾项目。

【规划成果】 2011年，《东莞市大朗镇总体规划修编（2008—2020）》通过市规划局技术审查，并完成批前公示，2011年6月通过市规划委员会审议，于2011年12月通过市政府审批。总规划范围为97.6平方公里，到2020年城市建设用地规模控制在46.7平方公里。全镇13个控规片区通过审批的增至10个，水沙片正在市规划局审查，杨石片、高竹片正在编制规划方案。2011年，完成长盛核心区城市设计、银朗核心区城市设计，完成编制《大朗镇绿道网建设专项规划》，完成市政府下达14.04公里城市和社区绿道建设任务。“三旧”改造专项规划2010—2015年改造用地规模为469.65公顷，划分为14个片区。银朗片区改造单元规划已通过市规划局审查。

【规划管理建设】 2011年，大朗镇规划管理所严格按照“先规划后建设”，“先规划后建设”的原则，做好“一书两证”的核发工作和批后管理工作。年内办理《建设用地规划批准书》28份，《建设项目选址意见书》4份，《建设用地规划许可证》25份，《建设工程规划许可证》40份，建设工程规划核实13宗，处理相关变更和遗失补发共5宗，规划方案和单体建筑方案初审5份，申请市土地年度利用指标和“批次报批”合共19份。

【提高办事效率】 2011年，大朗镇规划管理所办事窗口共接待群众约374人次，其中规划业务受理工作约142人次，规划咨询及其他服务咨询工作约232人次。受理“一书两证”业务工作79宗，受理建设工程报建验线工作65宗。2011年继续做好已建房屋补办房地产权证前期的用地和建设规划审查工作，进行现场勘察核实项目共35宗，完成规划审查的项目共22宗。年内为补办项目共核发《建设用地规划许可证》4份，补办核发《建设工程规划许可证》24份。（黄锦发）

附：2011年大朗镇规划管理所领导名录

所　长：延秉武

副所长：张志祥

国土资源管理

【东莞市国土资源局大朗分局】 东莞市国土资源局大朗分局（以下简称“大朗国土分局”）是东莞市国土资源局派出机构。2011年，有工作人员38人，设局长、副局长、地籍测绘管理员、建设用地管理员、土地监察管理员、会计、出纳。2011年，大朗国土分局被市国土资源局授予2011年度“财务和内审管理工作先进单位”。

【重点项目用地报批】　2011年，大朗国土分局制定重点项目用地报批进度表，建立重点项目用地报批绿色通道，采取积极主动、优先办理、重点保障等措施，落实专人跟踪服务，主动协调相关部门，加强对用地单位的用地报批业务指导，督促用地单位办理用地手续，加快组织资料进行报批，提高用地报批效率。2011年6月，以单独选址方式，组织散裂中子源的报批材料，项目正待国土资源部审批。2011年，大朗镇共上报3批次报批材料。

【“三旧”改造】　2011年，长盛片区、黄洋片区为大朗镇“三旧”改造重点片区。全年上报成片拆迁改造项目有长盛商贸片、长盛片区力克地块、黄洋一片（大宝马）、黄洋一片（黄草朗）、金朗片区政府地块5个，改造面积1035.8亩，已获得市批复。

【“五台账”促任务】　2011年，大朗国土资源分局抓好重点项目用地服务台账、先行用地后期监管台账、三旧改造完善手续台账、存量土地盘活处置台账和卫片执法检查整改台账“五台账”建设，透过台账定目标、任务、人员，保证责任和工作落实到位，保障重点任务按时完成。借助台账确保了2011年既定目标任务顺利完成，其中，完善“三旧”改造用地手续813.8亩，完成重点项目用地报批401亩，盘活存量土地229.42亩。

【简政强镇工作】　2011年，大朗国土分局根据东莞市政府简政强镇的工作指示，围绕“放好权、接好权、用好权、管好权”的指导方针，扎实推进简政强镇试点工作，做好下放事权业务，顺利办理7宗抵押登记、75宗宅基地发证以及11宗新增建设项目用地预审等业务，下放事权的各项工作正有序开展。

【土地执法监察】　2011年，大朗国土分局有重点、有计划、全覆盖地开展土地执法监察，提高巡查水平，对违法违规用地行为做到“早发现、早制止、早报告”，及时处理，落实监管。加大对违法用地的整治力度，对性质恶劣的有关用地单位坚决移送公安机关，并高标准做好复耕复绿。2011年，全镇共查处违法用地8宗，面积15.5亩，复耕复绿2宗，面积约100亩。

【地质灾害防治】　2011年，大朗国土分局重点整改经国土资源部备案的大朗镇实验小学边坡地质灾害隐患点。对该地质灾害隐患点开展危险性评估和治理设计，评估结果及治理方案已通过大朗镇政府审核，同时同意由武汉地质工程勘察院东莞分院竞标并及时开展相关工作。

【已建房屋补办房地产权手续工作】　2011年，大朗镇是东莞市补办房屋产权两个试点镇之一。大朗国土分局抽调业务骨干，建立跟踪督办制度，落实专人服务，采取主动服务、重点保障等措施，加强部门协调，加强对用地单位的指导，提高服务意识和工作效率，尽量简化程序，帮助企业解决补办证有关问题。2011年，完成东莞市红旗物业投资有限公司和东莞市大朗泽鑫纺织厂（面积）的土地使用证核发工作，面积分别为14.42亩、10亩。

（尹淑筠）

附：2011年大朗国土分局领导名录

局　长：袁仲波

副局长：陈旺枝　钟杰辉

城市建设

【大朗镇规划建设办】　大朗镇规划建设办是负责城镇规划建设和工程建设管理的职能部门，设文秘组、财务室、“窗口”办文组、建设工程质量监督组、建设工程安全监督组、建设工程管理组、工程招投标管理组、房地产开发管理组和重点工程管理办公室9个组（室）。2011年末，有干部、职工62人，临工10人，其中干部、职工中具有中级职称19人，初级职称20人。2011年，共办理工程报建146宗，建筑面积97.37万平方米，同比增长11.52%。报建工程办理工程质量监督登记、安全监督登记和工地管理登记达100%。办理工程竣工验收134宗，建筑面积63.38万平方米。

【建筑市场管理】　2011年，选取碧桂园幼儿园、碧水天源枫景台和大朗一中宿舍楼3宗工程为试点，通过五项措施创建建筑工人“零欠薪”示范点。一是要求施工企业依法建立劳动规章制度，完善企业用工制度及合同管理制度、工资支付和现场公示制度等。二是禁止施工总承包单位将工程发包给无资质的企业或“包工头”，杜绝“以包代管”，严格执行施工管理规定。三是要求施工总承包单位与劳务分包单位在进场施工前依法签订《劳务分包合同》，明确约定劳务费结算方式、支付时间及保证按期支付。四是施工总承包单位必须监督劳务分包单位将工人工

资直接发放到工人手上，并做好相关记录及保存。五是劳务分包单位必须和工人签订《劳动合同》，并编制《工人花名册》、《考勤表》、《工人工资发放记录表》、《平安卡》等，并报施工总承包单位备案。2011年，累计发生建筑劳资纠纷16宗，上访人数268人，解决拖欠金额167万元，同比分别下降18.8%、25.6%和21.2%。

【工程招投标管理】 2011年，大朗镇规划建设办全面贯彻执行《关于规范房屋建筑和市政基础设施工程招标投标活动的通知》，严格实施“五个统一”，规范工程招投标管理，防范围标、串标行为。2011年，完成工程招投标28宗，总预算金额6949万元，总中标金额5743万元，平均下浮率18.15%。

【房地产市场管理】 2011年，大朗镇共有7个在建房地产开发项目，总建筑面积109.1万平方米。共销售商品房3045套，销售面积261191平方米，销售均价6924元/平方米，同比下降9.17%。大朗镇规划建设办通过“五加强”维护房地产市场秩序。一是加强全过程监管。落实专人负责房地产项目的项目立项、规划设计、施工报建、质量安全、房屋销售、竣工验收、交付使用及确权办证等各环节的监督。二是加强现场巡查。每周进行现场巡查，检查工程资料和工程进度，确保按计划施工、竣工和交付使用。三是加强预售楼款监管。执行东莞市住房和城乡建设局《关于加强我市商品房预售款收存管理的通知》和《关于我市商品房预售款使用实施差异化管理的通知》，把房地产开发企业监管等级划分为A、B、C三个等级，实施差异化管理。四是加强信息披露检查。加强对商品房销售信息的监督管理，督促房地产开发企业切实做好商品房现场信息披露工作。五是加强部门联动。与大朗镇房地产管理所共同对预售款进行监管，开发企业在合同备案或按揭备案前，需出具款项存入专用账户证明，否则不予办理。与大朗镇土地收购储备办联系，及时掌握大朗镇商住用地的拍卖情况，跟踪各开发项目办证进度，做好协调工作。

【工程质量和安全监督】 *建筑安全隐患排查* 2011年，大朗镇规划建设办“三措施”开展建筑安全隐患排查工作，保障建筑施工安全。一是建立定期检查制度。制定重大节日建筑施工安全大检查、建筑施工起重机械安全专项检查、建筑施工消防安全专项检查、建筑施工非法行为专项检查、汛期前后安全生产专项检查等检查制度。二是加强日常监管。严格要求建设各方落实安全生产主体责任，完善安全生产管理规章制度，保障安全生产的投入，提高施工安全生产水平。三是抓好隐患整治。一旦发现存在安全隐患的，由项目监督员负责跟踪和督导整治的全过程，做到不整治不放过，整改不合格不放过，保证建筑市场安全。2011年，共开展检查18次，出动175人次，发出执法文书92份，检查中发现的安全隐患已全部整改合格。

施工安全标准化工地建设 2011年1月1日起，东莞市所有办理《施工许可证》的在建和新开工的房屋建筑和市政基础设施工程必须按照《东莞市建筑工程施工安全标准化实施办法》要求组织施工。2011年，大朗镇规划建设办做好四项工作推动大朗镇工地建设安全标准化。一是加强组织领导。成立建筑施工安全标准化领导小组，由分管建筑安全副主任担任组长，安监组组长担任副组长，安监组工作人员为小组成员，负责施工安全标准化工地的建设工作。二是加强培训学习。组织全体安监员到东莞市安监站跟班学习，组织施工、监理企业参加东莞市安监站标准化培训和参观学习，为顺利开展标准化工作打下坚实基础。三是以点带面，示范带动。选取大朗一中宿舍楼和东方银座作为安全标准化工地建设试点，安排专人指导施工队和监理企业进行安全标准化工地建设，摸索标准化工地建设工作经验，以点带面，促进大朗镇标准化工地工作全面铺开。四是加强监督力度。对于不符合安全标准化工地建设要求的，要求限期整改，施工、监理企业制定整改方案，落实人员。对于未按时整改或整改不符合要求的，严格按照《东莞市建设工程安全生产、文明施工不良行为条文》规定提请东莞市住房和城乡建设局对施工单位、监理企业及相关责任人进行扣分和行政处罚。2011年，对10家施工企业扣72分，2家监理企业扣9分，22个责任人扣109分。

【专项工作】 *住房保障建设* 2011年，大朗镇解决12户低收入住房困难家庭的住房问题，其中1户自2011年6月起每月租赁补贴486元，补贴期限2年；完成11户修葺。有4户申请放弃住房保障。2011年，大朗镇公共租赁住房建设顺利，在建或竣工的公共租赁住房共708套，超额完成东莞市下达大朗镇的公共租赁住房建设644套任务，完成率超9.9%，并于2011年10月顺利通过市住房保障验收小组的量化考核。

宜居城乡建设 2011年初，大朗镇长塘、求富路、长富、圣堂、巷尾社区和蔡边村作为东莞市80个宜居创建试点中的6个，已全面开展宜居创建工作，并于2011年12月完成创建工作，顺利通过考核，6个社区（村）全年共投入创建资金1812万元，申报项目55个。

【内部管理】 2011年初，大朗镇信息产业办协助大朗镇规划建设办开发了“大朗镇城建综合信息管理系统”，进一步简化业务办理程序和缩短办事时间。2011年，大朗镇规划建设办加强队伍建设，更好地完成简政强镇后的城建管理工作，制定《大朗镇规划建设办干部职工培训学习工作方案》，定期对职工进行培训，全面提升职工的业务知识水平。2011年，共举办业务知识培训4次，参加人次240人。2011年1月，围绕简政强镇后的发展方向和管理、如何提升企业文化、如何善用网络平台加强沟通和交流、员工自身的工作评价与发展等8个主题，举办迎新春“维美杯”演讲比赛，共28人参加，评出一等奖1人，二等奖2人，三等奖3人。 （周玉平）

附：2011年大朗镇规划建设办领导名录

主 任：叶杨根

副主任：朱慧娜 叶柱芬 李沛兴

城建工程管理

【大朗镇重点工程管理办】 大朗镇重点工程管理办公室（简称“大朗重点办”）主要负责市、镇两级财政投资建设的城市基础设施、公共设施及其他城市建设项目等重点工程的组织建设，建成后移交给使用单位。2011年调整内部机构设置，设有文秘结算组、市政道路组、房建组、建材验收与质量督查组、总工室5个组别。2011年共承建镇属重点工程21项，完成富华路等道路建设2项、大朗一中学生宿舍等城市配套建设6项、新马莲莲湖公园生态环境建设3项，在建工程2项，筹建工程8项，各项目完成投资1.9亿元。

【重点工程建设】 富通路道路工程和富华路道路改造工程分别动工于2010年3月和6月，均于2011年7月完工通车。2011年，大朗一中学生宿舍工程基本完工。

富通路（富华南路至松佛路）道路改造工程动工建设 富通路改造工程起点富华南路，途经蔡边、宝陂、洋乌、洋坑塘、黄草朗、松柏朗、佛子凹等社区（村），终点佛子凹朗升小学，全长7.44千米，双向四车道，沥青砼路面，全线划分为3个标段：第一标段富华南路至升平路，包括东胜路、新园一路两条支路，总长度3.38公里，属非村际联网路；第二标段升平路至美景中路，长度2.03公里，属村际联网路；第三标段美景中路至佛子凹朗升小学，长度2.03公里，属村际联网路。工程总投资约7200万元，于2011年4月动工建设。

大朗中学运动场改造工程建成投入使用 大朗中学原运动场兴建于1995年，面积2.2公顷，改造后总面积约2.59公顷。改造工程根据省一级学校标准建设，运动场建有标准足球、篮球、排球以及羽毛球等运动场，周边配套设置环行跑道、铅球、跳远、跳高、健身等场地，总投资约730万元，于2011年4月动工建设，2011年9月全面建成投入使用。

大朗档案馆装修工程（三期）建成投入使用 大朗档案馆装修工程（三期）利用原大朗儿童文化园进行装修改造，为三层建筑，面积约4900平方米，一层用为档案库房，二层分为大朗艺术馆和大朗展览馆两个展馆，并设置接待室及办公室，三层暂不考虑用途，只作打空翻新设计，总投资约800万元，于2011年2月动工建设，2011年6月落成使用。

大朗毛织贸易中心升级改造工程建成投入使用 工程包括办公室及饭堂、直销展示中心、设计工作室、实训中心、培训基地、大朗镇物业管理公司毛织贸易中心物业管理处办公室。工程总投资约200万元，于2011年7月动工建设，2011年10月建成投入使用。

中心幼儿园升级改造工程建成投入使用 中心幼儿园升级改造工程配合省一级幼儿园创建，工程包括建筑物内外装饰和室内及户外改造，总投资150万元，于2011年8月动工建设，2011年10月全面建成投入使用。

大朗法庭装修工程建成投入使用 大朗法庭装修工程包括内饰、智能化、空调、消防等，建筑面积2185平方米，总投资约440万元，于2011年1月落成投入使用。

莲湖公园建成使用 新马莲莲湖公园位于大朗镇新马莲村与富民工业区交界处，占地面积20公顷，其中绿地面积10.67公顷，水域面积4.67公顷，建筑面积21000平方米，是以休闲娱乐为主的综合性生态公园。工程总

投资1600万元，于2011年10月建成使用。

大朗社区绿道动工建设　工程利用荔香湿地公园和凤山农业科技园已建成的步道，按绿道建设要求进行升级完善，分为标线工程和标识系统制安工程。标线工程投资约30万元，包含荔香湿地公园、凤山农业科技园的绿道标线、自行车标志地面标线及斑马线标线。标识系统制安工程投资约75万元，包含荔香湿地公园、凤山农业科技园的导向性标识牌、安全警示标识牌、景观与人文介绍图标识牌等工程。两项工程均于2011年12月动工建设。

【重点工程管理】　加强建材与工程质量监管　2011年，大朗镇重点工程管理办增设“建材验收与质量督查组”，专门负责镇重点工程主要建筑材料质量和数量的审核验收，以及工程施工质量的督查工作，对于每项工程每一批主要建材，未经建材验收与质量督查组验收合格的，严禁投入使用。

规范工程变更程序及所需资料　2011年，大朗镇重点工程管理办明确规范工程变更程序，如工程使用功能需变更，应由工程业主单位提出书面申请，并经主管领导加具同意意见后，方能送重点办研究实施。明确工程变更所需资料，在原有所需资料基础上增加《工程变更通知书》，要求施工企业在未接到变更通知前不得实施任何变更，否则不予以结算。

做好工程情况备案　2011年，大朗镇重点工程管理办制定《工程备案登记本》，把每个工程的施工单位和监理单位名称、公章，及其相关负责人签名或私章备案留底。

抓紧开展工程结算工作　2011年，大朗镇重点工程管理办梳理自该办成立以来完工未结算工程基本情况、变更工程等，以清晰反映工程结算中存在的问题，为下一步完善各项工程结算资料，尽快完成结算工作提供参考和依据。　（傅锐良）

附：2011年大朗镇重点工程管理办领导名录

主　任：袁志良

副主任：胡寒松

拆迁管理

【概况】　大朗镇拆迁管理办公室（以下简称“大朗镇拆迁办”）负责宣传、贯彻、执行国家及省、市有关拆迁管理的法律法规和政策，负责全镇房屋拆迁管理和监督工作，对拆迁补偿资金实施监管。内设办公（财务）室、丈查套价组、审核组、动迁组4个机构，共有13人。2011年，大朗镇拆迁工作领导小组成立，领导小组办公室下设在大朗镇拆迁办，负责大朗镇拆迁的具体工作。2011年，大朗镇拆迁办负责东江水库联网供水水源工程大朗段、新奥天然气管道工程大朗段、莞惠城际轨道交通大朗段、松山湖大道大朗黎贝岭段、松山湖大道延长线大朗康丰路段、松山湖大道延长线至常平环常西路大朗高英竹山段等工程的征地拆迁工作。协助镇三旧办和长塘居委会做好“长盛二期”的改造工作；协助城市核心区领导小组做好以长盛片区为龙头，涵盖长塘、求富路、松柏朗、佛子凹、黄草朗、洋坑塘6个社区(村)划定为大朗城市核心区约6平方公里区域的征地拆迁工作；协助松山湖管委会和市第一人民法院做好宝陂旧村搬迁工作。

【拆迁工程】　东江水库联网供水水源工程大朗段征租地拆迁　东江水库联网供水水源工程大朗段是东莞市2011年重点工程建设项目之一，涉及总征租地面积20.88公顷（其中需征地8.03公顷，租地12.85公顷），青苗面积4.83公顷，需搬迁17户（其中工厂15户，住宅2户），拆迁房屋面积18550.21平方米。2011年完成征租地面积19.92公顷，青苗面积3.74公顷，已拆除建筑物16737.46平方米（其中工厂14932.35平方米，住宅1805.11平方米），未拆除面积1812.75平方米。未拆除的房屋为台冠厂电房和仓库的整体建筑，拆除需等该厂新电房建成(新电房建设由市城建局负责)。

新奥天然气管道工程大朗段征租地拆迁　新奥天然气管道工程大朗段是东莞市属工程，工程全长14058.62米，总征租地面积10.88公顷（征地宽3米，施工租地宽5米），青苗面积10.66公顷。2011年大朗镇拆迁办已和沙步、石厦、新马莲、水平、屏山、犀牛陂等社区（村）及农业科技园、金属材料公司签订补偿协议书，新奥天然气公司已全面施工。

莞惠城际轨道交通大朗段征地拆迁　莞惠城际轨道交通大朗段是广东省重点工程，在大朗镇境内5.7公里全部走地下，途经黎贝岭、巷尾、巷头、大井头4个社区（村），设站一个（设在朗常路口），征地面积0.33公顷（不包括拆除房屋的宅基地面积），拆迁面积约2.1万平方米，临迁面积约3万平方米。拆迁需等广东省珠三角轨道公司对拆迁的房屋进行论证确定。2011

年已提供黎贝岭、巷尾、大井头三个盾构井口及朗常路车站施工，临迁已实施中。

松山湖大道大朗黎贝岭段征地拆迁 松山湖大道大朗黎贝岭段是东莞市2011年重点工程建设项目之一，黎贝岭段道路总长1308米，宽80米。该工程涉及征地总面积9.35公顷，青苗面积3.5公顷，需要搬迁95户（其中工厂4户，住宅91户），拆迁房屋面积约5万平方米（其中工厂1.3万平方米，住宅3.7万平方米）。截至2011年底，已有28户签订协议书，完成征地8.91公顷，拆除面积1.93万平方米，供约6公顷的作业面给施工队施工。

松山湖大道延长线大朗康丰路段征地拆迁 松山湖大道延长线大朗康丰路段是市重点工程，工程原规划为镇内路网，2007年11月市政府将工程作为市内联网路，道路用途、性质的改变造成市镇在道路的建设及征地拆迁补偿问题上未达成一致，截至2011年仍与市有关部门协商中。

松山湖大道延长线至常平环常西路大朗高英竹山段征地拆迁 松山湖大道延长线至常平环常西路大朗高英竹山段是东莞市2011年重点工程建设项目之一，工程起点与康丰路（莞樟路）相接，终点常平环常西路，大朗段长度1716米，道路宽度50米。2011年已完成此段征地拆迁估算工作。（叶肖霞）

附：2011年大朗镇拆迁管理办公室领导名录

主　任：叶卓辉

副主任：刘求旺　傅杰强

土地储备

【概况】 大朗镇土地收购储备办公室于2007年4月成立，主要负责研究制定土地收购、储备策略及年度计划，对全镇需盘活的土地和其他需调整的土地适时进行洽谈收购储备，并适时将土地推向市场。共有工作人员7人。2011年，大朗镇土地收购储备办紧紧围绕土地拍卖和土地收购储备两条主线，积极有效地开展工作。共拍卖土地5块共20.79公顷，共收购储备土地4块共17.68公顷。

【经营性用地出让】 2011年，大朗镇共拍卖经营性用地5块20.79公顷，总成交金额86600万元，包括中熙集团巷头居住地块2.66公顷，成交价12200万元；黄永鹏巷头商业金融地块4.31公顷，成交价15600万元；方略实业水口居住地块4.66公顷，成交价14300万元；锦绣投资水口居住地块3.67公顷，成交价15200万元；圣兴商住地块5.49公顷，成交价29300万元。其中中熙集团和锦绣投资竞投的地块，成交价比底价分别高出59.48%和40.74%。

【土地收购储备】 2011年，大朗镇储备土地4块，共17.68公顷，其中属于商住用地1块共5.49公顷，属于工业用地的有3块共12.19公顷。主要分布在大井头社区、松木山村、富民工业园。（张玉兰）

附：2011年大朗镇土地收购储备办领导名录

主　任：张志强

房产管理

【概况】 大朗镇房地产管理所（以下简称“大朗镇房管所”）前身是1989年成立的房屋登记办公室，隶属大朗镇村镇建设委员会管理。1993年7月，东莞市大朗房地产管理所、东莞市大朗房地产交易所成立，属股级事业单位，隶属大朗镇城建办管理。2005年7月，大朗房地产管理所、房地产交易所从大朗镇规划建设办分离出来，成为独立的镇属单位。2011年，大朗镇房管所共有工作人员20名，内设办公室、产权登记组、产权交易组、一个窗口办文组、住宅专项维修资金管理组、中介物业管理组和大朗镇住房公积金管理办公室。被东莞市房产管理局评为2011年度“房产工作先进单位”、“存量房网上交易规范化管理先进单位”、“协助追缴维修资金工作先进单位”、“房产业务电子监察绩效测评优秀单位”、“房产档案工作先进单位”，并被市房产管理局授予“房产管理合理化建议奖”。

【房屋产权登记】 2011年，加大商品房发证力度，推动房管各项业务发展是大朗镇房管所今年的重点工作。2011年共核发《房地产权证》2727宗，建筑面积59.96万平方米。其中，商品房2079宗，建筑面积18.16万平方米；厂房宿舍等36宗，建筑面积24.14万平方米；二手房交易发证612宗，建筑面积17.66万平方米。

【商品房备案、按揭】 2011年，大朗镇房管所共办理备案2911宗，建筑面积33.75万平方米；办理按揭1691宗，建筑面积15.44万平方米。

【房产抵押登记】 2011年，大朗镇房管所共办理房产抵押登记1713宗，建筑面积56.12万平方米；办理注销房产抵押登记669宗，建筑面积28.66万平方米。

【商品房住宅专项维修资金缴存】 2011年，大朗镇房管所根据文件精神和工作指引，结合大朗镇的实际情况，制定大朗镇的商品房住宅专项维修资金缴存实施方案。至2011年底，全镇已在东莞银行缴存住宅专项维修资金5594.38万元。

【房地产中介机构和物业公司管理】 2011年，大朗镇房管所不断提高中介机构和物业公司法律意识、业务水平和服务理念。积极组织中介机构、物业公司的工作人员参加市房管局举办的“物业管理培训班”，宣传相关法律、法规的重要性，对被投诉的经纪机构严肃处理，保障群众合法权益，规范企业依法依规进行经营，为构建宜居大朗创造条件。

【住房公积金缴存管理】 2011年，大朗镇房管所根据《大朗镇2011年各社区、村、单位住房公积金扩面任务指标》朗府办【2011】25号要求，加强住房公积金的缴存扩面工作。截至2011年9月30日，大朗镇新增缴存人5865人，完成2011年市住房公积金管理中心分配给大朗镇的扩面缴存4800人任务的122.19%。2011年底，大朗镇住房公积金累计汇缴单位、企业827户，汇缴人数16623人。

【一个“窗口”办事承诺制度】 2011年，大朗镇房管所加强“一个窗口”的办证服务，规范各项业务的办事程序，实行一站式办公，咨询、收件、发证真正做到一个“窗口”办事承诺。2011年共办理收发件9421宗，其中，一手房产权登记收件及发证3446宗，二手交易产权登记收件及发证935宗，抵押登记收件及发证2990宗，注销抵押登记收件及发证1112宗，二手交易收件及发件938宗；出具借款人家庭住房信息处理查询证明990份，东莞市纳税人家庭唯一住房证明418份。 （陈渭山）

附：2011年大朗镇房管所领导名录

所　长：叶庆球

副所长：刘桂周　叶绍林

市政管理

【大朗镇公用事业服务中心】 大朗镇公用事业服务中心主要负责全镇公园、广场、道路、桥梁、路灯、管道等市政公用设施和公共场所环境卫生的监督、管理；负责全镇园林绿化工程规划建设和管理。内设园林绿化管理所、环境卫生管理所、市政事业管理所、办公室、广告燃气股、瑞安公司、环基办7个机构。2011年职工人数95人。2011年，大朗镇公用事业服务中心被东莞市城市管理局评为东莞市城市管理先进单位。

【市政设施管理】 2011年，大朗镇公用事业服务中心维修路灯1148盏（次），亮灯率达到98%以上。修复水泥路面2500平方米，麻石路面1260平方米，路缘石1600米，更换沙井盖69个，维修道路指示牌64个，对长盛广场至行政办事中心的道路标线进行翻新。检测养护桥梁19座。修复长盛公园靠近美景路交通灯的匝道300多平方米下沉路面，恢复该路段排水渠排水功能。清拆残旧管线1200米，其中镇中心区架空管线、光纤乱拉挂现象12宗，协调处理中国电信等有关单位检查井盖32宗。2011年，清理中心区主要道路下水道1.93万米，清挖沙井813座，排水沟淤泥4.47万立方。

【绿化建设】 2011年，大朗镇投入绿化养护资金2879万元，其中主干道路和公园绿化种植、养护及时花种养费2140万元，社区（村）投入739万元。建成区绿地面积达1539万平方米，建成区绿化率37.5%，建成区绿化覆盖面积达1717万平方米，绿化覆盖率41.83%，人均公共绿地面积达15.55平方米。2011年，大朗镇时花换种及时，品种不断变换，种植层次分明，整体景观效果好，时花种养面积达6000平方米，种养地段有美景路、松佛路、荔香湿地公园、行政服务中心周边、镇政府大院、中心小学及周边道路、创意产业园、档案馆、富华路等，全年共换种六次，种养费229万元。加强荔香湿地公园的管理和建设，春节游园人数10万多人次，“五一”达5万人次，国庆突破6万人次。积极参与市绿委的评比创建活动，推荐圣堂、求富路和石厦三个村（社区）申报评选“东莞市绿化模范村（社区）”，推荐盈利时表业（东莞）有限公司申报评选“东莞市园林式单位”。制定绿化养护监管实施方案，实行“定点、定员、定岗”日常巡视检查制度，对全镇园林绿化进行分工管理，责任落实到各监管人。

【净化工程】 2011年，大朗镇公用事业服务中心制定镇内主要道路强化管理工作方案，要求由各部门副股以上负责人挂点管理具体某段道路的环卫及绿化管理工作，做好每日巡查记录、检查评分，记录存在问题，定期将巡查底册整理、统计、上报和存档，形成长效管理机制。2011年，大朗镇中心区清扫、保洁、垃圾清运重新发包给家保公司，承包费用为2027.18万元。实行清扫保洁、垃圾清运、除“四害”及园林绿化、市政设施管理和清理“牛皮癣”等环卫工作市场化的社区（村）分别有16个、18个、26个、22个。2011年，大朗镇开展垃圾分类试点工作，启动仪式于8月在万科·金域蓝湾举行。至2011年底，全镇共有环卫工人1485名，卫生监督员143名，垃圾压缩站10座，二类或以上公厕90座。

【美化工程】 2011年春节期间，大朗镇投资200多万元建设东西长约600米，南北宽约40米的全市第一条观赏性花街——大朗花街，为广大市民群众提供了一个欣赏游玩的场所，成为了春节期间大朗重要的景观亮点。大朗花街于2010年3月开始筹建，花街最终选点大朗镇中心区——长盛南路，以“地球·家园”为主题，以中国春节传统元素为主基调，将法国、荷兰、英国等异域风情元素恰当地融入其中，设置了“玉兔迎春”、“中国馆”、“罗马风情”、“日本风情”等9个主要立体景观组团和组团两侧的灯光小品，利用灯光效果，展现景观造型和绿色植物及各种花卉等。大朗花街于2010年12月15日正式动工建设，2011年1月28日建成，并于1月30日晚（年二十七）举行了亮灯仪式。据统计，春节期间游览大朗花街的市民达65万人次，其中2月2日（除夕）、3日（年初一）和17日（元宵节）每天游览市民接近10万人，有效拉动了人流、资金流向镇商业文化中心区集聚，推动了餐饮商贸业加快发展。其中，大朗长盛食街的企业春节期间营业额增长50%以上。

2011年，大朗LOGO景观、大朗食街景观、长盛广场LOGO电子屏建成使用；大朗镇公用事业服务中心协助农信大厦、盈丰大厦开展外墙LED灯光工程、景观灯饰的建设。

2011年，大朗镇公用事业服务中心加强户外招牌管理，强化路上巡查，发现问题，及时处理，全年移交执法分局处理的违章广告174个，清理拆除乱拉挂条幅386条，会同属地社区（村）、执法分局拆除残旧招牌23个，翻新35个，加固大型广告牌35个。（吕　健）

附：2011年大朗镇公用事业服务中心领导名录

主　任：叶天升
副主任：黄惠福　陈庆良
吴洪新　陈仲行
黄洪辉
黄仲水（4月调离）
梁淦康　叶柱根
叶伟强

供　水

【大朗镇自来水公司】 大朗镇自来水公司2011年有职工126人，内设供水厂、安装、抢修、抄表、收费等7个职能部门。2011年，自来水公司总供水量为6653万吨，售水量为5783万吨，比去年的5612万吨增加了171万吨，增长率为3.0%，供水回收率为86.9%，比去年的89.5%下降了2.6个百分点，用水户达到30825户，水质综合合格率为99%。公司总资产为1.52亿元，经营总收入为9962万元，实现利润1300万元，上调政府利润和管理费为1340万元，负债率为19%，代收污水处理费为3763万元，代收垃圾处理费和清洁卫生费2063万元。2011年，大朗镇自来水公司被省水协吸收为会员，被市水务局评为“先进单位”，获得市第七届“水协杯”第四名。

【企业管理】 大朗镇自来水公司努力向国标化管理标准靠拢，2010年开始实施ISO9001-2008质量管理体系建设，开展员工培训，建立管理手册、控制程序文件、生产记录表格等。2011年1月，审核专家组通过询问、文件审核、记录查看、现场检查等审核程序，自来水公司ISO体系一体化认证审核通过，为全面打造市一流供水企业提供管理保障。

【管场搬迁】 大朗镇自来水公司长期租用圣堂和洋陂的土地搭建管场，为降低生产成本，购买洋坑塘村面积为1.07公顷的土地新建管场，并于2010年3月

开始筹建，总投入100多万元。2011年9月，大朗镇自来水公司安装、电焊、门市部、抢修、巡管等部门搬迁到新管场办公，缓解了现综合办公楼场地紧张的压力。

【新水厂建设】 大朗镇自来水公司于2008年开始规划在松木山建设日产40万吨的新水厂，首期为日产20万吨，总投资约4.4亿元，目前已投入2000万元购买土地及方案设计招标等。现正在进行环评、水资源评估论证、供水规划、办理土地证等前期工作。

【水质管理和供水管道】 2011年11月，大朗镇镇召开全镇水质工作会议，加强水质监管力度，分析全市的供水改革发展形势，总结大朗镇的供水现状及存在的问题，提出整改意见。一是实行水质上报制度；二是村级水厂实行水质送检制度，加强自检频率；三是建议村级水厂增加化验设备和提高生产工艺；四是加强村级水厂化验员的学习培训。2011年，自来水公司加快旧区旧管改造步伐，投入1600多万元进行管道改造，主要工程有富华路、佛子凹住宅区、巷头村毛织东路、求富路旧村、洋陂旧围住宅区、长塘大井公住宅区。

（卓杰明）

附：2011年大朗镇自来水公司领导名录

经　理：梁绍堂

副经理：周日辉　李志威

供　电

【大朗镇供电公司】 大朗镇供电公司主要负责大朗镇供用电管理工作，设有五部一室，分别是财务部、安全监督部、计划建设部、用电部、生产技术部和办公室，共有员工166名。供电客户9.2万户。2011年被评为东莞供电局安全生产先进单位。

【电力容量】 至2011年底，大朗镇有220千伏变电站1座、110千伏变电站5座，总装变电容量为1488兆伏安，其中220千伏大朗站装变电容量为2×150+2×180兆伏安，110千伏松木山站装变电容量为3×50兆伏安，110千伏巷尾站装变电容量为3×50兆伏安，110千伏石厦站装变电容量为3×50兆伏安，110千伏银朗站装变电容量为3×63兆伏安，110千伏水平站装变电容量为3×63兆伏安，10千伏出线共159条。2011年，全镇完成供电量23亿千瓦时，完成售电量22.37亿千瓦时，全镇共有2599台配变并网运行，配变总容量为105.18万千伏安。

【110千伏水平变电站】 该工程列入东莞“十一五”电网规划，计划投资8000万元，占地面积为4000平方米，装变电容量为3×63兆伏安、10千伏出线36回路。2011年12月变电站投运，工程主要解决犀牛陂、水平、象山工业园等地区的电力供应需要。

【配网工程】 2011年，大朗镇配网工程完成投资5612.2万元，主要完成配网工程项目36大项，其中变电站出线项目14项，中压配电网改造项目7项，低压配电网改造项目15项；新建及改造10千伏线路40.03千米，新建及改造0.4千伏线路10.06千米，新装电缆分支箱25台，新装变压器15台，安装高压柜24面，低压配电柜72面，新增配变总容量1.018万千伏安，解决了蔡边、大井头、黎贝岭、松柏朗、洋坑塘、竹山的15个重过载台区。经过2011年环网升级改造，建立起水平站与松木山站、水平站与石厦站、银朗站与大朗站、石厦站与大朗站、巷尾站与大朗站、巷尾站与黎贝站的联络等20项环网线路，形成了环环相扣的供电网络系统，配网可转供电率达60.65%，环网率达67.74%，大大提高了大朗辖区范围的供电可靠性，为地区经济发展及居民生活用电提供有力保障。

（叶志申）

附：2011年大朗镇供电公司领导名录

经　理：李雄峰

副经理：黄庆良　张永钧

供　气

【概况】 大朗镇燃气气源由瓶装液化石油气、瓶组管道液化石油气、管道天然气以及工业用户小型气化站构成。2011年，全镇有液化石油气储配站1座，位于高英石头岭，占地面积1.33公顷，贮罐容积300立方米。部分小区利用瓶组气化小区管道供应液化石油气，如碧水天源、中心花苑、新世纪添一居、佛新新村、长塘、长富广场、碧桂园、帝豪花园酒店、凯悦美景、求富路花园、东方银座、明上居、万科金域蓝湾等小区使用管道天然气。

【燃气管理】 2011年，大朗镇公用事业服务中心广告燃气股完善巡查登记制度，每周对燃气经营场所巡查一次，每月检查燃气重大危险源两次，每季度开展一次燃气安全大检查，不定期突击检查燃气经营场所、瓶组间（储灌站）、送气工住所。严厉查处“黑瓶、黑气”、无证经营等各类违规行为，依法取缔15个无证照经营液化石油气供应黑点，缴获钢瓶1058个；由公安部门暂扣摩托车12辆，治安拘留“黑气”经营者4人；由交通部门暂扣“黑气”运输车4输。开展全镇燃气瓶组供气设施普查，大朗镇2011年持证瓶组间（气化站）减少至35家，有17家已关闭。出动834人次，对重点单位的食堂、餐厅进行全面排查，检查学校（幼儿园）53间、工厂365间、餐厅535间。加强用气安全宣传，宣传安全用气知识、异常情况的正确处置和“黑瓶、黑气”的鉴别方法，做好应急处理，确保全年无燃气重大事故发生。

【燃气销售】 2011年，大朗镇瓶装液化石油气全年供气总量1.7万吨，用气户数34000户，其中，家庭用量1.1万吨，用气户数32500户。瓶组天然气全年供气总量65.3万立方米，用气户数2210户，全部为家庭使用。管道全年供气总量113.7万立方米，用气户数3555户，其中，家庭用量58.1万立方米，用气户数3550户。

【燃气管道工程建设】 2011年，大朗镇燃气管道建设共有6项工程竣工验收，包含东方银座一期（5栋）燃气管道设计及安装工程，用户264户；福都花园（3栋）管道燃气改造工程，用户358户；东莞万科金域蓝湾二期天然气工程，用户120户；东莞万科金域蓝湾三期天然气管道工程，用户606户；金莎（2栋），用户99户；碧桂园天然气管道工程，用户538户。

交通运输

【东莞市交通运输局大朗分局】 东莞市交通运输局大朗分局（简称“大朗交通运输分局”）于2010年4月由东莞市交通局大朗分局更名为现名，内设综合股、运输管理股和执法股3个股室，均为正股级建制，共有在编人员16人。

【春运旅客运送】 2011年春运工作从1月19日至2月27日，为期40天。春运期间，大朗镇共发送旅客128370人次，比上年增长37.99%。其中省外发送旅客33415人次，同比下降14.81%，省内发送旅客94955人次，同比增长76.48%。另外，大朗镇内公汽运送旅客1146085人次，同比增长28.40%。全镇旅客出行顺畅，流动有序，安全形势总体平稳，没有发生安全事故。

【客运市场整治】 2011年，大朗交通运输分局严厉打击大朗镇内假出租车、黑的、摩托车非法营运行为；查处不按规定站点停靠、不按规定线路行驶、甩客、卖客等违法行为，大力整治客运市场秩序。全年共查处各类违规违章车辆1411辆次，其中未取得出租汽车经营许可，从事非法营运的假出租车、“黑的”32辆次；摩托车、三轮车非法营运215辆次；不按规定线路行驶、不按规定站点停靠、超越经营许可等违章客运车辆915辆次；无从业资格证、无措施防止货物脱落、非法营运货车等违章车辆249辆次。 （刘燕萍）

【东莞市大朗公共的士有限公司】 东莞市大朗公共的士有限公司（简称“大朗公的公司”）主要负责大朗镇公共的士的运营和管理，2011年有工作人员8名，公共的士195台，司机390名，司机均是大朗本地户籍取得从业资格证的人员。2011年，大朗公的公司被评为交通行业先进单位、交通行业安全生产先进单位。

2011年，大朗公的公司每月对司机进行1—2次的服务素质和安全培训，每个季度对司机进行考核考试，考试不合格的司机组织学习重考，多次不及格的将取消经营公共的士的资格，加强司机对规章制度的认识，并加强六统一的执行，对违规的司机严肃处理并加以停车教育，规范司机的经营行为。2011年，大朗公的公司继续提倡“以人为本，诚信服务”的企业文化，公司司机共捡回乘客遗失物品231件，失物共计金额约为5万多元，其中117件已交还失主，拾金不昧司机共147人。 （陈乐儿）

附：2011年大朗交通运输分局领导名录

局　长：龚耀波

副局长：杨应机　韩锦兴

2011年大朗公的公司领导名录

经　理：叶灼华

副经理：孙柱辉

邮　政

【东莞市邮政局大朗分局】 东莞市邮政局大朗分局（以下简称“大朗邮政分局”）共有员工118人，设有一部一室（市场

部、办公室）。下设封投递班和求富路支行、毛织街支行、荔湾营业所、大角岭邮政所、杨涌邮政所、蔡边邮政所、美景邮政所、松佛邮政所、行政办事心邮政所9个邮政服务网点，其中求富路支行、毛织街支行、荔湾营业所具有储蓄业务功能。2011年，大朗邮政分局被东莞市邮政局评为“先进单位”、“安全生产先进集体”、“巾帼建功先进集体”。

【业务发展】 2011年，大朗邮政分局深化转型，提升抵抗金融危机的能力，实现了各项业务的稳步增长。全年完成业务收入2242.38万元，完成市局下达任务的102.86%，同比增长19.27%。全局劳动生产率约达到19万元，邮储余额达到11.43亿元，同比增长2.31亿元（含大朗支行），汇款汇出353859笔，同比下降31.67%，汇出金额8.47亿元，同比下降22.79%，包裹出口36267件，同比增长9.97%，特快件出口70034件，同比增长14.10%（含大朗物流公司），函件出口798037件，同比增长133.82%，投递报纸杂志共250万份（其中报纸234.51万份，杂志15.49万份），同比增长26.62%。

【基础建设】 网点建设 2011年上半年，大朗邮政分局根据市邮政局“网点分类、客户分层、功能分区、业务分流”的思路，对求富路支行重新装修，将原长盛邮政所搬迁至松佛路，改名为松佛邮政所。改造、搬迁后的网点配套设施齐全，功能完善、布局合理，提升了邮政形象、网点竞争能力，为客户提供一个更舒适、更方便、快速用邮条件。

自助设备管理 2011年，大朗邮政分局有存取款机20台，ATM取款机33台，自助汇款机13台，打折机4台、网银终端2台（含大朗支行）。ATM管理有专人负责，储蓄网点负责人每天不得少于3次，核心网点营业员巡查不得少于5次；强化自助设备维护和故障排除工作，适当安排人员夜间维修，确保自助设备为客户提供24小时全天候正常服务。

投递网建设 2011年，大朗镇大朗邮政分局简化内部处理交接流程，降低处理时限，提高效率。优化镇中心区邮路，实行早报早投，增设小区投递段，提高投递时限质量。设立VIP个性投递段，满足客户个性化投递要求，VIP妥投率达到100%，回收率达到99.89%。设立专职名址维护员，新增基础地址4811条，完成基础地址维护100850条，完成邮信通工程“信报箱—手机号码”26521条。新安装信报箱1487户，累计安装23211户。

【邮政队伍建设】 2011年，大朗邮政分局狠抓邮政队伍建设，日常管理突出精细化管理，促使各项工作制度化，规范化，通过薪酬机制调动人员积极性，充分发挥基层员工效能。实现营业员向“忙时营业员，闲时营销员”转变，投递员向“投递员+营销员”转变。制定营销人员适应期和重返岗位机制，加强营销技能的培训和绩效考核。提升招聘一线员工门槛，招聘营业员要求本科以上学历、投递员要求大专以上学历，让优秀人才充实到一线岗位，更好地提升邮政服务水平。 （李春怀）

附：2011年大朗邮政分局领导名录

局　长：叶锐轩

局长助理：陈健威

环境保护

【东莞市环境保护局大朗分局】 东莞市环境保护局大朗分局（简称“大朗环保分局”）具

2011年5月13日，大朗镇创国家生态乡镇通过省验收。图为花园式企业缝神机械有限公司。

体实施大朗镇辖区内的环境保护工作，内设办公室、办事窗口、审批及总量控制组、监理及信访组、法规及验收组、污控及水源保护组，共有工作人员23人。大朗环保分局被评为东莞市环保系统2011年度先进单位。

【创建“国家级生态乡镇”】 2011年，大朗环保分局认真按照国家级生态乡镇的标准和要求，以环境保护规划为先导，以环境综合管理为中心，以环保设施建设为重点，以环保宣传教育为抓手，全力推进创建“国家级生态乡镇”的各项工作。2011年大朗镇创建“国家级生态乡镇”工作已顺利通过审核组的考核验收，命名程序进展中。

【大运会环境质量保障】 2011年大运会期间，大朗环保分局按照市的统一部署，加强环境监管，成立领导小组，制定大运会期间的水、气环境质量安全工作方案。同时，联合综合执法、各社区（村）在全镇范围内开展打击露天焚烧行动、建筑工地整治、重点区域环境整治等专项行动，确保大朗大运会期间水、气环境质量和环境安全。

【环保设施建设与监管】 2011年，大朗环保分局继续做好大朗松山湖南部污水处理厂等减排工程的监督监管工作，着力深化环境综合整治，全面强化工业污染治理。根据核算，污水处理厂在2011年完成COD削减量6305吨，超额完成5475吨的减排任务。推进大朗镇毛织环保专业基地建设，基地已纳入市政府重点工程，《工程修建详细规划》、《环境影响报告书》、《水土保持方案报告书》等资料已通过市相关部门审批，一期用地指标通过挂账方式基本得到落实，待设计方案完善后即可开工建设。

【重点污染企业工作】 2011年，大朗环保分局通过多次召开原地保留工作会议，对辖区内印染、洗水企业进行全面摸底核查，帮助推动企业整改，完善政策扶持。经过市环保局的现场核查及研究讨论，大朗镇有29家重点污染企业通过整改达到原地保留条件的可以原地保留，有50家重点污染企业必须要在大朗镇毛织环保专业基地建成后半年内搬迁入园。

【环保审批和验收管理】 2011年，大朗环保分局严格贯彻《环境影响评价法》和《建设项目环境保护管理条例》，认真落实环境影响评价制度、“三同时”制度、排污收费和排污许可证制度，进一步完善分局的审批、验收和监管工作。2011年，分局共审批项目242个，其中办理《建设项目环境影响登记表》80个，办理《建设项目环境影响报告表》85个，办理《建设项目环境影响登记书》4个，办理企业变更、续期、扩产、增资的项目11个，暂不同意57份，不同意5份。完成验收报告表和登记表的企业分别为63家、75家，共发出排污许可证19份，排污情况说明24份。

【污染源监管治理】 2011年，大朗环保分局把污染源现场监理工作纳入计划管理，简政强镇实施后，在原来要求对辖区内一般污染源每季度监理一次基础上，增加对辖区内的重点污染企业每月监理一次。2011年，对辖区内重点污染源定期监察696次，平均每家监察8次，查处违法排污企业20家，发出行政处罚告知书20份，发出行政处罚决定书18份，发出责令改正违法行为决定书22份，申请法院强制执行15宗。同时，组织工作小组清查辖区范围内产生危险废物的单位，责令限期办理危险废物转移手续，至2011年底，协助完成130家企业的危险废物转移手续。加强畜禽养殖业污染整治后续管理工作，坚决清理反弹回潮的养殖场，全年共督促清理反弹养殖点12个，清理生猪310头。

生态大朗 （叶绍求 摄）

【大气污染治理】 2011年，大朗环保分局全面开展工业锅炉治理和货运车、学生接送车排气整治工作，提升大气环境质量。基本完成大朗镇锅炉整治第一、二批企业共131家。镇内900台货运车排气检测合格率为70.22%，152台学生接送车排气检测合格率为100%，不合格的机动车要求限期治理。

【信访处理工作】 2011年，大朗环保分局收到群众来电、来信、来访和由市环保局转来的群众投诉信共735宗，办结率100%。其中反映内容涉及水污染115宗，占16%；涉及大气污染383宗，占52%；涉及噪声污染237宗，占32%。对市环监分局转来的305宗群众投诉信，分局已全部按其规定时间和要求回复。

【环保宣教与绿色创建】 2011年，大朗环保分局广泛开展环保宣教活动，宣传环保知识，倡导低碳生活，通过“绿色环保行”污染减排宣传进镇街巡回展示、“绿色发展·幸福大朗”世界环保日宣传、企业环保知识竞赛等活动，增强企业和群众对环境保护的责任感和使命感，营造良好的环保社会氛围。特别注重对青少年的环保教育，把创建绿色学校作为一项长期工作来抓。至2011年底，全镇已成功创建各级“绿色学校”18家，其中国家级1家，省级2家，市级15家。圣堂社区被评为“东莞市生态村（社区）”，东莞市大朗松山湖南部污水处理厂和东莞剑桥针织有限公司2获第三批“东莞市环境友好企业”称号。

（钟晓华）

附：2011年大朗环保分局领导名录

局　长：傅永杰

副局长：黄锦辉、邓海涛

城市管理综合执法

【东莞市城市管理综合执法局大朗分局】 东莞市城市管理综合执法局大朗分局（以下简称“大朗城管执法分局”）内设综合股、法规股、执法股，共有工作人员50人，其中公务员9人，在编合同制干部（职工）8人，合同制干部（职工）27人，试用干部2人，临时工4人。2011年，分局被评为2011年度东莞市城市管理综合执法工作先进单位、大朗镇2011年度先进党支部。

【重点整治】 *城市“六乱”及违章广告专项整治。*一是找准切入点，打开突破口。城管执法分局以富康路、富丽路为切入点，联同公安、交警、交通、公用事业、工商等职能部门集中解决市政道路小贩乱摆卖、车辆乱停放、环境卫生差、商户占道经营等问题。建立值勤制度，巩固与深化确保行动效果。二是有条不紊，全面推进。总结富康路、富丽路整治经验，对大朗广场及美景路、松佛路、大源路、杨新路、富华路等主干道路进行城市“六乱”整治行动。一方面，加大宣传力度，提高市民“讲文明”的自觉性；同时，每月不定期联同公安及长塘、长富、大井头、圣堂等社区对重点区域进行整治。三是有序展开违章户外广告整治。组织开展违章户外广告专项整治行动，规范户外广告管理，拆除违章广告，消除安全隐患，保证户外广告设施安全。2011年，大朗城管执法分局共开展城市“六乱”及违章广告大规模整治行动40次，出动人数约1600人次，教育改正城市“六乱”行为1828宗；对屡教不改的进行处罚，其中城市“六乱”行为处罚82宗（立案查处36宗，简易程序处罚46宗），罚款3.32万元。查处违章户外广告126宗，督促自行拆除70宗，组织强制拆除29宗，立案查处27宗，罚款3.05万元。

在建违法建筑整治。 一是建立违法建筑数据库。2011年，大朗城管执法分局启动违法建筑数据库构建工作，完成2011年在建违法建筑的录入，使违法建筑宗宗有检查、宗宗有记录、宗宗有监控、宗宗有措施。重新核实并录入2008年至2010年底形成的已登记在册的违法建筑相关资料。二是全面展开调查摸底。通过相片锁定的形式，组织各片综合办人员对违法建筑进行交叉检查，确保摸底数据的真实性及准确性。三是严格实行属地责任制和每月一报制度。实行属地管理，落实社区（村）综合办巡查监管责任，要求各社区（村）综合办每月一报辖区内在建违法建筑情况，并由分局检查汇总后上报市局。四是六措施全面叫停。口头责令停工；派发《责令停止（改正）违法行为通知书》，组织供电、供水部门对建筑工地停电、停水；扣押施工工具（含混凝土搅拌机）、建筑材料等；查封施工现场，包括供电、供水等设施；将撕毁查封、阻挠执法等行为移交公安部门处理，将擅自接通水、电的行为移交供水、供电部门处理；对国土、建设等部门重点监控及部分被投诉较多的违法建筑，进行查封施工现场、

现场勘查、检查笔录、对当事人询问调查等工作，做到件件落实、监管到位。同时，对审批文件齐全的8间公司进行补办房地产权证相关的处罚程序，共缴纳处罚款656.67万元。

【其他执法工作】 升级改造道路综合管理。2011年，大朗城管执法分局按照《关于加强我镇市政道路综合管理的规定》，对2011年升级改造竣工的富华路组织开展各项整治工作，对美景路、松佛路、大源路、杨新路等2011年前已升级改造的市政道路，进一步采取措施，巩固整治成果。

无证照生产经营整治 2011年，大朗城管执法分局加大对无证照生产经营食品的整治力度，严惩违法行为，共立案查处无证照生产经营食品23宗，罚款21.35万元，其中无证照经营餐饮12宗，无证照加工食品9宗，无证照销售食品2宗。取缔“地沟油”加工场3间，没收“地沟油”16桶。

非法行医整治 2011年，针对非法行医现象有所抬头的情况，大朗城管执法分局联同卫生、工商、公安等部门对非法行医展开清查整顿行动，共取缔“黑诊所”10间，立案查处7宗，罚款2.48万元。

噪音污染治理 2011年，大朗城管执法分局共受理噪音扰民投诉139宗，两宗屡教不改，已立案处罚，罚款1500元，其他经教育均改正。

没收物品处理 2011年，大朗城管执法分局完善执法程序，启动没收物品处理工作，及时处理2008年成立以来在执法中依法没收和经公告后无人认领的暂扣物品。对于部分需焚化销毁的物品，联同环卫部门经压缩处理后运往东莞市科伟环保电力有限公司（横沥镇）进行焚化销毁。2011年共销毁的物品有食用油2000多升、食用玉米淀粉242袋、成品玉米粉丝40包、原料花生63袋、大米26袋、豪牛饮料35箱、药品40多箱、成品米酒2桶、潲水油1桶及注射器、处方簿、药品进货单等物品一批。

【执法宣传】 2011年，大朗城管执法分局共在镇电视台播放违法建筑、城市“六乱”、非法行医等专题公告4次，各项行动、会议播报10多次。5月19日，协助市局在大朗镇中心小学举行主题为“每人多一种好习惯 东莞添一份新精彩”的文明礼貌进校园宣讲活动，共有400多名师生参加。1～4月，在长富、巷头、巷尾等社区（村）开展“执法进社区”活动，进行讲文明、讲卫生、守法规、爱护城市宣传教育。印制“市政道路整治”宣传手册30000份，由各社区（村）自行在辖区内市场、广场等场所及在美景路、松佛路、大源路、杨新路、富华路等重点路段进行宣传派发。 （杨春苑）

附：2011年大朗城管执法分局领导名录

局　长：梁锦锐
副局长：叶卓辉

2010—2011年大朗镇城市管理综合执法信访情况表

单位：宗

年　度	信访总数	其　中							
		城市六乱	违法建筑	噪音污染	无证食品	非法行医	占道经营	焚烧垃圾	其他
2010	452	79	76	172	35	19	63	4	4
2011	463	173	84	139	39	21	0	0	7

2011年与2010年立案查处数据对比

单位：宗

年度	简易程序立案总数	一般程序立案											
		无证照生产经营食品	非法行医	砍伐树木	噪音污染	占道经营	乱拉挂电线、电缆	乱摆卖	违章广告	违法建筑（已建房屋补办房产手续）	立案总数	撤案	结案
2010	41	83	3	0	0	4	0	42	26	5	163	1	125
2011	46	23	7	0	2	3	0	38	27	8	108	0	37

对外经济·招商引资

对外经济贸易

【大朗镇对外经济合作办公室】 大朗镇对外经济合作办公室（简称“大朗镇外经办”）、投资服务中心、招商办实行“三块牌子，一套人马”合署办公。共有职工22人，主要负责招商引资、宣传各项投资政策和相关法规、促进企业转型升级、外事、对台工作等。2011年大朗镇外经办荣获东莞市对外经济贸易合作局颁发的“加工贸易转型升级先进奖”、“一般贸易进出口先进奖”、“推进内销工作先进奖”、“利用外资先进奖”、“外贸进出口先进奖”、“引进大项目先进奖”、“引进服务业先进奖”、“十个100”工作先进奖、“镇街外经办优质服务奖”等荣誉奖项，成为荣获奖项最多的镇街之一。

【促进外资企业设立研发中心】 2010年以来，大朗镇共有67家外资企业设立研发中心（机构），总数排名全市第一，其中2011年新设立的有27家。在推进企业设立研发中心工作上，大朗镇外经办继续大力宣传发动，积极为企业做好咨询、办证、扶持资金申报等“一条龙”服务，分管领导多次到条件成熟的企业与投资者座谈，了解企业意愿，亲自为企业解答、解决问题，增强企业设立研发中心（机构）的决心。

【推进“十个100”专项工作】 2011年，大朗镇外经办继续大力推进“三来一补”转型，在确保完成26家市下达任务的基础上，对剩余80多家“三来一补”企业继续做好宣传发动，加快完成“三来一补”转型扫尾工作；推动企业设立地区总部，以华科成立华南地区总部为突破口，强化示范带动作用，选定春雨、信易为重点培育对象，加强沟通指导；推进企业创建品牌，加强与经贸部门的沟通联系，对重点培育对象进行调查摸底，大力鼓励华科、富强鑫公司注册品牌，协助明利公司重新申报省名牌产品，鼓励信易、艾尔发、春雨等企业申报国家驰名商标。

【举办全镇企业代表迎春座谈会】 2011年1月18日，大朗镇委、镇政府在帝豪花园酒店举行2011年企业代表迎春座谈会。镇委书记尹景辉、镇长谢锦波等全体党政领导班子成员，以及大朗商会、大朗台商分会、大朗外商分会、大朗女企业家协会、市毛纺织企业协会正副会长，全镇重点工业企业、重点毛织企业、商贸龙头企业、证券金融企业等董事长、总经理约200人出席了会议。镇领导与企业家们共聚一堂，喜迎新春，共商发展大计。

1月18日，大朗镇委、镇政府在帝豪花园酒店举行2011年企业代表迎春座谈会。

会议总结了大朗镇过去一年在产业结构调整、转型升级、招商引资、政府服务等方面所取得的成效，寄望企业扎根大朗，加快自身转型升级的步伐，不断做强做大。会议进一步促进政企对话，加强了政企交流，为谋划新一年的发展创建了沟通交流的平台。

【大朗外商分会举行周年庆典暨新年团拜会】 2011年1月13日，东莞市外商协会大朗分会在帝豪花园酒店隆重举行一周年庆典暨新年团拜会，镇委书记尹景辉、镇长谢锦波等全体党政班子成员、东莞市外商协会会长朱国基等协会领导、东莞市外经贸局梁浩祺副处长、大朗镇各职能部门负责人、各社区（村）领导、大朗镇各友好协会代表、各镇兄弟分会、大朗分会全体会员等约350人参加了庆典。会长周婉薇表示在过去的一年，东莞外商分会各会员企业抢抓国际金融危机带来的机遇，在逆境中寻找突破，在突破中促进转型。在市镇两级政府的关怀和指导下，大朗分会将进一步加强外资企业扎根东莞、立足大朗的信心。镇长谢锦波代表大朗镇委、镇政府致辞时表示，大朗外商分会各企业对大朗镇经济发展贡献良多，他希望外商协会大朗分会在周会长的带领下，奋发有为，开拓创新，充分发挥好沟通政企、联系内外、服务企业等功能，努力成为政府部门的助手、会员企业的顾问、大朗行业协会的领头人。

【大朗镇党政领导开展新春调研增强企业发展信心】 2011年2月16至17日，镇委书记尹景辉、镇委委员叶淑帆、副镇长傅秩恩等领导到盈利时、奈娜卡斯、源兴皮具、天虹物流、浔兴拉链、三基音响和华科电子等企业进行调研，了解大朗镇企业开年后的生产经营状况和发展目标，帮助企业解决遇到的问题，鼓励企业加快转型升级，增强企业的发展信心。尹景辉表示，大朗镇政府将一如既往地做好服务工作，并不断完善富民工业园和象山工业园的基础设施建设，为企业员工营造良好的生活环境和出行条件，增强高素质人才的引进力度，促进企业员工加快融入大朗，为企业发展提供良好的营商环境。

【大朗玮丰塑胶厂荣获省检验检疫首批一类企业证书】 大朗玮丰塑胶厂荣获广东省检验检疫局颁发的检验检疫首批一类企业证书，这也是全市14家获此殊荣的企业之一。玮丰塑胶厂将享受“优先办理报检、优先检验检疫、优化监管方式、优先出证放行”待遇，享受检验检疫部门最宽松的管理和最方便快捷的服务，检验检疫部门对企业的抽批比例、监管频次都会大大下降。东莞市检验检疫局陈斌主任鼓励玮丰塑胶厂继续发挥标杆作用，继续加强品质检测，提升产品质量，充分利用优惠政策带来的便利，加大出口，加快产业结构调整升级步伐。

【新华社广东分社社长杨春南到大朗调研加工贸易转型升级情况】 2011年3月15日上午，新华社广东分社社长杨春南一行莅临大朗，就大朗镇推动加工贸易转型的情况进行调研。调研组在大朗镇委书记尹景辉、市外经贸局副局长蔡康等领导的陪同下，先后参观了和谐幸福家园——求富路社区、大朗现代信息服务产业园、中心小学、大朗行政（产业）服务中心、荔香湿地公园等地，还参观了大朗毛纺织产品研发中心和信易电热机械有限公司，详细了解企业加快转型升级的措施和成效。调研组充分肯定了大朗镇产业结构调整升级取得的成绩，对大朗以城市升级推动产业升级，优化资源配置，集聚高素质人才等做法表示赞赏。

【大朗外经办召开支援日资企业现场办公会】 日本大地震发生后，全球经济发展受到较大震动，尤其是日资企业的正常生产经营受到不同程度的影响。为了解大朗日资企业震后的生产经营情况，帮扶日资企业解决生产中遇到的问题，4月8日，大朗外经办召开支援日资企业现场办公会，帮助镇内5家日资企业解决震后出现的新问题。会议鼓励日资企业积极应对震后出现的新情况和新问题，协助企业在进出口设备和原材料过程中解决突发问题，并要求企业向企业员工做好宣传和解释工作，防止出现群体性恐慌。

【全国人大财经委到华科公司开展专题调研】 2011年5月10日，全国人大常委会委员、财经委副主任委员牟新生带领调研组到东莞华科电子有限公司进行“转变我国经济发展方式”专题调研，省人大领导、市外经贸局副局长方见波、大朗镇副镇长傅秩恩等领导陪同调研，调研组一行参观了华科公司的无尘车间，听取了公司高层介绍公司概况、生产流程以及大力科技创新进行升级改造的做法。调研组一行对华科公司不断探求突破、大力实施转型升级的做法给予高度赞赏，指出华科是东莞乃至珠三角加工贸易企业转型升级的典范之一，对调研组研究全国转变经济发展方式带来很大启示。

【多国驻穗总领事官员到大朗品尝荔枝】 2011年6月26日，由市政府主办，市外事局、大朗镇政府协办的“驻穗领事啖荔活动”在大朗镇举行，活动邀请了15个国家驻广州穗领馆近100位领事官员及家属参加，其中新加坡、墨西哥、巴基斯坦、埃塞俄比亚、希腊等国驻穗总领事参加了该活动。市委常委、副市长江凌，市外事局局长蒋小莺，大朗镇委书记、镇人大主席尹景辉，副镇长傅秩恩等领导热情接待了代表团一行。来宾在市外事局和大朗镇政府有关人员的陪同下，到大朗镇凤山农业科技园的荔枝培育基地摘荔啖荔，随后参加了在帝豪花园酒店国际宴会厅举行的“市政府欢迎午宴”。近年来，邀请驻穗领事来大朗啖荔已经发展成为一年一度的品牌活动，以啖荔为平台，加强大朗与驻穗领事官员间的联系，进一步向外推介大朗的风土人情，展示大朗良好的自然生态环境，为大朗创造更多与世界握手的机会。

【大朗镇召开2011年企业代表荔枝节座谈会】 2011年6月28日，大朗镇召开2011年企业代表荔枝节座谈会，镇领导与出席的大朗重点工业企业、重点毛织企业、重点房地产项目、商贸龙头企业、金融行业等约200名企业高层欢聚一堂，品尝岭南佳果，感受荔乡风情，共商发展大计。座谈会上，镇长谢锦波发表讲话，他表示，大朗镇在广大企业的携手努力下，呈现出“经济稳步发展、企业效益提升、产业结构优化”的积极发展态势，他希望广大企业抓住新一轮发展机遇，实现新一轮跨越式发展。傅秩恩副镇长在座谈会上向企业宣讲了有关产业转型升级、海关加强对企业管理、用电错峰等政策和相关规定，要求企业加快转型升级步伐，提高企业竞争力。

【大朗镇外资企业踊跃参与“广东扶贫济困日”活动】 2011年大朗镇外资企业积极参加“广东扶贫济困日”捐助活动，不少外资企业负责人除带头捐款外，还积极发动员工参与，激发社会各界踊跃参与的热情，使扶贫济困日真正成为群众性的暖流行动。截至6月28日，大朗镇外资企业共捐得善款53.65万元。其中信易电热有限公司捐款3.5万元，盈利时表业有限公司捐款3万元，富强鑫塑胶机械有限公司、宝达日用品制造有限公司、明利钢材有限公司、安阳鞋业有限公司、奇妙包装有限公司、松泰针织有限公司、钜鼎照明有限公司、金准电器有限公司等企业各捐出2万元。

【省港澳办副处长张建军到大朗镇调研转型升级情况】 2011年7月6日，省港澳办副处长张建军一行在市港澳事务局有关领导的陪同下，分别到盈利时表业（东莞）有限公司及源亨皮具制品有限公司调研产业转型升级情况，并与盈利时表业、源亨皮具、澳源纺织、金边五金等外资企业负责人进行座谈。张建军副处长详细了解调研企业的生产经营情况和转型升级做法，并与企业就转型升级过程中遇到的问题进行交流。张建军副处长对企业转型升级的成果给予充分肯定。他表示，大朗镇外资企业的转型升级经验给他带来很大启示，省港澳办将向省政府反映企业在转型升级中遇到的问题，建议加快出台相应措施为企业发展扫清障碍。

【“2011年海外青年才俊聚东莞”在大朗举行】 2011年10月22日，由市政府主办的“2011年海外青年才俊聚东莞”系列活动欢迎晚宴在大朗帝豪花园酒店举行。来自美国、新加坡、马来西亚以及香港等6个国家和地区的200多位海外侨领、专业人士、华人媒体以及东莞市各镇街外事、侨务、港澳工作负责人共计300多人次参加了活动。活动为期四天，参与领导与代表团、

2011年10月24日，由市政府主办的第四批东莞市荣誉市民授荣大会在大朗镇帝豪花园酒店举行。

考察团成员除参加东莞市投资环境及引才引智专题推介会外，还根据自身需求与各镇街、企业、协会等就合资合作项目、人才引进等进行洽谈对接。此届活动延续了“海外青年才俊聚东莞”活动品牌，在活动内容、形式上加强经贸对接，深化合作交流，让广大海外华人华侨对东莞的投资环境、经济发展有了更深入的了解与认识，为他们在莞投资创业提供了有力支持。

【大朗镇两位企业家获第四批东莞市荣誉市民称号】 2011年10月24日，由市政府主办的第四批东莞市荣誉市民授荣大会在大朗帝豪花园酒店举行。市委副书记、代理市长袁宝成，市政协主席刘树基，副市长成洪波、市外事局局长蒋小莺，以及各镇街主要领导、历届东莞市荣誉市民代表和来自不同国家和地区的200多位海外华侨、专业人士、华人媒体等参加大会。36名对东莞有突出贡献的华侨华人、港澳台同胞、外籍人士获得了荣誉市民的殊荣。大朗镇两位企业家获得东莞荣誉市民称号，分别是东莞华科电子有限公司董事长邱郁盛和东莞标检研发中心总裁冯立中。

【香港中华总商会参考团参观东莞标检研发中心有限公司】 2011年10月28日，香港中华总商会会长蔡冠深、香港特别行政区政府驻粤办主任一行在市港澳事务局副局长陈国良、大朗镇委委员傅秩恩的陪同下，参观东莞标检研发中心有限公司。考察团一行参观了标检公司检测大楼的各个实验室，了解各类产品的检测流程、产品认证服务以及企业的经营运作等情况。蔡冠深会长表示，大朗的港资企业得到了大朗镇委、镇政府的大力支持，香港中华总商会会积极发挥桥梁作用，努力促进香港企业与大朗的交流合作，推动两地共赢发展。

【市委党校两次组织学员到大朗参观学习产业转型升级经验】 2011年11月1日及11月22日下午，市委党校分别组织转变经济转型方式研讨班、新兴产业学习班近70多名学员到大朗镇参观学习，真切感受大朗镇在推进产业转型升级、发展战略性新兴产业方面的经验和做法。镇委委员傅秩恩向学员们详细介绍了大朗镇在产业转型升级方面的发展思路、具体做法以及存在问题。学员们还在镇委委员傅秩恩的陪同下，参观东莞标检产品检测有限公司、颖祺实业有限公司、迈科科技有限公司，通过介绍和实地参观，学员们对大朗镇积极推动产业转型升级，大力发展战略性新兴产业的做法给予高度赞赏。

【大朗镇举办第二届外商杯男子篮球赛】 为活跃镇内企业的篮球气氛，为企业之间提供沟通联系和球技切磋的平台，大朗镇外经办与大朗外商分会于2011年10月底至11月期间联合举办了第二届“外商杯”男子篮球赛。本次赛事吸引了50多支外资企业队伍参加，经过多轮角逐，东莞源亨皮具制品有限公司夺冠，信易电热机械有限公司荣获亚军。

【环球工业机械（东莞）有限公司荣获荣格技术创新奖】 环球工业机械（东莞）有限公司凭借其研发的新产品——五轴钻铣复合机床获得金属加工行业领域的荣格技术创新奖，全国仅有35个企业获得该殊荣。环球机械公司于1997年成立，从事数控机床的研发生产，经过十多年的不断探索创新，该公司在数控机床研发上取得很大成功，多项研发获得实用新型专利。其中五轴钻铣复合机床是公司投入550万元，由30名研发人员历时两年研发而成，为亚洲首创，主要为加工复杂模具而设计，可在一台机床上利用一次装夹完成全部或大部分切削加工，以提高加工效率及保证工件的定位精度，且能够在短短的两分钟时间内完成铣削模式和深孔加工模式的相互转换，提高数控机床的加工能力，

大朗镇举办第二届外商杯男子篮球赛。

简化生产工序，降低生产成本。

【大朗成功申请“全省首批外贸转型专业基地”】 广东省外贸转型升级示范基地培育工作领导小组发布了《关于首批省级外贸转型升级专业型示范基地的公告》，全省27个基地成为“首批省级外贸转型升级专业型示范基地”，其中大朗毛织服装也名列其中，是东莞入围的两个示范基地之一。为扩大集群影响力，争取更多优惠政策扶持，大朗镇计划利用三年时间，打造国家级外贸转型升级示范基地。

【全市对台工作会议在大朗召开】 2011年12月7日，由市委台办、市台湾事务局主办的全市对台工作会议在大朗帝豪酒店国际宴会厅召开，市委台办主任、市台湾事务局局长游匡正，大朗镇委委员傅秩恩等领导，以及全市各镇街对台联络员近80人参加会议。镇委委员傅秩恩代表大朗镇在会上作出发言，并与参会人员交流了大朗镇在助力台企顺利扎根、扶持台企做强做大，以及推进台企转型升级等方面的经验。

招商引资

【招商引资取得稳定成绩】 2011年，大朗镇招商办及时调整招商思路，重点引进无污染、多缴税的工业企业，着手制定一系列引进有税工业的优惠政策，通过政策带动再次振兴工业企业，以工业为支撑发展服务业，多渠道多方位开展招商引资工作。外来资金投资项目投资总额30.4亿元，其中新签外资项目14宗（不包括33家“三来一补”转独资企业），内资投资额300万元以上的企业22宗。从行业性质来看，生产性项目投资总额13.67亿元，占全年新引进项目投资总额的44.97%，其中纺织服装企业投资总额1.63亿元；装备制造业企业投资总额2.52亿元；电子信息行业企业投资总额6.29亿元；服务贸易性项目投资总额16.73亿元，占全年新引进项目投资总额的55.03%。共引进4大房地产商，分别是投资2.5亿元的中熙房地产开发有限公司；投资3亿元的方略实业投资有限公司；投资3.2亿元的广州锦绣投资有限公司；投资3.5亿元的圣心实业投资有限公司。

【外资项目引进质量提高】 2011年共引进外资项目14宗（不包括“三来一补”转独资项目），同比减少3宗，合同吸收外资金额3175.96万美元，同比增长62.3%，外资项目引进质量明显提高。新签项目以港台投资为主，其中香港投资的有7家，台湾投资的有两家，且多以电子信息产业和机械制造业为主。投资总额超100万美元的企业有9家，其中超200万美元以上的企业有3家，依次是投资1531.5万美元的朗豪坊房地产开发有限公司，投资500万美元的胡连电子科技有限公司，投资210万美元的美商精展机械五金有限公司。

【外资企业增资总额逆势大幅增长】 2011年共计增资项目46宗，增资项目合同吸收外资金额10393.22万美元，同比增长97%。增资300万美元以上的企业有9家，依次是东莞华科电子有限公司增资2300万美元；东莞华新电线电缆有限公司增资2000万美元；中编印务有限公司增资1330万美元；百一（百吉）电子有限公司增资1150万美元；盈利时表业有限公司增资641.5万美元；承杰针织有限公司增资400万美元；茂志实业有限公司增资359.2万美元；莞盛针织有限公司增资356.9万美元；统立精密电子有限公司增资321.57万美元。

【大幅提高闲置用地和空置厂房利用率】 大朗镇招商办大力做好空置厂房和闲置用地调研，积极为投资者搭建沟通平台，大力做好招商服务，大大提高了闲置用地和空置厂房使用率。2011年初大朗镇共有空置厂房333421平方米，全年共出租厂房182145平方米，厂房空置率大大降低；大力启动闲置用地招商引资，利用调剂闲置用地招商4宗，确认项目的工业用地205.9亩共137313平方米，如为东莞酷比实业投资有限公司调配工业用地93亩，为广东以诺通讯有限公司调配工业项目66.8亩，为广东阿达食品有限公司调配工业项目26.1亩，为广东海能机电设备有限公司调配工业项目20亩。

【50家重点工业企业经济指标增长相对放缓】 2011年是后国际金融海啸时期，企业持续发展面临较多不稳定和不确定因素，各项经济指标同比和环比增长逐渐放缓。全镇50家重点企业工业总产值144.88亿元，占全镇工业总产值的47.49%，产值在10亿元以上的有3家，依次是华新、华科和颖祺；50家重点企业中，有44家实现盈利，累计利润总额3.2亿元；共有35家重点企业开展内销，累计内销总额35.39亿元，同比增长1.23%；共有39家重点企业开展出口业务，出口总额9.90亿美元，同比增长4.78%；50家重点企业上缴

2011年2月23日，东莞华科电子有限公司在大朗象山工业园隆重举行PSA（华科事业群）华南营运总部奠基典礼。

的税收总额2.88亿元，同比增长19.35%。

【东莞华科事业群隆重举行PSA华南营运总部奠基典礼】 2011年2月23日，东莞华科电子有限公司在大朗象山工业园隆重举行PSA（华科事业群）华南营运总部奠基典礼。副省长宋海、省委台湾工作办公室副主任张科等省领导，市委书记、市人大常委会主任刘志庚、副市长江凌、市外经贸局局长黄冠球、市台湾事务局局长游匡正等市及有关部门领导，大朗镇委书记、镇人大主席尹景辉等镇党政班子成员和相关部门负责人，华科事业群董事长焦佑衡等高层以及华科电子公司员工等约200人参加了庆典。PSA（华科事业群）华南营运总部的奠基，标志着东莞华科电子有限公司的发展进入了一个新的阶段。PSA营运总部建成后，东莞华科将成为华新丽华集团PSA（华科事业群）华南区10多家企业的研发、配送、结算、管理等营运中心，将极大促进东莞华科电子公司扩大发展，进一步巩固华科的行业龙头地位。

【中国最大特种钢销售企业——宁兴特钢集团有限公司大朗新厂区落成】 2011年3月23日，由宁兴特钢集团有限公司投资的广东宁兴特钢贸易有限公司在大朗镇富民工业园厂区内举行新厂落成庆典。副市长邓志广，镇委书记、镇人大主席尹景辉，副镇长傅秩恩等领导和有关职能部门负责人，以及宁兴控股集团董事长吴以刚、宁兴特钢集团有限公司、广东宁兴特钢公司高层、供应商（包括国内两大钢厂东北特钢集团和攀长钢集团）、客户、员工等300多人出席了庆典。广东宁兴特钢贸易有限公司是由宁兴控股集团旗下子公司宁兴特钢实业有限公司投资成立，集钢材批发贸易、配送零售、机械加工、进出口业务、热处理加工于一体，为华南地区的模具岗产业提供优质原材料和售后服务。该公司首期投资1亿元，在大朗富民工业园购地28亩，自建厂房1万多平方米，拟将大朗厂区打造为华南区模具销售基地。

【东莞中编印务有限公司引进亚洲第一台全自动数字印刷机】 2011年4月8日，中编印务有限公司在东莞喜来登大酒店举行“惠普喷墨轮转印刷机亚洲首发会”，会后邀请副镇长李创业、傅秩恩等镇领导，香港数码印刷协会、广东印刷协会的监理事会成员和部分会员，以及公司客户等近100人到其厂区参观数码生产线的运行演示。中编印务有限公司在2009年顺利完成转型后，紧握发展机遇，多次斥巨资从欧美进口多种最新型的生产设备。其中2011年增资3000多万元从美国引进数码生产线，惠普喷墨轮转印刷机是该条生产线的主打设备，价值2000多万元，也是亚洲引进的第一台全自动数控印刷机。该设备处于全球先进水平，可实现全自动高速数字书籍印刷，并将中编公司的生产能力扩大50%。

【测量设备生产行业龙头——瑞典海克斯康集团旗下企业东莞七海测量有限公司开业】 2011年9月29日，东莞七海测量技术有限公司在大朗帝豪花园酒店举行了开业庆典。镇委委员傅秩恩、韩暖渠等领导，镇国税分局、地税分局、安监分局等十多个部门的负责人，七海公司投资集团——瑞典海克斯康总裁诺伯特汉克等高层，及公司客户、供应商等100多人出席了庆典。七海公司是海克斯康计量产业集团收购七海光电公司而设立，通过优化厂区环境和生产环境、改善生产设备和技术，向国内外提供高质量的测量设备和技术服务，是大朗镇实现“换笼换鸟”工业发展新思路的典型代表。

【大朗镇实施工业区（厂房）

改造补贴及奖励引进优质工业项目】 为鼓励和支持工业区（厂房）改造，营造良好的投资环境，吸引更多的优质项目落户大朗，加快推进产业结构转型升级，大朗镇结合实际情况，分别出台《大朗镇工业区（厂房）改造补贴试行办法》和《大朗镇鼓励引进优质工业项目奖励试行办法》。工业区（厂房）改造补贴对象为对大朗镇被列入改造补贴范围的工业区（厂房）进行改造的业主，包括各社区（村）、私人，对符合补贴条件的建筑面积给予200元平方米的补贴（相当于两年厂租总额）。引进有税项目的奖励对象为各社区（村），从2011年10月1日后引进的工业企业，年缴税达100万元以上的，按当年该企业所缴税收镇级留成部分的50%奖励给社区（村）。在2009年1月1日之后"三来一补"工厂转为独资企业，符合奖励标准的，按增加部分奖励50%给社区（村）。

（刘惠瑜　曾雪霞）

附：2011年大朗镇外经办领导名录

主　任：傅秩恩

副主任：刘浩江　陈立志

2011年大朗镇招商办领导目录

主　任：傅秩恩

副主任：叶志忠

2011年大朗镇投资服务中心领导名录

主　任：傅秩恩

副主任：叶志忠

2011年大朗镇新签外资项目一览表

签出年月	企业名称	所属单位	外方注册地	行　业	外资金额（万美元）	是否属于"三来一补"转型
201101	东莞南天塑胶制品有限公司	佛新	中国香港	塑胶品业	140.00	
201101	东莞巽阳电子有限公司	石厦	美国	电子业	6.43	转型
201101	东莞国瀛精密五金有限公司	松木山	美国	五金金属	25.71	转型
201101	东莞王氏安业五金制造有限公司	高英	中国香港	玩具业	19.28	转型
201101	东莞茂荣贸易有限公司	巷头	中国香港	服装批发	102.83	
201102	东莞市朗豪坊房地产开发有限公司	圣堂	中国香港	房地产业	1531.53	
201102	东莞兴旭电子有限公司	物资公司	中国香港	电子业	96.41	
201102	东莞莞盛针织有限公司	求富路	中国香港	毛纺织业	25.71	转型
201103	东莞伟誉电声有限公司	福利院	中国台湾	电子业	12.83	转型
201103	东莞天祐纸品有限公司	水口	中国香港	纸制品业	22.86	转型
201103	东莞海华服装工艺有限公司	蔡边	中国香港	刺绣业	19.26	转型
201104	东莞欣竣茂电子有限公司	长富公司	中国香港	电子业	26.96	转型
201104	晓星电子（东莞）有限公司	沙步	中国香港	电子业	25.68	转型
201104	东莞艾里斯工艺有限公司	巷尾	中国香港	工艺品业	25.68	转型
201104	东莞松山纸品有限公司	松木山	中国台湾	纸制品业	160.50	转型
201104	东莞东冠电子制品有限公司	发展公司	塞舌尔	电子业	64.20	转型
201104	东莞瑞胜贸易有限公司	长塘	缅甸	电器品业	38.49	
201105	东莞大朗竣威电子有限公司	长富公司	中国台湾	电子业	12.83	转型
201105	东莞荣华皮具有限公司	巷尾	中国香港	皮革品业	19.24	转型
201105	东莞励辉电脑针织有限公司	巷头	中国香港	毛纺织业	192.45	转型
201105	东莞胡连电子科技有限公司	犀牛陂	中国香港	电子业	500	
201105	东莞铝莞压铸五金制品有限公司	洋坑塘	中国香港	五金金属	57.73	转型
201105	东莞富韵电子有限公司	松柏朗	中国香港	五金金属	100	
201106	东莞精进软件科技有限公司	大井头	维尔京群岛	软件批发	17.96	
201106	东莞美商精展机械五金有限公司	石厦	美国	五金金属	210	
201106	东莞华志弹簧五金有限公司	洋坑塘	中国台湾	五金金属	38.49	转型

续上表

签出年月	企业名称	所属单位	外方注册地	行 业	外资金额（万美元）	是否属于“三来一补”转型
201106	东莞欣统电子有限公司	水口	维尔京群岛	电子业	19.24	转型
201107	东莞志发织造有限公司	巷头	中国香港	毛纺织业	38.49	转型
201107	东莞信宝电子产品检测有限公司	石厦	中国台湾	检测服务	38.49	
201107	东莞后声电子有限公司	发展公司	中国香港	电子业	38.49	转型
201107	东莞七海测量技术有限公司	松木山	瑞典	检测服务	152.17	
201107	东莞宏联基业电器有限公司	沙步	中国香港	电器品业	12.83	转型
201108	东莞群兴织造有限公司	圣堂	中国香港	毛纺织业	25.66	转型
201108	东莞高普制漆有限公司	洋坑塘	中国香港	化工产品	32.07	转型
201108	东莞星钛运动器材有限公司	新马莲	中国台湾	木品业	19.24	转型
201108	东莞立通金属制品有限公司	黄草朗	中国香港	五金金属	51.32	转型
201109	东莞曜新电子塑胶有限公司	发展公司	中国台湾	电子业	12.83	转型
201109	东莞久杰树脂涂料有限公司	长富公司	中国香港	化工产品	6.42	转型
201109	东莞长富手袋有限公司	工业公司	中国香港	制袋业	19.25	转型
201110	东莞华利兴绣花织唛有限公司	蔡边	中国香港	刺绣业	32.09	转型
201110	东莞承华粉末冶金有限公司	洋乌	维尔京群岛	五金金属	100	
201110	东莞美利电子有限公司	水平	中国香港	电子业	160.27	转型
201110	东莞巨冠饰品有限公司	犀牛陂	萨摩亚	塑胶品业	100	
201111	东莞菱和宝德冷热设备有限公司	松木山	中国香港	机械设备	48.08	
201111	东莞大朗达隆五金塑胶有限公司	水口	中国香港	塑胶品业	15.39	转型
201111	东莞大朗毅进塑胶五金制品有限公司	高英	中国香港	五金金属	12.82	转型
201111	东莞有联电线有限公司	沙步	中国香港	电线业	12.82	转型

2011年大朗镇增资外资项目一览表

签出年月	企业名称	所属单位	企业类型	外方注册地	行业	外资金额（万美元）
201101	东莞百一电子有限公司	发展公司	独资	维尔京群岛	电子业	850.00
201101	耀保五金制品（东莞）有限公司	水平	独资	中国香港	家具业	30.00
201101	东莞奈那卡斯精密汽车配件有限公司	求富路	独资	英国	五金金属	100.00
201101	东莞中编印务有限公司	高英	独资	中国香港	纸制品业	500.00
201101	东莞艾尔发自动化机械有限公司	松木山	独资	萨摩亚	机械设备	14.43
201101	东莞钧盟模具有限公司	水口	独资	中国香港	机械设备	66.00
201102	振曜电子（东莞）有限公司	黄草朗	独资	中国台湾	电子业	10.00
201102	东莞大朗辉鸿电子厂	大井头	三来一补	中国台湾	电子业	85.69
201103	东莞德宝五金制品有限公司	巷头	合资	中国香港	五金金属	36.44
201103	东莞玮丰实业有限公司	发展公司	独资	中国香港	塑胶制品业	6.42
201104	东莞啡舞餐饮有限公司	长塘	独资	塞舌尔	餐饮业	128.40
201104	东莞辉成五金制品有限公司	洋乌	独资	中国香港	五金金属	6.41
201104	东莞百吉通信设备有限公司	发展公司	独资	维尔京群岛	机械设备	300.00
201105	东莞标帆塑胶五金制品有限公司	水平	独资	中国香港	五金金属	25.66

续上表

签出年月	企业名称	所属单位	企业类型	外方注册地	行业	外资金额（万美元）
201105	东莞基亚塑胶五金制品有限公司	大井头	独资	中国香港	塑胶品业	6.41
201105	东莞伟奕服装辅料有限公司	蔡边	独资	中国台湾	毛纺织业	43.11
201106	盈利时表业（东莞）有限公司	新马莲	独资	中国香港	钟表业	256.59
201107	喜扬电声（东莞）有限公司	松木山	独资	中国台湾	电子业	38.49
201107	东莞中编印务有限公司	高英	独资	中国香港	纸制品业	830
201107	东莞华新电线电缆有限公司	发展公司	独资	中国台湾	电线业	2000
201107	东莞良烨塑胶有限公司	求富路	独资	萨摩亚	塑胶品业	10
201108	东莞富韵电子有限公司	松柏朗	独资	中国香港	电子业	100
201108	东莞健泰花边针织有限公司	洋坑塘	独资	中国台湾	纺织业	6.41
201108	东莞华艺五金塑胶制品有限公司	水口	独资	中国香港	五金金属	12.83
201108	东莞宝尔菲特服装有限公司	杨涌	独资	中国香港	服装批发	71.85
201108	东莞宝兴精密模具有限公司	洋坑塘	独资	中国台湾	机械设备	29.51
201108	东莞铁之达电子有限公司	发展公司	独资	维尔京群岛	电子业	105
201109	盈利时表业（东莞）有限公司	新马莲	独资	中国香港	钟表业	385.04
201109	东莞茂志针织有限公司	巷头	独资	中国香港	毛纺织业	359.37
201109	东莞佳成制冷科技有限公司	黄草朗	独资	中国香港	塑胶品业	12.83
201109	东莞佳宏汽车用品有限公司	洋坑塘	独资	文莱	机械设备	102.68
201110	东莞安阳鞋业有限公司	高英	独资	萨摩亚	鞋类业	6.41
201110	东莞电山电机有限公司	长富公司	独资	新加坡	机械设备	19.25
201111	东莞凯扬五金机械有限公司	洋乌	独资	中国台湾	五金金属	6.41
201111	东莞丽元照明科技有限公司	沙步	独资	毛里求斯	灯饰品业	110
201111	惠比寿塑胶制品（东莞）有限公司	求富路	独资	中国香港	塑胶品业	19.23
201111	东莞华科电子有限公司	发展公司	独资	中国香港	电子业	2300
201112	东莞承杰针织有限公司	长塘	独资	中国香港	毛纺织业	400
201112	东莞莞盛针织有限公司	求富路	独资	中国香港	毛纺织业	356.94
201112	统立精密电子（东莞）有限公司	松木山	独资	中国香港	电子业	321.57
201112	环球工业机械（东莞）有限公司	高英	独资	中国香港	机械设备	108.33
201112	东莞金星电线有限公司	洋乌	独资	中国香港	电线业	44.76
201112	东莞祥龙五金制品有限公司	沙步	独资	中国台湾	五金金属	6.43
201112	东莞佳阳模具有限公司	水口	独资	中国台湾	机械设备	32.16

工 商 业

工 业

【工业产值】 2011年，大朗镇实现工业增加值85亿元，比上年增长2.9%，占GDP的比重为57.8%。全镇完成工业总产值305亿元,增长4.8%。其中规模以上工业总产值255.1亿元，增长4.1%。在规模以上工业中，重工业产值130.2亿元，增长5.8%，所占比重为51%；轻工业产值124.9亿元，增长2.4%，占49%。超亿元企业完成工业总产值152.8亿元，占规模以上工业总产值的59.9%。规模以上工业实现利润总额5.5亿元，比上年下降20.8%；资产负债率为68.4%；工业经济综合效益指数为117.8，比上年下降5.2个百分点。全年规模以上三大支柱产业中，毛织业产值79.1亿元，下降1.6%；装备制造业产值115.4亿元，增长5.2%，其中机械装备制造业30.9亿元，增长4.4%；电子信息制造业产值104.4亿元，增长8.1%。

【节能降耗工作】 2011年，大朗镇开展各项节能降耗工作，一是开展重点耗能企业监督工作。配合市能源利用监测中心到企业开展督导工作，指导企业填报能源利用状况报告，督促重点耗能企业按时按质报送能源利用状况报告及能源审计报告，开展节能监察和印染行业基本情况核实等工作。二是开展全镇节能自查工作。组织有关部门对全镇2010年的节能降耗工作进行自查、自评，形成《大朗镇2010年度节能自查报告》，并顺利通过市考核组考核。三是开展高效照明产品推广工作。通过媒体、张贴宣传单张、转发电子邮件、开展销会等形式，向全镇居民、企业、公共机构等推广高效照明产品。一年来，在长盛广场开展了两次节能灯现场展销会，居民、企业共购买补贴节能灯12000多支。此外，还引导和推动华科电子投资114.54万元进行节能改造，共购置更换T5节能灯13000支。四是协助市“上大压小”项目收购小火电机组。2011年共完成收购小火电机组新关停容量0.48万千瓦。

【技术改造】 2011年，大朗镇经贸办协助镇内企业申请办理技改项目进口设备，提高产业的科技含量，提升产品的竞争力。全年累计协助24家企业引进进口先进设备1300多台（套），项目总投资达4.8亿元，用汇5539.6万美元，其中引进数控织机1328台，价值4.78亿元。

【“四个30项目”工作】 2011年，大朗镇认真贯彻落实《东莞市重点项目管理办法》，组织有关企业负责人召开工作会议，明确工作目标和具体任务，定期对迈科科技的“动力型锂电池及电动汽车电池的研发和产业化项目”、远峰科技的“GPS研发生产项目”、万濠仪器的“建设精密光学检测仪器研制、生产和销售总部项目”、天虹工贸的“天虹仓储加工中心项目”、东莞标检的“二期检测大楼建设项目”、创意产业园的“毛织服装时尚设计创意区”和“现代信息产业园”等6个建设单位、共7个建设项目进行实地走访、跟踪服务，深入了解企业情况和项目建设情况，及时报送有关报表、材料。2011年大朗镇项目年度计划投资总额为11.2亿元，累计完成项目年度投资10.1亿元，占年度计划总投资的90.2%。

商贸流通业

【大朗镇经贸办】 2011年，大朗镇经贸办有工作人员10人，设主任1名，副主任3名，荣获市经信局颁发的“2011年度经信工作先进单位”、“2011年度经济运行工作先进单位”、获市物价局颁发的“2011年度物价工作先进单位”。

【“家电下乡”和“家电以旧换新”】 2011年，大朗镇经贸办在全镇范围内开展家电下乡销售网点代垫补贴工作，与网点签订《广东省家电下乡销售网点代理审核并垫付补贴资金协议书》，加大对简化后的家电下乡补贴兑付政策宣传。指导网点完成备案和补贴申领资料整理工作。2011年累计审核补贴资料13486份，发放补贴629.92万元，共补贴1681人次。

【创建市食品安全样板市场工作】 2011年，大朗镇将佛子凹综合市场作为创建对象，并于11月顺利通过市考核组验收。一是通过实地考察调研、与市场开办者和管理人员开协调会、邀请创建督查组指导等方式，共同研究市场升级改造方案和设计效果图，并提出规范指导意见；二是督促市场按照方案进行升级改造，不定期组织有关部门、专家到市场进行检查，找出存在问题，协助其完善、解决问题；三是加强对食品安全样板市场宣传，组织媒体对市场改造情况进行跟踪报道，展示改造成果。

【肉食、酒类及盐业市场管理】 2011年，大朗镇组织有关职能部门开展了肉食市场和酒类市场专项管理。开展了肉食检查行动、肉制品专项整治行动、“瘦肉精”专项整治行动等，全年累计出动执法人员345人次，检查单位395个次，取缔无证照加工小作坊6个；开展酒类产品打假行动，检查销售、餐饮单位491家，立案1宗，查获涉嫌假酒400多瓶；开展盐业市场专项检查，全年累计出动执法人员204人次，检查食堂299个，餐饮企业166家，农贸市场20个，超市51家，查获假冒伪劣食盐300多公斤。 （蔡 敏）

民营经济

【奖励企业】 2011年，大朗镇经贸办鼓励企业进行技术改造、技术创新，向企业宣传国家、省、市有关资金扶持政策，组织和协助企业做好项目（资金）申报材料整理、报送工作。2011年累计组织企业申报各类技改技创项目、财政扶持资金近20余次，共有237个项目（企业）申报4个扶持项目（资金），申请补助资金达1069万元，申报情况为：安盛针织申报“2011年东莞市技术改造和技术创新专项资金（技改）”；中一合金申报“2011年东莞市技术改造和技术创新专项资金（技改）”；众圣针织申请“2011年东莞市引进技术消化吸收资金项目”；盈利时表业申请“2011年东莞市装备制造业发展专项资金项目”等。

【推动民营企业发展】 2011年，大朗镇经贸办帮助民营企业拓展内地及其他地区市场，组织英伟实业、薏莎实业等毛织企业加第七届中国新疆喀什·中亚南亚商品交易会；组织大拇指食品公司参加第二届中国（道滘）美食文化节暨名优食品展、第七届中国粽子文化节；组织早学宝教育、高宝塑胶玩具等企业参加第三届中国国际影视动漫版权保护和贸易博览会；组织慧彤电子、海拓伟科技、明和机械等19家企业参加第十三届东莞国际电博会；组织兴业、众圣、英伟等12家企业参加全国毛针织名优精品推荐活动，经过努力，兴业、众圣、成就等6家企业的8个产品获得精品奖，英伟、成就、伟毅等8家企业的16个产品获得优质产品奖。

附：2011年大朗镇经贸办领导名录

主　任：陈仲轩

副主任：谢绍强　彭仲华　骆伟民

2011年度大朗镇纳税前30名民营企业

序　号	企　业	纳税额（万元）
1	东莞市碧桂园房地产开发有限公司	5711
2	东莞市颖祺实业有限公司	3384
3	东莞市新世纪明上居商住开发有限公司	2333
4	东莞市碧水天源物业有限公司	2093
5	东莞市帝豪花园酒店有限公司	1428
6	东莞市东方银座置业有限公司	1215
7	东莞市远峰科技有限公司	1002

续上表

序　号	企　业	纳税额（万元）
8	东莞市丰源投资发展有限公司	990
9	东莞市正大兴业实业投资有限公司	818
10	东莞市金泽服装有限公司	785
11	东莞市迈科科技（新能源）有限公司	728
12	新世纪房地产（含明上居、长盛广场、天域酒廊、天域歌剧院、天域文化传播）	692
13	东莞市威驰针织有限公司	655
14	东莞市福都花园开发有限公司	576
15	东莞市众达针织制衣有限公司	551
16	东莞市帝亚针织时装有限公司	550
17	东莞市欧佳特服饰有限公司	519
18	东莞市晟邦机电有限公司	508
19	东莞市汇盛实业投资有限公司	493
20	东莞市华轩针织制衣有限公司	473
21	东莞市兴业针织有限公司	473
22	东莞市中一合金科技有限公司	469
23	东莞市大朗涌韵音膜厂	457
24	东莞市威红服饰有限公司	449
25	东莞市通盛实业投资有限公司	449
26	东莞市亿达音响制造有限公司	448
27	东莞市厚威包装有限公司	403
28	东莞市贝辉装饰材料有限公司	402
29	东莞市大朗雅骏服饰厂	399
30	东莞市美姬服饰有限公司	396

供销合作社

【概况】 2011年，大朗供销社下设分支机构包括废旧物资回收公司、拍卖行、旅社，工作人员（含属下分支机构）236人，其中在职职工23人。废旧物资回收有限公司下设废品回收站（点）85个，其中废品站3个（黄草朗废品回收站、大朗中心废品回收站、保安墟废品回收站），主要负责企业工厂生产性的废旧物资，废品点82个，主要负责居民生活性的废旧物资。供销社获“2011年度全市供销社系统表扬单位”，“2011年度全市供销社系统安全生产工作先进单位”。

【废品回收经营管理】 规范废品回收行业　2011年，大朗镇供销社开展6次专项整治行动，全年累计检查废品回收站（点）278间，依法取缔无牌无证经营的站（点）8间，同比减少27.3%，合理整改违规住人的站（点）48间，规范整治存在火灾隐患的站（点）6间，处理镇有关部门转来的废品投诉信件1宗，同比减少4宗，投诉处理成功率100%。

常抓站（点）安全生产　2011年，大朗镇供销社实行每周巡查制度，累计检查废品回收站（点）266间，合格率达96.3%，累计发出限期整改通知书10份，整改通过率100%，全年无发生消防安全事故。与镇内各废品回收站（点）负责人签订77份《废品收购站消防安全责任状》，把安全责任落实到个人。

提高从业队伍素质　2011年，大朗供销社开展两期主题为“消除火灾隐患 共创平安家园”的消防安全培训班，全镇各废品回收站（点）从业人员共3263人参加，内容主要包括废品回收站（点）的火灾防患要点，消防器具的操作以及火灾事故逃生技巧。

【平价商店经营管理】 2011年，大朗镇先后开办三家平价商店，分别是金穗、金惠、金稻粮油店，主营产品包括粮、油、蛋、蔬菜4类，品种达到90多种，分别位于大井头农贸市场、大朗农贸市场及蔡边市场。

【物业经营管理】 2011年，大朗镇供销社以较低价格回购位于大朗金朗中路292号（莞樟路旁）的商业大楼（于1993年以人民币1130万元出让给广东恒丰投资集团有限公司），对大楼进行升级、改造后出租。

附：2011年大朗供销社领导名单

主　任：叶钦连

副主任：叶杰生　李旭明

大朗镇经济发展总公司

【概况】 2011年，大朗镇经济发展总公司架构由经理、办公室、财务部、拓展部、企管部组成。公司人数为9人。2011年荣获外经贸工作先进单位。2011年底，已发展“三资”企业、“三来一补”企业及“民营”企业共39家，形成规模较大、设施完善的四个经济开发区：大角岭经济开发区、玮丰工业区、春雨经济开发区及华新丽华科技工业区。

【做好招商引资】 2011年，大朗镇经济发展总公司引进中诺通讯设备股份有限公司，总投资额5亿元人民币。2011年度大朗镇经济发展总公司属下企业：东莞华新电线电缆有限公司纳税额为2785万元人民币；东莞华科电子有限公司纳税额为1028万元人民币；春雨（东莞）五金制品有限公司纳税额为934万元人民币；大宝（东莞）模具切削工具有限公司纳税额为840万元人民币，分别居镇纳税前十名外资企业的第二、第五、第六、第七名。大朗镇出口前十名企业经济发展总公司企业有东莞华科电子有限公司出口额12322万美元，居第一名；东莞大朗百一电子厂出口额6062万美元，居第四名。发展总公司2011年利用外资（引进外资）数额是3376万美元，其中新签企业投资额115万美元，企业增资额3261万美元。

【加强服务和管理】 2011年，大朗镇经济发展公司强化财务管理，重点放在追收应收款和及时归还银行贷款。2011年，公司应收款1452万元，并将往年应收款追回，实际收回款达2024万元。对银行的借款进行整合，清还银行借款540万元，减少公司的运营成本。坚持招商引资，不断加强对属下企业服务，优化公司服务水平，帮助企业办理土地证、营业执照年审、三来一补企业转型、消防、环保等手续。帮助企业调解处理劳资纠纷，不定期对企业进行安全生产检查，确保企业稳定发展。　（何仲伟）

附：2011年大朗镇经济发展总公司领导名录

副经理：黄柱广

大朗镇工业总公司

【概况】 东莞市大朗镇工业总公司成立于1985年5月，属大朗镇集体企业，具有独立法人资格。2011年工业总公司人数为5人，设总经理1人，副总经理1人，目前业务以租赁厂房、场地为主，自营企业已全部转制，租赁物业主要位于长富路、巷头九郁工业区和松柏朗区。具体为：长富旅行袋厂（属三来一补企业，处转型中）、大和商业城、步行街商铺、福特拼纱厂、利浩针织时装有限公司、骏兴纺织品贸易有限公司、东莞市集胜五金厂、水霖学校租用。厂房总建筑面积35500平方米，商铺总建筑面积13700平方米。公司集体土地约94亩。2011年公司总资产2406万元，总负债2032万元，净资产374万元。公司的工作和收入主要是物业管理和厂、铺租赁收入，2011年总收入570万元。

（谢妙嫦）

附：2011年大朗镇工业总公司领导名录

经　理：叶秩深

副经理：孙托明

大朗镇物资公司

【概况】 大朗物资公司成立于1990年10月，属大朗镇集体企业，具有独立法人资格。2010年物资公司人数为5人，设总经理1人。现有集体土地约57亩，厂房总建筑面积25000平方米，公司收入主要是租赁收入，辖有两个工业区，租赁工厂两家，分别位于洋坑塘工业区的东莞市立顶照明科技有限公司和金沙墩工业区的东莞大朗旭声电子厂及商铺23户。2011年公司总资产1460万元，总负债418万元，净资产1042万元，年总收入359万元。

物资公司与工业总公司共设一个基层党支部，现有党员22人。

（谢妙嫦）

附：2011年大朗物资公司领导名录

经理：叶秩深

大朗镇粮食管理所

【概况】 2011年，大朗镇粮所由原来的市发展和改革局派出机构转为镇属单位，由镇政府管理。现有员工13人，其中编制4人，主要管理镇级储备粮。2011年，东莞市发展和改革局下达大朗镇储备粮轮换任务为2965.57吨，分两批轮换。具体轮换方式是先销后购，轮换时由原先的广东华南粮食交易中心改由东莞市拍卖行进行竞价销售及购进，顺利完成下达任务。

2011年11月18日，成洪波副市长率领市督察组一行来到大朗，对肉制品专项整治工作展开专项督查。（庹进泉 摄）

附：2011年大朗镇粮食管理所领导名录

所 长：梁树球

毛 织 业

【大朗镇毛织行业管理办公室】 2011年，大朗镇毛织行业管理办公室共有工作人员14人，设主任1人。大朗镇被评为"2011年中国纺织服装行业十大产业集群"，"织交会"被评为"中国最具影响力展览会50强"和"2011年中国纺织服装行业十大地方展会"。2011年11月11日，在北京召开的中国纺织工业联合会第三次会员代表大会上，大朗镇人民政府当选为中纺联第三届理事单位，大朗镇委副书记、镇长谢锦波当选为理事。

【毛织业发展综述】 行业构成 2012年2月，大朗镇共有毛织行业总户数3108户，其中：生产加工户数1908户（含毛织服装1854户，纱线辅料17户，机械及配件37户），批发和零售业户数1113户（含毛织服装销售216户，纱线辅料销售748户，机械及配件销售149户），租赁和商务服务业户数87户（含机械及配件维修67户，毛织咨询服务两户，毛织相关设计10户，漂染8户）。

公司注册 截至2012年2月，全镇毛织注册有限公司共有911家，比上年增长37%。

商标注册 截至2012年2月，全镇毛织商标数637个，比上年增长2%。

规模以上企业 2011年，全镇86家规模以上毛织企业实现产值79亿元，出口交货值42亿元，占产值的53%。

2011年大朗镇毛织产业获奖情况汇总表

奖　项	受奖单位或个人	颁发时间	颁发单位
中国最具影响力展览会50强	中国（大朗）国际毛织产品交易会	2011年12月	中国会展行业年会组委会、全国会展评选活动办公室
2011年中国纺织服装行业十大产业集群	大朗镇	2011年12月	《纺织服装周刊》杂志社
2011年度中国会展经济突出贡献奖	韩暖渠	2011年12月	中国会展行业年会组委会、全国会展评选活动办公室
2011年中国纺织服装行业十大地方展会	中国（大朗）国际毛织产品交易会	2011年12月	《纺织服装周刊》杂志社

2006—2011年大朗镇毛织注册有限公司数量

年　度	2006	2007	2008	2009	2010	2011
毛织有限公司数（家）	205	257	322	497	663	911（截至2012年2月）
较上一年增长（%）	/	25	25	54	33	37

2006—2011年大朗镇毛织商标数量

年　度	2006	2007	2008	2009	2010	2011
毛织注册商标数（家）	282	307	377	472	625	637（截至2012年2月）
较上一年增长（%）	/	8.8	22.8	25.2	32.4	1.9

2006—2011年大朗镇规模以上毛织企业数量

年　度	2006	2007	2008	2009	2010	2011
规模以上毛织企业数	42	55	56	68	85	86
规模以上企业产值（亿元）	31	37	39	51	81	79

2011年大朗镇规模以上毛织企业各项指标

指标名称	单　位	主营业务2000万元以上企业（统计口径）		
		2010年	2011年	增长（%）
产业集群企业数	个	79	86	8.9
工业总产值（当年价格）	千元	8037156	7910003	-1.6
工业销售产值（当年价格）	千元	7963012	7889610	-0.9
其中：出口交货值	千元	4227736	4170392	-1.4
工业增加值（当年价格）	千元	5915330	5984610	1.2
主营业务收入	千元	7963012	7889610	-0.9
主营业务成本	千元	7479280	7321053	-2.1
主营业务税金及附加	千元	17224	22989	33.5
利润总额	千元	100389	101510	1.1
本年应交增值税	千元	164229	175840	7
全部从业人员平均人数	人	27383	26118	-4.6
毛织服装产量	万件	19184	18928	-1.3

注：规模以上毛织企业是指年产值2000万以上的企业（2011年之前为500万以上）。

2008—2011年大朗镇毛织企业纳税大户情况表

纳税大户　2011年，全镇民营企业纳税大户共194家，其中毛织企业128家，占66%；全镇民营企业纳税大户纳税总额60700万元，其中毛织纳税大户总额31157万元，占51%。

毛织商贸区　大朗镇毛织商贸区总面积10平方公里，包括两个毛织专业市场、6个毛织生产片区和12条毛织专业街。截至2011年底，毛织商贸区共有毛织行业总户数3235户。

	2008年	2009年	2010年	2011年
纳税大户总数（家）	84	97	158	194
毛织企业纳税大户数（家）	47	57	97	128
占比	56%	59%	61%	66%
纳税大户纳税总额（万元）	24567	27419	43513	60700
毛织纳税大户纳税额（万元）	11476	13963	25044	31157
占比	47%	51%	58%	51%

注：纳税大户指年纳税总额在100万元以上的企业。

大朗镇毛织商贸区企业分布情况

一、生产企业片区			
序	区域	面积（平方公里）	毛织生产企业数量
1	一区	2	39
2	二区	2.3	126
3	三区	1.2	278
4	四区	1.8	439
5	五区	2.2	314
6	六区	2.5	179
合计	12	1375	
二、毛织专业街			
序号	专业街名称	长度（米）	商户数量
1	数控织机专业街	1979	88
2	毛织机械专业街	1400	40
3	毛织原料一街	2105	112
4	毛织原料二街	1152	170
5	毛织原料三街	341	42
6	毛织原料四街	1090	174
7	毛织原料五街	898	112
8	毛织辅料一街	503	94
9	毛织辅料二街	638	24
10	毛织成衣一街	371	30
11	毛织成衣二街	427	23
12	毛织后整专业街	355	77
合计	11259	986	
三、毛织商城			
序号	商城	面积（万平方米）	商铺数量
1	广东毛织市场	2.8	330
2	毛织贸易中心	12	544
合计		874	

【品牌建设】 2011年，大朗毛织企业新增12件“广东省名牌产品”，增长171%。全镇累计共有省级以上名牌名标19件，其中省著名商标5件，省名牌产品14件。组织12家企业参加全国毛针织名优精品推荐活动，其中，6家企业的8个产品获得精品奖，8家企业的16个产品获得优质产品奖。

2011年大朗镇毛织企业名牌名标名单

称　号	获称号年份	企业名称	商　标
广东省名牌产品	2005	东莞市众圣针织有限公司	QQ
	2008	东莞市环宇织造有限公司	Y.L.S.B

续上表

称　号	获称号年份	企业名称	商　标
广东省名牌产品	2011	东莞市众达针织制衣有限公司	F1000
		东莞市英伟实业有限公司	英伟
		东莞市盛泰针织制衣有限公司	皇仕鲨
		东莞市裕和制衣有限公司	红女孩一族
		东莞市美姬服饰有限公司	Street Girl
		东莞市超翔服饰有限公司	雅姿黛丝
		东莞市金松针织有限公司	雪依丝
		东莞市欧佳特服饰有限公司	十二乐坊
		东莞市大朗民源生毛织制衣有限公司	依品荣华
		东莞市安盛针织制衣有限公司	娅稀伦
		东莞市帝亚针织时装有限公司	蒂娅丽丝
		东莞市翔兴针织有限公司	天翔特凯尔
广东著名商标	2004	东莞市兴业针织有限公司	纪帆登
	2005	东莞市龙姿针织有限公司	龙姿
	2006	东莞市众圣针织有限公司	QQ
	2006	东莞市英伟实业有限公司	英伟
	2010	东莞市环宇织造有限公司	Y.L.S.B

2011年全国毛针织服装名优精品推荐活动大朗镇获奖名单

企业名称	品牌（商标）	奖　项	备　注
东莞市众圣针织有限公司	QQ	毛及毛混纺针织品（含化纤针织品）类精品奖1个	3件
东莞市英伟实业有限公司	英伟	毛及毛混纺针织品（含化纤针织品）类优质奖1个	2件
东莞市成就毛织有限公司	成就	毛及毛混纺针织品（含化纤针织品）类优质奖1个	5件
东莞市伟毅实业有限公司	莉姿奥	毛及毛混纺针织品（含化纤针织品）类优质奖1个	2件
东莞市东晟羊绒制品有限公司	印象草原	羊绒及羊绒混纺针织品类精品奖1个	1件
东莞市迪美龙服饰有限公司	季多彩	毛及毛混纺针织品（含化纤针织品）类优质奖1个	2件
东莞市唐荣服饰实业有限公司	唐荣	毛及毛混纺针织品（含化纤针织品）类精品奖1个	2件
东莞市众达针织有限公司	F1000	毛及毛混纺针织品（含化纤针织品）类精品奖1个，优质奖4个	6件
东莞市帝亚针织时装有限公司	蒂娅丽丝	毛及毛混纺针织品（含化纤针织品）类优质奖2个	6件
东莞市枫烨毛织服饰有限公司	佳菲特·满	毛及毛混纺针织品（含化纤针织品）类精品奖3个，优质奖3个	6件毛衫1个耳套
东莞市品辉服饰有限公司	宝迪莱丝	毛及毛混纺针织品（含化纤针织品）类优质奖3个	5件
东莞市兴业针织有限公司	纪凡登	毛及毛混纺针织品（含化纤针织品）类精品奖1个	5件

【鼓励购置数控织机】 2011年是大朗试行购买数控织机奖励政策的第二年，共发放奖励三批（其中第三批的发放时间为2012年初），涉及毛织企业143家，数控织机6270台，奖励金额共1138.6万元。截至2011年底，全镇毛织企业使用数控织机的总量近3万台，在大朗设立生产工厂的数控织机企业有17家、数控织机销售服务企业98家。

【加快做旺毛织贸易中心】

改造工程顺利完成 2011年，大朗镇政府完成对贸易中心归属

正大兴业公司部分442间铺位的收购，并对贸易中心进行升级改造。改造工程主要有：毛织办公室、贸易中心公共饭堂、东莞市毛纺织行业协会工作室、东莞市毛织服装设计师协会工作室、贸易中心物管中心办公室等，各项工程按期于10月底前落实。

山东如意集团进驻　2011年10月28日，山东如意集团毛织品研发中心正式落户毛织贸易中心三楼（B005-009，B014-015），建筑面积952.7平方米，主要用于毛织品的设计研发、展示、市场推广及销售。

弘德物业整体承租相关铺位　2011年，为解决贸易中心二楼的招商难题，将二楼A、D区共66个铺位承租给东莞市弘德物业投资有限公司进行整体招商运营，建筑面积10257.02平方米。截至2011年底，已引进衣伦服饰、古罗莉服饰等16家经营商入驻。

卓为集团打造研发总部　2011年，东莞卓为实业有限公司购买毛织贸易中心A、D区共91间商铺，建筑面积14679.89平方米，用于设立公司总部、建设品牌旗舰店、建立研发设计中心、电子商务平台等。

【赴江浙考察产业集群】 2011年9月19—21日，大朗镇委书记、镇人大主席王检养带队，组织部分企业代表和毛织商贸片区周边社区（村）赴江浙考察产业集群，参观中国常熟服装城、濮院党建展示中心、濮院中国毛衫城、环贸女装中心等专业市场，为大朗做强、做旺毛衣市场，推进产业结构调整升级提供了有益的借鉴。

【加强企业服务】 2011年，大朗镇毛织办针对企业开工情况、毛织行业临工现象、“数控织机专业街”销售服务企业的情况、企业融资状况、重点毛织企业经营情况等方面共开展了10余次行业调研，并形成汇报；组织包括“强化毛织行业征退税管理座谈会”等10次多层面、多领域的培训活动和专题讲座，促进行业健康发展。

【大朗品牌毛衫直销中心开业】 大朗品牌毛衫直销中心位于中国·大朗毛织贸易中心正门入口处，总面积约450平方米，内设展示区、体验区和销售区，承载了“织交会”礼品指定供应点、毛衫品牌企业试水内销市场、普及毛衣穿着知识和推广毛衣穿着文化等多重功能。自2011年11月23日隆重试业以来，客商不绝、好评不断，在售产品包括印象草原、金璐利、纪帆登、英伟、QQ、F-1000等知名品牌，以及大朗毛纺织产品研发中心开发的毛织精品系列。

【第十届“织交会”成果丰硕】 2011年10月29—11月1日，大朗镇成功举办第十届中国（大朗）国际毛织产品交易会。第十届“织交会”通过“坚持专业化、注重实效性、倡导毛织文化、以专项活动丰富展会内容”，办得“精炼、简洁、大气、隆重”。

创新举措　一是首设第四分会场。首次将银朗北路—数控织机专业街列为第四分会场，形成“一主四分”的会展格局，展会规模实现了新的突破，展位总数合约3000多个。二是首次开通“大朗织交会”官方微博。利用微博，以点面向网络广面及时发布展会最新信息，并对流行趋势发布会和设计大赛进行微博直播，直接将有效的信息传达到目标群体。三是首次举办跨国专业买家采购会。联手跨国采购网现场举办“跨国毛织专业买家采购会”。通过招募大型的国际专业采购团，以现场参观、展商定点洽谈的方式，为企业带来直接订单。四是举办露天开幕式晚会。本届展会将开幕式晚会放在贸易中心广场举办，与开幕式共用舞台，吸引了近3万群众现场观看。

主要特点　一是人气旺。本届“织交会”四天会期主会场共接待国内外专业客商逾5万人次，其中专业采购团近百个，主要来自韩国、比利时、德国、英国、意大利、越南、印度、阿根廷、俄罗斯、香港、澳门、中国台湾等近40个国家和地区，以及山东、河南、重庆、湖北、黑龙江、北京、上海等省市。二是效果好。本届“织交会”期间，参展商日均接待客商在100人以上的有25家，占39%；订单成交量达500万元以上的企业有9家；数控织机意向成交量为3859台，两场专业对接会意向成交额达6780万元。三是亮点多。“织交会”已成为企业展示最新技术、最新产品和最新成果的重要平台。颖祺实业有限公司全国首推自有品牌“W&K 颖和祺”；兴业针织有限公司10多个系列高档服饰闪亮登场；德国斯托尔公司展示最畅销三系统机；意大利圣东尼公司展示行业领先的圆机无缝针织技术；龙星联手智能吓数公司推出最强操作系统；银河针织机械有限公司推出全新单系统数控织机；广东翔风电脑横机制造公司展出自主研发生产的三代毛织机。四是氛围浓。第十届“织交会”进行了一系列宣传推广活动，如更新专题网站，开通官方微博，在镇内主要路段和各高速路口投放了户外广告、天桥广告、灯旗广告，以大众媒体和专业媒体相结合的形式，在报纸、杂志、电视、广播、网站等宣传载体进行专题报道，引起境内外媒体的高度关注。五是满意度高。调查表明，综合83%的参展商对本届“织交会”的总体评价较好，认为达到了参展的预期目的，并有71%的参展商表示肯定参加下一届展会，并已开始咨询展会情况。综合81.8%的客商对本届“织交会”商品质量、商品类别、商品价格、商品设计、企业服务等五大方面深表满意；大多数采购商还对登记管理、现场管理、洽谈氛围、交通食宿四项工作给予了高度评价。

【第四届网上设计大赛】 第四届中国（大朗）毛织服装网上设计大赛以“缤纷畅想”为主题，于2011年4月29日结束。大赛共收到来自北京、上海、武汉、天津、内蒙古、湖南、河南、陕西、浙江、河北、广东、香港等全国多个地区的合格作品共405份，40份优秀作品入围决赛。经过网友的投票及专业评委的评分，金奖最终由东莞市毛织服装设计师协会/大朗职业中学林岚的作品《悠然瑰丽》夺得，大朗镇内选手叶伟涛和刘浩帆、吴淑仪分别获得最具商业价值奖和优秀奖。大赛官方网站的累计浏览量达到120万人次，比上届增加了59万人次。

第四届中国（大朗）毛织服装网上设计大赛获奖名单

序	奖 项	单 位	姓 名	作品名称
1	金奖	东莞市毛织服装设计师协会 大朗职业中学	林岚	悠然瑰丽
2	银奖	惠州学院	周婵/林松水	young people
3		香港理工大学	张天逸	funny love story
4	铜奖	广州白云工商高级技工学校	莫霜丽	流光
5		深圳大学	陈茂明	巷内象外
6		东北师范大学	李璐璐	The Impossible Dream
7	优秀奖	广东工业大学艺术设计学院	黄俏宇	插曲
8		华南农业大学艺术学院	林茵涛	梦的畅想
9		广州纺织服装职业学校	王业帆	赤炎飘絮
10		惠州学院	黎柏良/李志鸿	风尚·物语
11		虎门威远职业中学	刘家怡	如歌岁月
12		广东工业大学艺术设计学院	余小草	守卫者
13		大朗职业中学	刘浩帆	花朝月夕
14		浙江科技学院	骆忠	浓情旧时光
15		广州纺织服装职业学校	宋美婷	攀藤揽葛
16		自由设计师	徐珊珊	旋转巴黎
17		扬州大学	郦 虹	菟丝
18		西安工程大学	黄红梅	“折”的交响乐
19		大朗职业中学	吴淑仪	黑天鹅的褪变
20		大连工业大学	张萌萌	织音
21		东华大学	莫卓佳	and so it is
22		四川美术学院	马云	对撞
23	最佳创意奖	中原工学院	刘秋玲	曼延
24		武汉纺织大学	骆俊	忒雷系
25		湖南女子学院	刘奕君	织·离

续上表

序	奖　项	单　位	姓　名	作品名称
26	最具商业价值奖	广东白云学院	陈曼	冬日绅士
27		东莞市毛织服装设计师协会 东莞中大纺织机械有限公司	叶伟涛	穿梭
28		北京服装学院	苏敉敉	PROTECE OR BROKEN
29	最具人气奖	西安工程大学	翁珊珊	针尖上的天使
30	人气大奖第2名	辽东学院	王爽	葵
31	人气大奖第3名	虎门高培职业培训学校	骆志勇/文凤花	呈现空间

【第九届服装设计大赛】 “英伟杯”第九届中国（大朗）毛织服装设计大赛以“缤纷畅想”为主题，10月31日晚举办决赛。大赛共收到来自广东、北京、上海等22个省、市和地区的作品370份，36份优秀作品入围决赛，金奖最终由来自东华大学的梁雅洁的作品《交融》夺得，大朗本土参赛者蓝琴花和蔡杰伶、林岚分别获得铜奖和优秀奖。

“英伟杯”第九届中国（大朗）毛织服装设计大赛获奖名单

奖　项	号　数	姓　名	单　位	作品名
金奖	8	梁雅洁	东华大学	交融
银奖	22	罗　慧	北京服装学院	迂回
	16	陈茂明	深圳大学	巷内象外
铜奖	10	蓝琴花	东莞市毛织服装设计师协会 东莞源顺服饰有限公司	黑灰缘·遇
	13	蔡杰伶	大朗职业中学	墨者
	18	周婵/林松水	惠州学院	young people
优秀奖	31	谭颖琳	沈阳航空航天大学	The Tracey Fragments
	32	毕驷海	大连工业大学	恰同学年少
	17	林幼竹	浙江理工大学	鹫翎
	14	黄旭东	广东白云学院	流年
	20	孟　君	四川美术学院	镜内象外
	24	蔡　清	明爱白英奇专业学校	苏联解体
	15	林　岚	大朗职业中学 东莞市毛织服装设计师协会	悠然瑰丽
	28	杨健丽	丽升时装设计有限公司	缠绵
	1	张智慈	西安工程大学	蔓延
	9	何国锐	广东工业大学	稻草人的夏天

【2012春夏毛针织服装流行趋势发布】 2011年10月30日晚，2012春夏中国（大朗）毛针织服装流行趋势发布会成功举行。本次发布会以“苏醒”、“呵护”、“互动”、“创造”为四大主题，由多位国内知名专家、设计师共同探讨和精心策划，引领2012春夏成衣品牌针织产品的方向：简洁、复古、轻薄和优雅，编织充满诗意的梦想。

【中国（大朗）毛纺织产品研发中心】 2011年，研发中心共有工作人员14人，其中设计人才4人。年内，面向镇内设计师、学生和珠三角院校，以“毛织服装流行趋势及毛织工艺培训”，“毛织设计基本知识”为课题开办了3场讲座，参培总人数达400人；组织大朗职业中学的学生进行为期3天的“毛织工艺流程实训活动”；为东莞市东晟羊绒制品有限公司策划举办“印象草原”新品发布会、2011印象草原“雍绒都市”秋冬产品订货会和“印象草原”2012春夏订货会；继续联合中国流行色协会共同研究“2012春夏中国（大朗）毛针织服装流行趋势发布”提案，并完成145件（套）成衣的制作与配套。

附：2011年中国（大朗）毛纺织产品研发中心领导名录

主　任：
林熙仿（2011年8月离任）
副主任：陈　娟　谢志良

【东莞市毛纺织行业协会】 2011年，东莞市毛纺织行业协会有专职工作人员1人，会员单位98家，其中副会长以上26家，理事单位25家，规模以上企业和品牌企业占协会会员80%以上。

顺利完成第一次换届 2011年6月9日，东莞市毛纺织行业协会第二届理事会选举大会顺利召开，审议通过了协会第一届理事会工作报告、财务报告等，选举产生了第二届理事会成员及主要负责人，陈锡培连任会长，并明确了协会未来三年的努力方向和工作重点。7月5日，隆重举办第二届理事会就职典礼。

召开第二届二次会员大会 2011年12月7日，东莞市毛纺织行业协会召开第二届二次会员大会，审议通过协会2011年工作报告和财务报告，并为新增会员、新增补理事及副会长颁发证书。会后，组织会员赴惠州开展了为期两天的外出活动。

当选中纺联第三届理事单位 2011年11月11日，在中国纺织工业联合会第三次会员代表大会上，东莞市毛纺织行业协会当选为中纺联第三届理事单位，会长陈锡培当选为理事。

多家会员在技能大赛中获奖 2011年8月29日，由市经信局、人力资源局、新莞人服务管理局、中小企业局及总工会主办，市纺织服装协会策划，东莞市毛纺织行业协会协办的首届“龙星杯”2011东莞市毛针织技能大赛，在东莞市先进电脑横机技术推广中心隆重举办，并圆满落幕。协会有兴业、颖祺、卓为、英伟、薏莎、圣旗路6家企业共44名代表参赛。经过激烈的较量，兴业、颖祺、卓为、英伟、圣旗路企业参赛代表包揽大赛前8名奖项，并有颖祺、英伟、薏莎3家会员企业获得了团体奖。

协会各项工作顺利开展。 完善财务管理制度、秘书处工作制度及相关会议制度等，全年共召开两次会员大会、3次理事会、10余次副会长会议及4次核心领导层会议；设计协会LOGO，为副会长以上单位印制统一风格的名片，编印内部电话簿，开通了官方微博，大大提升了协会的服务职能；组织10余次外联活动，开展了10余次行业调研，并不定期到会员企业走访、座谈，了解会员企业在技术、管理或生存、发展等方面遇到的难题。

附：2011年东莞市毛纺织行业协会领导名录

会　长：陈锡培

【东莞市毛织服装设计师协会】 2011年，东莞市毛织服装设计师协会有专职工作人员1人，会员发展至86人。8月10日，东莞市毛织服装设计师协会第二届理事会选举大会顺利召开，选举产生了协会第二届理事会成员和主要负责人，周菁连任会长。9月，举办第二届理事会就职典礼。12月，召开第二届二次会员大会，审议通过协会2011年工作报告，给5名优秀会员颁发了证书。1月、7月和10月，分别组织会员到香港时装节、中国（深圳）国际品牌服装服饰交易会、中国（大朗）国际毛织产品交易会等国内知名展会参观学习。

附：2011年东莞市毛织服装设计师协会领导名录

会　长：周　菁

【融资担保】 2011年，东莞市远大信用担保公司为76家毛织企业担保贷款21775万元，累计为613家毛织企业担保贷款108775万元。东莞市莞商小额贷款有限公司为55家毛织企业担保贷款19372万元，累计为98家毛织企业担保贷款32369万元。

附：2011年大朗镇毛织办领导名录

主　任：叶建华

农业·林业·水利

农 业

【大朗镇农林水办公室】 大朗镇农林水办公室有工作人员9名，其中主任1名，副主任2名。大朗镇农业技术服务中心有工作人员25名，其中副主任4名，副股长2名；中心下设办公室、动监分所、畜牧兽医股、农技推广股、中心检测站5个部门。大朗镇农林水办公室被评为“2011年度先进农业办公室”。大朗镇被评为“2011年度农产品质量安全管理工作先进镇街”、“2011年度推进农业产业化经营先进镇街”、“2011年度市内扶贫先进单位”。

【种植养殖】 *种养面积和产量* 2011年，大朗镇农业耕地面积16398亩。农作物播种面积5275亩，其中粮食作物701亩，蔬菜3807亩，总产量3906吨；水果面积11623亩，产量1151吨（其中荔枝10769亩，产量975吨，龙眼789亩，156吨）；花卉面积234亩。养殖方面，2011年家禽存栏量29440只，出栏44227只；鸽出栏13520只；2011年淡水养殖面积3521亩（其中鱼塘1575亩，山塘水库1946亩），产量902吨（其中鱼塘744吨，山塘水库158吨）。2011年农林牧副渔业总产值3018.76万元。

荔枝龙眼生产 2011年，大朗荔枝主要分布在犀牛陂（2500亩）、水平（2000亩）、石厦（1500亩）、屏山（1400亩）、新马莲（970亩）、蔡边（800亩）、沙步（350亩）、杨涌（328亩）、水口（275亩）、松柏朗（200亩）等村（社区），品种主要为糯米糍、桂味、妃子笑、槐枝等。龙眼种植以水平（350亩）、屏山（100亩）为主。

淡水养殖、水产品检测和再生资源宣传 2011年，大朗镇水产品养殖主要以淡水养殖四大家鱼为主，主要分布在新马莲（1110亩）、石厦（635亩）、水平（438亩）、犀牛陂（210亩）、蔡边（120亩）、沙步（108亩）等村（社区）。2011年大朗镇农林水办、农技中心对水产品养殖场和交易市场的水产品进行抽查检测，检测结果全部合格。6月9日，大朗镇农林水办组织46位热心市民，前往虎门镇威远海战馆参加第四届“广东休渔放生节”再生资源教育，捐款6000元，认购放生鱼苗8700尾。

【凤山农业科技园】 大朗镇凤山农业科技园于2007年启动建设，占地166.67公顷。科技园以荔枝种植为主，大力打造“大朗荔枝”品牌，创建荔枝标准园、绿色荔枝农业科普基地，是东莞市级农业园之一。2011年，凤山农业科技园新增两项农业项目：一是与东莞市吉盛农业科技有限公司的荔枝种植签约；二是与东莞市如景园林绿化工程有限公司的绿化园林种植基地签约。另外，东莞市三和田锦鲤养殖有限公司扩大在园区内的锦鲤养殖（第二期）。

【农产品质量安全监测】 2011年，大朗镇农业技术服务中心工作人员到市场、超市、蔬菜生产基地、生猪批发场抽样进行检测，对检测出超标的同批产品严格执行同批销毁制度，销毁不合格肉品11501公斤，不合格蔬菜5717公斤。

2011年大朗镇动物疫病监测及违禁药物检测情况表

项　目	品　种	检测数量（份）	达标数（合格数）	达标率（合格率）	对比2010年
盐酸克伦特罗（试纸法）	肉猪	8936	8936	100.0%	0
莱克多巴胺（酶联法）	肉猪	408	408	100.0%	0
莱克多巴胺（试纸法）	肉猪	3088	3088	100.0%	0
FMD抗体监测	肉猪	120	104	86.7%	+22.4%
HC抗体监测	肉猪	120	97	80.8%	+19.7%
弓形体监测	肉猪	120	94	78.3%	-10.6%
布病监测	肉猪	120	120	94.4%	+5.6%
沙门氏菌检测	冻肉	11	11	100.0%	0
旋毛虫检测	肉猪	11338	11338	100.0%	0
销毁数	肉品	11501公斤			

2011年大朗镇果蔬产品有机磷和氨基甲酸酯类农药残留检测情况表

项　目	品　种	检测数量（份）	超标数（份）	超标率	对比2010年
市场抽样	蔬菜	16484	176	1.1%	+0.2%
	水果	1920	11	0.6%	-0.6%
生产基地	蔬菜	9606	49	0.5%	-0.3%
市场检测站	蔬菜	154074	486	0.3%	-0.1%
销毁数	蔬菜	5717公斤			

【动物防疫检疫】 2011年3月、9月、12月，大朗镇集中开展春、秋、冬三季的动物免疫工作。严格按照“四不漏”（镇不漏村、村不漏户、户不漏畜、畜不漏针）的原则，做好禽流感、狂犬病疫苗和口蹄疫疫苗的注射、登记和疫情追踪监控工作。对农村散养家禽实施强制免疫，免疫家禽77317羽，其中免疫鸡54681羽，免疫鹅218羽，免疫鸭1118羽，免疫鸽21300羽；免疫牛243只，免疫羊522只；免疫犬8975只，免疫猫79只。结合春季预防注射和秋季动物防疫行动计划，做好对省市驻大朗单位（金菊福利院、五埂林场、大有园收审所）的动物防疫工作，免疫鸡25800羽，免疫犬137只，免疫牛4只。加强对住宅小区犬、猫狂犬病疫苗的预防接种，对全镇的家禽、犬、猫实施强制免疫，免疫率100%。2011年大朗镇没有发生重大动物疫情。

【生猪屠宰管理】 大朗镇农业技术服务中心对生猪定点屠宰场实行24小时值班，严把生猪进场关、检疫关、检测关和消毒关。2011年，屠宰检疫生猪106299头，剔除病害猪肉11501公斤，全部作无害化处理。加强农贸市场畜产品的检疫和监督，农贸市场销售的动物及动物产品实行畜产品凭证（《禽畜产品检验合格证》或《动物产品检疫合格证明》）上市制度和公示制度，全年对肉食品市场的行政执法8次，出动执法人员156人次，缴获私宰肉2923公斤，所查处的肉品全部作无害化处理。

【农资市场管理】 2011年，大朗镇打击违规经营假冒伪劣农资产品、违规出售甲胺磷等22种国家明令禁止销售的高毒高残农药等行为。开展农业执法行动95次，出动执法人员432人次，其中检查兽药店5次、农资经营店40次、宠物店2次、农资打假3次、蔬菜生产基地农药使用情况45次，均未发现违规经营兽药、饲料及饲料添加剂、禁用农药。3月15日，镇农林水办、农技中心、质监站、经贸办、工商、卫生、食品公司等单位开展大朗镇3·15现场咨询活动，派发了宣传资料共600多份。

【动物远程监控系统】 2011

年，大朗镇核拨32万元安装动物远程视频监控系统，与东莞市监控中心联网对接，加强对屠宰场等重点环节、重点场所检疫检测工作的实时监控，对牲畜入场、消毒、卸载、待宰、屠宰等各环节进行24小时实时监控，从源头上降低发生动物疫情和质量安全事故的风险，保障市民肉食安全。

【开展镇内市内扶贫工作】

帮扶有劳动能力贫困户　2011年，大朗镇共有212户低保户，已全部落实由市外经贸局及本镇202名领导干部一对一结对帮扶。2011年，大朗镇领导干部走访及电话联系对口帮扶对象1796人次，捐助资金68.1万元，捐赠物质15.4万元，其中有正常劳动能力的低保贫困户为118户，已有111户达到脱贫标准，脱贫率为94.07%。2011年，大朗镇投入培训资金381万元，举办中式烹调师、计算机、中式面点师、美容美发等定向培训班共50期，培训人员达2046人次。同时，镇物业管理公司、大朗人力资源分局、凤山农业科技园及各社区（村），优先吸纳低保困难户有劳动能力人员就业，共解决287人次就业。2011年大朗镇共为贫困户子女发放助学金、寄宿补助金达118.54万元，惠及学生328人次。

帮扶欠发达地区　2011年，大朗镇协助市欠发达村屏山社区与市农业局、财政局、外经贸局的联系，落实帮扶措施。同时，加大招商引资工作力度，充分借助国家散裂中子源项目及松山湖台湾工业园周边辐射的优势，做好详细规划，妥善运用好市扶贫政策，发展屏山社区工业。2011年，大朗镇在屏山社区动工建设了两栋占地面积1.67公顷，建筑面积22000平方米的厂房，建成后每年将为屏山社区增加255万元收入。积极帮助屏山社区充分利用市镇扶持政策，屏山社区获得市镇扶贫资金有：（1）市财政对欠发达村户籍人口1000元/人的基础设施建设补助资金50.6万元。（2）镇财政300万元无息借款。（3）村道巷道建设工程补助资金28万元。（4）生态补助金、非经济林补助及公共管理费补助资金93.13万元。（5）“五有”工程建设补助资金109.52万元。此外，为减轻欠发达村的经济负担，根据欠发达村的实际情况，2011年为屏山社区减免教育经费、社保经费等共36.3万元。

结对帮扶　2011年1月19日，大朗镇组织巷尾社区、松木山村和犀牛陂村的两委干部代表到沙步土地坑村民小组开展结对帮扶慰问活动，分别为沙步土地坑村民小组赠送4万元、3万元和3万元的节日慰问金，主要用于帮扶土地坑村民小组的经济发展，助其早日脱贫解困。

跨镇街结对帮扶　2011年1月和6月，求富路社区、大井头社区及巷头社区的两委干部走访各自结对帮扶对象的企石镇深巷村、上洞村及杨屋村，并送上帮扶资金共30万元，为这3个市欠发达村加强基础设施建设、促进村经济发展。

扶持革命老区　2011年，大朗镇申报屏山社区和水平村革命老区道路修建项目，得到市48万元的扶持资金。

【规划到户责任到人帮扶韶关市乳源县】　2011年，大朗镇做好扶贫开发“规划到户责任到人”工作，落实工作小组人员和驻村干部，每月到结对帮扶的韶关市乳源县乳城镇大东村、健民村、新民村驻村，全面了解并掌握三村的实际情况，努力为其脱贫致富，近两年累计到村到户帮扶资金845万元（含市资金、社会捐助资金）。与2009年相比，三条村的集体收入增长320%，214户贫困户中已有191户实现脱贫，脱贫率达89.3%。具体帮扶措施有：

落实结对帮扶，明确帮扶对象和任务　大朗镇落实全镇副股级以上党员干部与韶关市乳源县的214户贫困户结成“一对一”帮扶，每年至少两次落户了解贫困户；制定“双到”工作督查制度和驻村干部管理制度，派出三名驻村干部，分挂各村党组织副书记，长期驻村，落实帮扶措施；建立帮扶台账，加强帮扶物资监管，确保帮扶工作及时到位；成立60万元“双到”扶贫基金，给予参与产业项目的贫困户300元/亩的种植补贴，给予外出务工的贫困户1000元一次性奖励，给予贫困户学生每年500元的助学资金。

坚持产业带动，扶持贫困户增收脱贫　大朗镇抓住产业带动主线，在三条村发展一批特色种植产业，分别确定蔬菜、巴西果、野猪饲料等农产品种植项目，各个项目每亩能为农户带来近3000元/年的收益；采用“公司+村委+农户”、“公司+基地+农户”等合作创新模式，对农产品实行统一种植、统一管理、统一收购。

抓好项目扶持，增加村集体经济收入　大朗镇按照“一村一策”要求，在三条村分别建成多个集体增收项目，开发村集体经济新增长点。2011年，资助大东村43万元，建设碾米、榨油加工厂、烟叶育苗基地等项目和购置收割机，预计每年增加村集体收入9.4万元；资助新民村50多万元，建设商业综合楼、烤烟房等项目，预计每年增加村集体收入6万元；资助健民村45万元，建设商业铺位，预计每年增加村集体收入4.5万元。

实施旧村改造，落实各项民生工程 2011年，大朗镇坚持以旧村重建为重心，着力改善村民生活条件和基础设施，由镇财政拨款240万元，对大东、新民、健民三条村实施旧村改造。在“住”的方面，完成2010年“5·6”受灾严重的大东上座、坝子村组重建工程；协助29户农户重建住房，建成大东上座坝子新村；协助6户贫困户改造危房。在“饮”的方面，维修大东村老化饮用水系统，使43户村民重新饮上自来水。在“行”的方面，重建1座桥梁；改造升级三条村的村道6400米；维修三条村破损水圳1450多米，改善500亩水田灌溉条件。2011年大朗镇共拨款34万元，建成大东村朗东卫生站，为村民提供24小时医疗服务。

【帮扶广西大化、新疆依吾】 大朗镇的省外帮扶点有广西大化、新疆。2011年，大朗镇联系了河池市和大化县的领导到大朗镇行政服务中心、荔香湿地公园及厂区等地参观考察，学习借鉴大朗的城市规划建设和市政管理经验。加强与新疆伊吾县、西藏林芝县的交流和结对帮扶，援疆援藏资金约193万元。

【农村集体经济组织换届选举】 2011年2月25日，大朗镇召开基层党（总）支部、村（居）委会及集体经济组织换届选举工作会议，村级集体经济组织换届选举工作正式全面铺开。4月7日，大朗镇27个社区（村）顺利完成社区（村）集体经济组织换届选举工作，产生新一届的社区（村）理事会、监事会及股东代表大会成员，理事会成员136人，监事会成员100人，股东代表1518人。

【红火蚁防控】 2011年，大朗镇加强植物检疫工作，多次召开红火蚁防控工作会议，全年派发红火蚁药剂价值共15万元。12月2日东莞市红火蚁防控现场会在大朗镇举行，会议要求重点在住宅区、学校及公园等人流密集地区加强红火蚁防控，加大防控资金投入，保障药剂到位，确保不发生害蚁伤人事件。

【荔枝农户培训】 2011年3月10日，大朗镇举办东莞市荔枝壮花保果技术讲座，邀请华南农业大学王泽槐教授讲课，全市各镇街荔枝种植专业户共约150多人参加讲座；5月24日，聘请了东莞著名“荔枝土专家”赵吉庆，在水平村荔枝果园为果农上了一节荔枝保果技术课；11月18日，在大朗镇凤山农科园举办“全市荔枝冬季管理技术讲座暨经验交流会”，各镇街荔枝生产负责人、荔枝种植专业户共160多人参加交流会。

林 业

【概况】 2011年，大朗镇森林面积3727亩，分布在石厦1424亩、新马莲1074亩、沙步313亩、松木山173亩、求富路165亩、屏山141亩、犀牛陂132亩、水口105亩、佛子凹50亩、黎贝岭46亩、杨涌39亩、蔡边27亩、巷尾20亩、水平18亩。大朗镇被评为“东莞市森林防火工作先进单位”。

【集体林权制度改革】 大朗镇政府与22个涉林社区（村）签订《东莞市大朗镇集体林权制度改革工作责任书》，签订率100%。2011年，大朗镇22个社区（村）已完成调查摸底、公示工作，并制定、表决、通过村级林改方案，表决率、审批率达100%。全镇外业勘界33973多亩，任务完成率100%；发放《林地林权使用权证书》和《所有权证书》各178份，林地权益证书1.4万份，受惠股民达5万多人。

【植树造林】 2011年3月12日，大朗镇开展全民义务植树活动，镇委、政府组织机关单位200多名领导干部，在富通路种植了高4米、胸径8—12厘米的盘架子乔木200棵，绿化长度800多米。

【保护森林资源】 2011年，大朗镇做好森林防火工作，及时消除森林火灾隐患，减少火灾的发生。清明节和重阳节期间，大朗镇加强森林防火工作宣传，倡导文明拜祭，重点对水平、屏山、犀牛陂、新马莲等山头林地较多的社区（村）检查森林火灾隐患排查工作，同时要求各社区（村）以预防为主，时刻保持清醒，储备充足防火物资，以防万一。2011年，大朗镇添置3.9万元的防火物资，其中打火棒600条，防烟口罩和眼罩各400个。11月，大朗镇对莞潮高速周边及凤山农科园1500亩薇甘菊的清理工作公开招投标，由镇财政拨款15万元清理。

【古树名木保护】 2011年底，大朗镇共有古树名木40棵，主要品种有榕树23棵（其中细叶榕16棵）、木棉3棵、芒果2棵、乌榄树4棵、荔枝6棵、白桂树1棵（高英）、菠萝蜜1棵（大井头）、龙眼树1棵（石厦）。超过500年树龄的有6棵，分别坐落在洋乌、犀牛陂、石厦（各2棵）。（卢信贻 古红霞）

附：2011年大朗镇农林水办领导名录

主 任：谢学兰

副主任：卢信贻 李洪发

2011年大朗镇农业技术服务中心领导名录

副主任：傅灼宁 蔡柱强

彭灿辉 韩效培

水 利

【大朗镇水利所】 大朗镇水利所共有工作人员24人，设所长1人，副所长2人；在编人员10人，合同制人员9人，临工5人。直接派驻人员管理的镇属水利工程有水口排站、仙村水库、莲塘头水库及凤山水库。2011年，大朗镇水利工作重点突出城乡水利防灾减灾工程建设、“三防”、水资源管理保护、水利普查等四个重点工作。

【城乡水利防灾减灾工程】

在建工程及完工工程 2011年，大朗镇在建工程有4项，分别是沙步排站、松木山水库排洪河道整治、沙步桥重建配套及黄江河驻港部队段河道整治工程（仙村营区大朗段），其中松木山水库排洪河道整治、沙步桥重建配套、黄江河驻港部队段河道整治工程3项已正式投入使用。2011年大朗财政分局累计拨款1011.86万元用于支付水利工程建设费用。

筹建中的水利工程 2011年，大朗镇做好水利工程规划及项目编报工作，大朗镇松木山水库排洪渠支流富民排渠改建、松木山水库排洪河道（沙步段）改造、松木山水库排洪渠富民工业园段南岸改造、大朗高英至东坑及竹山至东坑黄麻岭排渠整治共4项工程已通过东莞市水务局审批，并纳入东莞市2011—2013年城乡水利防灾减灾工程项目。

【水政水资源管理】 2011年，大朗镇水利所加强水资源管理，积极配合市水政监察支队做好水资源费的核实和征收工作，在2011年第十九届“世界水日”及第二十四届“中国水周”，开展各种水利宣传活动。通过宣传图片标语、电视宣传、开座谈会等形式，大力宣传“世界水日”和“中国水周”，增强人们对有限水资源的节约和保护意识，建设节水型社会。

【“三防”工作】 汛前准备 2011年，大朗镇水利所落实行政首长负责制，与重点水利工程（包括6座水库：莲塘头水库、仙村水库、凤山水库、水流石水库、赤足陂水库、草芝坑水库；1个排站：水口排站）的管理部门签订防汛责任书，落实责任；编写完善大朗镇防汛预案、防风预案、抗旱预案、六宗水库的防汛预案及28个社区（村）的三防应急预案，共3大块37项预案，重点详述防御暴雨、台风等应急处置中的人员转移方案；开展防汛督查，排查工程隐患，落实防汛物资的储备与补给。

汛中防御 大朗镇“三防”指挥所严格执行24小时领导带班防汛值班制度和报汛制度，确保全镇安全度汛。2011年大朗镇“三防”指挥所通过OA办公系统共向全镇各社区（村）及三防成员单位发出8次防汛预警，通过手机短信形式发出6次防汛防风预警。大朗镇全年未被台风、暴雨造成重大影响。

汛后总结 2011年，大朗镇降雨量是近20年以来最少的一年，中心区整年仅录得996.3毫米的雨量记录，比2010年年降雨量1559.1毫米少36%，较过往多年（1986—2010年）同期平均降雨量1758毫米少43%。12月31日，大朗镇6座水库的总库容为153万立方米。

【第一次全国水利普查】 2011年，大朗镇水利普查办制定水利普查《实施方案》与《宣传方案》，落实普查人员、普查经费、办公测量设备等，并按上级水利普查办的进度要求完成了清查、台账建设、现场查证、普查数据获取等工作。确立了大朗镇第一次水利普查的清查对象共1317个，符合普查条件的最终普查对象共417个，其中水利工程普查对象33个、经济社会用水普查对象342个、河湖开发治理保护清查对象38个、水利行业普查对象1个、地下水取水井普查对象3个。（邝小铃）

附：2011年大朗镇水利管理所领导名录

所 长：张创成

副所长：叶国升 梁浩枝

财税·金融

财　政

【东莞市财政局大朗分局】东莞市财政局大朗分局（简称“大朗财政分局”）是大朗镇人民政府综合管理全镇财政财务、资产、会计等事务管理的职能部门。分局设办公室、预算收支管理股、征收管理股、财会资产监督股、政府采购办、财政投资审核中心共6个股室，共有职工27人，设局长1名、副局长2名。2011年，大朗财政分局荣获“东莞市金融创新工作先进单位”、“东莞市财政系统2011年度优秀财政分局”、“2011年度办公室工作先进单位”、“市财政科研工作先进单位”、“市财政信息工作先进单位”、“2011年度审计工作先进单位”、“市重点产品国际竞争力调查工作表扬单位”等称号。

【财政收支概况】2011年大朗镇财政总收入为23.07亿元，比去年同期18.80亿元增加4.27亿元，增长22.74%，其中税收收入19.07亿元，比去年同期14.70亿元增加4.37亿元，增长29.79%；2011年镇财政可支配收入7.16亿元，比去年同期6.42亿元增加0.74亿元，增长11.62%，镇财政总支出7.31亿元，比上年同期6.27亿元增加1.04亿元，增长16.52%。

【加强各项规费征收】2011年，大朗财政分局继续加大征管力度，确保财政收入依时入库，实现财政收入较快增长。加大对应收未收款的催收力度，加强对治安联防费、使用流动人员调配费、统筹款、污水处理费等费用催收，确保征收工作按时有序进行。全年共收到治安联防费1268.92万元、使用流动人员调配费1415.06万元、中标资金324.78万元、生活垃圾处理费3012.75万元、污水处理费5403.23万元。

【强化预算支出管理】2011年，大朗财政分局认真做好预算编制工作，严格按照《预算法》规定批复给各预算单位，要求各单位严格按预算执行；修订财政资金管理办法，将财政支出审核工作划分为一般专项、科技、农林水、基建、土地专项等，以提高审核效率和审核的专业水平；加强财政集中支付管理，按规定的支付方式、程序和时限要求，及时、规范办理财政直接支付和财政授权支付业务，严格按照批复的预算、用款计划以及项目的进度支付资金，切实有效加强财政资金支出管理。

【加大民生投入】2011年，大朗财政分局继续加大民生保障，不断加大教育、社会治安、城市维护、社会保障等方面的资金投入，促进全镇经济社会的和谐发展。全镇教育支出15817万元，增长16.89%；公检法支出10764万元，增长7.01%；城市维护支出10419万元，增长39.85%；社会保障方面支出6468万元，增长36.00%。

【财政投资审核】2011年，大朗财政分局贯彻城市升级推进产业转型升级的工作思路，积极与镇重点办、施工单位等协调联系，严格审核各项工程，同时将镇属重点工程预决算的编制、结算评审等工作委托市财政局核定的11家工程造价咨询企业轮流审核，切实有效提高工作效率和审核质量。全年共接受评审任务278项，送审金额达33850万元，累计核减资金4197万元，减幅为12.4%。

【政府采购工作】2011年大朗镇政府采购中心积极配合镇委、镇政府的各项工作，按时按质完成各项采购任务，重点完成了档案馆三期、毛织贸易中心配套工程、多所小学电教设备以及大朗一中新宿舍楼的相关项目采购，并及时完成宜居社区、“五个有”工程等政策性、紧急性项

目采购。全年共组织政府采购67宗，采购预算总金额4406.17万元，实际采购中标金额3309.21万元，节约资金1096.96万元，节约率24.90%。

【会计事务管理】 2011年，大朗财政分局认真抓好全镇会计管理工作，认真做好各类会计考试的组织和培训，全年共核发《会计从业资格证》549本，共组织会计从业资格无纸化考试2期，会计继续教育自学考试3期。

【科技专项资金】 2011年，大朗财政分局切实用活用好省、市给予的优惠政策，共协助75家企业（单位）分别获国家、省、市批复资助及认定项目44个，获资助金额共4585万元；认真审核科技资金用款申请，全年共完成申请审核106份，审核金额共10398万元；加强散裂中子源资金监督管理，配合镇科技办做好向市财政局、市经信局申请拨款的手续；完成毛织企业购买数控织机补贴工作，2011全镇共有158家企业申请数控织机补贴7494台，奖励金额合计1383.4万元。

【家电汽车下乡】 汽车下乡补贴从2009年实施，至2011年2月28日结束，自政策实施以来，大朗镇共补贴销售车辆168辆，补贴资金68.45万元；家电以旧换新财政补贴从2009年10月开始至2011年年底结束，自政策实施以来，全镇累计销售各类家电产品共2.19万台，销售金额达8257.31万元，补贴金额达580.12万元。

（钟叶英）

附：2011年大朗财政分局领导名录

局　长：傅沛轩

副局长：江　勇　叶伟洪

会计核算

【大朗镇会计核算中心】 大朗镇会计核算中心共有工作人员21人（2011年7月新增1人），设主任1人，副主任1人。2011年，大朗镇会计核算中心被市妇女联合会评为“巾帼文明岗”、市农村集体资产管理办公室被评为“农村集体资产管理制度建设工作先进单位”。

【会计核算和财政资金集中支付】 2011年，大朗镇会计核算中心每月按时完成58个单位、51个专户的会计核算工作以及财务报表的编制报送工作。及时办理各项支付业务，2011年度办理支付6840笔共4.64亿元，其中直接支付3301笔共3.38亿元，授权支付3539笔共1.26亿元。

【工资发放审核和账务制度管理审核】 2011年，大朗镇会计核算中心每月对每个单位发放工资数据进行登记，及时找出发放金额变动原因，并与相关部门进行仔细核对，发现有误及时调整。规范各预算单位经济业务行为，加强收支审核，制定相关规定，把好审核关。每月完成账务核算后，由专审核人进行初次审核，填写审核意见，在月中再互相进行复核，填写复核意见，并对第一次审核问题进行跟踪，复查有否存在遗漏问题。

【各社区（村）应收款项管理】 2011年，大朗镇会计核算中心开展社区（村）应收款项的调研，形成《大朗镇社区（村）应收款情况报告》，对全镇27个社区（村）的应收款情况进行逐一分析，提出具体建议，形成报告报送至各社区（村）的镇驻村领导；督促各社区（村）高度重视应收款的追缴管理工作，截至2011年12月底，全镇社区（村）应收款对比上年末减少3455万元，下降7.36%。

【落实土地款项管理】 2011年，大朗镇会计核算中心通过严把入户关、严把审查关、严把追踪关对土地款使用进行审查，及时将各社区（村）土地款专户收支情况进行统计分析，形成报告报送镇委镇政府。引导各社区（村）将土地款优先用于偿还借款并合理进行投资，完成土地款审查365宗共72744万元，其中15110万元用于归还集体借（贷）款，为2012年节省利息支出约685万元；其中15032万元形成固定资产，为发展经济、改善公益福利设施作保证。

【集体资产管理工作交叉大检查】 2011年9月，大朗镇会计核算中心配合市农资办组织开展全市集体资产管理工作落实情况交叉大检查，针对检查的内容，组织各社区（村）全面开展自查自纠工作，各社区（村）进一步理顺并解决财务管理中存在的问题。圣堂社区在此次检查中被抽取为检查对象，镇会计核算中心加强对该社区的跟踪检查，督促该社区尽快完善相关工作，做好迎检工作。

【加强集体资产管理】 2011

年，大朗镇会计核算中心完成“社区（村）集体资产管理软件”的安装调试、人员培训及后期更新工作，并建立农村集体资产数据库；对6个下放我镇管理的市属派出机构和事业单位进行资产核实移交；对已报废固定资产进行拍卖，拍卖所得在扣除相关拍卖费用后，悉数上缴镇财政；完成资产申报处置的核查工作，全年共审核资产处置22项，处置资产2300万元；完成市局“2010年度行政事业单位资产统计”工作，共统计各项资产明细80918万元。

【完成委派会计全面轮岗工作】 2011年，大朗镇会计核算中心根据《关于进一步推行农村会计委派制度的意见》，对27个社区（村）委派会计按照相关原则进行轮岗，续聘25名委派会计，新招聘两名委派会计，对符合条件的人员进行考核，顺利完成社区（村）委派会计轮岗交接工作。组织业务股室人员对新招聘两名委派会计进行业务跟踪指导，协助其提高业务素质，更好地融入新单位。

【完成财务人员委派工作】 2011年，大朗镇会计核算中心完成对松柏朗、竹山、圣堂和洋坑塘等4个社区（村），以及保安公司、食品药品监督站和科技办等3个单位的出纳委派工作。在委派过程中，详细核实应聘人员的具体情况，保证委派出纳的质量，做好出纳工作的交接手续，及时跟踪和指导。

【组织培训工作会议】 2011年，大朗镇会计核算中心召开委派会计财务分析研讨会，组织委派会计30多人在行政服务中心对如何书写财务分析进行专题研讨；组织社区（村）监事会主任参加全市农村社区第五届村级监事会主任培训；召开加强农村财务监管培训工作会议，组织村级监事会成员、组级监事会主任、委派会计和出纳约170人，围绕社区（村）监事会理财监督工作和财会基础工作规范的内容进行培训。

【完成会计档案管理工作】 2011年，大朗镇会计核算中心完成会计档案移交和档案保管工作，做好会计档案的日常管理，按规定办理档案查阅和借出工作，2011度共16个单位查阅档案21次，32个单位共借阅档案38次。（叶妙英）

附：2011年大朗镇会计核算中心领导名录

主　任：江　勇

副主任：叶桂兰

国家税务

【东莞市国家税务局大朗分局】 东莞市国家税务局大朗税务分局（简称“大朗国税分局”）有干部职工18人。分局内设办公室、办税服务厅、税源管理一股、税源管理二股、税源管理三股、税源管理四股。2011年分局管辖业户有11200家，其中一般纳税人企业2959家，小规模纳税人企业8241家。2011年共完成工商税收收入108435万元（含调库），与去年同期86899万元相比增长21536万元，增幅24.78%；门前直接税收收入98846万元，完成市局年度任务114.14%，其中门前“两税”收入为85937万元，与去年同期69060万元相比增加16877万元，上升24.44%。其中增值税入库85871万元，企业所得税入库12819万元，个人所得税14万元，消费税66万元，城市维护建设税76万元，“免、抵”调库9589万元。

【推进信息管税】 2011年，大朗国税分局按照市局工作要求，不断深化信息管税在税收征管中的应用，加强对异常企业的排查，确保市局发布的异常数据得到及时核查处理；以信息管税优化纳税服务，大力推广应用“税企通”系统，加强涉税事项提醒，鼓励纳税人通过网络办理专用发票网上核销等业务，减轻网上和前台咨询压力。同时，还举办税企通视频培训课程，加强对重点企业的政策宣传与培训，强化税企通的应用。

【深入开展纳税评估】 2011年，大朗国税分局选取毛织行业、五金机械行业为重点评估行业，每季度把申报异常的企业、税负或收入明显偏低企业、连续两三年亏损的企业规划为重点评估对象，在评估过程中加强税收调研，加强行业评估分析和疑点分析，达到以评促管。2011年共完成评估49家，评估入库税款603.32万元，滞纳金入库53.44万元。

【大力打击涉税违法行为】 2011年，大朗国税分局按照《转发国家税务总局关于开展2011年税收专项检查工作的通知》要求，成立专项检查小组，布置专项检查工作。选取企业名单为水泥生产销售2家、大型百货商场1家、成品油销售3家，指令性服装类产品“出口退（免）税”企业1家和指导性大型百货商场

1家。通过开展税收专项检查，共查结指令性和指导性项目企业8家，其中有4家共查补增值税税额5.79万元，企业所得税税额10.08万元。另外两家共补增值税25.06万元。

【开展毛织企业自查工作】 2011年，大朗国税分局为加强毛织产品出口管理，布置开展全镇毛织外贸供货企业自查整改工作，共发出《毛织生产企业自查整改情况表》283份，回收283份，回收率100%。经过自查整改阶段，有14家企业自查存在未开票且未按规定进行纳税申报的收入，共计查补不含税销售收入150.88万元，查补税额25.65万元。对于经过自查整改阶段后仍存在问题的41家企业进行核查，共查补不含税销售收入833.76万元，查补税额141.74万元，自查整改工作达到预期效果。

【做好进出口退税审核工作】 2011年，大朗国税分局继续做好“免、抵、退”企业申报资料审核工作，以实际行动支持企业扩大出口保增长，2011年接收外贸企业出口退税申报累计1815份，审核1718份，审核退税数125667.96万元。采取有力措施加快企业出口退税进度，1—12月分局共调库金额9589万元，已办退税金额169171.79万元。

【加强党风、政风、行风建设】 2011年，大朗国税分局切实加强党风廉政建设、机关作风建设，不断提高执法意识和队伍素质，切实提升执法能力和服务水平。在全市年度考核评比中总分排列第七，被评为东莞市国家税务局2011年度“文明单位”，在镇政风行风评议助评会上获得较好成绩，在被评议的11个部门中名列第二。

【开展“一岗一预防”活动】 2011年，大朗国税分局贯彻落实全市国税系统内控机制暨一岗一预防会议精神，通过制定《大朗分局权限维护表》，梳理各业务软件中各岗位的权限；开展廉政风险排查，强化风险预警，加强对各风险点的监督和防控；建立动态监管机制，拓宽监督渠道，在办税服务大厅设置“廉政和职务犯罪举报箱”，接受纳税人对廉政和职务犯罪的监督举报。树立风险意识，从预防做好，从制度做好，执行党风廉政制度，落实好市局和分局各项制度。

【发挥先锋模范带头作用】 2011年，大朗国税分局邝连芳同志在本职岗位上作出突出贡献，被授予“十优敬业标兵”称号；分局被市妇联评为“东莞市巾帼文明岗”，黄柱轩同志被市妇联授予“东莞市好丈夫”荣誉称号；在市妇联组织的2011年度“巾帼建功”先进个人评选活动中，欧珮玉同志被授予“巾帼建功先进个人”荣誉称号。

（祁树明）

附：2011年大朗国税分局领导名录

局　长：邓松深

副局长：张海结　刘庆昌　叶创其

纪检监察员：欧珮玉

地方税务

【东莞市地方税务局大朗分局】 东莞市地方税务局大朗税务分局（简称“大朗地税分局”）内设综合股、管理股、征收股3个股室。截至2011年底，共有在编干部职工23人，其中，大学本科以上学历20人，大专学历3人，党员15人。2011年大朗地税分局共组织税收收入68763万元，同比增长32%。其中，中央收入15317万元，同比增长25%；省级收入19325万元，同比增长76%；市级收入34121万元，同比增长19%。全年征收社会保险费39700万元，同比增长34%，堤围防护费4945万元，同比增32%；残疾人就业保障金751万元，同比增长32%；教育费附加、地方教育费附加、文化事业建设费共5378万元，契税10956万元，耕地占用税1644万元。

2010—2011年大朗地税分局各税费基本情况表

单位：万元

项　目	2010年	2011年	增长额	同比增长
车船税	1195	1310	115	10%
城市维护建设税	3272	5884	2612	80%
房产税	2612	2825	213	8%
个人所得税	8506	10209	1703	20%

续上表

项　目	2010年	2011年	增长额	同比增长
企业所得税	11890	15306	3416	29%
土地使用税	2642	3320	678	26%
印花税	3121	1918	-1203	-39%
土地增值税	2610	4776	2166	83%
营业税	16115	23215	7100	44%
地方教育附加	0	1968	1968	
教育费附加收入	446	3233	2787	625%
文化事业建设费收入	134	177	43	32%
堤围防护费	3755	4945	1190	32%
契税	7478	10956	3478	47%
耕地占用税	611	1644	1033	169%

【加强各税种征管力度】 2011年，大朗地税分局主要抓好各大税种的征收管理工作。营业税：进一步抓好房地产、建安、餐饮娱乐等行业的营业税征收管理工作，全年共征收23215万元，同比增长44%。企业所得税：收入比重仅次于营业税，全年共征收15306万元，同比增长29.2%。个人所得税：推行个人所得税软件申报，受理年所得12万元以上个人所得税自行纳税申报448人，完成目标的105%。共征个人所得税10209万元，同比增长20%。房产税和土地使用税：共征房产税2825万元，同比增长8%；共征收土地使用税3320万元，同比增长26%。

【加强各规费征收管理】 2011年，大朗地税分局继续加强各规费的征收管理。加强对社会保障费、残疾人就业保障金的征收管理，按照区域划分、统一管理、各负其责的原则，将责任落实到各个税收管理员，保证及时征缴入库。按照上级有关文件精神，从2011年开始征收地方教育附加费，加强宣传解释工作，提高纳税人的纳税意识。

【做好“两税”征管工作】 2011年初，“两税”（契税、耕地占用税）正式划转到地税部门征管，大朗地税分局领导班子高度重视，把探索研究如何做好“两税”征管工作列为2011年重点工作之一，详细梳理现有“两税”相关法规和政策，组织征收股业务骨干提前到镇财政分局学习熟悉业务流程和操作，调配两名人员专职负责“两税”征管工作。2011年共受理契税申报5088人次，征收7900万元，受理耕地占用税410人次，征收40万元。

【加强税收执法力度】 2011年，大朗地税分局重点开展专项检查工作：一是开展个体欠税户清理工作，成立清欠小组，采取强而有力的措施，使每月的欠税户由原来的1000多户降至200多户。二是开展重点企业发票情况检查工作，采取自查—检查—整改的工作程序进行，查处两户企业，共罚款1万元，补税6万多元。三是开展个人工资薪金所得与企业的工资费用支出比对稽查工作，补缴个人所得税8800多元。

【优化纳税服务】 2011年，大朗地税分局继续优化纳税服务。一是优环境。对整个办税厅环境进行全面装修，统一窗口标识，规范窗口设置。二是强意识。组织纳税服务大厅全体工作人员参加市局举办的4期纳税服务培训班，对一线征收人员的服务形象、行为语言、工作心态等进行全方位培训，强化纳税服务意识。三是提技能。组织办税服务厅工作人员进行全面系统的岗位培训，提高工作人员的综合业务水平和服务技能。四是强宣传。2011年4月，联合大朗国税分局，联手策划税收宣传工作实施方案，召开税收政策宣讲座谈会，利用电视、网络等宣传媒体广泛宣传税收政策，深化国地税合作机制，有效进行税法宣传。

【加强队伍建设】 2011年，大朗地税分局继续加强队伍建设。一是坚持每月组织一次党风廉政学习会议，组织全体干部职工学习《廉政准则》和《预防税务渎职工作手册》等廉政教育读本；组织观看市局、镇政府举办的机关作风建设暗访专题片和廉政DVD教育片，开展作风自查和整改工作。二是深化惩防体系建设，安排专人负责惩防信息管

理系统的应用和预警管理，本年累计3条重度预警信息，经查核都不属实。三是贯彻落实廉政建设专项工作。认真开展“一岗一预防”活动和预防渎职侵权专项工作，完善内控机制，确保队伍的廉洁平安。四是市局一把手与分局班子成员签订《廉政责任书》，分局一把手与全体干部职工签订《廉政责任书》，防患于未然。（韩沛明）

附：2011年大朗地税分局领导名录

局　长：叶　昌

副局长：叶炯斌　叶建维

税务协管

【大朗镇税务协管中心】 大朗镇税务协管中心及村（居）税务协管站主要负责协助国税、地税部门对零星税源、部分个体工商业户（具体指年销售额在50万元以下的工商业户、年营业收入30万以下的其他业户）进行管理。2011年，大朗镇税务协管中心工作人员共7人，全镇设7个税务协管站，协管员共54人。大朗镇税务协管中心被评为2011年东莞市税务协管工作先进单位。

【零星税收收入】 2011年大朗镇零星税收8424万元，比2010年增长13.93%。全年新增办理税务登记2725份（其中国税1620份，地税1105份）；截至2011年12月，累计已办证并列入协管范围的零星税源户数为12022户（其中国税8415户，地税10930户）。全镇零星税源平均纳税申报率为91.43%，同比提高两个百分点。

【做好催报催缴工作】 2011年，大朗镇税务协管中心继续运用“业户分类催报催缴办法”提高纳税申报率。将业户分成三大类六等级，形成业户信用度体系，分类分阶段有针对性地进行催报催缴，既保证了良好业户纳税信用度，又提高了顽固业户及新增户的纳税申报率。对历史欠税较严重的个体户进行专项催报催缴工作。通过三个阶段的清查，共有814户欠税较为严重的个体业户清缴了税款，共追缴税款66.21万元，有效提高了业户的纳税申报率。

【清理漏征漏管工作】 2011年，大朗镇税务协管中心不断加强巡查力度，尤其加强对综合商场、专业市场巡查清理工作，积极堵塞征管漏洞、挖掘税源增长潜力，全年共清理漏征漏管户1836户；加强与“清理无证照办公室”的联动，派驻专门人员与“清无办”组成联合清查小组，由“清无办”在业户办理工商营业执照过程中告知其办理税务登记义务，同时在联合执法中加强对钉子户的管理，通过联合行动，发挥整体合力，新开业户的办证率和顽固业户的清理率明显提高。

【实行协管站基础工作月考核制度】 2011年，大朗镇税务协管中心对协管站业户登记造册、协管信息系统软件、图片底册软件、业户分类催报催缴四项基础工作实行月考核制度，加强协管员日常巡查工作质量，并由资料员将巡查内容及时录入软件系统，更高效地将协管员和资料员的工作衔接起来。此外，该制度将基础工作按月分时段进行考核，每月的考核结果作为半年考核和全年考核的一部分，充分调动协管员的工作积极性，确保零星税收巡查工作正常、有序、高质地开展。

【开展上门走访业户工作】 2011年，大朗镇税务协管中心通过座谈、问卷、暗访、约访等调查走访方式，宣传税收政策法规和办税程序，了解纳税人的生产经营状况和纳税状况，认真听取纳税人的意见和建议，及时整改走访过程中发现的问题，对一时解决不了问题，耐心向纳税人解释，并作出限时办结或回复的承诺。2011年共走访业户350户，收集和整理了纳税人的意见和建议240多条，对相关工作中存在的问题作出及时整改提高措施。

【做好队伍培训工作】 2011年，大朗镇税务协管中心积极培养队伍的业务技能。组织1次资料员业务素质培训，提升资料员的综合素质；组织1次办公礼仪培训，提高协管员的形象修养；邀请软件公司专业人员为协管员进行协管软件操作的讲解培训，提高协管员的软件操作能力，提升协管员的巡查工作质量；积极培养队伍的自学成才能力，鼓励税务协管员参加学历考试，同时购买各类专业书刊供协管员学习，增加知识储备。积极开展各种有益身心的文体活动，增强工作团队的凝聚力，营造积极向上的精神面貌。（叶志恒）

附：2011年大朗镇税务协管中心领导名录

副主任：

陈建平（主持全面工作）

叶金沃

金融业

【概况】2011年，大朗镇经济发展势头良好，金融行业发展迅猛，金融机构和从业人员数量不断增加，金融规模明显扩大，初步形成了银行、证券、融资担保等功能比较齐全的金融机构体系。至2011年12月底，全镇现有银行12家，营业网点51个，从业人员595人，各项人民币存款余额205.09亿元，各项人民币贷款余额103.79亿元；有证券公司2家，从业人员116人，证券交易成交量8.6亿元；此外还有小额贷款公司1家，融资性担保公司1家，信用担保公司2家。2011年大朗镇被东莞市政府评为全市金融创新工作先进单位。

【东莞银行大朗支行】东莞银行大朗支行位于大朗镇中心美景中路243—245号，共设4个网点，正式员工46人。2011年底，各项存款余额为141561万元，比年初增加20289万元，增长16.45%；贷款余额为94362万元，比年初增加11872万元，增长14.08%。东莞银行大朗支行积极参与志愿者送温暖等一些社会服务活动，开展"爱心捐助"、"让爱在身边绽放"等一系列扶贫救灾捐款活动，支行员工捐款共21655元。（李凤玲）

附：2011年东莞银行大朗支行领导名录

支行长：叶永祥

副支行长：纪明辉　袁艳霞

【东莞农村商业银行大朗支行】2011年，东莞农村商业银行大朗支行存贷款保持良好的增长态势。各项存款余额45.06亿元，对比2010年年底增加4.76亿元，各项贷款余额20.89亿元，增加5.69亿元。各项中间业务有较大幅度的增长，其中，销售保险2828.53万元，发行银行卡51122张，全年实现国际结算21.64亿港元，新增35个外汇账户办理国际业务。2011年上半年，已完成犀牛陂、黄草朗，圣塘三个网点原址装修改造工程；下半年，先后启动石厦、松木山、新马莲三个网点原址装修改造工程；剩下未改造网点也陆续提出整改方案，预计在2012年完成。2011年，东莞农村商业银行大朗支行为向市民提供更多的金融服务，制定了分理处升格为二级支行的计划，其中石厦分理处通过东莞市银监局的审批，正式升级为二级支行；增加自助设备投放，全年共增设自助存取款机10台、自助汇款设备18台；转变经营理念，强化服务质量，全年涌现出一批服务标兵，支行丁碧锋同志被中国银行业协会表彰通报，在"2011年度中国银行业文明规范服务明星大堂经理"中获"财富之星"称号。

附：2011年东莞农村商业银行大朗支行领导名录

行　长：杨　进

副行长：吕炎生

【广发银行股份有限公司东莞大朗支行】经中国银行业监督管理委员会批准，广东省工商行政管理局核准，自2011年4月1日，"广东发展银行股份有限公司东莞大朗支行"更名为"广发银行股份有限公司东莞大朗支行"，简称"广发银行东莞大朗支行"。2011年，广发银行东莞大朗支行位于大朗镇美景大道长盛广场B1H区108—111号。有营业网点1个、24小时自助银行3个，全行共有员工25人，内设营业部、客户部两个部门。2011年末，存款余额72518万元，其中企业存款41199万元，储蓄存款31319万元，各项贷款余额62228万元。新增15个公司外汇账户，全年实现外汇结算量70653万美元，在东莞分行排名第1位。获得2011年度东莞分行"中间业务收入奖"、"国际结算业务奖"，支行员工钟凤霞获2011年度东莞分行"优秀客户经理奖"，陈志斌获广东省金融系统首届职工书法美术展铜奖。

附：2011年广发银行东莞大朗支行领导名录

行　长：温汉鸿

副行长：叶集强

【中国农业银行股份有限公司东莞大朗支行】2011年12月末，中国农业银行股份有限公司东莞大朗支行本外币存款余额30亿元，比年初增长3.89亿元。各项贷款余额为6.26亿元，比年初减少了4107万元。本外币账面利润7595.26万元，中间业务收入2957.77万元。2011年，农行大朗支行大力推广转账电话，促进储蓄存款有效增长。重点拓展财务顾问费、保险、基金、商户分期、电子银行等产品，挖掘新的业务增长点，增加中间业务收入。加大自助设备的投放和管理，提高设备运作效率和综合收益率。针对支行网点外来民工交易量庞大的特点，增加自助设备投放，建立自助设备运营管理团队。

附：2011年中国农业银行大朗支行领导名录

行　长：叶庆忠

副行长：叶江华　梁燕文

【中国建设银行股份有限公司大朗支行】 中国建设银行股份有限公司大朗支行共有在编工作人员43人，设有营业网点3个。2011年末，一般性存款余额151549万元，比2010年新增16352万元，增幅为12.09%；贷款余额为54470万元,比2010年新增18367万元，增幅为50.87%。针对大朗毛织专业市场，开展结算E业务，开展电脑横机按揭业务，跟多家设备生产商进行合作。（陈婉玲）

附：2011年中国建设银行大朗支行领导名录

行　长：周效芬

副行长：赵日东

行长助理：计文杰

【中国银行股份有限公司东莞大朗支行】 中国银行股份有限公司东莞大朗支行共设网点4个，职工72人。2011年，人民币存款余额为203004万元，其中人民币储蓄存款余额为153187万元，人民币企业存款余额为51617万元，各项外币存款余额折合649万美元；贷款余额为138933万元，其中公司贷款余额为43348万元，个人贷款余额为95585万元。2011年，中行大朗支行应市场和客户需求，对大朗大市支行进行网点升级改造，设立对公开放式柜台、个人VIP理财区等特色服务区，为客户提供全面、专业、优质的金融服务；在大朗帝豪花园酒店举办了“中国银行中小企产品推介会”，着力打造中银“信贷工厂”品牌，为大朗中小企业解决融资难的问题；针对大朗私营进出口企业较多的特点，举办贸易融资产品推介会，邀请资深国际结算专家分析汇率形势和国际经济变化新趋势，推介“银行保单项下商业发票贴现”、“区间宝”等国际贸易结算新产品，有效解决企业贸易融资难问题，进一步拓宽银企合作领域。

附：2011年中国银行大朗支行领导名录

行　长：利健伟

副行长：刘国荣　李雅玲

【中国工商银行股份有限公司东莞大朗支行】 中国工商银行股份有限公司东莞大朗支行（以下简称“工行大朗支行”）共设有4个网点，员工67人。2011年，工行大朗支行本外币各项存款余额368563万元，当年净增96689万元，其中本外币储蓄存款余额210414万元，当年净增22745万元，本外币对公存款余额158149万元，当年净增73944万元，本外币各项贷款余额203572万元，当年净增84400万元。实现中间业务收入3680.86万元。为做大存款份额，工行大朗支行大力拓展融资业务派生存款，先后为一批从事毛织生产与销售的民营企业办理备用信用证开证业务，为一批外资企业办理外币存贷通业务，为一批优质企业办理进口证业务及融资理财通，吸收大量本外币保证金存款，2011年，本外币存款余额突破35亿元，创历年新高。同时，工行大朗支行在确保传统利润来源项目收入的基础上，积极寻求新利润增长点，全年共办理贴现46936万元，11月单月完成国际收支量2.6亿美元，两项业绩均创历年之最，该行利润突破亿元大关。2011年，工行大朗支行渠道建设工作全面铺开，共完成1个网点的升级装修，确立两个网点的搬迁新址和5个离行式柜员机的投放点。富民路支行升级装修后，服务环境大大改善，功能分区更为合理齐全。辖属网点长富支行、富康路支行已敲定新址并获审批通过，争取2012年开业。5家投放离行式自助柜员机的企业中，3家已完成装机，两家已审批通过，2012年装机。

附：2011年中国工商银行大朗支行领导名录

行　长：何　静

副行长：梁　田　熊伟

【招商银行股份有限公司东莞大朗支行】 招商银行股份有限公司东莞大朗支行位于大朗镇中心长盛广场（体育馆斜对面），内设行长室、零售银行部、公司银行部和办公室，共有员工28人。2011年，全折人民币自营存款130768万元，较去年末增长17.59%；全折人民币自营贷款121684万元，较去年末增长9.69%。2011年，招商银行大朗支行在做好客户服务的同时，也不忘回馈社会。2月，组织大朗支行团支部书记深入贫困户家中开展结对帮扶活动，为其排忧解难，并送上慰问金；3月，积极扶持文化体育事业，举办招商银行2011年“金葵花杯”少儿钢琴比赛大朗预演活动，成功邀请120多名小朋友和家长参与；8月，招商银行作为深圳大运会的唯一指定银行，大朗支行强化训练服务礼貌用语、肢体语言及营业厅互动手语，规范优化服务流程，增添“大运绿色通道”，狠抓服务喜迎大运；10月，邀请大朗毛织企业到国际毛织重镇参观学习，进一步推进大朗毛织企业创新发展，促使企业的发展潜力转化为社会的经济效益。

（李庆扬）

附：2011年招商银行大朗支行领导名录

行　长：叶继斌

副行长：陈耀明

【中信银行大朗支行】 中信银行大朗支行位于大朗镇碧水天源售楼处旁，一楼为营业部大厅办公区，设有3个综合服务柜台和两个VIP柜台，另有3个24小时自助服务柜员机；二楼为信贷部工作区，设有两个贵宾室、两个会议室，全行共有19名员工。2011年大朗支行本外币一般性存款期末余额162941万，其中本外币对公存款117674万，人民币储蓄存款期末余额45266万，人民币贷款117687万元。（陈巧琼）

附：2011年中信银行大朗支行领导名录

副行长：

黄汉强（主持全面工作）

卢柱林

行长助理：黄润明　陈瑞容

【交通银行股份有限公司东莞大朗支行】 交通银行股份有限公司东莞大朗支行位于大朗镇富民中路333号添一居会所，共有员工15人，是交通银行东莞分行第一个针对零售高端客户推出的理财服务品牌OTO网点。2011年末，交通银行大朗支行实现各项存款41542万元，同比增长24.36%；各项贷款39897万元，同比增长27.91%。

附：2011年交通银行大朗支行领导名录

行　长：黄智鑫

行长助理：游英钊　萧伟华

【兴业银行股份有限公司东莞大朗支行】 兴业银行股份有限公司东莞大朗支行位于大朗镇长盛广场C区，有营业网点1个，24小时自助银行4个，职工28人。2011年末，各项存款余额55245万元，较年初增长13893万元，其中个人储蓄存款余额28707万元，较年初增长3572万元，公司存款余额26547万元，较年初增长10321万元；各项贷款余额29368万元。

附：2011年兴业银行东莞大朗支行领导名录

行　长：叶志超

副行长：张伟彪

【中国邮政储蓄银行有限责任公司东莞分行大朗中心支行】 中国邮政储蓄银行有限责任公司东莞分行大朗中心支行位于大朗镇长盛南路37号财富公馆商铺（体育馆侧），业务辖区范围包括大朗、寮步、大岭山3个镇，内设行长室、副行长室、会议室、市场营销部、信贷业务部和公司业务部，全行共有员工67人。2011年末，储蓄余额10.88亿元，同比增长15.01%；贷款余额13672万元，同比增长36.57%。（凌　科）

附：2011年中国邮政储蓄银行大朗中心支行领导名录

行　长：叶睿超

副行长：陈志洪

证券业

【东莞证券有限责任公司东莞大朗证券营业部】 东莞证券有限责任公司东莞大朗证券营业部位于东莞市大朗镇长盛南路38号长塘大厦六楼，经营范围为证券经纪业务。2011年，营业部从业人员48人，主要分为综合保障部、交易管理部、客户服务部、营销拓展部4个部门。截至2011年12月31日，客户总数1.8万多户，资产总值9.24亿元，较2010年底下降了27.18%。全年共举办了4场大型投资报告会，地点分别在大朗帝豪酒店和长塘大厦会场，参加人数1000多人。

附：2011年东莞证券大朗营业部领导名录

总经理：黎广埔

副总经理：叶健华

总经理助理：王丽娜

【光大证券股份有限公司东莞大朗营业部】 光大证券股份有限公司东莞大朗营业部位于东莞大朗镇美景中路568号金融大厦15楼，主要产品服务包括：A、B股、开放式基金、封闭式基金、权证、集合理财产品、代办股份转让、国债、企业债券、金融债券、证券集合理财、专户理财产品、期货IB业务、融资融券等。共有从业人员62人。

附：2011年光大证券大朗营业部领导名录

总经理：廖文雄

副总兼运营总监：尹丽珍

营销总监：蔡盛昌

保险业

【中国人民财产保险股份有限公司东莞市分公司大朗营业部】 中国人民财产保险股份有限公司东莞市分公司大朗营业部是中国人民保险公司的属下分支机构，位于大朗镇富华中路523号。一楼为营业部大厅及办公

区；二、三、四楼为业务员的工作场所。有职员21人（其中领导2名、出单员1名、内勤3名、外勤15名），比上年度增员11人。经营范围包括车辆保险、财产保险、公众责任险、产品责任险、雇主责任险、现金保险、家庭财产保险、建筑安装工程险、货物运输保险、人身意外伤害保险等除人寿保险业务以外的一切保险业务。2011年，营业部的保费收入由2010年的1165万元增至1396万元，同比增长231万元。2011年政策性农房保险实现全镇统保。2011年3月，中国人民财产保险股份有限公司东莞市分公司大朗营业部成立党支部。

（叶耀昌）

附：2011年中国人民财产保险股份有限公司东莞市分公司大朗营业部领导名录

经　理：陈锐强

副经理：刘灿林

典当业

【东莞市兴隆典当有限公司】 东莞市兴隆典当有限公司位于东莞市大朗镇美景中路386号，是经国家商务部批准的有限责任典当企业。注册资本1500万元人民币，主要从事股票质押、房地产、机动车、民用品等动产、不动产抵（质）押典当融资；绝当品销售并提供鉴定、评估及咨询服务。公司下设业务部、风险控制部和行政部。2011年共有员工10人，营业收入4800多万元。公司积极参加社会团体活动，赞助东莞市大朗青年集体婚礼活动，赞助并组织策划“兴隆杯”新春摄影比赛。

附：2011年东莞市兴隆典当有限公司领导名录

董事长：卢锐清

总经理：张海强

融资担保

【东莞市远大融资担保有限公司】 东莞市远大融资担保有限公司位于东莞市大朗镇美景中路186号，注册资金人民币1.36亿元，是东莞市第2家成立的专业融资担保机构，是“广东省中小企业信用担保机构示范单位”、“广东省信用担保协会理事单位”、“东莞市信用担保先进单位”、“东莞市信用担保协会常务副会长单位”，被评为A级信用担保企业；2004年至2011年度，连续八年获得广东省财政及东莞市财政对担保机构的扶持资金；2010年至2011年度获得东莞市政府颁发的“东莞市金融创新先进单位”、“东莞市融资支持三等奖”。公司业务主要包括：为企业和个人经营性、消费性融资担保贷款、机械设备按揭担保贷款、信用证打包贷款担保、二手楼按揭担保等；非融资担保业务：工程履约担保、财产诉讼保全担保等。截至2011年末，累计担保金额共计人民币291609万元，担保项目1391笔，担保业务193 笔，担保金额48682万元，其中支持大朗镇企业和个人153笔，金额37904万元，分别占公司年业务总量的79.27%和77.86%。

（刘希哲）

附：2011年东莞市远大融资担保有限公司领导名录

董事长：陈锡培

总经理：杨世钧

【东莞市莞商小额贷款有限公司】 东莞市莞商小额贷款有限公司位于大朗镇银朗南路288号商会大厦18楼，成立于2009年11月18日，注册资本金1亿元，是东莞市第二批小额贷款试点公司之一。公司以东莞范围内的中小企业、个体工商户、城镇居民以及“三农”为服务对象，提供便利快捷的中、短期贷款金融服务。2011年，东莞市莞商小额贷款有限公司发放贷款131笔，累计发放贷款总额40402万元，贷款余额12997万元，缴纳税费425万元，累计为98多家毛织企业提供贷款32369多万元。贷款对象涵盖毛织、服装、塑胶、化工、造纸、印刷、建筑、机械、金融、五金、电子、商贸、农牧等十多个行业。

（苏婉玲）

附：2011年东莞市莞商小额贷款有限公司领导名录

执行董事：陈锡培

总经理：杨世钧

经济管理

统 计

【大朗镇统计办公室】 2011年，大朗镇统计办公室有工作人员6人，设主任1人，副主任1人。2011年，大朗镇被评为“第二次全国R&D资源清查国家级先进单位”、“市级统计调查工作先进单位”，获得“市级统计服务工作优秀奖”、“市级四大工程建设工作优秀奖”、“市级企业调查工作优秀奖”、“市级统计教育工作优秀奖”、“市级城乡调查工作优秀奖”、“市级统计调查工作最佳团队提名奖”。

【统计报表工作】 2011年，大朗镇统计办完成了2011年工业、农业、批发零售业、住宿餐饮业、建筑业、房地产开发业、固定资产投资、城市建设、征拆补偿、农村改革、贫富差距、社会、综合等年报和定期报表工作；通过成立机构、加强宣传、强化培训、督促上报等手段，确保“四大工程”建设的顺利完成。认真贯彻落实《全市基层统计调查工作会议》精神，及时发布我镇统计工作动态。全年共撰写18篇统计工作信息，其中14篇统计信息被东莞市统计调查信息网“镇街动态”采用。

【专项统计调查】 2011年，大朗镇统计办在全镇范围内开展各项调查：完成大朗镇长盛商圈调研工作，开展了房地产中介调查；开展了大朗镇工业厂房调查，对全镇辖区范围内工业厂房的归属、建设年份、占地面积、建筑面积等情况作了较为全面的调查，并形成纸质及电子地图，为政府制定《大朗镇工业区（厂房）改造补贴试行办法》和《大朗镇鼓励引进优质工业项目奖励试行办法》等方案提供可靠信息；完成R&D资源清查、高新技术产品调查、城乡企业工资抽样调查等专项调查。

【统计分析】 2011年，大朗镇统计办增强统计资料解读分析能力，提升统计服务水平。一是加大统计分析力度，实现分析形势、内容和质量三个突破，充分利用走势图，归纳特点，分析原因，总结规律，预测未来走势，各专业每季度撰写一篇专业分析，再由综合统计员整理汇总，形成综合分析报告，供党政办参考。二是综合分析报告增加第三产业和社区村的内容，避免以往过于侧重工业的现象，务求整篇分析的内容能更丰富、更全面反映全镇的经济运行情况。三是整理分析长盛商圈调研资料，撰写的《大朗镇长盛商圈调研》分析报告，获得镇委书记批示，并获得“2011年全市镇街优秀统计分析报告一等奖”。

【统计队伍建设】 2011年，大朗镇统计办加强统计业务培训，做大做强社区（村）统计队伍。对村级专兼职统计人员定期培训，以及将规上工业错误数据查询、规下工业抽样调查审核录入、个体调查等部分统计工作实行镇村同时开展的双规方式，保证统计数据质量的同时，锻炼和提高村级统计人员的统计工作能力，进一步发挥村级统计人员的力量。2011年，大朗镇统计办狠抓统计教育，确保各基层统计人员持证上岗，积极组织辖区内的统计人员参加统计从业资格、继续教育培训及统计专业技术资格考试报名工作。一是借助大朗政府网、电视广告、群发短信、集中开会、微博分享等方式，及时发布、宣传2011年统计教育的有关通知事项。二是积极与各（村）社区及各企业沟通联系，掌握辖区内各企事业单位特别是“三上企业”统计人员的变动情况，核实其持有统计从业资格证书的情况；整理历年通过统计从业资格考试及参加统计继续教育的人员名单，并下发至各社区（村）委派会计，确保已取得从业证的统计员都能及时参加继续教育。三是召集各社区（村）委派会计人员开会，落实做好统计教育报名工作，争取未取得统计

从业证书的在岗专（兼）职统计人员均能报名参加考试，同时做好继续教育培训及统计专业技术资格考试报名工作。四是组织报考人员能按时参加培训及考试。据统计，71人参加统计从业资格考试，通过率达80%以上；142人参加继续教育考试，通过率100%；11人参加初级统计师考试，8人参加中级统计师考试，1人参加高级统计师考试。2011年，大朗镇统计办共有统计师4名，初级统计师2名；中级会计师2名，初级会计师4名。

（张玉锋）

附：2011年大朗镇统计办领导名录

主　任：李　玉

副主任：张玉锋

工商行政管理

【东莞市工商行政管理局大朗分局】 东莞市工商行政管理局大朗分局（以下简称“大朗工商分局”）内设三股一室，即登记股、经检股、市场股和办公室，共有工作人员55人，其中在编干部职工30人，工勤人员25人。2011年，大朗工商分局新登记各类市场主体3642户，办结各类违法违章案件262宗。被评为2011年度工商行政管理系统先进单位、年检验照工作先进单位，大朗工商分局党支部被评为2011年度镇先进党支部。

【政风行风建设】 2011年，大朗工商分局加强政风行风建设，开展行风评议活动。通过走访座谈、发放问卷等多种形式向社会各界征求意见和建议，结合自查自纠发现的突出问题和矛盾，采取措施迅速进行整改，使分局的政风行风得到进一步提升。进一步完善各项内部管理和后勤保障制度，包括车辆、保安、上下班管理等制度，并定期由办公室开展内部督察。每月召开一次工作汇报会议，由各股室汇报本月的工作情况，不断进行调整改进。大朗工商分局认真落实各级党风廉政建设责任制，深入学习宣传《廉政准则》。定期召开会议，就当前的党风廉政建设的热点话题，引导干部职工讨论交流，提醒同志们要时刻保持清醒头脑，严于律己，防微杜渐，促使全体干部职工提高政治觉悟，改进工作作风，树立廉政形象。

【市场经济秩序整顿和规范】 2011年，大朗工商分局全面加强市场经济秩序整顿和规范，全年共办结各类违法违章案件262宗。

市场主体监管 2011年，大朗工商分局对一般行业巡查3130户次，对重点行业巡查199户次，对美容美发及沐足主管行业巡查80户次；巡查商标印制企业906户次，巡查广告企业249户次，登记户外广告25户。

流通领域食品安全监管 2011年，大朗工商分局进一步完善流通领域食品监管体制，强化食品安全监管工作，根据工商行政职能和分片包干的工作制度，要求各执法组结合日常监管工作，认真履行各辖区流通领域的食品安全监管职责。2011年，大朗工商分局切实做好流通领域的商品质量后续处理，在7家农资经营户门口增设7块农资商品质量公示栏，累计设立42个流通领域商品质量公示栏，根据上级发布的后续处理通知后两天内在全镇的公示栏张贴对外公告不合格商品信息，引导和警示消费，促使经营者自觉抵制购进不合格商品并自觉对不合格商品进行下架，便于群众识别问题产品并向工商部门举报。大朗工商分局对外公示共34次，没有接到群众对不合格产品的举报。2011年，大朗工商分局共推广“信誉通”用户42户，累计推广“信誉通”用户430户，其中食杂店用户406户，商场用户21户，批发部用户3户。共检查食品经营户1580户次，查处食品安全案件8宗，查扣并销毁问题食品2344件。

创建和巩固样板市场 2011年，大朗工商分局重点创建样板市场工作，不断加强对各样板市场的服务指导和责任监督。将佛子凹市场定为样板市场创建单位，在完善市场硬件设施的同时，大朗工商分局促使市场管理方建立食品安全管理长效机制，制定食品安全管理制度，落实好索证索票、不合格产品退市、抽查检测等制度，为消费者营造放心、公开的食品消费环境。全镇已创建3个样板市场，分别为大朗农贸市场、大朗富田农副产品交易市场和佛子凹市场。

无证照经营清理 2011年，大朗工商分局全力协助镇清无领导小组进行清无工作，全年共检查经营户3000多户，发现并清理无证照经营户1000多户，发出催办通知书500多份，取缔无证照经营户800多户，其中立案查处440多户。依法查处打击了无证照经营行为，规范了市场经营秩序。

【创建东莞市文明诚信市场】 2011年大朗镇获“东莞市文明诚信市场”称号名单：广东毛织市场、东莞市大朗农产品批发中心、东莞市大朗富田农副产品交易市场、东莞市大朗农贸市场、东莞市大朗旺富商贸城综合市场。

【市场主体登记注册】 2011年，大朗工商分局积极加强窗口建设，严格执行“一口清、一口准”，一次性告知提交书面申请所需的全部资料，所有登记业务基本能在5天内办理完毕。2011年新发照3642户。其中个体户2690户，企业952户。2011年全年验照个体户10054户，验照率69%，已年检企业3658户，年检率90%。

【商标注册】 2011年，大朗工商分局围绕商标强镇战略，积极推进企业品牌建设，做好著名商标培育计划，引导企业开拓创品牌意识。2011年，东莞艾尔发自动化机械有限公司“alfa”商标被评为广东省著名商标，广东省著名商标共有10个。

2011年大朗镇获“守合同重信用企业”称号名单

序号	企业名称	序号	企业名称
1	东莞市兴业针织有限公司	14	东莞市诚达装修广告有限公司
2	东莞市成就毛织有限公司	15	东莞市海川进出口有限公司
3	东莞市迈科科技有限公司	16	亚泰（东莞）木业有限公司
4	东莞市辉骏针织时装有限公司	17	东莞市工大复合材料有限公司
5	东莞市碧水天源物业有限公司	18	东莞市永晟印刷有限公司
6	东莞市龙姿针织有限公司	19	东莞市果美饮食有限公司
7	东莞市英伟实业有限公司	20	东莞市铭富超级市场有限公司
8	东莞市质鼎装饰工程有限公司	21	东莞市毅豪电子科技有限公司
9	东莞市升达纸品有限公司	22	东莞市智顺贸易有限公司
10	东莞市众圣针织有限公司	23	东莞市康宇厨具有限公司
11	东莞市耀安塑胶机器有限公司	24	东莞市亿达音响制造有限公司
12	东莞市远豪实业投资集团有限公司	25	东莞市台冠起重机械设备有限公司
13	东莞市业联制衣有限公司		

大朗镇获广东省著名商标名单

序号	企业名称	著名商标	获得年度
1	东莞市兴业针织有限公司	“纪帆登”注册商标	2004年度
2	东莞市龙姿针织有限公司	“龙姿”注册商标	2005年度
3	东莞市英伟实业有限公司	“英伟”注册商标	2006年度
4	东莞市迈科科技有限公司	“McNair”注册商标	2006年度
5	东莞市安达毛织厂（众圣）	“QQ”注册商标	2006年度
6	东莞市信易电热有限公司	“信易”注册商标	2007年度
7	东莞市大朗安富塑料机械厂	“安富塑機”注册商标	2008年度
8	东莞市环宇织造有限公司	“y l s b”注册商标	2010年度
9	东莞市亿达音响制造有限公司	“β 3”注册商标	2006年度（2010年7月搬迁到我镇）
10	东莞艾尔发自动化机械有限公司	“alfa”注册商标	2011年度

【消费者权益保护】 2011年，大朗工商分局指导大朗消委分会着力提高消费纠纷的调解技能，尽最大可能提高调解的成功率，最大限度地维护好消费者的合法权益，化解各类消费矛盾。2011年消费者委员会大朗分会共受理消费者申诉166宗，为消费者挽回经济损失接近20万元。

（谢国斌）

附：2011年大朗工商分局领导

名录
局　长：香镇祥
副局长：钱贺怀
　　　袁少斌（2011年1—4月）

质量技术监督

【大朗镇质量技术监督工作站】 2011年，大朗镇质量技术监督工作站（简称“大朗镇质监站”）共有工作人员15人，设站长1人，副站长2人，分产品质量组、特种设备组、食品打假组、办公室组4个小组。2011年被评为“2011年度东莞市镇街质量技术监督工作先进集体”、“2011年度东莞市打假工作先进集体”。

【名牌创建工作】 2011年，大朗镇共获得广东省名牌产品称号16个，其中新增14个，分别是信易的“料斗式塑料干燥机”、台冠的“桥式起重机”，英伟、盛泰、裕和、美姬、超翔、金松、欧佳特、民源生、安盛、帝亚、翔兴、众达的“针织毛衫”；复评成功2个，分别是艾尔发的“注塑机专用机械手臂”、迈科的“镍氢充电电池”。

【标准化工作】 2011年，大朗镇质监站着力大朗毛织专业镇标准化示范点建设工作，发挥专业镇技术性贸易措施服务工作站作用，开展标准化工作，推广标准化技术普及应用。

大朗毛织专业镇标准化示范点建设工作通过省验收　2011年4月13日，省质监局标准化处张定康副处长带队的省验收组对大朗镇毛织专业镇标准化示范点建设工作进行验收，省验收组通过听取汇报材料、查阅资料以及实地考察等方式，对大朗镇的毛织专业镇标准化示范点建设工作成效表示肯定，大朗镇毛织专业镇标准化示范点建设工作顺利通过验收考核。

推动企业标准化工作　大朗镇质监站协助盛泰、天元、帝亚、裕和、安盛等企业开展采标工作，2011年全镇共有21家企业23个项目获得采用国际标准认可证书；大朗镇质监站协助成功幕墙、昊通、春雨等3家企业13个项目采用国际和国外先进标准获得市财政资助。为帮助企业及相关单位尽早准确掌握最新版标准的修订内容，更好地指导生产，大朗镇质监站与市质检中心合作，举办大朗镇GB18401最新版纺织产品国家强制性标准宣贯会，邀请专家对该标准进行解读。全镇的社区（村）、相关单位质监干部及具体工作人员、毛织企业标准工作负责人及品质管理人员共100多人参加会议。

【特种设备监管】 2011年，大朗镇质监站积极开展特种设备巡查工作，共检查企业486家次，发现安全隐患163处，发出特种设备安全监督整改书163份，将20家逾期未按要求完成整改的企业移交市质监局相关部门查处查封。举办电梯管理人员、企业特种设备管理人员及起重机司机3场培训班，共300多人次参加培训，通过培训有效地提高全镇特种设备生产使用单位安全主体责任意识和防止事故发生，2011年大朗镇无发生重大特种设备安全事故。

【打假工作】 2011年，大朗镇质监站进一步严厉打击制售假冒伪劣商品违法行为，净化市场环境，促进经济平稳较快增长，制定《大朗镇2011年打假工作方案》。5月19日大朗镇质监站在行政服务中心召开了“大朗镇打假工作会议暨打假业务知识培训班”，会议总结2010年全镇打假工作和部署全镇打假重点工作，同时，结合“质监业务宣传培训月”活动，邀请了专家讲解卷烟、酒类、食盐的真伪鉴别、查处程序、办证程序等知识，全面提高打假业务水平和服务能力。全年共出动打假执法人员1928人次，检查1800家次，查处制假售假案件10宗，依法收缴和公开销毁碘盐、食用色素、食用油、散装食品等假冒伪劣不合格商品2256公斤，折合货值48295元。2011年，通过“一号关爱”、3·15大型维权宣传咨询活动，现场向群众免费提供消费者权益保护的相关政策法规咨询，接受消费维权投诉，进行商品真伪鉴定展示，并派发宣传资料近5000份。

【宣传教育】 2011年，大朗镇质监站制定《大朗镇质监业务宣传培训月工作方案》，举办了“质监业务宣传培训月”活动，深入开展质监业务知识、起重机司机、打假业务知识、电梯管理人员、企业特种设备管理人员等专项培训以及宣传咨询活动，并取得预期效果。2011年举办两场质监业务知识、打假业务知识专项培训，3场电梯管理人员、企业特种设备管理人员及起重机司机的特种设备培训班。大朗镇质监站结合“一号关爱”活动，联合烟草分局，举办质监业务宣传咨询活动，向广大群众提供质监业务免费咨询服务，并进行卷烟等真假商品展示及讲解，派发质监宣传资料，现场接受群众投诉举报；利用大朗电视台、大朗网、大朗周刊等本地媒体，加大质监业务宣传，对宣传培训月活动进行全面跟踪报道，提高广大群众的质量意识和安全生产意识，营造良好氛围。

【便民利企服务】 2011年，大朗镇质监站加强质监工作建设，优化便民利企业务。通过对全镇19个农贸市场在用强检计量器具、社区卫生站计量器具实行免费检定，严厉打击短斤缺两违法行为。在东莞·大朗网上增加“质监”栏目，宣传质监职能、职责，及时报道质监工作的最新动态。2011年，市质监局下放代码办理权限，大朗镇质监站正式开展申办、年检、变更、换证、注销等现场办证业务。2011年，共为企业办理组织机构代码证4136个，特种设备人员操作证297个。（孙雅玲）

附：2011年大朗镇质监站领导名录

站　长：陈仲轩

副站长：叶成发　叶妙华

食品药品监督管理

【大朗镇食品药品监督站】 大朗镇食品药品监督站于2010年12月正式成立，2011年1月正式运作，共有工作人员9名，站长1名。设立办公室、档案室、工具室、办事受理窗口并配有执法车、食品安全快速检测箱、农药残留速测仪、相机等执法装备。2011年被评为市食品药品监督管理工作先进单位。

【工作机制】 2011年1月，食品药品监督站办事受理窗口正式开通。办事窗口通过印制《办事指南》，完善申办资料参考样本等措施，方便市民了解办理程序及手续。2011年，办事窗口收到办理餐饮服务行政许可证的申请资料共238份，发出餐饮服务许可证198张。食品药品监督站建立值班制度，开通24小时值班电话，每周安排一名工作人员值班，确保不错过一个举报投诉咨询电话。同时，还完善内部管理制度，编制大朗镇食品药品监督站制度汇编，包括会议制度、日常检查制度、执法装备管理制度以及餐饮服务环节食品安全事故应急预案等14项制度，有效保证各项工作有序开展。

【示范街创建】 2011年4月，大朗镇餐饮服务食品安全示范街创建工作全面开展。大朗镇食品药监站对示范街内餐饮服务单位实行动态管理，不定期进行巡查监管，示范街配备了4名餐饮服务食品安全社会监督员，联合经贸办、城管执法分局等部门多次开展联合检查行动，合力保障示范街的餐饮食品安全。7月15日，全市餐饮服务食品安全示范街创建工作现场会在大朗召开，通报了该项工作的进展情况，并举行“餐饮通”启用仪式。经过半年时间的创建，长盛美食街内20家餐饮服务单位在硬件条件、软件管理和人员素质等方面都得到提升。在示范街设立食街宣传栏，悬挂宣传标语、宣传喷画等固定宣传，利用大朗电视台、大朗周刊等传统媒体以及大朗快讯、荔香大朗微博等新兴媒体进行跟踪报道，宣传示范创建的进展及成效，营造浓厚的创建氛围。2011年11月，大朗长盛广场美食街顺利获得“东莞市餐饮服务食品安全示范街”和“广东省餐饮服务食品安全示范街”称号。

【食品安全专项监管】 2011年，大朗食品药品监督站共开展或参与22项食品安全专项检查，出动检查人员近500人次，检查餐饮服务单位900多家次，签订食品安全承诺书300多份，并制定了《关于加强对各社区（村）集体聚餐场所监督管理的工作方案》，对各集体聚餐场所进行备案管理，切实加强对集体聚餐场所的监管。大朗食品药监站通过提前介入、认真排查、动态巡

“餐饮通”启用仪式。

查、重点指导、严把流程和全程跟踪等措施，保障了全省专业镇转型升级现场会、“两考”期间、第十届“织交会”以及“广东旅游节”期间的食品安全工作。

【宣传培训】 2011年，在中国大朗网上建立“大朗镇食品药品监督站”专栏，及时发布餐饮服务食品安全的相关政策、法规、食品安全预警等；在大朗食街设立固定宣传栏，宣传食品安全相关知识；通过3·15等咨询宣传活动，接受群众的现场咨询；举办4期餐饮服务单位负责人及从业人员培训班，提高参训人员的法律意识和专业知识水平。（李晓慧）

附：2011年大朗镇食品药品监督站领导名录

站长：黄庆波

【大朗食品公司】 2011年，大朗食品公司设有办公室、肉联厂、生猪集中批发场，有股东32人、员工70人。是全市定点生猪屠宰企业，省肉类协会理事单位。全年生猪屠宰111250头，经营总额970万元，全年上缴税费369万元。全年生猪上半年价格起落较大，最低收购价每公斤14.6元，下半年最高收购价每公斤21元。2011年沼气污水生物处理系统经市环保局验收合格，取得污水排放许可证。2011年荣获广东省肉类协会“先进单位”，卢日康荣获“先进个人”。

（陈荏球）

附：2011年大朗食品公司领导名录

经　理：卢日康

副经理：陈惠光　陈荏球

　　　　陈广昌

【大朗医药有限公司】 2011年大朗医药有限公司继续加强零售药店网点建设，扩大药品零售市场占有份额，在圣堂、巷尾、大井头、蔡边四个社区（村）各增设1家零售药店，从属下30家药店增长至34家。（叶淑仪）

附：2011大朗医药有限公司领导名录

经　理：王永龙（1—3月）

　　　　卢秀枝（3—12月）

副经理：谢本效

审　计

【大朗镇审计办】 大朗镇审计办共有工作人员5人，设主任1人，副主任1人。2011年，共完成审计项目16个，审计资产总额8973万元，按时按量地完成年度审计任务，被市审计局评为“内部审计工作先进单位”，被市农村集体资产管理办公室评为“农村集体经济审计工作先进单位”。

【财务收支审计】 2011年，大朗镇审计办根据市农资办的工作布置和镇的审计计划，对1个预算单位进行财务收支审计，出具审计报告1份，审计资产总额6243万元；通过审计，发现资金管理不规范等问题，促成被审计单位规范资金核算。对15个经济合作社开展常规审计，超额完成年度常规审计任务；出具审计报告15份，审计资产总额2730万元，资产保值增值率大于或等于100%的经济社3个，剔除土地转让收支净额等的资产保值增值率大于或等于100%的经济社9个，纯收增长率大于或等于0的经济社7个。通过审计，促成经济社规范会计核算，更正购建固定资产错入长期投资349万元、借出款错入长期投资20万元、虚挂应付款230万元。

【完善审计工作程序】 2011年，大朗镇审计办在严格遵守《东莞市农村集体经济审计办法》的基础上，完善审计工作程序，有效地推进审计工作开展。工作中，审计办注重审前调查，对调查中取得的资料和各类异常关系、异常变动进行逐步分析；搞好资料交接，有关审计资料的传递必须填写资料清单，并做好送审资料的安全保密工作；加强问题沟通，要求审计组对审计过程中发现的问题，逐一记录并汇总，定期与被审计单位人员沟通。完善了审计工作程序，也减少了审计风险。

【创新审计手段】 大朗镇审计办为了适应审计发展的新要求，在应用计算机辅助审计的过程中，不断创新审计方式，扎实推进计算机AO审计。2011年11月，安排审计人员参与省审计厅举办的计算机AO认证考试，全面提升计算机辅助审计水平，进一步提高了审计效率和审计质量。

【审计队伍建设】 截至2011年底，大朗镇共成立81个基层内审小组，人数达298人，各内审小组组长分别由各行政事业单位、社区（村）居委会及企业的主要负责人担任。大朗镇审计办加强审计队伍建设，组织内审人员定期学习交流，6月组织人员参加“管理审计培训班”，7月组织人员参加“东莞市第五届农村社区监事会主任培训班”。

（邝妙芳）

附：2011年大朗镇审计办领导名录

主 任：陈雪红

副主任：

叶爱如（2011年1—9月）

安全生产

【东莞市安全生产监督管理局大朗分局】 东莞市安全生产监督管理局大朗分局（简称“大朗安全监管分局”）内设办公室、综合监管股、执法监察股，共有工作人员20名，其中公务员12名，在编合同制干部（职工）6名，合同制干部（职工）2人。2011年大朗镇安全生产工作在全市年度安全生产责任制考核中总分位列第三。

【安全生产基础工作】 2011年，大朗安全监管分局根据安全生产监管工作总体要求和目标任务，将目标细化分解为7个方面22个项目，落实每项工作的完成时限、责任股室、责任人和分管领导。根据“一岗双责”要求，明确其他负有安全生产监管责任的相关部门的监管职责，与45个安委会成员单位签订安全生产目标管理责任书，要求相关部门要切实承担起对本行业、本系统、本领域的安全指导管理、日常监管执法的职责。大朗安监分局认真总结近年来对社区（村）目标考核管理工作的经验，完善村级安全办安全生产责任制考核方案，对2011年各社区（村）安全生产工作完成实绩进行量化考核。

【安全生产执法检查监督】

执法监督 2011年，大朗安全监管分局大力推行分类检查、计划检查，做到年度有计划，季度有重点，月度有检查。对“五一”、“十一”、“两会”、“大运会”等重点特殊时段要做到早部署、早安排，有针对性地开展专项执法检查。

隐患排查治理 2011年，大朗安全监管分局加大安全检查力度，实行重大事故隐患、危险源备案制和台账制，对在各类检查和日常执法监督中发现的重大隐患和危险源，登记台账备案。2011年共检查企业685间次，发现隐患1593处，发出整改指令书304份，暂时停产整顿4家，复查304间次，发出复查意见书285份，复查合格率100%。立案查处7起，行政处罚总额14万元。

专项整治 2011年，大朗安全监管分局共开展“打非治违”、乙种不设储存批发经营企业专项执法检查等8次专项整治，对危险化学品行业开展4次大检查，共检查危险化学品企业单位318间次，排查安全隐患17处，发出《责令整改指令书》6份。共发现和打击非法生产、储存经营危险化学品单位18家，查获烟花爆竹700多公斤，行政拘留非法销售烟花爆竹人员4人，其中立案查处4起，行政处罚4起，行政罚款总额9万元。

【构建本质安全型企业】 创建安全生产示范企业 2011年在全镇范围内创建安全生产示范企业，全年共创建58间示范企业，亮点示范企业全部做到“六个有”：有一套完整的安全管理制度；有一个完备的安全管理网络；有一个安全的作业环境；有一套规范的操作规程；有一套统一的安全管理台账；有一个浓厚的安全生产氛围。

推行企业安全生产标准化 2011年在全镇范围内选取20家木质家具制造企业及部分重点企业作为安全生产标准化建设首批推进对象，年内20家企业全部已经与有资质的考评机构签订合同，并完成自评和复评工作。

开展应急预案备案 大朗安监分局通过完善应急预案，进行应急预案演练，切实加强应急管理，进一步提高我镇危化企业安全保障能力。截至2011年11月底，大朗镇第一批纳入应急预案备案范围的19家企业，年内已有12家企业向市局申请备案，其余7家预案正在评审。

开展职业场所职业危害申报 大朗安监分局建立健全的职业病危害企业数据库，以“粉尘与高毒物品危害治理专项行动”为切入点，加强对职业病危害企业的培训，扎实推动职业病危害申报工作，逐步扩大职业病危害申报的覆盖面，真正掌握辖区内职业病危害总体状况。全镇30家木质家具企业已完成作业场所职业危害申报工作。

【安全生产事故】 2011年大朗镇工矿企业安全事故10宗、受伤10人，较去年同期下降9%，经济损失1.25万元，较去年同期下降41%，死亡0人，与去年同期持平。

【安全生产宣传教育】 2011年，大朗安监分局围绕“安全责任、重在落实”的活动主题，高标准、高要求、高质量组织“安全生产月”活动，在全镇范围内组织安全生产宣传咨询服务日、执法监察教育周、应急预案演练周等系列宣传教育活动，共发放各种宣传资料8000余份，张贴宣传标语和宣传挂图1390余套，悬挂宣传横幅及展板145幅，电视

循环播放安全生产公益广告150多次，网站及电子屏幕持续一个月滚动播放宣传标语、警示标语上万次，安全技能培训5000多人。开展各类培训教育活动，组织生产经营单位主要负责人、初级注册安全主任、危化品从业人员、工伤预防重点企业员工等近1000人参加了培训；针对村换届选举后人员变动情况，对全镇200名村级安全办人员进行业务培训；开展全镇化工厂应急演练等多种形式的应急演练。

【承接简政强镇下放事权】

2011年，大朗安监分局为做好简政强镇下放事权的承接工作，实现事权平稳交接，分局全体人员认真学习《东莞市安全生产监督管理局关于推开简政强镇试点工作实施方案》和《东莞市安全生产监督局推开简政强镇试点下放事项操作规程》等文件，积极参加市局组织的培训，提高工作水平和履职能力；同时组织编制和完善分局的具体审批操作程序和备案制度。2011年共受理危险化学品经营许可证（甲种经营）换证审核3宗，办结3宗；受理危险化学品建设项目安全许可审查6宗，办结6宗；受理乙种经营许可证换证申请1宗，办结1宗；受理剧毒化学品使用单位评价报告备案申请5宗，办结5宗；受理非药品类易制毒化学品备案申请1宗，办结1宗；受理空气化工产品无人值守“现场供气”安全生产备案1宗。（王小玉）

附：2011年大朗安监分局领导名录

局　长：刘志达

副局长：邝效光　黎淦均　叶剑雄

集体资产经营管理

【东莞市大朗资产经营管理有限公司】 东莞市大朗资产经营管理有限公司主要职能是镇属资产经营管理和镇属企业综合管理。2011年公司设总经理1名，常务副总经理1名，副总经理2名，工作人员6人。2011年公司党支部设支部书记1名，支部委员2名，党员16人。

【经营管理】 2011年，大朗镇镇属公司有工作人员544人，其中经理11人，副经理14人，其他行政管理人员61人。镇属公司年度总收入达1.7亿元，同比增长2732万元，总资产达8.5亿元，同比增长1.9亿元。从2011年9月开始，各镇属公司由原分管单位各自主管转变为由大朗资产经营公司集中统筹管理，资产经营公司对镇属公司的管理模式从原来监督管理逐步过渡为全面管理、总体规划、统筹发展，明确了工作思路四部曲：摸底子、搭班子、想点子、挣票子。大朗资产经营公司为加强对镇属公司资金运营的管理，对10家镇属公司实行集中核算，完成报表的汇总分析、撰写财务分析报告，并对所有镇属公司实行每季度的财务检查，及时发现存在漏洞，掌握企业经营状况，为发展决策提供准确的财务数据。2011年，大朗资产经营公司经营项目涉及物业租赁、自来水供给、公的交通、物业管理、档案寄存、产业园区、工业园区、特色农业等，2011年资产效益、运营效益均得到了较大的提高，实现利润约3009万元，按计划完成了镇财政下达的利润和统筹款上调任务。（叶锦坤）

附：2011年大朗资产经营管理有限公司领导名录

总经理：袁志良

常务副总经理：陈暖祥

副总经理：张志强　李　玉

科学技术·信息化

科学技术

【大朗镇科技办】 2011年大朗镇科技办有工作人员13名，其中主任1名，副主任2名，设有科技办公室、知识产权办公室、大朗镇科协、科技创新服务中心、科技企业孵化器、大朗现代信息服务创意产业园、散裂中子源服务工作办公室、东莞理工学院实践实习基地八个牌子一套人马的组织架构，有科技办党支部、大朗现代信息服务创意产业园网络党支部、团支部、工会、妇联等。科技办总体工作任务分为科技办公室工作、创新中心工作、创意园工作三大部分，其中科技常规工作、知识产权工作、科协工作由科技办公室负责统筹，创新中心科技服务工作、散裂中子源项目服务工作、科技创新平台建设工作由科技创新中心负责统筹，大朗现代信息服务创意产业园的宣传、招商、管理及园区发展规划工作由东莞市大朗创意产业园有限公司负责统筹。科技办人员编成科技工作组、中子源工作组、创意园工作组3个小组，每个小组设组长、副组长各一名，工作实现层层把关，落实到位。2011年，大朗镇在全市科技系统量化考核排名第5位，并获得市科技系统全部荣誉。

【广东省专业镇转型升级现场会】 2011年1月，广东省专业镇转型升级现场会在大朗召开，广东省委书记汪洋和省长黄华华出席会议并充分肯定了大朗创新发展的做法，大朗获省专业镇建设先进单位和省“双提升”示范专业镇称号。以此为契机，不断加强专业镇的建设工作，完善专业镇公共服务平台建设，优化服务体系，促进传统毛织产业和现代信息服务业进一步升级转型，同步发展。

【科技企业培育】 2011年，大朗镇新增国家高新技术企业5家，广东省民营科技企业3家，广东省创新型试点企业1家、广东省创新方法推广应用试点企业1家，东莞市民营科技企业9家，东莞市上市后备科技企业1家。至2011年12月底，大朗镇共有高新技术企业14家，广东省民企科技企业23家，广东省“百强创新型企业培育工程”示范企业1家，广东省创新型试点企业1家、广东省创新方法推广应用试点企业1家，东莞市民营科技企业63家，东莞市专利培育企业14家，东莞市专利试点企业9家，东莞市上市后备科技企业3家（市科技局认定），东莞市上市后备企业1家（市政府认定）。

【科技创新项目扶持】 2011年，大朗镇共获得国家、省、市科技（专利）等立项30项，其中国家级项目2项，省级项目8项，市级项目20项。

2011年大朗镇获批认定企业名单

类　型	企业名称
国家高新技术企业	大宝（东莞）模具切削工具有限公司
	东莞艾尔发自动化机械有限公司
	东莞呈越电脑配件有限公司
	东莞市永兴电子科技有限公司
	东莞市亿达音响制造有限公司

续上表

类　型	企业名称
广东省民企科技企业	东莞市昊通电线电缆有限公司
	东莞市耀安塑胶机械有限公司
	东莞市快达装订机械有限公司
广东省第二批创新方法推广应用试点企业	东莞市迈科科技有限公司
广东省创新型试点企业	东莞市迈科科技有限公司
东莞市民企科技企业	东莞市勤望达光电科技有限公司
	东莞市金蚕五金制品有限公司
	东莞市澳普星照明科技有限公司
	东莞市光为电器有限公司
	东莞市安德丰电池有限公司
	东莞市远峰科技有限公司
	东莞市精亿五金有限公司
	东莞市海拓伟电子科技有限公司
	东莞市东升压铸模具有限公司
东莞市上市后备科技企业	东莞市中一合金科技有限公司

2011年获批国家、广东省、东莞市科技（专利）等项目汇总表

类　型	获批企业	批　文
国家科技型中小企业技术创新基金第一批项目立项	东莞市新懿电子材料技术有限公司	国科发计【2011】62号
	东莞市永兴电子科技有限公司	
广东省2010第六批科学事业费计划项目	东莞市大朗镇人民政府	粤科规划字【2010】198号
2010年广东省第四批重大科技专项计划项目	东莞市大朗镇人民政府	粤科规划字【2010】196号
2010年粤港关键领域重点突破招标项目	东莞市迈科科技有限公司	粤财教【2010】407号
2010年省部产学研合作企业科技特派员工作站	东莞市迈科科技有限公司	粤财教【2010】406号
广东省第二批创新方法推广应用试点企业	东莞市迈科科技有限公司	粤科函财字【2011】754号
广东省创新型试点企业	东莞市迈科科技有限公司	粤科政字【2010】188号
2010年广东省自主创新产品	东莞市飞尔液晶显示器有限公司（中小尺寸TFT液晶显示模组）	粤科政字【2010】171号
	东莞市迈科科技有限公司（移动电话用锂离子电池）	
东莞市第二批科技型中小企业技术创新资金项目	东莞市昊通电线电缆有限公司	东科【2011】16号
	东莞市耀安塑胶机器有限公司	
	东莞市升微机电设备科技有限公司	
东莞市第一批科技型中小企业技术创新资金项目	东莞市西尔普数控设备有限公司	东科【2011】81号
2010年东莞市第一批配套资助国家/省科技计划项目	东莞市迈科科技有限公司（2项）	东科【2010】85号
	东莞市百大新能源有限公司（2项）	
	东莞市大朗镇人民政府	

续上表

类　型	获批企业	批　文
2010年东莞市第二批配套国家/省科技计划项目资金	东莞市迈科新能源有限公司	东财函【2011】199号
市科技贷款贴息项目	东莞市飞尔液晶显示器有限公司	东科【2011】10号
	东莞市中一合金科技有限公司	
	东莞市迈科新能源有限公司	
2010年东莞市专利奖	东莞市迈科科技有限公司	东府【2010】119号
	东莞市飞尔液晶显示器有限公司	
	东莞市迈科新能源有限公司	
2011年东莞市科技进步奖二等奖	东莞市中一合金科技有限公司	东府【2011】81号
2010年东莞市工业设计机构	东莞信易电热机械有限公司	—
第五批重点培育上市后备科技企业	东莞市中一合金科技有限公司	—
2010年东莞市企业研发投入资助项目	东莞市永兴电子科技有限公司	东财函【2011】237号

【产学研合作】 2011年，大朗镇不断拓展产学研合作渠道，以科技创新服务中心为产学研总指挥部，完善产学研对接体系，汇聚中科院、东莞理工学院、华中科技大学工程研究院、深圳先进技术研究院、广东电子工业研究院等科技资源，推进企业与高校科研院所开展产学研合作和技术交流，促进科技成果转化。至2011年12月底，大朗镇引进8名科技特派员到企业开展产学研活动，东莞市迈科科技有限公司获批认定为省部产学研合作企业科技特派员工作站。

【知识产权工作】 2011年，大朗镇加强标准化建设，加大专利培训力度，培育专利企业，切实增强我镇科技企业的知识产权保护意识，引导企业建立知识产权工作制度，做好知识产权保护工作，实施好专利战略，提升企业的综合竞争力。2011年专利申请量为325件，其中发明专利申请量为49件，实用新型专利量为168件；专利授权量为384件，其中发明专利申请量为15件，实用新型专利量为250件。至2011年12月底，大朗镇已有14家市专利培育企业，9家市专利试点企业，专利工作呈现良好的发展态势。

【科技创新平台建设】 大朗镇通过鼓励和引导科技企业建设技术研发中心、行业技术创新服务平台、重点实验室、博士后工作站、科技特派员工作站，如迈科公司与天津科技大学共同组建广东省工程技术研究开发中心、东莞市工程技术研究开发中心，东莞市行业性科技创新平台——东莞迈科高效节能二次电池及其关键材料技术研究院，信易公司与东莞理工学院组建东莞市塑胶成型辅助设备工程技术研究开发中心，飞尔公司与东莞华中科技大学制造工程研究院组建东莞市中小尺寸液晶显示工程技术研究开发中心，不断加强科技企业的科技创新团队建设，提升企业自主创新能力。至2011年12月底，大朗镇有国家评定认可委员会认可实验室2个，广东省工程技术研究开发中心1个，广东省科技特派员工作站1个，东莞市行业技术创新服务平台1个，东莞市重点实验室1个，企业博士后科研工作站1个，东莞市工程研究开发中心4个，为全镇科技事业的发展创造了较好的软基础（创新团队）和硬基础（研发设备）。

【科学技术协会】 2011年，大朗镇科学技术协会委员66人，其中主席1人，副主席3人，秘书长1人，副秘书长2人，常委13人。青年科普志愿者98人，企业科协16家，企业科协的会员总数达326人。大朗创意产业园荣获“广东省科普教育基地”称号，求富路社区荣获“广东省科普示范社区”称号。

【科学普及】 大朗镇积极邀约社会各界，宣传展示散裂中子源项目，充分发挥散裂中子源科普基地的作用。至2011年12月底，大朗现代信息服务创意产业园共接待国家、省、市领导专家以及各社区（村）干部群众、中小学生等参观人数近10173人。通过加大散裂中子源科普设施建设，打造园区科普教育亮点，包括一个科普展厅（其中展厅设1个沙

盘、1个模型和多幅展板），一个科普宣传片，一个科普网站，一本科普小册子和一本科普书籍等类科技、科普参观接待，进一步提高了园区的知名度，增强了园区的社会影响力。

【科普活动】 2011年10月28日，大朗镇第二届青少年科技创新大赛在中心小学举行，来自全镇14所公民办中小学的228件科技作品登台亮相，一展青少年在科技体验、创新、实践方面的能力和成果。 （叶美福）

大朗现代信息服务创意产业园

【概况】 大朗现代信息服务创意产业园（简称创意园）总规划用地面积30万平方米，共分为3期开发，其中一期用地6万平方米，2009年3月开始动工改造，由原来的旧厂房、旧民房、旧仓库改造而成，截至2011年底，有3家机构和60多家企业进驻，并与多家科研院所开展多项产学研合作。主要引进软件设计、信息服务、电子商务、互联网、研发型科技企业。先后被认定为“广东省高校毕业生科技创业孵化基地”、“广东省小企业创业基地”、“东莞市创意产业园区”、“东莞市科技企业孵化器”、“东莞市科普教育基地”、“东莞市现代信息服务协会理事单位”。以大朗现代信息服务创意产业园为申报单位成功申报广东省中小企业发展专项资金项目、广东省中小企业发展专项资金（服务体系建设）项目、东莞市现代信息服务业发展专项资金招标项目等共210万元资助。

【旧民房、仓库改造项目】 2011年，大朗镇先后实施“三旧改造统租模式”和“旧仓库改造”等一系列举措，改造周边民房，建筑面积为1.8万平方米，并规划升级改造周边旧厂区，面积约20万平方米，建设网商、科技企业加速器，打造松佛片区孵化基地。为扩大创意园发展空间，营造良好创业环境，园区公司于2010年8月对创意园临街民房进行统租并进行外部立面和内部装修改造，对部分空置房进行写字楼及公寓示范样板房改造，并已改造完成投入使用。旧仓库改造项目是将创意园内的原来空置仓库改造成科技企业孵化研发楼，并已完成交付使用。

【公共服务平台建设】 2011年，大朗镇通过学习省、市公共服务平台建设经验，建设实用性大和可观性强的公共服务平台。突出做好金蝶中小企业信息化公共服务平台、赛宝软件测评中心、中子科学与技术联合实验室等平台建设的推动工作，加强沟通、洽谈，争取早日建成，拉动园区效应。主要是四方面的重点工作：一是金蝶中小企业信息化公共服务平台建设推动工作。提高大朗镇中小企业信息化应用水平，提升产业链电子商务应用整体水平，推进大朗镇产业结构优化升级，打造为大朗镇中小企业提供电子商务、政府服务、企业管理服务、本地特色服务四位一体的综合服务平台。二是赛宝软件测评中心建设推动工作。完善现代信息服务园区服务体系，充分发挥园区“孵小、扶强”功能，建成一个从事软件评测、软件企业质量体系审核的评测服务机构，并逐步发展成为独立的第三方软件评测机构，成立东莞市分中心，从而提高软件评测中心对软件评测的标准化、规范化。三是中子科学与技术联合实验室建设推动工作。通过高端科研技术，实现产业化成果转化，优化城市产业布局，集聚高素质人才，增强城市集聚资源和配置资源的能力，从而推动相关产业的持续发展。四是做好毛织数控研究中心规划建设。将国际毛纺织名城“大朗”品牌融入毛纺织数控系统系列产品，联合大朗镇内的优质电脑横机装备制造企业，主打“大朗”牌电脑横机控制系统，利用自主研发和自主知识产权的低价格、高质量的国产电脑横机控制系统的优势，通过“以点带面”，向大朗镇内毛纺织制品生产企业配套销售新型数控毛纺编织机，通过信息化与工业化融合，为大朗毛织业转型提供强有力的支撑体系。 （叶美福）

附：2011年大朗镇科技办公室领导名录

主　任：赖盛群

副主任：叶集凡　李杰伦

中国散裂中子源

【概况】 中国散裂中子源项目（CSNS）是国家发改委建议的国家重大科技基础设施之一，是国家“十一五”期间重点建设的大科学装置，是世界上最前沿的高科技跨学科领域基础研究和基础应用研究项目之一。同时也被列入国家“十二五”规划的“科技创新能力建设重点”。2007年2月13日，全国人大常委会副委员长、中国科学院院长路甬祥和广东省省长黄华华签署了《中国科学院、广东省人民政府关于中国散裂中子源项目暨广东东莞散裂中子源国家实验室合作备忘录》。中科院与广东省人民政府将共同向国家申请在广东省东莞市建设中国散裂中子源，总投资22亿元，位于东莞市大朗镇水平村南部，总用地规划66.80公顷，首期用地26.80公顷。建造包括一台束流功率为100KW的散裂中子源，包括1台80MeV负氢直线加速器、1台1.6GeV快循环质子同步加速器、两条束流输运线，1个靶站和5台谱仪及相应的配套设施。

【领导视察调研散裂中子源】 2011年1月9日，广东省委副书记、省长黄华华以及省有关部门领导、各市市长及全省专业镇镇长，在大朗镇委书记尹景辉等领导的陪同下参观散裂中子源科普展示厅，并指导中子源项目建设工作；2011年6月21日，广东省委常委、常务副省长朱小丹一行，对散裂中子源项目进行视察。省委常委、常务副省长朱小丹在市委常委、常务副市长冷晓明和广东省相关部门人员的陪同下，观看了散裂中子源的宣传片，详细了解散裂中子源的建设情况。高能物理研究所所长陈和生介绍了工程进展，并汇报项目建设中存在的困难。双方就加快散裂中子源的建设进行交流与沟通，省委常委、常务副省长朱小丹表示，将在散裂中子源园区建设等方面对散裂中子源项目给予大力支持；2011年10月13日，东莞市委副书记、市长袁宝成一行冒雨来到散裂中子源建设现场，对散裂中子源项目建设基地进行调研，这是袁宝成市长履新后的首次调研活动。市长袁宝成在装置地现场，听取高能物理研究所副所长奚基伟对散裂中子源项目的总体介绍，从项目的选址、建设内容和建设历程等方面对散裂中子源作全面了解。市长袁宝成尤其关注散裂中子源作为大型科研平台，对新能源和新材料研发的促进作用。市长袁宝成表示，他在履新之前就非常关注散裂中子源项目的建设，新一届政府会继续重视科教发展，对散裂中子源项目提供一如既往的支持。

【CSNS项目相关手续办理】 2011年2月24日，国家发展改革委员会批复通过关于散裂中子源国家重大科技基础设施项目可行性研究报告；2011年4月29日，散裂中子源项目18.07公顷的使用林地获得广东省林业局审核同意书；2011年5月12日，中国科学院正式下发《关于散裂中子源国家重大科技基础设施项目初步设计及概算的批复》一文，同意散裂中子源项目的初步设计及概算。初步设计及概算批复文件中进一步明确了散裂中子源项目的科学目标、工程目标、主要验收指标、建设内容及资金等。

【CSNS第二次指挥部会议】 2011年1月10日，中国散裂中子源工程第二次指挥部会议在广东省东莞市大朗镇散裂中子源项目现场指挥部会议室召开。广东省发改委副主任张军主持会议。中科院高能物理所、计划财务局、基础局，以及省发改委，市政府、市发改局、财政局、国土局，大朗镇政府等有关负责同志参加会议。会议主要听取散裂中子源项目相关筹备进展情况通报，并就项目存在的问题及下阶段工作要点进行专题研究。会议期间，中科院高能物理所、省发改委、东莞市政府签订了民用核技术产业化合作协议，大朗镇政府与中科院高能物理所签订共同建设大朗中子科学与技术联合实验室合作框架协议。

【CSNS项目奠基仪式】 2011年10月20日，中国散裂中子源（CSNS）在广东省东莞市大朗镇奠基建设。中共中央政治局委员、国务委员刘延东，中共中央政治局委员、广东省委书记汪洋，中国科学院院长、党组书记白春礼，国家发展与改革委员会副主任张晓强，广东省委常委、常务副省长朱小丹，教育部副部长鲁昕，科技部副部长王志刚，文化部副部长赵少华，广东省副省长宋海等有关领导出席奠基仪式。奠基仪式由中国科学院副院长詹文龙主持。散裂中子源的建设，有利于优化科研设施在全国的布局，增强我国南方经济强省的科研创新能力，对于贯彻国家中长期科技发展规划、加快转变经济增长方式、实施科教兴国的战略目标起到了良好的示范作用。（叶美福）

附：2011年大朗镇科技办公室领导名录

主　任：赖盛群

副主任：叶集凡　李杰伦

信息化建设

【大朗镇信息化指标】 2011年，大朗镇宽带用户6.7万门；固定电话11.7万门；移动电话62万门；光纤长度是22599皮长公里；互联网出口带宽超过50GB/S。城镇居民每百户电脑拥有数达125台。WIFI网络覆盖200多个热点区。有线高清电视覆盖率达98%。

【信息安全管理】 2011年，大朗镇数据中心新增城建综合管理系统、办公室资源共享系统、备份系统。落实信息办网管值班员每天监测数据中心的运行状态制度，内容包括电源、UPS、空调三大监控，网路、温湿度、消防、漏水、防雷、视频等六大监测。信息办各组责任人定期检查网关防火墙等硬件设备使用情况；定期对大朗网及子网站进行本机及异机备份；全年进行了3次网站安全大检查。4月，由信息办牵头，组织镇府保密专项检查工作，对镇主要部门开展地毯式的检查，要求彻底消除存在于电脑上的安全隐患。8月，举办信息系统安全培训，提高各单位工作人员网络安全保密意识和防范技能。在重要部门部分计算机中安装桌面终端管理系统，该系统对计算机起到安全、管理和维护的作用，该项保密工作的信息报送先后被市、省单位采纳。

【电子政府建设】 2011年4月基本完成开发大朗镇协同办公平台（OA），5月，由信息办内部测试使用，并在基础上完善扩展功能。8月，分发权限到各单位、社区（村）测试使用。更新34个单位的网上办事指南。9月，在全市镇街中率先开通手机短信问政平台，网络问政栏目月均访问人次5万，年度栏目累计接收群众来信3609封。2011年，大朗网共发布政务信息8212条，其中，大朗新闻2520条，政务公告、领导讲话、工程招标、招商快讯、城建动态等共5692条。在市政务信息公开平台上，2011年共发布信息1893条，各季度保持位居前列，其中第三季度在镇街中位居第一。各类数据发布平台。截止2011年12月，《大朗快讯》用户共1万户，以@dalang.gov.cn为域名的政务邮500户；《大朗党讯》与《党的常识问答》分别共发送56、57期，共发出短信14万条、14.3万条；各单位利用短信通系统进行业务联系的全年发送短信量126万条。

【东莞·大朗网建设】 2011年，大朗网各栏目累计访问人次900万，大朗网整站累计IP年访问量176.5万，比去年增加63万，其中国内IP访问量174万个，国外IP访问量1.73万个。全年全站共更新信息4万多条。人才网新增注册企业485家，累计2078家，注册求职人员新增2997户，累计18561户。房产网共发布房产信息5933条。市民讲场共发布16期，收到评论2555条。2011年，升级改版《大朗周刊》电子版，突出新闻深度报道；升级网络问政平台，增强问题搜索功能和简化提交问题步骤。改版“大朗档案馆网”。推出“数控织机网”、“质监频道”。推出《悦读大朗》、《大朗镇志》、《大朗年鉴》等电子杂志。设计推广大朗网卡通形象Logo，推出系列的动画广告宣传片。2011年，按照“一月一专题”的目标任务，适时推出毛织服装设计大赛、大朗花街展厅、大朗篮球、大朗红丝带、春节摄影比赛等10多个专题。

【“荔香大朗”微博建设】 为拓宽大朗对外宣传面，响应信息发展潮流，2011年3月30日，大朗镇信息办以官方名誉分别在新浪和腾讯正式开通和认证“荔香大朗”微博。截至2011年12月，“荔香大朗”微博在新浪微博平台的粉丝45367个，发表微博1928条，在腾讯微博平台的粉丝82万多个，在阳光网和移动139社区的微博平台分别有粉丝4.5万和12万。被中国信息化研究与促进网评为“2011年度中国优秀政务微博（群）（街道乡镇村及政务微博群）”。微博举行“青年集体婚礼”、“织交会”、“CBA”等20多场次的现场直播活动以及“《朗读》赠书”、“CBA球票抽奖”、“《大朗快讯》推广赠话费”等线上转发抽奖活动。目前大朗镇部门单位已开通微博的有：东莞第二法院大朗法庭、大朗镇团委、大朗美食、大朗织交会、大朗镇志愿服务中心、大朗档案馆、长富社区、大朗中学、书香大朗、求富路图书馆等。

【教育信息化建设】 2011年，大朗镇各学校现有校车243多辆，车载GPS系统的安装率100%，通过GPS系统，能了解校车行车状况，大大提高了行车的安全性。大朗14所公办学校率先安装“校园卫士”系统，系统由东莞移动、德生科技公司合作开发推广，“校园卫士”系统综合视频监控、二代身份证识别技术、移动通信技术等，可为中小学校提供学生刷卡进出学校信息发送、家长刷身份证接送、来访登记等安保服务。崇文小学、鸣凤小学、实验小学、三星小学、第一小学5所小学进行了学校电教设备更新。6月，三星小学校园网（www.dgsxs.com）被省教育信息中心评选为“广东省中小学校优秀网站”。12月，对全镇各中小学及幼儿园校开展网络情况及电脑MAC地址备案登记与调查；同月，举行小学生信息技术应用能力现场展示活动。

【社区信息化建设】 2011年，大朗镇各社区不同程度添置计算机、笔记本电脑、复印机、高清投影仪等硬件设备，促进工作更加方便化、高效化。求富路社区升级改版社区网站；建设求富路花园围墙红外线报防系统；中国电信光纤入户工程开始启动，部分用户宽带可升级至10M、12M、20M，最高提速可达100M。长富社区在区域内建三个LED屏，用于日常发布小区信息与紧急信息；建立窗口一站式服务平台，方便群众办事。7月，圣堂社区试点推广流动人口自助申报系统，身份证一刷就能完成租客信息采集，系统对摸清流动人口底数、掌握流动人口的动态情况、特别对一些重点人员的管控工作具有重要的作用，至2011年底，已有950间出租屋与企业安装使用。

【各项事业信息化建设】 2011年，大朗镇大力推进各事业信息化“数字档案”建设。升级档案馆网站，增加现行文件全文信息公开，年满30年的档案网上公开。开通档案馆微博，网上推行档案知识。6月，档案馆三期建成投入使用，库房引入温湿度监控系统。市的政务容灾机房落户于大朗镇档案馆三期，7月竣工投入使用，机房可由市电子政务办实施远程监控。“数字图书馆”建设。社区（村）、学校的服务点统一使用东莞图书馆图书管理系统，图书资源书目数据纳入大朗图书馆管理，实行书刊借阅“一卡通”。12月，大朗首个图书馆24小时自助服务点（ATM）正式启用对外服务，实现每天24小时全天候图书自助服务。大朗图书馆的官方微博“书香大朗”，适时发布图书馆最新图书资讯、活动情况，传扬书香文化。“数字医院”建设。大朗医院放射科门诊实行电子申请；网点门诊与大朗医院实行数据共享，方便医生对病人的原始资料查阅；检验科血库信息系统建设，使血库与住院部系统互通。大朗社区卫生服务中心推出联网电脑免费给就诊市民使用；建成LED显示屏，在进行市民医学知识宣传教育的同时，也对一些社保新政策进行宣传解答；在B超、放射科，该中心还引进了自动排队叫号系统，进一步优化就诊环境。城市管理信息化建设。加大对“信誉通”系统的推广力度，2011年，新增用户42个，共430个用户，范围涵盖商场、批发部、食杂店等。推广餐饮企业安装使用“餐饮通”，市民只要动动手指头，就可以把酒楼的食品与食品原料台账、添加剂进货台账等食品安全情况一览无遗。大朗镇现有4家餐饮店已安装使用。（张肖华）

附：2011年大朗镇信息产业办领导名录

主　任：叶惠明

副主任：叶桥春　叶佩仪

电　信

【东莞市电信局大朗分局】 东莞市电信局大朗分局（以下简称“大朗电信分局”）位于大朗镇美景中路518号，有员工200多人，内设办公室、市场部、维护部、安装维护班、营业班。2011年，大朗电信分局移动用户突破10万，业务收入突破2亿大关，获广东省“绩效先进单位三等奖”、东莞市“绩效先进单位一等奖”。

【业务发展】 2011年，大朗电信分局业务收入完成20865.6万元，完成率为102.34%，完成率在全市33个镇（街）中列第2位。

固定电话业务　2011年，大朗电信分局继续发展固定电话及公话业务，全年净增固话用户14649户，总用户升至116187户，同比增长14.43%。

移动业务　2011年，大朗电信分局重点发展3G业务，全面提升CDMA移动品牌，全年净增移动用户20526户，其中3G移动用户净增9127户，总用户升至100887户，同比增长25.54%。

宽带业务　2011年，大朗电信分局全年净增宽带用户12136户，总用户升至59099户，同比增长25.84%。

【工程建设】 C网基站建设　2011年，大朗电信分局继续优化CDMA网络规划与扩容，共新建室外宏基站5套，大型室内分布系统28套，无线宽带网络大规模覆盖，新装WiFi热点区域覆盖380套AP，减轻了大朗镇迅速增长的移动话务量及信号覆盖的压力。

管道和线路建设　2011年，大朗电信分局共完成铜缆建设220万元，原有管线迁改、整治投资343万元，设备更新改造、扩容1360万元；建成遍及全镇的光纤骨干网（ODN网），投资1000多万元，并在全镇范围内实施大规模的大带宽放号；在EPON建设方面，共完成196个FTTB箱体的安装，新增窄带容量12000线、宽带13400线；新建长塘花园、求富路花园、佛新新村、巷头社区等FTTH薄覆盖区域10多个，新增高带宽端口12000多个，完成平移2500多线；完成城域网专线建设50条，EPON共享/拨号专线600多条。

大朗互联网中心（IDC）建设　2011年，大朗电信分局互联网数据中心全面落成投入使用，

这座国家五星级的数据中心，共投资1.37亿元，占地面积6620平方米，继2010年完成一期工程投资7380万元，2011年完成全部投资工程，工程完工后共提供47U标准机架1088个。（陈巧娥）

附：2011年大朗电信分局领导名录

局　长：叶柱培

副局长：周志伟

2010—2011年大朗电信分局业务情况表

业务名称	计量单位	2010年	2011年	新增	同比增长
固定电话用户数	户	101538	116187	14649	14.43%
CDMA移动总用户数	户	80361	100887	20526	25.54%
其中：CDMA3G移动用户数	户	40550	49677	9127	22.51%
宽带用户数	户	46963	59099	12136	25.84%
光纤上网专线数	条	558	1031	473	84.77%

移　动

【概况】 中国移动通信集团广东有限公司东莞分公司中区分公司（以下简称“东莞移动中区分公司”）位于大朗镇银朗南路288号行政服务中心附楼3楼，内设综合管理部、集团客户中心、营销服务中心、全业务支撑中心。

【队伍建设】 2011年，东莞移动中区分公司围绕专业知识、素质提升两大纬度对社会网点的员工开展了业务受理规范、预付费品牌业务介绍、3G业务规范、职业心态与廉政建设等十多门培训课程，同时定期开展认证上岗、知识竞赛、短信教学等多元化学习方式，提升社会网点的综合软实力。（黎永安）

附：2011年东莞移动中区分公司领导名录

总经理：杨　浩

副总经理：张侃晖

联　通

【概况】 东莞市中国联通大朗营销服务中心（以下简称“大朗联通”）位于大朗镇长富中路452号，有员工50多人，内设综合室、移网室、固网室、商企营销中心、网建部室。2011年，大朗联通移动用户突破10万户，固网用户突破1万户。

【业务发展】 2011年，大朗联通业务收入完成8649万元，完成率为108.75%，完成率在全市34个区镇中列第7位，比全市平均完成率高出4.93个百分点；同比增长8.19%，在全市排名第9。

固定电话业务 2011年，大朗联通继续发展固定电话及公话业务，全年净增固话用户941户，用户增至3941户，同比增长23.88%。

移动业务　2011年，大朗联通重点发展3G业务，全面提升WCDMA移动品牌，全年净增移动用户20220户，其中3G移动用户净增6611户，总用户升至21611户，同比增长30.59%。

宽带业务　2011年，大朗联通全年净增宽带用户2729户，总用户升至7749户，同比增长35.48%。

联通WLAN免费上网体验 2011年初，大朗联通全力打造后付费手机用户开展WLAN友好体验活动，从2011年1月1日到2011年12月31日，联通后付费手机用户可在联通WLAN公共热点覆盖区域，不限时、不限流量地免费登录使用WLAN网络。用户在覆盖区域搜索到“ChinaUnicom”时，输入手机号和登录密码登录后即可进行使用。

“沃家庭”业务　2011年，大朗联通“沃家庭”融合业务以全新的家庭通信消费理念，为广大家庭用户提供全新的移动互联生活体验，已吸引众多家庭用户的入网使用。同时大朗联通全力推行FTTH建设，全年完成建设FTTH端口3000多线，并推行“幸福提速行动”，4M宽带免费提速到6M。

【工程建设】 2011年，大朗联通继续加强3G网基站建设管道和线路建设，加快WCDMA网络规划与扩容，共新建室外宏基站49套，大型室内分布系统12套，无线宽带网络大规模覆盖，新装WIFI热点区域覆盖9套AP。完成铜缆建设460万元，原有管线迁改、整治投资90万元，光网络建设260万元，设备更新改造、扩容110万元；完成城域网专线建设110条。

【队伍建设】 2011年，大朗联通加大培训力度，从业务操作、团队精神、个人素质、道德规范等方面着手，共组织各种培训35次，参训人员1200人次。开办思想教育公开课，采取收看素质教育光盘和先进员工分享授课的方式每月两次对员工分批进行培训，增强干部职工的事业心和责任心；组织业务素质高的员工采取“集中授课”和“专业辅导”相结合的方式，加大干部职工的技能培训，内容涉及网格一体化营销、设备管线维护、无线维护、总机维护、装维操作、营销技巧、3G销售案例分享等各个方面。 （李 黎）

附：2011年大朗联通领导名录

营销服务中心总经理：李 黎

商企中心总经理：贺双喜

2010-2011年大朗联通业务情况表

业务名称	计量单位	2010年	2011年	增长
固定电话用户数	户	3000	3941	23.88%
联通移动总用户数	户	80000	100220	20.18%
其中：WCDMA3G移动用户数	户	15000	21611	30.59%
其中：GSM2G移动用户数	户	65000	78609	17.31%
宽带用户数	户	5000	7749	35.48%
光纤上网专线数	条	120	129	6.98%

教 育

综 述

2011年1—7月，大朗镇教育办由镇委委员、副镇长黄锦发兼任主任，8月~11月，教育办工作由镇委委员、副镇长叶效怀分管，12月开始教育办工作由副镇长覃春分管。教育办设3名副主任，其中1名分管中学、1名分管小学、1名分管民办学校和幼儿园，共有教育督导员、人事专干、学科教研员等工作人员14人。2011年，大朗镇共有幼儿园32所，在园幼儿11020名；公办小学13所，在校生10702人；公办完全中学1所，其中在校高中生1573人，在校初中生645人；公办初级中学1所，在校生2884人；民办中小学10所，其中独立初中1所，九年一贯制学校4所，小学5所，在校初中生4529人，在校小学生19302人；市直属职业中学1所，在校生820人。全镇幼儿园教职工1267人，其中专任教师712人；公办中小学教职工1056人，其中专任教师750人，合同制教师44人；民办中小学教职工1059人；职业中学教职工96人。

2011年，大朗镇教育办获全市教育工作一等奖；大朗中学、大朗一中中考平均分超出全市30分，均获初中教育质量一等奖；大朗镇万人升大学比例跃至全市第3位，万人升本科比例排全市第5位；大朗中学高考上本科线83人，高标准实现大朗镇第十一次党代会提出的“两个先进”的目标；中心小学被评为“东莞市文明标兵单位”；大朗中学、大朗一中、巷头小学、培兰小学、中心幼儿园被评为“东莞市普教系统文明单位”；巷头小学被评为“东莞市科普特色学校工作优秀单位”。

幼儿教育

【概况】 2011年，大朗镇新批办新启明幼儿园、大朗启东幼儿园，全镇共有幼儿园32所，在园幼儿11020名，比上年增加1366人，入园率达99%。幼儿园教职工1267人，其中专任教师712人。

【大朗镇中心幼儿园晋升省一级幼儿园】 2011年12月15—17日，省评估组一行对中心幼儿园考察验收。通过听取报告、实地察看等形式，对园容园貌、教育教学、卫生保健等方面进行综合评估，一致认为中心幼儿园符合“广东省一级幼儿园”标准。中心幼儿园顺利通过评估验收，晋升为省一级幼儿园。

【承办市级幼教工作会议】 2011年，大朗镇中心幼儿园承办两次市级幼教工作会议，分别为3月召开的东莞市幼教干事座谈会及6 月举行的东莞市等级幼儿园评估培训工作会议。在等级幼儿园评估培训工作会议上，省督导室督导员陈海玉和东莞市基础教育科副科长叶晓丹亲临大朗镇指导工作，中心幼儿园向省、市领导、专家及全市幼教同行进行了展示汇报。

【幼教研讨活动】 2011年，大朗镇全年开展幼儿园教育教学交流系列讲座3次，组织幼教中心组到幼儿园指导工作8次，分片区举行幼教研讨课32节次。3月，大朗镇举行幼儿教育论文撰写技能讲座；5月，在中心幼儿园召开良好行为习惯养成工作阶段性现场总结会；6月，开展幼儿园论文评选活动，举行庆祝“六一”幼儿文艺汇演，开展中心、巷头、水口、南洋幼儿园市一级复评；11月~12月，巷头、南洋、水霖幼儿园分别举行优秀半日活动展示。

中小学

【小学教育】 2011年，大朗

镇公办小学13所，在校生10702人，适龄儿童入学率100%，毕业率100%；小学教职工669人，其中研究生学历6人，本科学历379人，大专学历75人，学历达标率100%。2011年，大朗中心小学先后被评为“广东省少年儿童科学教育体验活动实验学校”、“广东省中小学校长培训实践基地”、“东莞市示范家长学校”、“东莞市家庭教育先进集体”。实验小学被评为“广东省体育传统项目（武术）学校”、“广东省现代教育技术实验学校”。长塘小学被评为第二批“东莞市语言文字规范化示范学校”，崇文小学被评为“广东科普志愿服务先进单位”。

创建“和谐校园” 2011年3月，大朗镇教育办召开“发扬人文精神，创建和谐校园”现场会。会后，各学校提高认识，纷纷启动校园育人环境建设规划，力推校园文化上档次、增内涵。鸣凤小学、宏育小学争取社会支持，为学校捐赠一大批图书，建设书香大厅；培兰小学每两周开展一次工会趣味活动；巷头小学以积分制评价促进各工会小组积极开展活动；鸣凤小学开展拓展训练、观看文艺演出等活动；宏育小学开展“宏育发展我做主”提案征集。教育办继续在年度复评实践中完善评估方案，完善岗位设置指导意见、绩效工资评定办法及中小学生综合素质评价机制。

新莞人子女通过积分制入读公办小学 截至2011年6月3日，大朗镇共收新莞人子女申请入读公办小学一年级材料1010份，经相关部门共同审核，第一批共有494人符合计生政策。第二批人员是落实计生政策按积分高低录取，录取最低积分为25分，共430人。

规范课程设置 2011年，大朗镇各公办小学所有课程一律开齐，课时开足。教育办通过组织日常督查、教育质量综合评奖等深入每一所学校，采取检查课程表、召开师生座谈会、深入课堂查问、电话咨询等方式对学生作业量、教师家访情况、教师是否存在体罚和变相体罚学生行为、学校满意度等进行调查，并将意见反馈给学校，总结经验教训。继续实行将综合科考核成绩按50%折算计入毕业考核总成绩，促进课程课时落实。

开展专题教育活动 2011年，大朗镇举行少年儿童故事大王比赛、小学生现场作文比赛、“魅力汉语·千古华章”经典诵读比赛、师生艺术作品展评等专题教育活动，深入开展“书香校园”读书活动，制定新课标小学生必读书目，广泛参与“悦读大朗”活动，为学生搭设展示自我的平台。

各小学获多项荣誉 2011年，巷头小学数学、英语、信息技术教研组，长塘小学综合实践活动教研组均被评为“东莞市普通中小学先进学科教研组”；长塘小学周承玺获“全国青少年科技创新大赛”二等奖；鸣凤小学谢咏峰获“广东省少年儿童发明奖”一等奖；巷头小学机器人代表队获“第十一届广东省青少年机器人竞赛”一等奖；三星小学刘姝辰获“广东省第八届少儿艺术花会”金奖；鸣凤小学获东莞市“中华经典诵读大赛”一等奖；宏育小学代表队获东莞市“我讲书中的故事”二等奖；在第十二届全市中小学电脑制作活动中，大朗镇学生3人获一等奖，17人获二等奖，12人获三等奖；在东莞市第四届小学信息技术应用能力现场展示活动中，实验小学欧伟彤，新民小学叶炯辉、彭颖朝，宏育小学毛肇琪，三星小学刘燕琳，中心小学蔡雨晴分别获一等奖；在东莞市第二届大课间活动评比中，鸣凤小学获一等奖。

【初中教育】 2011年，大朗镇公办初中在校生3529人，户籍适龄少年入学率为100%，辍学率控制在0.4%以内。大朗中学有12个初中班，学生645人；大朗一中有56个班，学生2884人，教职工254人，其中专任教师209人，专任教师专（本）科以上学历占100%，研究生（含在读）7人，特级教师1人，高级教师14人，一级教师114人。2011年，大朗一中被评为“东莞市普教系统文明单位”。

两所公办中学获初中教育质量一等奖 2011年，大朗中学、大朗一中中考各项指标取得突破性佳绩，超全市平均分30分，合格率超全市平均10.79个百分点。大朗中学、大朗一中均获东莞市初中教育质量一等奖。

新莞人子女通过积分制入读公办初中 截至2011年7月26日，经过申请报名、资格审核、积分统计、核查毕业考核成绩等程序，新莞人子女积分80分以上20人，期中抽查成绩优秀者117名，毕业考核成绩优秀者76名，特殊群体学生53人，合计录取新莞人子女共266人。经电脑派位，大朗中学招收新莞人子女50名，大朗一中招收216名。

多次承办全市教研活动 2011年9月16日，东莞市初中语文教学质量分析研讨会在大朗一中举行，大朗一中李石松老师在研讨会上作专题发言。11月2日，东莞市初中数学教学研修活动在大朗一中举行，大朗一中数学教研组进行市先进教研组成果展示及初三备考工作交流研讨。

举行“五万师生119消防大演练”活动 11月9日，大朗镇“五万师生119消防大演练”活动在大朗一中举行，本次消防逃生演练采取理论与实践相结合的有效方式，开展逃生演练、自护知识讲座及灭火器材使用培训，全面宣传消防知识，提高师生们面对火灾的应急处理能力。

【高中教育】 2011年，大朗中学有30个高中班，学生1573人。其中2011年高一招生10个班，学生515人；学校教职员工共133人，其中硕士研究生学历9人，本科学历149人，专任教师158人，专任教师中高级教师37人，中级教师89人。2011年，学校先后获“广东省时事与政治教育实验基地”、“东莞市普教系统文明单位”、“东莞市初中教育质量一等奖”、“大朗镇先进学校”等称号。

高考成绩创历史新高 2011年，大朗中学高考各批次上线人数均超额完成东莞市教育局下达的目标任务，受到东莞市教育局书面表扬。2011年，大朗中学高考上重点本科线3人，超市定基本目标3人，实际录取4人；上本科线以上83人，超市定基本目标53人，完成率277%，实际录取114人；上第三批A线以上207人，超市定基本目标137人，完成率296%，实际录取202人；上第三批B线以上378人，超市定基本目标172人，完成率183%，实际录取508人。各批次上线人数、录取人数均创大朗中学历史新高，大专以上录取率达99.2%。2011年大朗镇每万户籍人口升大学比例跃至全市第3位，每万户籍人口升本科比例排全市第5位。

大朗中学晋升省一级学校 2011年11月27—29日，省评估组一行对大朗中学进行考察验收。通过听取报告、实地察看等形式，对校容园貌、教育教学等方面进行综合评估，一致认为大朗中学符合“广东省一级学校”标准。大朗中学顺利通过评估验收，晋升为省一级学校。

多次承办全市高中教研活动 2011年9月14日，东莞市2011—2012学年度第一学期音乐学科高考研讨会在大朗中学举行，研讨交流高中音乐教学高效课堂及高考备考方法。9月16日，东莞市2011—2012学年高三化学高考备考研讨会在大朗中学召开，对2011年东莞市理综高考情况进行分析，并对理综高考备考工作进行总结。

民办教育

【概况】 2011年，大朗镇有民办学校10所，其中独立初中1所，九年制学校4所，小学5所。民办中小学共有教职工1059人，学生23831人，其中初中生4529人，小学生19302人。

【规范办学行为】 2011年，大朗镇开展规范民办学校办学行为督导工作。一是查处违规招生行为，一年级不得招收不足6周岁学生，违规招生问题严重的，当年年检不合格，并取消评先评优资格。二是规范收费行为，教育办通过召开校长和财务人员会议，学习有关教育收费的政策法规，开展收费检查，规范学校的收费行为。三是规范课程设置，开展《东莞市民办中小学督导评估》、《小学教育质量评奖》以及民办学校年度检查等活动，促进学校落实课程标准。

【引领民办教育科学发展】 2011年，大朗镇教育办进一步加强对民办教育的引领，继续开展民办学校对外开放日活动。开展民办学校管理经验交流。2011年4月28日、10月20日分别在洋洋学校和启明学校举行民办学校教学管理经验交流会。加强对民办学校创建“规范化”学校的跟踪督导，2011年规范化学校达90%。做好超规模民办学校、幼儿园管理工作，对于符合条件申请扩大办学规模的鸣凤、新时代等幼儿园，做好申请扩大办学规模的指导工作。

职业教育

【概况】 大朗职业中学是东莞市直属中等职业技术学校。2011年，全校有教学班18个，在校学生820人，设毛织艺术设计、毛织机械、毛织商贸3个专业，教职工92人，其中教学人员70人，专任教师62人，专任教师中，中级以上职称占53.2%，本科以上学历占98.4%。

【专业技能考试取证率、就业率高】 2011年，大朗职业中学组织学生参加各项专业技能考试。参加全国计算机一级证书考试，取证率95.8%；参加网页制作中级技能鉴定考试，取证率93.6%；参加计算机办公软件中级技能鉴定，取证率93.6%。2011届毕业生就业率达96.1%，其中毛织专业就业率100%。

【毛织专业硕果累累】 2012年12月12—13日，以大朗职业中学的《清明上河图》为代表的20

多幅毛织艺术作品参加在中山市举办的2011年广东省职业教育与产业发展对接成果展，获一致好评。在2011年“英伟杯”中国（大朗）毛织设计大赛中，大朗职业中学蔡洁玲获铜奖，林岚老师获优秀奖；在2011年中国（大朗）毛织网上设计大赛中，大朗职业中学林岚老师获金奖，吴淑仪、刘浩帆获优秀奖。2011年11月15日—2012年2月10日，在大朗艺术馆成功举办首届毛织艺术展。

成人教育

【概况】 2011年，大朗镇成人文化技术学校依靠职业中学资源共享的优势，与华南师范大学、浙江师范大学、南开大学、天津大学等高校合作，开设了法学、行政管理、经济与贸易、会计、学前教育、教育学、工商管理等专业。大朗镇成人文化技术学校举办首届会计培训班，报名学员163人，考场首次设在大朗成人文化技术学校。成人高考报名人数424人，录取生源419人，录取率98.82%。全校共有26个班，在校生1351人，其中大专班11个，学生554人，本科班7个，学生589人，社会力量办学培训量达21000人次。2011年获全市镇街成人文化技术学校教育工作一等奖。

师资和校园建设

【招聘新教师25名】 2011年，大朗镇共招聘新教师25名，均为本科以上学历。其中小学招聘新教师语文5名，数学4名，英语5名，音乐5名，美术、科学、体育、信息技术各1名。大朗一中、宏育小学分别招聘了心理健康教育专职教师各一名，大朗中学招聘高中英语教师两名。

【实施“四名工程”】 2011年，大朗镇第十二次党代会报告指出，要着力抓点带面，打造1—2间优质中学、2—3间优质小学、2—3间优质幼儿园，带动大朗镇各级各类学校向优质化迈进，逐步达到“大朗人自豪地让小孩在大朗读书，大朗以外的人愿意送小孩到大朗读书”的目标。报告提出实现上述目标的路径，实施名校、名校长、名教师、名家长培育工程，简称“四名工程”。为此，大朗镇教育办制订了《大朗镇教育系统“四名工程”实施方案》，有计划有步骤地开展实施工程。

【教师培训】 2011年，为进一步提高骨干教师的专业水平，大朗镇教育办聘请名特级专家对各学科骨干教师进行培训。语文科聘请全国特级教师、北京小学吉春亚，数学科聘请广东省特级教师黄爱华，英语科聘请东莞市教研室英语教研员邓宁霞开展为期一年的培训。通过讲座研讨、同课异构、课例点评、作业指导等研训活动，提升骨干学员理论与实践水平。此外，大朗镇教育办还聘请市语委办专家对语文教师开展朗诵培训6次，12月，在科组预赛，学校复赛的基础上，教育办在中心小学举行大朗镇诵读技能决赛。

【教师荣誉】 2011年，新民小学何棋珍老师获“广东省计算机教育软件竞赛”二等奖；宏育小学陈军艳获“2011年东莞市小学数学说课比赛”一等奖；教育办获“南粤校园党旗红”合唱比赛二等奖，鸣凤小学张颖获“南粤校园党旗红”演讲比赛二等奖；在东莞市第三届中小学体育教师教学技能比赛中，大朗镇代表队荣获团体总分二等奖，长塘小学李利杨、第一小学郭文冠、巷头小学吴法杰获个人二等奖，水口小学王方被评为优秀指导老师；在2011年第三届粤版高中《信息技术》全国说课交流评选活动中，大朗中学高雅琼老师的课例《网络安全》获一等奖。

【加强家庭教育及家长队伍建设】 2011年，大朗镇教育办联合镇妇联、文广中心、关工委等部门举办“第三届家庭教育电影亲子活动月”，推荐《浅蓝深蓝》、《天堂的孩子》等4部优秀电影在大朗电视台自办频道播放。加强家校合作，倡导各学校建立家长志愿服务队伍，中心小学家长义工队伍达到300多人，实验小学、巷头小学、崇文小学也成立义工队伍。邀请中国时代之声演讲团演讲家王海童分别在巷头小学、实验小学、黄草朗小学、培兰小学等10多所学校举办“让生命充满爱”感恩励志教育演讲会。组织“争当合格父母，培养优秀人才”东莞市千场家庭教育大讲堂进村（居）活动，邀请郝东、陈穗民等家庭教育专家在中小学、幼儿园巡回讲座。

【开展各项德育活动】 2011年，大朗镇不断完善学校、家庭、社会三结合教育网络，增强德育工作的针对性、实效性和科学性。坚持德育月交流制度，促进各学校互相交流德育做法和经验；举办第二届班主任专业能力大赛，使全体班主任得到学习和锻炼的机会，提升班主任处理日

常教育问题的能力；加强少先队工作经验交流，开展达标创优活动，推进“雏鹰争章”活动，完善学生激励机制；推进“唱响校园”活动，让全镇学生在歌声中受到教育、幸福成长。

【德育工作荣誉】 2011年，大朗中学省立项德育课题《中学生德育管理评价系统的建设与应用》通过省专家组的鉴定并被评为省中小学德育科研课题研究优秀课题，王世红校长被评为省中小学德育科研课题研究先进个人；长塘小学被评为“广东省红旗大队”、“东莞市红旗大队”；新民小学被评为“东莞市红旗大队”；大朗一小沈宇秀、三星小学何清富、启东学校刘利娜被评为东莞市优秀辅导员；中心小学何溢纬被评为“广东省优秀少先队员”。

【实施中小学校舍安全工程】 2011年，大朗镇对水口小学、新民小学、洋洋学校、英才小学、向阳小学、启明星初级中学共6571平方米鉴定为C级的建筑进行结构加固，严格把关每一道工序，工程进度走在全市前列。此外，还加紧推进培兰小学新功能楼重建工程和实验小学地质隐患治理工程。

【新建中学运动场、学生公寓】 2011年6月，大朗镇政府投资700多万元，按省一级学校标准新建大朗中学运动场。运动场包括标准400米环形跑道运动场1个，足球场1个，篮球场5个，羽毛球场9个，排球场2个，乒乓球台28张。此外，还新建大朗一中学生公寓，主体建筑基本完成，将于2012年9月正式投入使用。新学生公寓占地面积4979.33平方米，建筑总面积36823.9平方米，楼高17层，设计有学生宿舍448间，功能用房20间，其中师生饭堂建筑面积为4979.33平方米。

【更新部分小学电教设备】 2011年，大朗镇政府投资365万元，对崇文小学、鸣凤小学、实验小学、三星小学、第一小学等学校的多媒体电教室、教学电脑、办公电脑等电教设备进行全面更新。

教育科研

【科学课题研究】 2011年，为加强对市镇重点课题的过程管理，大朗镇教育分会逐步健全跟踪指导工作机制，组织4次市级课题鉴定会。此外，大朗镇还对近几年立项课题的研究情况进行初步调查，对研究课题给予指导，做好过程管理、结题评审和档案资料库建设。2011年，大朗镇申报东莞市“十二五”课题立项32项，其中26项获通过，占全市总立项课题的7.7%，居全市前列。

【教育科研成果】 2011年，大朗中学钟广春、邢赟主持的《案例教学法在初中生物科环境教育中的应用研究》和陈克欣主持的《建设校本化网络写作平台，促进中学生写作能力提高》均获广东省中小学教育创新成果三等奖。获市教育学会论文评选奖项的有10项，其中一等奖1项、二等奖5项、三等奖4项。获市教研室学科论文评选奖项的有67篇。获镇教育创新成果奖13项，其中一等奖2项、二等奖5项、三等奖6项。获镇教育分会年会论文评选奖项的有238篇。在市级以上报刊刊登论文多篇，根据有关规定给予嘉奖的有15篇。

【编印《远航》教育文集】 2011年，大朗教育分会完成《远航》的编辑出版。该书分四个部分，《导航》主要收集2004—2011年以来教育文稿。《航标》收录2004—2011年大朗教育工作意见。《航程》收录大朗镇教育2004—2010年的工作总结。《航讯》收集2004—2010年教育办编制的每月《教育信息》，共计56期，其中的“实践与探索”、“观察与思考”则是结合大朗教育存在的问题或现象，深入剖析，探究对策。

【大朗镇第二届青少年科技创新大赛】 2011年10月，举办大朗镇第二届青少年科技创新大赛。大赛由大朗镇教育办、大朗镇科技办、大朗镇科协主办，中国移动通信集团广东有限公司东莞分公司协办，中心小学承办。大赛在全镇中小学范围开展科技创新成果征集评审活动，比赛项目包括科技创新成果、科技实践活动和少儿科学幻想画等，全镇15所中小学近1000名师生参加。共收到参赛作品236件，评出一等奖24件，二等奖40件，三等奖85件，优秀奖87件。

安全体育卫生

【加强中小学、幼儿园校车安全管理】 2011年，大朗镇进一步加强中小学、幼儿园校车安全管理，镇政府、交警大队、教育办与社区（村）、学校签订《东莞市大朗镇学校道路交通安全责任书》。12月，大朗镇启动校车安全“护航一号”行动，成立行动领导小组，先后组织交警、教育、交通、安监、宣传等部门联合开展校车安全专项检查60次，累计出动警力1200人次，检查校车3000多辆次，查处违规行为7宗。

【小学篮球阳光运动掀高潮】 2011年，崇文小学成立学校篮球特色工作实施领导小组，开展篮球操、方阵运球、舞动崇文龙等篮球特色大课间活动，并确立每年11月为“篮球特色月”。培兰小学将原来的课间操改为自编的篮球操，并以篮球内容为主题每天开展30分钟的阳光课堂活动。

【实验小学被评为“省体育传统项目（武术）学校”】 2011年6月，实验小学被省体育局、省教育厅联合评为“广东省体育传统项目（武术）学校”。武术已成为学校进一步推动素质教育，培养学生积极向上、顽强刻苦精神，锻炼学生体魄的重要学科。在2011年广东省体育传统项目学校武术锦标赛中，该校获团体总分第九名。

【开展中小学生健康体检】 2011年10月，为贯彻落实《东莞市中小学生健康体检管理办法》和全市中小学生健康体检工作会议精神，根据市教育局、市卫生局工作要求，由大朗镇教育办、大朗医院共同承担大朗镇中小学生体检任务。26所公办、民办中小学校40455名学生接受健康体检。

【积极防控各种疫情】 2011年，大朗镇进一步做好各学校、幼儿园疫情防控工作。一是坚持督促各学校、幼儿园做好晨检、午检、教室通风、消毒、病例跟踪、流感疫苗接种等各项工作，继续严密防控甲型流感和手足口病疫情。二是做好蚊媒传染病、急性结膜炎（红眼病）的防控工作，促进学生健康成长。三是开展冬季阳光长跑活动，增强学生体质。 （黄更祥）

附：2011年大朗镇教育办领导名录

教育办主任：
　　黄锦发（任至7月）
镇分管领导：
　　叶效怀（8—11月）
镇分管领导：
　　覃　春（12月任职）
副主任：梁仲坤　王世红
　　王锦琴

大朗中学领导名录

校　长：王世红
副校长：冯宗平

大朗一中领导名录

校　长：刘永强
副校长：黄锦华

大朗职业中学领导名录

校　长：叶贺棉
副校长：周柱球　刘积权

大朗中心小学领导名录

校　长：蔡巧英

大朗中心幼儿园领导名录

园　长：周　丹
副园长：范观琳　韩自媚

文 化

文化广播电视新闻出版

【概况】 大朗镇文化广播电视服务中心（以下简称“大朗镇文广中心”）设办公室、群文辅导办公室、社文办公室、电视新闻部、图书馆5个部门，共有工作人员61人。2011年，大朗镇文广中心贯彻落实“文化惠民”工程建设，竹山、洋乌、洋坑塘、新马莲、佛子凹、黎贝岭、高英、屏山、水平、石厦、杨涌、沙步12个社区（村）完成“五个有”（即有文体广场、有综合文化活动室、有公共图书阅览室、有公共电子阅览室和文体活动器材）工程建设，建成大朗首个图书馆24小时自助服务点（ATM），通过广东省特级文化站评估定级。举办、承办、协办各类文化活动400多场，“千场演出”34场，“万场电影”477场，“百场培训”5场。组织参加全国、省、市比赛21次，其中获得国家级金奖1个，银奖1个；省级金奖4个，铜奖1个；市级金奖1个，银奖2个，铜奖4个；获市级以上具有影响力的奖项18次。大朗镇文广中心获东莞市文化广电新闻出版工作一等奖，黄永强被评为广东省“农村电影”工作先进个人。

【图书馆之城建设】 图书馆基层服务点建设 2011年，大朗图书馆进一步把图书馆服务延伸到社区（村）、学校、企业，全年增加服务点19个。其中，按东莞图书馆大朗分馆服务点标准新建（改造）佛子凹、竹山、高英、黎贝岭、圣堂、洋坑塘、水平、屏山、石厦、新马莲、沙步、杨涌社区（村）公共图书馆服务点12个；建成宏育小学、实验小学、中心小学、鸣凤小学4间学校和安阳鞋厂、宝达公司、万科金域蓝湾3家企业的图书馆服务点7个。12月31日，大朗首个图书馆24小时自助服务点（ATM）正式启用对外服务，图书馆ATM位于大朗镇档案馆正门左侧（毗邻大朗广场），能容纳图书600多册，实现与全市总分馆体系内图书借阅通借通还。

图书馆藏量和借阅量提高 2011年，大朗图书馆大力加强文献信息资源建设，全年采购图书1.31万种2.6万册（含服务点），至12月，大朗社区（村）图书馆增至26个，全镇馆（室）藏书量增至32.5万册，馆际调拨图书1万多册。大朗镇4个市级图书馆分馆接待读者19.65万人次，借书7.03万人次，外借图书8万册次，新办读者证3177个，有效读者4947位。其中，大朗图书馆接待读者12.97万人次，借书5.27万人次，外借5.92万册次，比上年增加37.4%，新办读者证2588个，有效读者3200位；长塘图书馆接待读者3.32万人次，借书9560人次，外借1.17册次，新办读者证342个，有效读者1107位；碧水天源图书馆接待读者1.27万人次，借书2476人次，外借2964册次，新办读者证73个，有效读者225位；求富路图书馆接待读者2.09万人次，借书5618人次，外借6251册次，新办读者证174个，有效读者415位。2011年，大朗图书馆获得东莞市第七届读书节优秀组织奖和借阅量完成奖，借阅量排名由2010年全市14名跃升至7名。

【博物馆之城建设】 2011年12月14日，大朗镇“五个有”工程顺利通过验收，佛子凹、竹山、高英、黎贝岭、洋坑塘、洋乌、水平、屏山、石厦、新马莲、沙步、杨涌12个社区（村）均配套设有展览室。6月28日，位于大朗档案馆主楼二楼的大朗展览馆、大朗艺术馆正式投入使用。展览馆以图文并茂的形式，展示了大朗人民打造的中国荔枝之乡、中国羊毛衫名镇、中国电子信息产业名镇、中国篮球强镇等亮丽名片，也展示了大朗人民锐意进取，着力打造全国文明镇、现代服务业重镇、宜居幸福城市、中子科学城等新名片的生动实践。大朗艺术馆建筑面积

500平方米，展线142米，可以同时展出60—80幅大尺幅作品，为广大艺术爱好者提供学习、交流、展示的平台。艺术馆免费接受个人或单位申报参展，免费对市民开放，实现零租金办展览、无门槛观展。至2011年底，大朗镇共建有城市规划展览馆1个，镇展览馆1个，艺术馆1个，村史馆（展览馆）14个，荔枝博物馆1个。

【广场文化之城建设】 2011年，大朗镇各文化广场天天有跳舞、周周有活动、月月有演出，被群众称作是“市民的夜总会”、“新莞人的乐园”。大朗镇不断完善各社区（村）广场设施，实施文化广场区域分片包干工作制，注重广场文化适应时代性、现代性、群众性的发展要求，建立培养一支联络镇、社区（村）的文化骨干队伍，免费辅导群众开展各种广场文化活动。既有政府部门主办的公益性文化活动，又有市场经营性的文艺展演，还有富有地方特色的粤剧、小戏小品、哭嫁歌、木偶戏等。广场文化活动融入了企业文化、家庭文化、社区文化、校园文化、民间民俗传统文化，群众参与热情高。大朗文化广场和石厦广场、黄草朗等社区（村）文化广场的文化活动活跃。2011年，全镇举行群众性广场活动1100余场次，综艺晚会82场次，各类艺术展览49场次，参与人数60多万人次。

【文化产业】 2011年，大朗镇文广中心对镇内的文化产业发展情况进行系统调研，为规划大朗镇文化产业发展提供参考依据。调查范围涵盖创新设计类、现代传媒类、印刷复制类、出版发行类、演艺娱乐类、文化会展类、文化休闲类、艺术品经营类等八大类文化产业，共调查企业343家。其中创新设计类企业65家，现代传媒类企业3家，印刷复制类企业79家，出版发行类企业53家，演艺娱乐类企业82家，文化会展类企业1家，文化休闲类企业3家，艺术品经营类企业57家。上述企业文化产业总注册资本10.55亿元，年总产值达到8.25亿元，直接从业人数9016人。

【大朗镇第七届读书节】
2011年4月28日，大朗镇第七届读书节在中心小学体育馆开幕。启动仪式内容丰富、形式新颖，举办了“书香大朗”大型诗歌朗诵和主题为“图书漂流”的话剧表演，并对2010年图书馆先进工作人员及2010年优秀读者进行表彰，为洋乌、中心小学、宏育小学颁发基层服务点牌匾。展出“读书，让城市更美丽——大朗推进读书节活动展”、“读书乐”摄影展及大朗图书馆建设巡礼展。第七届读书节持续9个月，以“阅读　和谐　发展”为主题，组织开展亲子故事年比赛、亲子读者日活动、亲子现场绘画、T台秀、“亲近图书馆，走进图书馆”读者日活动、图书漂流、“读书·快乐·成长”征文比赛、“悦读大朗”镇情知识电视大赛、“书香飘溢·情满荔乡”诗文配乐朗诵比赛、“梦想家园，幸福大朗”亲子现场绘画暨作品展等25项精彩纷呈的读书活动，受众人数30多万。本届读书节使大朗镇获得东莞市镇街优秀组织奖。

【公益文化招商】 2011年，大朗镇坚持“政府搭台、企业唱戏、优势互补、共赢未来”的文化工作思路，坚持“社会文化社会办，社会办社会文化”的文化发展理念，充分发挥社会力量，走市场化运作、个性化策划、规范化组织、整体化推进、多元化着手和品牌化打造的路子，完善公益文化招商，促进社会文化活动开展。2011年，面向社会推出“阳光文化”系列招商项目，与东莞市慈善会、东莞市南华妇科医院联合举办“阳光文化之旅”、“南华杯”大朗歌唱大赛等系列活动18场次，参与群众65多万人次。

【文艺创作和文艺活动】 *大朗镇文艺创作活跃* 2011年，舞蹈协会洪芬芳创作的舞蹈作品《织城靓姨》荣获东莞市第四届广场舞蹈大赛铜奖；在“织城锦绣·幸福大朗”第十届织交会开幕电视晚会中编排推出《花街灯舞》、《荷塘·湿地》、《荔枝红了》等突出大朗风情的舞蹈作品；音乐协会王志明作词作曲的原创声乐作品《大朗美》、《荔枝谣》入选第十二届“人文之春·中国民族歌曲选粹暨中国民族歌曲演创大奖赛”中指定演唱歌曲，并在大奖赛中分别荣获中国民歌精品金奖、铜奖；大井头女子龙舞队编排表演的《巾帼龙腾艳生辉》参加“幸福广东，和谐家园”首届广东社区文化节“岭南风情”全省农民文艺汇演荣获金奖；尹洪波、邝任德编剧，宋展导演，唐佩雯、黄更祥、曾婉表演的小品《我是你的姐姐》紧扣反腐倡廉主题，在东莞市第五届小品小戏曲艺（廉政小品小戏曲艺）创演大赛中荣获银奖；摄影协会邝任德的作品《变迁》在首届广东社区文化节“幸福映像”广东省群众摄影大赛中荣获三等奖；摄影协会叶绍求作品《畅游人间》、陈金柱作品《情定织城》在广东省第十一

届美术书法摄影联展中获“优秀奖”；吴玩清摄影论文《从片段选取看纪实影像》在第二届东莞市群众摄影大赛中荣获理论奖。

文化惠民活动丰富多彩

2011年，开展文化惠民千场演出39场，百场培训7场，各类舞蹈指导、培训30多场次，“阳光文化之旅”进基层流动文化服务巡演11场，受益群体达6万多人次。4月28日举办“创造未来·幸福大朗”庆祝“五一”国际劳动节、“五四”青年节大型文艺晚会；6月开展“弘扬传统文化 共建幸福家园”六月份“文化遗产月”暨非遗文化进校园活动；7月举办“华章九十载 红歌颂党恩”庆祝中国共产党成立90周年高畅红歌音乐会、“南华杯”歌唱大赛；8月举办第三届少儿才艺大赛之“长富嘉年华”模特大赛；11月举办“织城锦绣·幸福大朗”第十届中国（大朗）国际毛织产品交易会开幕式电视晚会及毛织风情节，以舞台艺术形式展示大朗历史文化及现代织城的发展状况。

【对外文化交流】 2011年，大朗镇重视对外文化交流，组织非遗代表项目“女子龙舞”、“哭嫁歌”、“木偶戏”参加东坑镇“卖身节”、桥头镇“荷花节”、茶山镇“非遗体验日”等交流展演；3月选派文化骨干成员赴惠州参加2011年广东省群众音乐舞蹈创作为期3天的培训学习；选派镇非遗专干赴广州参加为期4天的由中国文化部非物质文化遗产司、中国非物质文化遗产保护中心联合举办的《中国非物质文化遗产保护工作培训班》交流学习；7月，组织大井头社区女子舞龙赴湛江参加“幸福广东，和谐家园”首届广东社区文化节“岭南风情”全省农民文艺汇演交流演出活动。

【文化市场管理】 2011年，大朗镇设在行政服务中心的办事窗口接受群众咨询、办理业务共600多人次。完成158家文化企业年检换证工作，其中印刷经营单位换证72家，出版物经营单位年检29家，互联网上网服务营业场所（网吧）换证55家，卫星地面安装单位换证1家，营业性文艺表演单位换证1家，完成率达100%。新设立9家文化企业，其中办理《娱乐经营许可证》歌舞娱乐经营单位3家、游艺娱乐场1家；《印刷经营许可证》经营单位4家；《音像制品经营许可证》经营单位1家。完成41家文化企业的业务变更，其中印刷企业6家，互联网上网服务营业场所（网吧）30家，出版物经营单位1家，卡拉OK歌舞厅娱乐经营场所3家，电影放映经营单位1家，完成率达100%。有东莞大朗松木山松山纸品厂1家办理“三来一补”转三资企业。组织101家文化企业参加法律法规知识培训，其中组织76家印刷企业参加第二届中国（广东）国际印刷技术展览会；7家文化企业参加东莞市版权贸易知识讲座；18家印刷企业参加广东省第三期绿色印刷培训班。

【实施简政强镇文化事权改革】 2011年，大朗镇文广中心完善岗位设置，设部门工作人员5名。在东莞市文化广电新闻出版局委托放权的19项行政许可审批项目当中，大朗镇文广中心已行使行政审批项目5项，办理行政许可事项12宗，其中设立歌舞娱乐场所审批3宗，变更歌舞娱乐场所审批1宗，设立音像制品零售单位审批1宗，变更电影放映单位审批1宗，变更印刷企业审批3宗，承印加工境外包装装潢印刷品的备案3宗。大朗镇文化广播电视服务中心在落实简政强镇的过程中，严格依照规定的资格条件和审批程序受理申办人的业务申请，严格在法定时效内完成审批。并定期向市局报送相关信息、统计报表。实现零投诉，群众满意率达100%。

【文物保护】 2011年，大朗镇文广中心与文物点所在社区（村）成立联合督查组，不定期检查文物点安全设施设置和安全措施落实情况，全年无安全隐患和无违法维修现象。7月份，大朗镇文广中心组织员工参加东莞市第三次全国文物普查不可移动文物摄像培训班；在镇普查办统筹协调、各社区（村）配合下，共对10处不可移动文物开展摄像工作，出版《东莞市第三次全国文物普查成果图册·大朗篇》1000册。8、9月份开展田野摄像工作，按照市普查办工作要求，完成10处不可移动文物的拍摄工作。分别是：大井头叶氏大宗祠、宏育学校旧址、大井头大队部旧址、诚士书室、大井头蟹眼井、保安墟古街、黎贝岭彭氏宗祠、松柏朗茶井、松柏朗文光庙、张元吉墓。10月份完成10处不可移动文物的拍摄编辑工作，制作了文物摄像DVD光盘成品。

【文化执法】 东莞市文化市场综合执法大队大朗分队（简称“大朗文化执边分队”）于2006年1月成立，主要职能是承担文化市场管理，规范文化市场主体经营行为，维护文化市场秩序。2011年1月，经过简政强镇机构改革，大朗文化执法分队的隶属关系转为由镇政府管理，设队长1名，副队长1名。大朗文化执法分队同时作为大朗镇文化市场管理工作领导小组办公室、“扫黄打非”工作领导小组办公室和整治“黑网吧”工作领导小组办公室。2011年获全市文化市场综合执法工作一等奖。

2011年，大朗文化执法分队完善仓库管理，搭建网吧监管新平台，强化信息工作，狠抓“扫黄打非”、“请无”、“黑网吧”整治重点工作，开展游艺场所违规经营专项查处行动，元旦、春节期间文化市场专项整治行动，文化经营场所消防安全大检查、演出市场专项清查行动，禁毒集中宣传教育活动，“迎大运、保平安”文化市场专项检查行动，全面整治文化市场，深入解放思想，进行行风评议。全年共出动执法人员1955人次，检查经营单位5458间次，对文化市场经营单位给予警告61间次，立案46宗，作出行政处罚161500元，取缔“黑网吧”109间，收缴电脑494套，取缔无证歌舞娱乐场所5间，暂扣无线咪接收器7台；取缔无证电子游戏经营场所2间，收缴游戏主板33块。

【“扫黄打非”】 2011年，大朗文化执法分队开展“两会”前后“扫黄打非”专项行动、侵权盗版及非法出版物统一销毁活动、打击非法销售卫星电视使用设备行为专项行动等，取缔网络下载店16个，收缴电脑16台，取缔非法出版物经营摊档113个，收缴非法音像制品41937张，非法书报刊39636册（份）。

广播电视

【重大报道策划】 2011年，大朗镇文广中心电视新闻部精心组织策划，完成“创建全国文明镇”、“创建国家生态镇”、“创建省食品安全示范街”、“建设五个有 遍吹文化惠民风”、“关注织交会”等一系列主题宣传。全年共制作各类宣传3808篇（条）；播放新闻、专栏、专题2793篇，其中新闻2669篇，专栏、专题124篇；播放政策性公益宣传1015条117995次；现场直播（录播）6场。被市三大媒体采用稿件1989篇，其中东莞广播电视台《东莞新闻》、《今日莞事》栏目采用607篇，东莞电台采用565篇，东莞阳光网采用817篇，在全市的新闻报道排名中名列第9位。选送作品“年度策划《关注织交会》”获东莞市好新闻评选广播电视节目编排类二等奖，《大朗花街》获市人大好新闻评选三等奖，《积极无偿献血 点亮生命之光》获市公益广告设计大赛优秀奖。

【产业结构调整和转型升级宣传报道】 2011年，为宣传大朗镇委镇政府帮扶企业的政策和措施，大朗镇文广中心利用电视、网站、手机快讯等平台，通过新闻、系列报道、专题等形式，对大朗镇产业结构调整和转型升级进行全方位宣传。大力宣传大朗镇企业转型升级所取得的显著成效。2011年1月9日，广东省专业镇转型升级现场会在大朗召开，大朗镇获得专业镇建设先进单位、省“双提升”示范专业镇等多个荣誉。全年共采写播发大朗镇产业结构调整和转型升级稿件600多篇，策划推出专题报道16篇。

【数字电视】 2011年，东莞广电网络传媒发展股份公司大朗分公司积极开展付费节目、宽带上网、数据专线、视频监控等增值业务，以创建市“青年文明号”及“五心”服务为标准，为客户提供优质服务。2011年，新增数字电视机顶盒1456台，比去年增长2.44%，全镇共有61171台；宽带上网用户量达到1000户，比去年增长100%。

【广告经营】 2011年，为有效增加广告收入，大朗文广中心制定广告经营计划，主动走访广告大户，为客户策划宣传方案，并与客户联动，实行打包宣传，为客户解决在营销推广中存在的多头宣传、费用高等问题。全年广告收入为166万元。

文艺团体

【大朗镇文学艺术界联合会】 2011年10月13日，大朗镇文学艺术界联合会成立，委员8名，分别是：覃春副镇长为主席，邝任德为常务副主席，谢主连、邓石岭为副主席，傅伟荣为秘书长，叶惠强、叶晓兰为副秘书长；统筹八大文艺协会，包括东莞市摄影家协会大朗分会、东莞市书法家协会大朗分会、大朗镇曲艺协会、东莞市美术家协会大朗分会、东莞市音乐家协会大朗分会、东莞市舞蹈家协会大朗分会、东莞市作家协会大朗分会、大朗镇醒狮协会。

【东莞市摄影家协会大朗分会】 东莞市摄影家协会大朗分会有会员68人，其中中国摄影家协会会员2人，广东省摄影家协会会员2人，东莞市摄影家协会会员8人。

摄影讲座与展览 2011年，东莞市摄影家协会大朗分会在大朗行政服务中心举办“威林摄影

讲座”活动。邀请“南方都市报”驻东莞摄影记者刘在富老师主讲《新闻摄影的常识》；邀请东莞市摄影家协会大朗分会会长吴玩清老师主讲《影像为何抓住你》。参加讲座有东莞市摄影家协会大朗分会会员、大朗摄影爱好者、各社区（村）宣传委员共80多人次。1月30日，在大朗图书馆大楼展厅举办《大朗镇春节摄影图片展》活动，展期为30天，共展出作品70幅；4月28日，在读书节开幕式上举办《东莞市“读书乐”摄影作品展》，共展出摄影获奖作品30幅；7月1日，在大朗长富步行街举办《大朗镇庆祝中国共产党成立90周年摄影图片展》，共展出摄影图片100幅；10月27日—11月6日，在大朗长盛广场举办《大朗镇毛织行业摄影作品展》，展期为11天，共展出作品48幅。

摄影比赛　2011年，由大朗镇宣传办、大朗镇文广中心主办，兴隆典当行协办，东莞市摄影家协会大朗分会承办的“兴隆杯”大朗镇新春摄影比赛，截稿至3月25日，共收到参赛作品825幅。3月28日，特邀请广东省青年摄影家协会副主席、东莞市摄影家协会副主席兼秘书长胡克嘉先生，东莞市摄影家协会副秘书长莫泽坚先生，《东莞日报》摄影部主任张村城先生三位摄影专家对作品进行评选，共评选出获奖及入选作品100幅，其中金奖作品2幅，银奖作品4幅，铜奖作品6幅，入选作品88幅。

摄影采风　2011年，东莞市摄影家协会大朗分会组织会员到大朗水平村、开平市、三水市乐平镇大旗头村、韶关新丰县、广西贺州、黄姚古镇、江西龙南县等地进行摄影采风。邀请中国摄影学会常务理事聂瑞声、江西省摄影家协会主席许景辉、中国摄影学会理事张小苏、著名摄影家曲丽利，在大朗开展为期两天的“光影东莞——中国艺术摄影名家东莞采风行”活动。

摄影佳作　2011年6月，邝任德的摄影作品《变迁》在首届广东社区文化节“幸福映像”广东省群众摄影作品大赛中获三等奖，《满载而归》获入选奖；叶绍求的摄影作品《荔乡印象》、《乡村喜事》、《幸福时刻》在首届广东社区文化节“幸福映像”广东省群众摄影作品大赛中获入选奖。7月，叶绍求的摄影作品《幸福大朗》在“幸福东莞”摄影大赛中获入选奖。11月，在广东省第十一届美术书法摄影联展中，叶绍求的摄影作品《畅游人间》、陈金柱的摄影作品《情定织城》获优秀奖，叶绍求的摄影作品《与民同乐》和《荔乡印象》获入选奖。12月，在第二届东莞市群众摄影大赛中，吴玩清的摄影论文《从片段选取看纪实影像》获理论奖；叶绍求的摄影作品《幸福东莞·精彩家园》获铜奖，邝任德的摄影作品《余晖》获优秀奖，邝任德的摄影作品《织城魅影》、甘加林的《下乡广播站》、叶绍求的《吸引》获入选奖。

【东莞市书法家协会大朗分会】　2011年，东莞市书法家协会大朗分会有会员57人，其中省书法家协会会员7人，市书法家协会会员15人。1月26日，东莞市书法家协会大朗分协助市书法家协会举办“和谐春联送万家”活动。邀请原市人大常委会主任张群炎、原市文化局局长尹玉湘、原东莞市书法家协会主席岑诒立、市书法家协会主席黄贵田、副主席罗派均等共8人，在巷头社区文化广场现场为大朗的父老乡亲书写春联，当天共送出春联200多幅。6月30日，在大朗湿地公园举行大朗镇“荔枝文化活动周”书法笔会活动，邀请原东莞市书法家协会主席岑诒立、市书法家协会主席黄贵田、副主席罗派均、秘书长黄品功前来挥毫，共创作荔枝文化书法作品精品20多幅。8月9日，在求富路花园会所举办“每天绽放新精彩”东莞市百场文艺书法讲座，邀请东莞市书法家协会副主席韩红前来授课，共85名学员参加培训。9月10日至25日，在大朗艺术馆举办“2011年大朗镇中小学教师艺术作品展”，展期16天，共展出书画作品125幅。积极组织会员参加省、市以上的书法比赛，其中骆昌俊的书法作品《对联》获广东省第十一届美术书法摄影联展入选奖。

【大朗镇曲艺协会】　2011年，大朗镇曲艺协会有会员31人。大朗镇曲艺协会坚持面向基层、面向农村、服务大众，积极创作岭南粤剧文化节目，繁荣粤剧文化，丰富和活跃群众业余文化生活。2011年，以大井头社区业余曲艺队为主，创作短剧《破镜难圆》、《觉醒痴迷》、《江湖骗子》、《滴水源泉》等。积极组织会员送戏下乡，举办“每天绽放新精彩”东莞市文化惠民千场文艺演出进基层活动，到大朗松柏朗村、佛新社区、高英村等社区（村）共举行粤曲演出12场。松柏朗业余曲艺队30年后再扬粤韵，排演了经典剧目《山乡风云》等。

【东莞市美术家协会大朗分会】　2011年，东莞市美术家协会大朗分会有会员61人，其中省美术家协会会员2人，市美术家协会会员4人。6月28日，在大朗湿地公园举办“荔枝文化活动周”书法笔会活动，邀请市美术家协会副主席陈仲仪及江边、黄金水、詹丽华、郭焕梅等美术家前来挥毫，共创作荔乡文化美术精品6幅。8月11日，在求富路花园会所举办“每天绽放新精彩”东莞市百场文艺美术讲座，邀请东莞市美术家协会副主席袁赤峰前来授课，共80多名学员参加培训。6月10日至30日，东莞市美术家协会大朗分会协助大朗镇人民政府主办的《张群炎中国画展》，在大朗艺术馆展出作品60幅，展期为21天。9月10日至25日，在大朗艺术馆举办“2011年大朗镇中小学教师艺术作品展”，共展出书画作品125幅，展期16天。10月，在广东省第十一届美术书法摄影联展中，龙子宇的版画作品《我们筑建未来》、肖信东的国画作品《老藏农》获入选奖；12月，曾川的《山水》入展第六届广东省画展。

【东莞市音乐家协会大朗分会】 2011年，东莞市音乐家协会大朗分会共有会员82名，积极创作音乐节目参加镇各项喜庆节日晚会、“阳光文化之旅”公益晚会表演等活动。9月21日，在求富路花园会所举办“每天绽放新精彩”东莞市百场文艺音乐讲座，邀请广东省音乐家协会副主席苗向阳老师前来授课，共50名学员参加培训。11月21日，在求富路花园会所举办“每天绽放新精彩”东莞市百场文艺音乐讲座，邀请东莞群众艺术馆文艺创作部副主任、东莞市音乐家协会副主席莫一军老师前来授课，共60名学员参加培训。2011年，刘姝辰演唱的《渔家娃》获广东省第八届少儿艺术花会金奖，《格桑梅多》在东莞市首届歌唱大赛中获少儿组金奖；王志明演唱的《大朗美》在第十二届“人文之春·中国民族歌曲演创大奖赛”中获中国民歌精品金奖，《荔枝谣》在第十二届“人文之春·中国民族歌曲演创大奖赛”中获中国民歌精品铜奖。

【东莞市舞蹈家协会大朗分会】 2011年，东莞市舞蹈家协会大朗分会有会员40人。全年组织会员多次参加省、市举办的名家课堂编导培训，提高会员创作水平。组织大朗老年舞蹈队排演《激情靓姨》参加东莞市第四届广场舞蹈大赛获铜奖；《我是你的姐姐》获东莞市第五届小品小戏曲艺创演大赛银奖，并被推荐参加2011年度广东省群众文艺作品评选获二等奖。

【东莞市作家协会大朗分会】 2011年，东莞市作家协会大朗分会共有会员30人，其中，广东省作家协会会员1人，东莞市作家协会会员3人。2011年，会员在《大朗周刊》共刊发各类文学作品5期，原创作品达30多万字。东莞市作家协会大朗分会积极参加大朗周刊“美术书法摄影”文艺栏目的投稿，组织全镇会员参加大朗镇第七届读书节活动，并开展“读书·快乐·成长”征文比赛。9月2日，东莞市作家协会大朗分会在沙角部队举办了《大朗周刊》读者活动日，共有21名读者参加。积极协助镇宣传办办好《悦读大朗》城市刊物5期，出版了大朗文集《朗读》系列丛书。

2011年9月9日，在长富社区举行游园活动中，“小丑”的表演深受小朋友们的喜欢。（庹进泉 摄）

【大朗镇醒狮协会】 2011年，大朗镇醒狮协会有会员60人。春节期间，大井头男女子舞龙队和女子醒狮队、巷头醒狮高桩、长塘醒狮队、蔡边麒麟队在大朗广场、体育馆举行庆祝活动，并到各社区（村）交流演出。3月27日，在清溪举办的广东省第三届麒麟舞大赛中，大井头女子麒麟队参赛的《麟趾呈祥》获创新组金奖。7月15日，在湛江市举办的“岭南风情”全省农民文艺汇演中，大井头女子龙舞队的《巾帼龙腾艳生辉》获金奖。

（叶晓兰 刘德鹏）

附：2011年大朗镇文化广播电视服务中心领导名录

主　任：邝任德

副主任：周锦昌　叶惠强　傅伟荣　李柱宁

2011年东莞市文化市场综合执法大队大朗分队领导名录

队　长：卢建华

副队长：梁满芬

档案工作

【大朗镇档案馆】 2011年，大朗镇档案馆共有工作人员11人，其中事业编制3人，合同制干部（职工）7人，本科学历10人，大专学历1人，持中级职称证书3人，持初级职称证书5人。2011年6月28日，大朗镇档案馆三期工程正式投入使用。6月24日，大朗镇档案馆成功创建为国家一级档案馆。

【基础业务】 截至2011年底，大朗镇档案馆馆藏档案资料共121964盒、38775卷/册、54004件/张，实现数字化共16085卷又60848件/张，接待查档共5415人次、调阅案卷14516盒/卷/册/件/张，接待参观238宗，8498人次。其中2011年，新增馆藏档案资料46784盒、4287卷/册、14185件/张，整理档案资料2908卷又6505件，实现数字化共2904卷又1064件/张，接待查档1582人次、调阅案卷3568盒/卷/册/件/张，接待到馆参观167宗，7637人次。

【镇档案馆三期工程投入使用】 2011年6月28日，大朗镇档案馆三期工程正式投入使用，大朗展览馆、大朗艺术馆同时开幕。投资近亿元的东莞市政务数据容灾机房落成后，大朗镇档案馆总用地面积达2.1万平方米，总建筑面积近1万平方米，实现大朗镇档案馆、大朗展览馆、大朗艺术馆“三馆合一”。开馆6个月以来，参观人数7637人次，充分发挥爱国主义教育基地的作用，获得了良好的社会效益。

【成功创建国家一级档案馆】 2011年6月23日下午，大朗镇档案馆晋升国家一级档案馆测评汇报会在大朗镇档案馆主楼召开。6月24日上午，东莞市档案馆、大朗镇档案馆晋升国家一级档案馆测评会在市政协大厦举行。大朗镇档案馆以98.1分的成绩顺利通过测评，晋升国家一级档案馆，成为全省第9个国家一级档案馆及全国首个且唯一一个镇级国家一级档案馆。

【推进新农村建设档案工作】 2011年5月23日，大朗镇顺利通过“广东省社会主义新农村建设档案工作示范市”验收。12月21日，国家档案局副局长李和平、省档案局局长徐大章率东莞市创建“全国社会主义新农村建设档案工作示范市”国家验收组成员一行查验大朗镇新农村建设档案工作情况，李和平副局长盛赞大朗档案事业“敢为人先”的开拓精神。

【寄存档案大幅增长】 2011年，大朗镇档案馆积极拓展档案寄存业务，做好档案寄存服务工作。成功与3家知名企业续签档案寄存业务。至2011年底，大朗镇档案馆共有寄存档案121964盒，其中2011年新增53534盒，增幅达78.23%。2011年，接待寄存档案查阅81人次、1417盒/卷。

【加强人才队伍建设】 2011年，大朗镇档案馆加强人才队伍建设，与中山大学资讯管理学院共建实习基地；实行学习型单位建设；派员到深圳市参加地下管线研讨会；派员到深圳市档案局和镇党政办跟班学习；鼓励馆员报考在职研究生，1人被中国人民大学录取；鼓励馆员参与职称评选，1人通过中级职称评选。

【加强档案行政管理】 2011年，大朗镇档案馆加强基层档案工作监督、指导力度。举办两期档案业务培训班；指导各镇属单位编制《大朗镇各镇属单位文书档案归档范围及文书档案保管期限表》；推动各社区（村）、已达标单位档案管理网络化，共有21个社区（村），19个单位使用网上档案管理系统；开展档案年终检查活动，评选出长塘、求富路、信访办、规划建设办、公用事业服务中心等5个先进单位。

2007—2011年大朗档案馆馆藏总量登记表

（统计时间：截至2011年12月31日）

年度	馆藏档案																							现行文件		图书资料	
	全宗数		文书				基建		城建		房产		声像声像		专门				实物		故人	设备					
	累计量	当年增加	累计量	当年增加	累计量	当年增加	累计量	当年增加	累计量	当年增加	累计量	当年增加	累计量	当年增加	累计量	当年增加	累计量	当年增加	累计量	当年增加	累计量	累计量	当年增加	累计量	当年增加	累计量	当年增加
	个	个	卷	卷	件	件	卷	卷	卷	卷	卷	卷	张	张	卷	卷	件	件	件	件	卷	卷	卷	件	件	册	册
2007	42	42	2740	2740	13727	13727	1637	1637	4153	4153	7053	7053	5572	5572	2081	2081	0	0	314	314	78	9	9	438	438	0	0
2008	43	1	2740	0	18651	4924	1654	17	8728	4575	8360	1307	6428	856	2113	32	0	0	372	58	78	9	0	553	115	2243	2243
2009	44	1	2893	153	30260	11609	1654	0	11022	2294	10469	2109	6538	110	2177	64	0	0	433	61	78	9	0	644	91	2243	0
2010	44	0	4216	1323	37807	7547	1914	260	12815	1793	13181	2712	7105	567	2267	90	0	0	468	35	78	17	8	721	77	2274	31
2011	44	0	4486	270	46689	8882	2029	115	13788	973	16085	2904	7110	5	2288	21	5265	5265	501	33	78	21	4	788	57	3114	840

地方志工作

【《东莞市大朗镇年鉴·2011》出版发行】 2011年2月，大朗镇全面铺开《东莞市大朗镇年鉴·2011》编纂工作。年鉴编辑部由叶惠明任主编，谢主连任执行主编，刘贺斌任副主编，并从镇重点办、外经办、民营办、新莞人服务管理中心、档案馆抽调曾辉、曾雪霞、赖莉君、张旭轩、魏春花、蔡晓敏进行编纂。2月24日，大朗镇在行政服务中心三楼会堂举行《东莞市大朗镇年鉴·2011》编纂工作会议，全面部署2011年大朗年鉴编纂工作。镇委、镇政府各办公室年鉴撰稿人员，各社区（村）、单位分管办公室领导以及年鉴撰稿人员100多人参加了会议。7月，《东莞市大朗镇年鉴·2011》成功出版发行，全书约60万字，重点记载了2010年大朗镇经济、政治、文化、社会和党的建设的大事、要事及基本情况，由广东省人民出版社出版，共印刷发行2000本。

【大朗镇参加广东省年鉴工作会议并作发言】 8月8日，在东莞富盈酒店召开广东省年鉴工作会议，全省各县、市地方志部门共200多人出席会议，大朗镇作为唯一一个镇级单位参会。会上共7个单位发言，其中大朗镇委委员叶惠明代表大朗镇作题为《实事求是 开拓创新 积极探索镇级年鉴编纂之路》的经验介绍，另外6个发言单位除佛山市三水区是区级单位外，其余是广州、深圳以及广东年鉴等地市以上单位。省地方志办公室主任陈强在其讲话中一处提到大朗，两次脱稿表扬《东莞市大朗年鉴》，肯定《东莞市大朗年鉴》是“全省第一部公开出版的镇级综合年鉴”（陈强原话）。

【大朗镇年鉴信息在《广东省年鉴工作简报》刊登】 2011年，大朗年鉴编辑部加强年鉴信息报送工作，成功在《广东省年鉴工作简报》进行发布，创历史先河。全年共在《广东省年鉴工作简报》刊登信息4条，分别为《抓好三个“强化”探索镇级综合年鉴编纂之路》、《〈东莞市大朗镇年鉴〉（2011）出版》、《实事求是 开拓创新 积极探索乡镇年鉴编纂之路》和《东莞市大朗镇多措并举 提升读鉴用鉴水平》。 （刘贺斌）

【参与编纂《东莞市篮球志》】 2011年，东莞市地方志办公室、东莞市体育局、东莞市南城街道办编纂《东莞市篮球志》，大朗镇积极参与编纂，由大朗镇宣传教育办主任谢主连任主笔，撰写大朗镇章节。大朗镇体委、新世纪篮球俱乐部以及长塘、大井头、黄草朗等社区（村）广泛收集资料，形成了比较齐全的史料。在此基础上进行梳理，分成11部分，分别是：发展历程、经费投入、场馆建设、球队、训练、比赛、承办重要比赛、篮球庆祝活动、管理机构、新世纪猎豹队在大朗、竞赛成绩与荣誉。篇章结构科学合理、史料翔实、图文并茂，获得市志办的高度评价，并以此为蓝本，在全市各镇街推广。《东莞市篮球志》于2011年11月正式出版发行，其中的大朗镇部分，约3万字，是对大朗镇篮球发展史的客观记述，是了解和研究大朗镇篮球运动的重要史料。

体育·卫生

体 育

【概况】 2011年，大朗镇体育运动委员会共有工作人员3名，其中副主任2名，工作人员1名。2011年，大朗镇人民政府获广东省第十二届“体育节”活动优秀组织奖。在2010—2011年赛季中国男子篮球职业联赛中，东莞新世纪烈豹俱乐部马可波罗队荣获本赛季男子篮球职业联赛季军，东莞新世纪烈豹俱乐部组队的东莞嘉宏女篮荣获本赛季女子篮球职业联赛亚军，大朗主场赛区年接待球迷7万人次以上，上座率超过85%。2011年东莞市篮球联赛，大朗男、女子队再次在同一届篮球联赛获得冠军，男子篮球代表队获得五连冠，女子篮球代表队获得两连冠。大朗镇再次成为东莞市同时获得男、女子篮球双冠军的镇街。

【依托新世纪烈豹队主场打造篮球城市】 氛围营造 2011年，2010—2011年赛季中国男子篮球职业联赛新世纪烈豹队主场设在大朗体育馆。大朗镇继续以此为契机，打造声势，营造浓厚的主场氛围。在大朗体育馆周边更换有大朗体育文化特色的灯箱长廊；在镇内主要宣传点对比赛进行宣传；组织相关部门召开协调会，保证赛区各项工作顺利完成；由镇委、镇政府发动各社区（村）、单位积极购票观看比赛，保证每场观众1000人以上；组建300名球迷拉拉队，有组织地指挥并带动球迷呐喊；制作《烈豹快讯》专辑，在镇电视台定时播出；完善大朗网CBA专栏，及时报道新世纪烈豹队最新战况；在《东莞日报·大朗周刊》设立“决战CBA专栏”，全程跟踪报道新世纪烈豹队赛事。2010—2011年赛季大朗体育馆主场组织120人民兵拉拉队，以“大朗民兵上刺刀，为新世纪烈豹队加油”为口号，在大朗镇主场为新世烈豹队呐喊助威，成为中国男子篮球职业联赛上的特色拉拉队方阵。

人才培养 2011年，大朗篮协与新世纪篮球俱乐部合作，开展不同层次的篮球培训。每年寒暑假举办新世纪青少年篮球训练营，分为初级班、中级班、深造班，人数达500人，由新世纪篮球俱乐部的教练指导训练。长塘社区与大学体育实习合作，在暑假期间，篮球组织社区内青少年免费开展篮球、羽毛球、乒乓球等体育培训活动。大井头、巷头、求富路等社区、村开展篮球等项目的培训活动。

篮球经济 2011年，2010—2011年赛季中国男子篮球职业联赛大朗赛区平均上座率达85%以上，其中新世纪烈豹队对阵广东宏远、新疆广汇等球队主场比赛上座率达95%以上，大朗体育馆平均每赛季售票收入460万元以上。通过大朗体育馆辐射影响新世纪长盛广场，带动球鞋、球衣、篮球等商品的市场销售，餐饮娱乐、悠闲购物等第三产业兴

在大朗体育馆举行中国男子篮球职业联赛。

起壮大。

篮球竞技 2010—2011年赛季中国男子篮球职业联赛新世纪烈豹队获得季军。2011年11月19日—2012年3月30日，2011—2012年赛季中国男子篮球职业联赛常规赛新世纪烈豹队主场比赛共有16场的比赛在大朗体育馆进行，分别对阵北京首钢、天津荣钢、佛山理源动力、上海东方、浙江广厦、新疆广汇、山西中宇、八一富邦、浙江稠州银行、江苏龙南钢、青岛双星、山东黄金、吉林东北虎、辽宁盼盼、广东宏远、福建浔兴。2011—2012年赛季，新世纪烈豹队常规赛获得第五名，在四分之一决赛中对阵新疆广汇，获得本赛季的第五名。

2011—2012年赛季中国男子篮球职业联赛常规赛大朗赛区日程表

序号	日 期	比赛队	比赛时间	比赛地点
1	11月27日（日）	东莞—北京	19:30	大朗体育馆
2	11月30日（三）	东莞—天津	19:30	大朗体育馆
3	12月7日（三）	东莞—佛山	19:30	大朗体育馆
4	12月9日（五）	东莞—上海	19:30	大朗体育馆
5	12月11日（日）	东莞—广厦	19:30	大朗体育馆
6	12月25日（日）	东莞—新疆	19:30	大朗体育馆
7	12月28日（三）	东莞—山西	19:30	大朗体育馆
8	12月30日（五）	东莞—八一	19:30	大朗体育馆
9	1月1日（日）	东莞—浙江	19:30	大朗体育馆
10	1月4日（三）	东莞—江苏	19:30	大朗体育馆
11	1月11日（三）	东莞—青岛	19:30	大朗体育馆
12	1月13日（五）	东莞—山东	19:30	大朗体育馆
13	2月1日（三）	东莞—吉林	19:30	大朗体育馆
14	2月3日（五）	东莞—辽宁	19:30	大朗体育馆
15	2月5日（日）	东莞—广东	19:30	大朗体育馆
16	2月10日（五）	东莞—福建	19:30	大朗体育馆

篮球赛事 2011年，大朗体育馆再次成为2011—2012年赛季中国男子篮球职业联赛新世纪烈豹队的主场，也是中国男子篮球职业联赛鲜有的镇级主场；5月，大朗体育馆成为东莞市篮球联赛的主场赛区。

【东莞市篮球联赛大朗男女篮再次双双夺冠】 2011年，大朗镇男子篮球代表队获得东莞市篮球联赛五连冠，大朗镇女子篮球代表队获得两连冠。大朗镇男、女子篮球代表队在东莞市篮球联赛上两次同时获得冠军，东莞市篮球联赛目前只有大朗镇男、女子代表队连续两次均获得过冠军，创造东莞市篮球历史之最。

【大朗篮球拉拉队】 2011年东莞市篮球联赛，大朗镇主场赛区共组织拉拉队1万人次，由各社区、村，学校组织观众前来观看。大朗拉拉队在市篮球联赛中最为专业，每场主场至少有1500名拉拉队员到场助威。此外，大朗镇还组建了120人的民兵拉拉队，成为东莞篮球联赛球场上的一支“铁军”拉拉队。

【全民健身运动】 2011年，以培养体育兴趣和氛围为主，大朗镇根据群众体育活动需要，组织各类比赛活动，其中有“骏通杯”学生篮球赛、民办教职工篮球赛、企业篮球赛、春节篮球赛、社区（村）篮球等群众性篮球比赛；学生羽毛球赛、春节羽毛球比赛等羽毛球比赛300场，参赛人次500人；2011年迎春长跑，参加人数3200人；春节乒乓球比赛150场，参赛人数300人；春节拔河比赛25场，参赛人数500人；春节象棋比赛49场，参赛人数50人。2011年各社区（村）、单位积极开展各类体育活动。黄草朗、洋乌、巷头、巷尾等社区开展企业篮球比赛。大朗外经办举办“企业杯”篮球比赛活动。财政分局、计生办等单位承办市系统的篮球比赛活动。长富社区开展“嘉年华”系列活动，开展三人篮球、象棋、乒乓球等活动。

【春节篮球赛】 2011年春节篮球赛，根据竞技水平设男子甲、乙、丙组，男子甲组有10队、男子乙组有8队、男子丙组有15队，各组别之间采取升降级制度。甲组的最后一名下一年降到乙组，乙组的第一名下一年升上甲组。乙组、丙组之间采取同样的升降级制度。由2011年1月15日至1月30日在大井头、石厦、巷头、巷尾、黄草朗等11个社区、村进行比赛，共有90场的赛事。对甲组前八名、乙组和丙组前三名进行奖杯、奖牌、奖金奖励。获得大朗镇2011年春节篮球赛体育道德风尚奖的参赛队是：沙步丙队、巷尾丙队、水口乙队、大井头乙队、松柏朗甲队、求富路甲队。获优秀赛区的是：巷头赛区、大井头赛区 、巷尾赛区、杨涌赛区、水口奥申赛区、石厦赛区。获男子丙组第一名的是杨涌丙队、第二名的是洋乌丙队、第三名的是大井头丙队。获男子乙组第一名的是长塘乙队、第二名的是高英乙队、第三名的是大井头乙队。获男子甲组第一名是长塘甲队、第二名是大井头甲队、第三名是巷头甲队、第四名是水口甲队、第五名是黄草朗甲队、第六名是巷尾甲队、第七名是石厦甲队、第八名是蔡边甲队。

【市业余训练网点参赛】 2011年，大朗一中的射击、三星小学的射箭、中心小学的少年女篮、实验小学的武术、长塘小学的乒乓球、奥申体育中心的羽毛球被东莞市体育局评为“东莞市业余体育项目训练网点”。2011年东莞市业余训练网点少年篮球比赛于8月举行，男子队获得第5名，女子队获得第5名；2011年东莞市射击锦标赛于7月在市体校举行，大朗一中射击馆全年组织50名学生参加比赛，获得团体总分第四名；2011年5月省体育传统项目学校武术锦标赛暨全省中学生武术锦标赛在珠海举行，本次比赛大朗镇实验小学只有五名男生参赛，未派女生，在仅有的10个比赛项目中，共获得两枚银牌、一枚铜牌、一个第四名、一个第五名、一个第七名。参加长拳类的三名学生在每个参赛项目中全部取得名次。

【重要庆典】 2011年，大朗男篮勇夺五连冠、大朗女篮蝉联冠军、新世纪猎豹队勇夺联赛第三名，大朗篮球历史再创新纪录。6月8日，大朗镇在帝豪花园酒店举行“新世纪、新创想、非常5+2”篮球庆功宴，共同庆祝大朗篮球取得的辉煌成就。现场为大朗篮球运动发展基金捐款420万元。国家体育总局篮管中心副主任李金生、国家体育总局篮管中心运营部部长宫鲁鸣，市领导刘树基、吴道闻、莫布兴、梁海卫和袁李松、张继雄、傅照辉等市老领导以及尹景辉、谢锦波等镇领导参加庆功宴。会上，尹景辉书记和谢锦波镇长代表镇委镇政府分别奖励新世纪俱乐部50万元和大朗男女篮球队各20万元。

【体育工作成绩突出】 2011年，大朗镇体育工作成绩显著。在2010—2011年赛季CBA职业联赛中，大朗体育馆获“2011年东莞市篮球联赛优秀赛区”称号；东莞新世纪烈豹俱乐部马可波罗队荣获2010—2011年度中国男子篮球职业联赛季军；大朗镇男子篮球代表队取得东莞市篮球联赛五连冠，大朗镇女子篮球代表队取得两连冠，大朗镇再次成为东莞市同时获得男、女子篮球双冠军的镇街。2011年，大朗女篮代表东莞参加2011年广东省第二届农民运动会女篮的比赛荣获亚军；东莞市大朗镇实验小学被广东省体育局、广东省教育厅命名为2010—2012年度省级体育传统项目学校。大朗镇巷头社区、长富社区被广东省体育局命名为广东省第四批城市体育先进社区（居委会）；石厦村、犀牛陂村被评为东莞市体育先进社区（村）。 （黄志平）

附：大朗镇体育运动委员会领导名录

副主任：黄　勇　黄志平

卫　生

【概况】 大朗镇卫生办公室、大朗镇社区卫生服务中心、大朗镇爱国卫生运动委员会办公室（简称“大朗镇爱卫办”）实行“三块牌子，一套人马”的工作机制，办公地点设在大朗镇社区卫生服务中心办公室。2011年，大朗镇医疗卫生服务能力得到提升，医疗网点布局日趋合理，共有取得《医疗机构执业许可证》的医疗机构119所，其中一级甲等医院1所（东莞市大朗医院）及下属分院1所（松湖分院）、综合门诊部两所（二门诊和水口门诊）；社会办医院两所（南华妇科医院、爱普康医院）；社区卫生服务中心1个及下属14个社区卫生服务站；计划生育服务所1个；社会办综合门诊部11个；卫生站80个；医务室6个及私人

（口腔）诊所1个。全镇院内病床共1134张，工作人员1981人，其中卫生专业技术人员1414人。卫生专业技术人员中执业（助理）医生516人（其中中医类别42人），注册护士582人，其他卫生专业技术人员316人。正高职称13人，副高职称79人，中级职称188人，初级职称1083人。

【社区卫生服务】 2011年，大朗镇社区卫生服务机构包括1个中心和14个服务站，站点覆盖全镇28个社区（村），实现社区卫生服务全覆盖和医疗资源均匀分布，形成“社区医疗15分钟服务圈”。2011年社区门诊总诊疗人员114.17万人次，同比增长22.79%，其中参保人员46.27万人次，非参保人员34.96万人次，计划免疫32.94万人次。人均医疗费用57.81元，同比下降2.4元，降幅4%，其中参保人均医疗费用68.45元，实际报销比例65.27%（即个人自费23.77元/次）。社区卫生服务机构共有工作人员199人，其中卫生专业技术人员164人。卫生专业技术人员中执业（助理）医生60人（其中中医类别6人），注册护士61人，其他卫生专业技术人员43人。已参加全科医师和社区护士培训96人，培训率96.9%；考试合格84人，合格率85%。副高职称3人，中级职称17人，初级职称135人。2011年大朗镇社区卫生服务中心获得东莞市社区卫生服务绩效考核优秀奖、东莞市卫生系统先进基层党组织称号。

【大朗医院】 2011年，大朗医院固定资产4亿元，员工890人，其中离、退休人数68人，医务人员717人，正高职称5人，副高职称57人，中级职称125人，硕士10人，本科学历260人。诊疗门急诊病人111.40万人次，其中急诊病人13.93万人次；120急救出车3532次，出院病人2.48万人次；承担医疗保健107宗；健康体检5.98万人次。在机构设置方面，医院下设松湖分院、水口门诊和第二门诊部。医院急诊科提供120紧急援救及24小时急诊服务，门诊开设各专科的专家门诊，包括内科系统（心血管、糖尿病、肝病、肾病、神经科、消化及风湿关节病等专科）、外科系统（骨科、普外、泌尿、肛肠等专科）、儿科、妇科、产科、五官科、口腔科、中医科、皮肤性病科、理疗康复科等。住院部开放床位510张，设ICU、内科一区、内科二区、儿科（含NICU）、妇产科（分设妇科、产科一区、产科二区）、外科一区、外科二区、外科三区、手足外科、五官科、口腔科和麻醉科手术室等。辅助科室有防保科、体检科、药剂科、检验科、放射科、超声科、输血科、病理科、心电图室、窥镜专科、供应室和医疗客户服务中心等。

新住院楼收尾工程 2011年，大朗医院新住院楼各项扫尾工程建设抓紧进行，在镇重点项目办和城建办的主持下，医院与总承包方签署《新住院楼工程建设补充协议》，逐步完善报建手续，招标购置了呼吸机、中央监护系统、吊塔、高频电刀、低温灭菌柜、电动ICU床、手术ICU床、降温机、电动手术床、麻醉机、麻醉监护仪和C臂X光机等大型医疗设备，投入新住院楼建设资金5638万元，累计投入1.97亿元。

创建二级甲等医院 2011年，根据《创“二甲”医院活动方案》，按照《广东省医院等级标准与评价细则（二级综合医院）》要求，按进度计划，逐步完善近三年来的资料整理，按照“二甲”医院标准要求，将各个医疗核心制度贯彻落实到日常工作中，全面推进创“二甲”医院工作。

获得荣誉 2011年，大朗医院市妇幼保健工作一等奖、市医政管理工作一等奖、市公共卫生工作先进奖和市卫生系统第三届急救技能竞赛团体优秀奖，并且还被评为“无烟医疗卫生单位”。大朗医院党支部获东莞市卫生系统先进基层党组织称号。妇产科成功创建省“巾帼文明岗”，于3月挂牌；ICU成功创建市“青年文明号”；西药房开展创建省“青年文明岗”活动，防保科开展创建市“工人先锋号”活动。林茵茵参加2011年市养老护理员（老年护理）职业技能竞赛获得第七名，分别被市人力资源局和市总工会授予“东莞市职工技术标兵”和“东莞市技术能手”称号。

【社区预防接种】 2011年12月止，全镇儿童（含新莞人）接种第一类疫苗20.93万人次，第二类疫苗8.3万人次，免疫规划接种覆盖全镇0—6岁儿童接种率达95%以上。完成全镇0—4岁儿童脊髓灰质炎疫苗强化免疫接种3.49万人次，4月10日经市质控中心抽取两个社区（村）和一个农贸市场进行知晓率和服食率调查统计，大朗镇达96.5%，符合上级标准要求。

【建立户籍居民健康档案】 2010年下半年经大朗镇政府牵头，为约12万社区居民建立纸版健康档案。上半年，大朗镇社区卫生服务中心重点将纸版资料正式录入系统，到6月底，已完成10多万份合格档案资料录入，完成完整的健康档案管理。

【卫生执法监督】 2011年，大朗镇受理各类卫生行政许可申请158户次，新发放《卫生许可证》65个，年审换证71户。开展主题为“关爱农民工职业健康”的职业病防治宣传周活动，发放资料200多份，接受咨询100多次。处理患者投诉25宗，依法立案处理卫生站、诊所6宗，有效维护了患者权益。

【疾病预防控制】 2011年，大朗医院配合做好艾滋病防控工作，为55间网吧和酒店等从业人员开展艾滋病防治知识培训22期1300人次，发放艾滋病宣传资料1.8万份，安全套8500个。流感监测点监测门诊病人30.29万人次，报告流感样病例1.65万例，报告流感病例74例。上报传染病报告卡1400张。接种各类疫苗3.58万人次，处理狂犬病暴露人群1962例，发放《健康证明》1.35万份。

【妇幼卫生保健】 2011年，大朗医院依照《母婴保健法》规定，加强产科质量监管，开办孕妇学校30期，继续推进免费婚检和孕检工作，保持免费婚检绿色通道畅通。与社区中心等部门配合镇开展“降消”活动6次。

【爱国卫生与健康教育】 2011开始，大朗镇社区卫生服务机构以电视台、报刊、健康处方、宣传资料、每月1号关爱活动、手机信息为载体，大力推行立体式医疗保健教育。如与电视台合作制作“社区卫生健康讲座”（每月两期）；不定期与《大朗周刊》合作报道社区新动向及新开展项目；每月开展一期“慢性病知识讲座”、“社区家庭课堂”（“妈妈课堂”）。健康教育7000多人次，发放健康宣传资料6万多册。6月4日，由中国健康教育中心举办的“中国健康宝贝计划”全国大型妈妈班东莞站在大朗举行，培训班邀请市疾控中心副主任张巧利、广州市越秀区妇幼保健院、广州市儿童医院等专家教授给200多名家长讲授小儿感染性疾病、营养及疫苗知识，进行一对一交流，分享育儿经验。还将“流动健康服务车”开进村（社区）、企业、工厂，开展义诊、专题讲座等活动，让市民全方位地汲取医疗保健知识。

【队伍建设】 2011年，大朗镇社卫中心内部不定期组织各类业务知识培训15场次，共培训1000多人次；外出学习培训37场次，共培训了160多人次，派到市级医院进修学习1人次。派出参加市全科医师、社区护士培训共10人，其中医生6人，护士4人。累计参加培训人数全科医生33人，社区护士57人，取得全科医生合格证26人，社区护士合格证53人。 （叶宝瑜　吴敏贤）

附：2011年大朗镇卫生办领导名录

主　任：叶伟强（8月离任）
副主任：高经学、余祖卫

2011年大朗镇爱卫办领导名录

主　任：叶伟强（8月离任）
副主任：余祖卫

2011年大朗镇社区卫生服务中心领导名录

党支部书记、主任：
叶伟强（8月离任）
副主任：高经学　叶佩如

2011年大朗医院领导名录

院　长：吴庆昌
副院长：王卫峰　陈浩勤
谭志斌（6月到任）
党支部书记：叶紫云（3月离任）
王卫峰（3月接任）
党支部副书记：
陈浩勤（3月任职）

民　　生

劳动就业

【东莞市人力资源局大朗分局】 东莞市人力资源局大朗分局（下称“大朗人力资源分局”）是东莞市人力资源局下属机构，属正科级建制单位，设综合办公室、仲裁办公室、监察办公室、培训就业办公室。2011年，大朗人力资源分局共有54名工作人员，其中行政编制11人，事业编制10人，市财政拨款临工编制12人，镇政府借调人员两人、镇财政拨款协管员13人及自筹经费后勤人员6人。管辖大朗镇28个行政居（村）委会劳动就业服务工作，设有29个村级劳动服务站。2011年，大朗人力资源分局被市人力资源局评为“综合业务工作先进单位”、“高校毕业生就业工作先进单位”、“人才服务工作先进单位”，并获大朗镇委、大朗镇人民政府评为“先进党支部”、“信访工作先进单位”及“法制宣传教育先进单位”。

【公共就业服务】 2011年，大朗人力资源分局把促进户籍劳动力就业创业与服务产业转型发展相结合，通过提升劳动者素质，促进户籍劳动力就业转型实现充分就业，实现登记失业人员就业服务率100%、登记失业率控制在3%以内，东莞生源应届高校毕业生就业率达到100%。

就业优惠政策　2011年，大朗镇共办理各项就业补贴金额共1562.86万元（其中镇财政补贴267.21万元）。各社区（村）劳动服务站直接推荐并办理推荐补贴130人，办理推荐就业补贴2.6万元（其中镇财政补贴0.52万元）；向落实岗位培训的企业核拨岗位培训补贴12.1万元（其中镇财政补贴2.42万元），涉及培训人员121人；向719人次的在校生发放岗位成才奖励82.3万元；向379人次的在职或失业人员发放岗位成才奖励39.05万元（其中镇财政补贴7.81万元）；向502名在各企业工作的大中专毕业生发放企业岗位津贴245.58万元（其中镇财政补贴20.19万元）；发放工资差额补贴1032.32万元（其中镇财政补贴206.46万元），涉及就业困难人员25186人次；发放灵活就业补贴8.15万元（其中镇财政补贴1.63万元），涉及灵活就业人员136人次；为企业办理高校企业社保补贴9.18万元（其中镇财政补贴1.84万元）；为843人办理自主参训补贴131.5万元（其中镇财政补贴26.3万元）。

搭建就业平台　2011年，大朗人力资源分局在春节后在巷头富康休闲公园和长富步行街设置集中招工点，吸引1443家次企业参加了现场招聘，共提供空缺岗位22103个，招聘现场共吸引务工人员约4万人次前来咨询，共有539家企业通过集中招工点新招聘员工合计7298人。举办分别以“春风行动”、“就业服务日”、“周六、日公益活动”等为主题的大型现场招聘会6期，共组织307家企业提供8445个空缺岗位，多场招聘活动共吸引求职人员13868人次，其中3738人现场与招聘企业达成就业意向。组织37家镇内大型企业参加市人力资源局组织的“2011东莞市校企合作洽谈会”，信易塑胶科技集团于5月25日与东莞理工学校签订“校企合作协议”。通过招聘会活动帮扶、镇及社区（村）两级平台推荐、镇物业管理公司吸纳等多种渠道帮扶2146名户籍劳动力实现就业。落实2011届户籍高校毕业生就业推进行动，大朗镇2011届高校毕业生有462名，已就业462名，就业率达到100%。

创造就业岗位　2011年，大朗人力资源分局积极向辖区内企业及户籍就业困难人员推广“就业车间”就业形式，积极争取得到企业的支持，开设更多的“就业车间”，同时对已经开设的“就业车间”加强日常管理，确保“就业车间”顺利运作。2011年，大朗镇共有东莞市大朗洋海服装厂等13个“本地人就业车间”，共安置572名户籍劳动力就业。

大朗镇“本地人就业车间”情况一览表

序 号	企业名称	地 点	成立时间	安置人数
1	东莞市大朗洋海服装厂	松柏朗	2007.04	26
2	东莞市居胜电子有限公司	松柏朗	2007.07	75
3	东莞市钱桦机械刃具有限公司	松柏朗	2009.12	20
4	东莞大朗长富准致制品厂	求富路	2007.01	51
5	东莞大朗年年皮具厂	沙步	2008.04	53
6	东莞贤林灯饰有限公司	巷尾	2008.02	6
7	东莞大朗源兴皮件厂	石厦	2010.05	47
8	东莞大朗玮丰塑胶厂	松木山	2007.05	107
9	东莞大朗松木山藤器厂	松木山	2009.03	18
10	东莞嘉茂电子科技有限公司	黄草朗	2010.05	80
11	东莞大朗源兴皮件厂	石厦	2010.05	24
12	东莞安阳鞋业有限公司	高英	2011.05	41
13	东莞宁达电子有限公司	大井头	2011.06	24

就业技能培训　2011年，大朗人力资源分局组织东莞广达塑胶制品有限公司等7家企业共5660名新招员工进行免费岗前素质培训；与源兴皮件厂等9家企业签订了技能提升培训协议，共为920名新莞人提供免费的技能提升培训，已通过鉴定考核的有684人。开展争当岗位技术能手活动，推选出了6名大朗镇岗位技术能手。2011年我分局新增职称认定工作，共受理职称认定47人，职称确认11人，职称换证173人，职称评审6人。

【普法宣传】　2011年，大朗人力资源分局共组织798家企业的936名经营者和管理人员召开16场宣讲会。宣讲会现场共派发《关于调整我市企业职工最低工资标准的通知》、《2011年最低工资标准解读》等宣传资料合共2205份。通过设立流动普法宣传栏来创新宣传模式，在大朗镇23个社区（村）合共124家企业完成流动宣传工作。

【和谐劳动关系示范区】　2011年，大朗镇以象山工业园区作为创建和谐劳动关系示范点，全面铺开创和工作，确保成功创建和谐劳动关系示范区建设工程工作。至2011年底，大朗镇参加创建和谐劳动关系示范区创建工程的企业合共362家（占大朗镇企业总量的37.2%），其中符合和谐劳动关系示范区创建标准的示范点企业数量为62家（占参加创建工程企业的17.1%），完成市创和办下达的年度目标。

【主动执行工作机制】　2011年5月，大朗人力资源分局联合大朗法庭启动劳动争议案件主动执行工作机制，减少当事人诉累及解决仲裁裁决执行难问题。7月在广东省劳动人事争议仲裁委员会第一次全体会议上，主动执行工作机制被认定为“十个全国率先”之一。自5月12日启动以来，大朗人力资源分局仲裁庭合计向大朗法庭移送主动执行案件44宗。

【人力资源市场整顿】　2011年，大朗人力资源分局重点对大朗镇人力资源市场的职业中介机构、从事职业中介活动的组织和个人、各类招工用人单位进行清理整顿。对4家职业介绍机构进行检查，对尚存在提供虚假招聘信息、收取劳动者押金等问题，大朗人力资源分局劳动监察员对其给予口头警告并责令其整改。清理15处非法招工点，引导企业到大朗镇的集中招工点进行招工。

【专项执法检查】　2011年，大朗人力资源分局通过日常巡查及工资支付情况大检查、清理整顿人力资源市场秩序专项行动、四川凉山籍人员在大朗镇务工情况排查、企业执行特殊工时制度专项检查、执行最低工资标准专项检查、清理“黑职介”及劳务派遣用工情况专项检查等多个专项执法检查共对大朗镇合计526家各类用人单位进行检查，涉及劳动者88269人次；发出《劳动监察询问通知书》69份，对存在违法行为的企业发出《劳动监察限期整改指令书》合计107份，督促其中84家企业与4481名劳动者签订劳动合同；对存在严重违法行为的22家企业进行行政处罚，罚款金额29.3万元。

【劳动争议调处】 2011年，大朗人力资源分局共处理突发事件60件，涉及劳动者3136人；处理倒闭、逃匿企业59家，涉及劳动者1812人；为1812名劳动者追回工资453.8919万元。2011年大朗人力资源分局信访室共接待来访9049人次，接听来电咨询投诉8369个，共受理信访案件1257宗，同比上升4.7%，涉及人数3088人次，同比下降6.9%，其中成功调解976宗，成功调解率为78%，与去年同期基本持平。2011年，大朗人力资源分局仲裁庭共收到劳动争议仲裁案件641宗，其中不受理的案件11宗，已受理的案件630宗，已结案处理的案件598宗，其中裁决处理案件212宗，调解、撤诉或按撤诉处理案件合计386宗，调解或撤诉率为64.5%，法定期限内的结案率为100%。 （张 文）

附：2011年大朗人力资源分局领导名录

局 长：邓思强

副局长：叶沃东

社会保障

【概况】 东莞市社会保障局大朗分局（简称“大朗社保分局”）是东莞市社会保障局派出机构，属正科级建制单位。内设三股一室：办公室、关系股、待遇股、监察股。大朗社保分局共有员工42人，其中在编人员23人，聘用人员14人，勤杂工5人。2011年，大朗社保分局征收社会保险基金总额达42966.26万元。2011年，大朗社保分局获全市社保系统“社保工作先进单位”、“工伤康复先进单位”。

【参保任务超额完成】 2011年12月底，大朗社保分局各险种参保人数分别为：工伤保险131381人，养老保险113340人，失业保险80288人，住院医疗183763人，门诊医疗保险183795人。

2009—2011年各险种参保人数

年 度	工 伤	养 老	住院医疗	门诊医疗	失 业
2009	112057	65522	112057	112274	65739
2010	123155	99761	184750	184762	71981
2011	131381	113340	183763	183795	80288

【社保监察】 2011年，大朗社保分局共对大朗镇1233家企业进行监察，在监察过程中，派发参保通知书650份，派发宣传资料16000份。大朗社保分局共受理工伤认定申请964宗，其中已参保892宗，认定工伤862宗，撤销工伤认定申请21宗，认定非工伤9宗；受理无参保工伤认定申请72宗，认定工伤66宗，撤销5宗，材料不齐不予受理1宗，结案率100%。

【社保待遇发放】 2011年，基金合计支出约26970万元，其中：领取养老金共有13048人，新增退休528人，全年支付各项养老待遇5801万元；核定失业保险定期待遇人员64人，全年发放失业保险定期待遇53.38万元；共核付全镇门诊医疗待遇约2000万元，核付住院医疗待遇约5000万元，全年共发放医疗待遇约7000万元；共核付工伤医疗费464人次，生育津贴待遇申报676宗，全年核付工伤保险待遇约1200万元。

【宣传咨询服务】 2011年，《社会保险法》及新《工伤保险条例》相继实施，大朗社保分局通过举办宣传咨询会，派发社保政策宣传资料8万份，拉挂横幅60条；举办12次“一号关爱”，组织员工到三星钢材有限公司等8家企业举行社保政策宣讲进车间宣传专场；回复便民信箱、镇长信箱和志愿者信箱200余条，为约5000人次提供电话和现场咨询服务；举行了1650人参加的社会保险专管员培训班；全年共举办各类社保政策法规培训班12次，参加人员4000人次。积极在镇电视台、《大朗周刊》、大朗快讯等媒体上宣传社保政策，提高社保政策宣传的覆盖面。

【为民服务活动】 2011年，大朗社保分局开展“广东扶贫制困日”募捐活动、“姐妹情深10元捐”活动，共筹善款1.82

万元。1月25日，大朗社保分局到大朗医院慰问工伤员工；9月2日，慰问参保退休人员；11月14日，大朗社保分局组织盈利时表业有限公司150人进行工伤康复免费体检。全年开展“一帮一扶”活动4次，扶助资金2万元，成功为8户困难家庭介绍就业，帮助两户家庭脱贫。

（梁柱明）

附：2011年大朗社保分局领导名录

局　长：钟淦洪

副局长：叶伟强　陈健华

人口与计划生育

【概况】　2011年，大朗镇计生办有工作人员8名，其中主任1名，副主任3名，办事员4名。2011年度（2010年10月至2011年9月），大朗镇户籍人口出生788人，政策生育率为99.11%，出生率为11.17‰，自然增长率为5.7‰，政策生育率比市下达指标高3.11个百分点，顺利完成2011年度人口和计划生育各项工作任务。2011年度，大朗镇被评为“人口和计划生育工作先进镇街”、“无政策外多孩出生镇街”、“人口和计划生育宣传教育工作先进单位”、“人口和计划生育综合改革工作先进单位”、“计划生育技术服务工作先进单位”和“人口文化动漫建设十佳单位”；大朗镇计生办被评为“镇街先进计划生育办公室”。

【落实层级责任制】　2011年大朗镇进一步健全层级动态管理工作机制。采取季度检查和平时考核相结合的方式，加强考核督查力度，兑现计生工作绩效与社区（村）干部报酬挂钩的奖罚措施，严格执行“一票否决”制度；落实问责制，定期通报社区（村）工作进展，挂点领导、驻村干部、帮扶单位和镇计生办工作人员不定期下乡督促指导；抓好村级人口计生例会工作落实，规范例会召开时间、汇报内容、记录，推动考评、预警、奖罚等制度有效落实；举办多层面业务培训班，有效提升村居换届后计生队伍工作水平。

【突出综合改革】　2011年，大朗镇制定《大朗镇流动人口计划生育“一盘棋”综合改革实施方案》，明确了综合改革目标任务、主要内容和各级各部门职责。紧紧围绕“政府统筹、部门参谋、各方联动、群众认同”的基本要求和市创建思路，坚持创新方式与配套相结合，把流动人口服务管理、利益导向、宣传教育改革与求富路社区、松木山村两个试点相结合，做到了领导重视到位、经费投入到位、工作措施到位，镇、村两级联动，全镇上下形成了积极深化人口计生综合改革的强大合力。8月18日，全市人口计生综合改革工作现场会在求富路社区召开，国家人口计生委办公厅主任张春生，省政府副秘书长、省人口计生委主任张枫等领导出席会议，参观了求富路社区人口计生文化阵地建设，充分肯定了大朗人口计生综合改革工作成效。求富路社区还荣获全市首个人口计生综合改革市级示范点。

【流动人口服务】　2011年，大朗镇落实新莞人计划生育奖励扶助暂行办法，做好宣传、申报调查、审核和奖励金发放等工作，发挥引导新莞人自觉实行计划生育的作用。大朗镇加强与外省市区域协作交流工作，在宣传教育、信息通报、孕情检查、技术服务、违法生育查处等方面进行协作。2011年5月至6月大朗镇开展流动人口计生服务管理专项活动，共清查出租屋2338间、商铺1386间，查验流动人口计生服务计生证明3348人，提供查环查孕服务3816人次，落实避孕节育措施129例。2011年免费为流动人口提供免费技术服务，落实“四术”433例，财政拨款29万多元；免费为4000多名流动人口已婚育龄妇女提供生殖健康普查；免费为400名符合计生政策的流动人口已婚妇女提供HPV普查。

【深化“两无”活动】　2011年，大朗镇深化“无政策外多孩出生镇和无政策外出生社区（村）”创建活动。一是加强孕情监测，做好季度查环查孕和半年孕检工作，加强前期服务和后续跟踪管理，抓好季度孕情随访，及时掌握孕情动态。二是加强避孕节育工作，继续采取积极措施，加大清理长效避孕节育措施库存力度，减少政策外生育隐患。三是严把计生证明关，利用新莞人子女申请入读公办学校契机，严格审查流动人口子女父母计划生育证明，促进节育措施落实率和计划生育率的提升。四是加强信息通报。落实信息共享互通制度，加强与医院、公安、兄弟镇街的信息通报，提高人口出生统计质量。2011年，全镇实现无政策外多孩出生；无政策外出生社区（村）达21个，占75%。

【优质服务】　2011年，大朗镇以群众生育、节育、不育方面的需求为中心，不断创新工作思

路，改进工作方法，不断拓宽人口家庭公共服务范围。大朗镇通过加强镇计生服务所、村服务室建设，开展避孕节育、生殖健康、优生优育等便民服务，积极推进计生技术服务从“四术”向生殖健康和家庭全程服务转型。大朗镇开展了生育关怀、青春健康教育、计划生育家庭保险、免费婚检便民服务等一系列优质服务；做好计生来访、来电来信等工作，及时调查处理；开展“请农民工评议计生部门和计生服务机构”活动，促使计生队伍改进作风效能。2011年为群众提供各类技术服务10万多人次，完成避孕节育技术服务777例。

【完善利益导向机制】 2011年大朗镇落实各种奖励措施，开展形式多样的帮扶活动，引导群众自觉实行计划生育。认真落实计生养老保险、节育奖、特殊家庭扶助办法等奖励优待措施，及时足额发放扶助金。元旦春节和三八妇女节期间，联合妇联走访慰问贫困计生家庭125户（人），发放慰问金62500元；儿童节前夕，联合妇联开展“爱心父母助学一帮一”活动，共向224名贫困计生家庭小孩募集助学款123000元；三八节期间，组织全镇计生干部、女企业家开展个人捐款慰问敬老院老人，共筹得慰问金8200元。同时各社区（村）也开展各种形式的扶贫助困活动。

【打造人口文化品牌】 2011年大朗镇着力打造人口文化品牌，深入实施“幸福家庭促进工程”。一是推进计生动漫进媒体，制作女儿养老、稳定低生育水平、加强出生缺陷干预、非法胎儿鉴定等四个主题计生宣传短片，借助电视台、电影队播放宣传。二是推进人口文化进社区、企业，加强广场人口文化设施、新家庭文化屋和企业员工生殖健康示范点等载体建设，为社区居民、企业员工提供人口计生、卫生、法律、家庭教育等公共服务。三是推进计生标语进“的士”，镇公共的士公司提供80辆的士免费宣传人口计生标语。四是推进“幸福家庭促进工程”。以三八妇女节、计生协会员日等活动为载体，组织家庭同乐活动，共享幸福和谐生活。五是建设荔乡湿地公园人口文化长廊，目前已完成选址、设计等工作。

（郑振宇）

附：2011大朗镇计生办领导名录

主　任：陈巧茹

副主任：傅翕熙　叶慧贤

　　　　郑振宇

新莞人服务管理

【概况】 大朗镇新莞人服务管理中心内设综合股、服务协调股及出租屋业务管理股。2011年，工作人员18人，下设25个社区（村）新莞人服务管理站，出租屋管理员95名。2011年，新莞人服务管理中心获“市新莞人服务管理工作先进集体”称号。

【管理体制完善】 2011年，新莞人服务管理中心编录了日常工作中多项工作制度，形成《大朗镇新莞人服务管理中心（站）内部制度汇编》，进一步完善了信访工作、房屋租赁纠纷调解、积分制入户等制度，规范了中心的日常工作，促进长效管理机制建设；每周召开例会就工作方面通报情况，分析问题，研究对策，及时总结，在某些难点问题上，共同出谋献策，寻求更合理妥当的解决办法，促使工作得到有效开展；2011年，除市局组织的培训外，新莞人服务管理中心举办了五期培训班，培训工作人员、管理员565人次，其次是培训二手房东协管队伍，每半年对全镇1080名二手房东进行出租屋管理、人员信息采集、租住人员意外保险等业务知识的培训。

【规范出租屋管理工作】 坚持日常巡查 2011年，新莞人服务管理中心严格落实社区（村）管理员日常巡查制度，坚持每人每天至少巡查出租屋20间，通过严格执行日常巡查，充分掌握出租屋及租住人员的情况和动态，并按照“放心户”、“一般户”和“重点户”以及“一般人”和“重点人”等分类分层次管理；日常巡查中，主要加强对出租屋治安、消防、工商等方面的检查，发现出租屋内的各类问题隐患做好登记，能现场处理的现场处理，不能现场处理的及时反馈相关职能部门依法处理，并跟踪处理结果。

采集录入新莞人信息 2011年，新莞人服务管理中心开展了新莞人信息采集联合行动，行动采取先业务培训，后全面巡查登记，再集中录入的方式，在全镇范围内开展新莞人信息采集录入工作。2011年，更新信息54023条，录入新信息22875条，全镇累计录入有效新莞人信息129055条，新莞人子女信息15943条，企业新莞人信息35324条。

开展出租屋综合整治 新莞人服务管理中心多次组织各社区（村）服务站开展出租屋清查行动。2011年累计登记问题隐患的出租屋1735间次，其中治安问题的480间次，消防问题的

826间次，计生、工商、卫生等问题429间次,绝大部分问题隐患已得到及时的处理。排查“五类人员”（即无合法证件人员、无固定居所人员、经济收入反常人员、“两劳”无业人员、涉案可疑人员）481名，并落实了跟踪管控措施。

落实“安全文明出租屋”创建和复查　严格按照“三无五有”（即无隐患、无案件、无事故，有申请、有设施、有证照、有登记、有管理）的标准，创建和复查我镇的“安全文明出租屋”，对于复查中不符合标准的限期整改，整改不合格坚决取消资格，确保“安全文明出租屋”的创建质量，有效保障“安全文明出租屋”的高入住率，带动广大出租屋主积极申报创建。2011年累计创建和复查“安全文明出租屋”338间，创建49间，取消32间。

视频监控系统及办证、换证和缴税　2011年，大朗镇已安装出租屋视频监控系统摄像头数为2868个（含屋主自装）。其中，安装东莞市出租屋视频监控系统摄像头数为800个，屋主自行安装视频监控摄像头数为2068个。2011年，大朗镇新办理《房屋租赁登记备案证明》146个，注销313个，共办理租赁证9074个；应换证8868个，已换证7007个，换证率86.9%；应征房屋租赁税127.9万元，已征税111.34万元，完成87%。

【新莞人服务措施】　拓宽咨询诉求渠道　2011年，新莞人服务管理中心领导组织工作人员深入社区（村）、工厂企业加强与新莞人的沟通，举办各类新莞人座谈会18场次；2011年，累计受理新莞人问题咨询和投诉3105宗次。其中，积分制入户、“优秀新莞人”等业务咨询2983次，租赁纠纷、治安等问题的投诉122宗，出动调解人员累计462人次，成功调解119宗，处理率达97.5%。

购买出租屋及租住人员人身意外保险　2011年，新莞人服务管理中心积极协调保险公司，不断完善保险推广方案，细化了各类出租屋投保项目及费用，简化办理手续，优化工作流程，提高理赔速度，不断扩大投保覆盖范围。2011年，大朗镇销售保险累计33582份，销售金额33万多元。被保险人数近4万人，当年出险理赔15宗，赔付金额6.3万元，理赔率100%。

“优秀新莞人”评选和积分制入户　2011年，新莞人服务管理中心开展第三届“优秀新莞人”评选活动和积分制入户工作，切实加大宣传力度，全镇共10名新莞人提交了“单位推荐的优秀新莞人”申请资料和1名社会公选“优秀新莞人”申报，最后推荐4名“优秀新莞人”候选人报市参选并获批。新莞人服务管理中心组织有关部门工作人员深入工厂企业及医院、学校、银行等单位宣传积分制入户大朗。2011年，大朗镇有423名新莞人顺利入户大朗；127名新莞人顺利通过2011年积分制入户社会公示，中心已发放《东莞市积分制入户卡》，目前处于入户手续办理阶段。

关爱活动及宣传活动　2011年，新莞人服务管理中心在春节前开展了“春暖莞邑”大朗镇新莞人困难家庭慰问活动，共向107户新莞人困难家庭送去节日慰问品、购物卡等。2011年，新莞人服务管理中心开展“新莞人服务日”咨询活动、“居住证办理咨询会”、“优秀新莞人”评选咨询会、“积分制入户宣传活动”等宣传教育活动，全年新莞人服务管理中心（站）派发各类宣传资料约12.6万份；另外，新莞人服务管理中心组织到工厂企业、超市门口、市民广场、社区公园等地举办了12场次的新莞人宣传和服务活动。

【创新实干】　开展出租屋调研　2011年，新莞人服务管理中心根据上级领导指示精神，不定期开展新莞人和出租屋服务管理的调研工作，深入社区（村）、工厂企业、出租屋进行调查研究，对出租屋的出租情况、新莞人工作生活情况等方面进行调研，广泛听取意见和诉求，编写了《2011年大朗镇新莞人和出租屋服务管理调研报告》、《大朗镇新莞人人口素质调研报告》、《大朗镇新莞人基本公共服务诉求调研报告》等多篇调研报告上报市局和提交镇委镇政府，为市局、镇委镇政府决策提供信息依据。

成立信息员队伍　2011年6月，新莞人服务管理中心建立了出租屋信息员工作制度，组建出租屋信息员队伍。通过座谈会、手机短信和网络等形式向信息员传达市、镇工作最新动态，并让信息员作为助手、模范带动群众做好新莞人服务工作，规范经营和科学管理出租屋。同时，信息员能及时向新莞人服务管理中心（站）反馈出租屋和新莞人方面的相关信息，让新莞人服务管理中心及时准确掌握第一手资料，了解新莞人的诉求及出租屋的出租情况，使双方信息渠道有效畅通。2011年，新莞人服务管理中心收集新莞人的工作意见和建议54条，协调处理各类问题9宗。

建立出租屋档案　2011年4月，新莞人服务管理中心对各社区（村）服务站档案员进行了一

期档案培训，规范和推进出租屋专业档案的整理工作。至2011年底，新莞人服务管理中心及各社区（村）服务站按市统一模式分别完成了10000多间出租屋资料的整理和归档，提前完成了出租屋专业档案归档的工作任务。另外，中心继续按省一级标准将2010年度的文书、照片、实物等类别的档案进行归档。

（张旭轩）

附：2011年大朗镇新莞人服务管理中心领导名录

主　任：黄柱轩

副主任：王柏球

民　政

【大朗镇社会事务办】 大朗镇社会事务办承担最低生活保障、救灾救济、五保供养、双拥优抚安置、基层政权和社区建设、区划地名、老龄、殡葬管理等工作。2011年有工作人员6名，其中办公室主任1名，副主任1名，2011年获得“全市民政工作先进单位”和“全市社会工作先进单位”。

【最低生活保障】 2011年，大朗镇共有低保对象393户，共1167人。低保标准为每人每月440元，全镇共发放低保对象各项补助金351.4万元，其中发放低保金276.96万元；低保家庭在读子女199户265人，发放助学金47.44万元；低保家庭在读子女中学寄宿生134户157人，发放补助金27万元；低保和低保边缘家庭在读大学生181人，发放助学金99.55万元，保障率达100%。

【帮扶救济】 2011年，大朗镇为切实解决生活有困难的特发病患者住院费用以及帮助低保户安全渡过春夏荒和冬令期，给予医疗救济和临时救济，并对部分低保户、优抚对象家庭进行走访慰问，全年共向311名困难对象发放临时补助救济款34.13万元，其中发放医疗救济金18.6万元。

【敬老助老】 2011年，大朗镇共有五保老人30人，其中在敬老院集中供养24人，分散供养6人，敬老院入住率达80%；按照市五保供养标准做好供养经费统筹和发放工作，关注敬老院老人的精神生活，组织老人看电视、读报、唱歌、健身、外出参观。制定了居家养老服务实施方案，选取黄草朗、犀牛陂、沙步等10个社区（村）作为试点开展居家养老服务，并深入群众进行宣传，开展思想引导和动员，鼓励有工作能力的贫困家庭成员积极参与居家养老家政工作，全镇共有40名老年人享受居家养老服务，发放居家养老服务补助金2.38万元。2011年，大朗镇做好老人乘车IC卡的申报、发放和充值工作，完成1100多名老人的敬老乘车IC卡申办发放工作，全年共为需充值老年人充值300多人次，充值金额11.5万元。全年共为1700多名老人发放高龄津贴款106.8万元。2011年，大朗镇开展形式多样的敬老助老活动。一是联合大朗医院为大朗镇残疾军人、在乡复员军人、孤老烈属、带病回乡退伍军人等优抚对象进行送医送药活动。二是为困难白内障患者进行免费康复治疗活动。三是组织热心企业节日对敬老院进行慰问活动。四是组织东纵边纵老战士开展东莞“一日游”活动。五是组织参加市第五届老年人艺术节活动，并获得两金两银两铜的历史最好成绩。

【慈善事业】 2011年，大朗镇开展多项捐赠和帮扶救助活动。一是开展“广东扶贫济困日”活动，共筹得善款376.92万元。二是开展第二届“东莞慈善日”大朗镇系列活动，开展慈善月月捐活动，全镇共有65人参与捐赠活动，每月筹集善款840元。三是组织企业、社会各界参加“东莞慈善杯”2011东莞全明星篮球赛，为市慈善篮球赛募集到赞助费35万元。四是开展爱心助学帮扶活动，联合计生、妇联等部门开展庆“六一”爱心父母助学活动，帮助贫困独生子女户、纯二女户和单亲家庭小孩完成学业，共筹集助学款12.15万元，对口帮扶230名困难学生。五是开展定向捐赠活动。为进一步改善敬老院的居住环境和出行条件，东莞市碧水天源物业有限公司定向捐赠13.28万元给大朗镇敬老院购买汽车一辆；大朗商会定向捐赠14.95万元给大朗镇敬老院购买53台空调。六是积极建设慈善超市，落实专项经费45.5万元。2011年，大朗镇向393户低保家庭发放购物卡，每人每月补贴20元，全年共补贴27.02万元。

【防灾减灾】 2011年，大朗镇制定“防灾减灾日”活动方案，成立领导小组，明确活动内容，并在5月9日至15日先后开展全民防灾减灾知识普及和演练、防灾减灾系列宣传、灾害风险隐患排查等系列活动，为长塘社区举行“全国综合减灾示范社区”揭牌仪式。

【基层政权】 2011年2月25

日，大朗镇召开2011年社区（村）“两委”及集体经济组织换届选举工作动员会，动员部署换届选举工作。3月30日是提名选举日和正式选举日，28个村（居）委会依法顺利完成换届选举，新一届村（居）委平均年龄39.1岁，比上届下降3.3岁，文化素质普遍提高，具有大专以上学历有55人，占52.8%，比上届提高10个百分点；28个村（居）委会全部至少配备1名女干部，比上届增加17人。

【社区建设】 2011年6月17日，全市社区建设工作会议在大朗召开，并现场参观长塘、长富、求富路的社区建设情况。在社区建设工作中，大朗因地制宜，引导创建各具特色的社区品牌，求富路社区打造和谐幸福家园，长富社区打造现代新型社区示范，长塘社区打造义工服务品牌社区。长富社区、求富路社区被选定为全市2011年建设20个社区综合服务中心示范点，两个中心临时办公室设在求富路综合服务中心，共有6名社工、13名社工助理进驻，以“一套人马、一套牌子、两点统筹”形式，统筹两个示范点工作，包括协助前期筹备工作和逐步开展社区服务。2011年，大朗镇认真创建“六好”平安和谐社区，进一步加强创建省“六好”平安和谐社区力度，竹山、屏山两个社区创建工作成功获批，截至12月底，全镇12个社区全部实现省“六好”平安和谐社区。

【社会工作】 2011年，大朗镇认真做好社会工作的财政预算及宣传工作，落实领导和组织机构，专人跟踪落实，并在5月启动社会工作。大朗镇在长富社区碧水天源小区会所设立白玉兰家庭服务中心开展试点，设立社会工作岗位1个，与市妇联配备的两名社工共同开展家庭服务。白玉兰家庭服务中心先后举办社区第三届嘉年华系列活动、绿苗行活动、“回收月饼盒，环保献爱心”活动、“反家暴知多D”宣传活动、亲子周末影院等多项大型活动，得到社区居民的积极支持与参与，白玉兰家庭服务中心及社工的影响力逐渐扩大，主动到中心寻求社工帮助的群众逐渐增多。

【区划地名管理】 2011年，大朗镇完成东逸湾花园、叙福花苑等8宗大型建筑物地名申报工作。建立界线管理长效工作机制，大朗镇将镇界建立委托管理制度，将深圳东莞大朗段、大朗

2011年6月17日，东莞市妇联白玉兰家庭服务中心（大朗长富社区）揭牌。　（黄启穆　摄）

与其他镇边界线签订委托管理协议，实现管护分离。严格执行地名标准化使用制度，对已使用不标准地名的，及时为相关部门出具证明，保证地名地址的准确性。

【殡葬管理】 2011年，大朗镇做好殡改宣传，规范群众的殡葬行为，全镇无出现土葬现象，火化率保持100%。维护正常祭奠活动秩序，清明节及重阳节期间制定《安全保卫工作方案》，安排了公安、市政、交警、消防等工作人员近500人次维持秩序，入园祭扫人流量和车流量分别达到7万人次、2万车次，保证园区秩序良好，卫生、安全、防火等工作落实到位。

【双拥工作】 2011年，大朗镇在春节、“八一”节期间，大朗镇主要领导带领武装部、社会事务办等部门和大朗商会、女企业家协会等非公组织的负责人，走访慰问宝山部队、驻黄江司训大队、消防大队、东莞军分区等部队，共发放慰问金、慰问品20多万元。“八一”节期间，大朗镇举办主题为“颂党恩 庆八一”的建军节慰问晚会，庆祝建军84周年。投入近1万元更换了两块双拥工作的大型固定宣传广告牌画面。

【优抚、安置工作】 2011年，大朗镇有烈属、因公牺牲军人家属、病故军人家属、在乡复员退伍军人、在乡伤残退伍军人、在职伤残退伍军人、在乡“五老”人员、参战涉核人员等优抚对象共126名，大朗镇除按规定及时发放市级优抚定补金、伤残金和保健金外，还发放镇级补助金每人每季度660元（在职伤残退伍军人除外），全年市、镇两级发放优抚对象优待金115.08万元。深入开展“关爱功臣”行动，为优抚对象送医送药，共赠送价值近4000元的药品；并认真调查优抚对象的生活、住房、医疗情况，落实优抚政策，解决他们的生活难、住房难、治疗难问题。 （叶莛安）

附：2011年大朗镇社会事务办领导名录

主　任：韩灼辉
副主任：叶轩顺

【残疾人工作】 大朗镇残疾人联合会（简称“大朗镇残联”）有工作人员3名，其中理事长1名。2011年，大朗镇建立社区（村）残疾人协会28个，残疾人康复站4个。全年完成128个残疾人证的办理工作，截至2011年底，全镇办理残疾人证1113个，其中死亡注销105个，持证残疾人1008人。

残疾人康复救助 2011年大朗镇残联为846名一至四级困难残疾人申请专项补助金，发放补助总额达138.6万元；为20名白内障患者施行复明手术实行费用减免，补助金额47463.07元；为196个重度残疾人和124个精神病患者购买基本医疗保险，参保总金额为67270.8元；为25个困难残疾人提供配发辅助器具服务，按照市、镇、个人5∶4∶1的比例共落实资金6.17万元；全镇建档立卡精神病人共435人，为66名定期服药精神病患者提供药费补贴37602.11万元，为8名入住新涌医院患者提供住院补贴36420.6元。春节走访慰问困难残疾人939人，落实专项经费16.12万元；“全国助残日”走防慰问残疾人952人，发放慰问金16.29万元。为残疾人发放爱心乘车卡326张。

残疾人就业帮扶与教育扶贫 2011年，大朗镇残联组织动员残疾人参加市开展的烹饪、计算机等培训班，办理残疾人用工申报手续的用人单位42家，共安排残疾人就业112人。转介3个残疾儿童到市残疾人康复中心接受康复治疗和教育，两个精神病患者入住托养中心精神部；共为9个困难残疾学生实施教育资助，资助金额2.1万元；向市选送5名残疾人运动员进行选拔。 （叶轩顺）

附：2011年大朗镇残疾人联合会领导名录

理事长：韩灼辉

社区（村）

长塘社区

【概况】 长塘社区位于大朗镇商贸文化中心区，面积3.63平方公里，总户数1229户，户籍人口4737人，下辖6个居民小组，有7个党支部。

【经济发展】 2011年，长塘社区经营总收入7703万元，同比增长196万元，增长2.61%。其中厂租收入2904万元，写字楼租金收入272万元，铺租收入1131万元，以及其他物业出租收入569万元等。村组两级年公益福利性开支2934万元（其中村级2900万元，组级34万元），占2011年可支配收入的37%，其中社区居民粮油和个人股份分红1898万元，占2011年可支配收入的24%。2011年社区居民人均纯收入23433元，同比增长9.22%。

【经济管理】 2011年，长塘社区坚持以经济发展为中心，着力帮扶企业发展，优化营商环境。长塘社区先后帮助部分企业的厂房进行维修保养，并新建了一栋两层高的厂房，解决企业的扩产问题。购买一间位于松柏朗工业区的外商厂房，优化营商环境。增加社区收入。长塘社区合理整合长塘花园旁的闲置土地资源，规划发展效益性较高的商业街，打造长盛片区又一条名店步行街。2011年春节，长塘社区配合大朗镇政府在长盛南路打造东莞市第一条景观花街。花街共设有八大景观，在展示期间，各大新闻媒体对大朗花街进行了报道，为周边商铺和长盛广场美食街等经营户带来80万人次的消费人流。国庆及CBA赛季期间，长塘社区在长盛南路等布置国旗装饰，在体育馆周边更新绿化和种植时花，优化周边环境。

【城市建设管理】 2011年，长塘社区紧紧抓住作为大朗城市核心区的发展机遇，继续加快“三旧”改造步伐，推进城市升级。组织30名骨干成员到东莞汇峰中心进行学习交流，了解和学习汇峰中心的招商规划和高标准管理服务。把长盛二期物业征收和拆迁工作作为城市升级的核心任务来抓。已征收厂房20家，厂房征收率达100%；已征收大部分的私人联建楼；已拆迁部分私人联建楼、厂房、万和农贸市场等，拆迁面积达15110平方米。多次组织20多名党员干部和群众代表到东莞市建设局参加长塘大厦二期消防、给排水等招投标会。组织成立长塘大厦二期材料差价补贴工作领导小组，对市场上的建筑工人工资、钢材及混凝土价格进行调研。在长塘花园内建造一座占地328.35平方米，总建筑面积192.28平方米的文化活动舞台；购买40套合共160个分类垃圾桶，在长塘花园实行生活垃圾分类；在长塘花园内新装95个指示牌及植物标识牌等；为长塘图书馆采购6部空调、10个图书架等一系列设备。

【社会治安维稳】 2011年，长塘社区加大治安资金投入力度，深入开展各项综治维稳工作，打击各类违法犯罪行为。投入近60万元购置大马力巡逻车、对讲机等作战装备，并派送29名特勤队队员前往广州武警指挥学院进行为期一个月的封闭式军事化训练。定期联合长塘警务区、长盛警务区、松佛警务区、长塘新莞人管理服务站等部门开展治安清查行动。加强消防安全宣传。2011年1月，长塘社区组织居委会属下职能部门、企业厂长和主要负责人等合共200多人召开长塘消防安全工作会议，深刻吸取樟木头“1·13”火灾事故的惨痛教训，对社区全年的消防安全工作进行了布置。同时，还联合大朗消防大队到工厂内开展消防演练，提高企业员工的消防安全意识和应急处理能力。2011年，长塘社区根据常见的自然灾害，在长塘花园14栋消防文化室内增置防灾减灾应急设备，建立防灾减灾应急庇护中心，并在2011年5月举办了“全国综合减

灾示范社区”揭牌仪式。

【文化体育建设】 2011年，长塘社区加快教育、文化和体育等多方面建设，丰富居民群众的文化生活。

加大教育投入。 除上交镇教育经费外，长塘社区还增加投入100万元直接用于改善长塘小学的硬件和软件。购置1辆教研专用车，进行办公室及会议室改造工程，增置教学设施，增聘两名代课教师，校外培训和邀请专家指导，举办文艺晚会，开展美术特色教育活动，创建市第二批语言文字示范学校，举办特色培训等。

组织干部培训。 安排多名长塘的在校和应届大学毕业生到居委会属下部门进行免费岗位培训，培养他们学习公文写作、会务接待、行政管理和与群众沟通等各项技巧。另外，还安排大学生村官到市委党校进行培训，提升他们的综合性能力。鼓励居委会工作人员投考国家公务员，对于有意投考国家公务员的工作人员，居委会给予带薪放假3个月的公务员学习和培训。

重奖优秀。 长塘社区制定《长塘社区学生考上重点高等院校奖励办法》，对考上全国重点本科的长塘学子给予一次性10万元的奖学金奖励，对考上或推荐就读全日制硕士、博士研究生的社区居民分别给予一次性奖励5000元和3万元奖学金。2011年8月，长塘社区召开“长塘社区叶穗波考取中山大学（本科）嘉奖大会”，并根据《奖励办法》给予叶穗波8万元的助学奖励。

开展综合文体活动。 组织开展篮球、拔河等一系列居民文体活动，还举办醒狮、粤剧晚会、电影晚会和文艺晚会。7月至8月，长塘社区联合广州大学松田学院和广东医学院举办“长塘社区第四届青少年暑期实践活动”，活动包括：读书补习社、街舞培训、亲子嘉年华等，参加人数达2500人次。另外，还邀请中国作家协会会员、第十届“东莞市十大杰出青年”王虹虹前来召开动漫和创业讲座。在大朗镇2011年春节篮球赛决赛中，长塘甲、乙组男子篮球队双双夺冠。在大朗镇2011年“骏通杯”学生篮球赛中，长塘篮球代表队夺得两冠一亚的成绩。

提升居民的投资理财意识。 长塘社区携手东莞证券大朗营业部，每季度邀请投资理财专家举办投资理财讲座，共为1000多名居民群众进行了授课。2011年12月，长塘社区还邀请东莞信托投资理财专家前来为20多名民营企业家授课。

【民生投入】 2011年，长塘社区用于公益福利总支出4832万元，其中用于社会治安费用362万、教育费用347万元、环境卫生费用216万元、医疗养老费用468万元，五保户、困难户帮扶及长者敬老费111万元，花园管理费用597万元，福利分红1898万元。

【党建工作】 结对帮扶。加大对新民村和大朗屏山社区的结对帮扶力度，多次组织民营企业家对乳源新民村和屏山社区的困难户进行帮扶。2011年6月，长塘社区开展“扶贫济困日”活动，发动社区党员、团员和企业职工进行慈善募捐，共为“扶贫济困日”活动筹集善款30万元。

换届选举。 长塘社区做好换届选举各项工作，完成长塘党总支部、长塘社区居民委员会和新一届市、镇人大代表和党代表的换届选举工作。

“两新”党建。 长塘社区加强“两新”党建的建设，每半年组织召开一次大规模的“两新”党员和本地党员的民主生活会，加强党员间的学习与交流。评选出帝豪花园酒店党支部为长塘社区2011年优秀非公党支部，给予3000元的奖励。在“七一”、中秋节、春节等节日，长塘社区对长塘富阳针织有限公司党支部困难党员文大伟、刘自国，万威针织有限公司困难党员丁继光等进行慰问，慰问金合共4000元。

志愿服务。 2011年，长塘社区深入开展了大朗花街齐协管、“情系校园 爱心助学”等一系列志愿服务活动，据统计，共举办志愿服务活动14场，累计参加人数1131人次，累计服务时间4045小时。同时，长塘志愿服务站被镇评为“优秀志愿服务站”，多名志愿者被评为镇“优秀志愿者”。2011年11月，通过志愿者积分制，6名党员从长塘非公党支部转入长塘党支部；4名志愿者发展为预备党员。

【获得荣誉】 2011年，长塘社区村组可支配常规性收入总额8004万元，居全市第35名；村组两级净资产46757万元，居全市第31名，同时还荣获全市年度村级两委会工作量化评比结果综合总分奖第25名和经济建设单项奖等。2011年，长塘社区先后被评为“东莞市先进基层团组织”、“东莞市社会主义新农村建设档案工作示范点”、“全市产业结构调整和转型升级先进村（社区）”、“2006—2011年大朗镇法制宣传教育先进单位”、“大朗镇‘五五’普法工作先进单位”、“大朗镇优秀志愿服务站”、“2011年东莞市五四红旗团（总）支部”。叶惠光同志被评为“东莞市优秀共产党员”。

（傅伟斌）

附：2011年长塘社区两委干部名录

叶惠光（书记）
叶达强（主任）
叶杰凡 陈浩华 叶锐斌
叶瑞麟 叶蔼玲（女）
叶焕照 叶绍洪
叶妙玲（女）

长富社区

【社区服务】 2011年，长富社区与大朗镇组织办、外经办和创意产业园联系，了解人才分布，组织专人到重点企业宣传，开展现场咨询和办公，设立“一站式”服务平台，提高办事效率，十五分钟为居民办妥入户手续。截至2011年底，长富社区共有户籍人口1995人（共645户）。在明上居、金域蓝湾、凯悦美景设立3个社区服务中心，以小区内群众为服务主体，以社区服务、社工服务、义工服务以及业主委员会服务为主体内容，由长富社区居民委员会直接领导管理。联系镇教育办、社保分局等部门，共同为入户的人才解决其子女入园入学、购买医疗卫生保险等问题。

【文化建设】 2011年，长富社区在暑假期间举办第三届嘉年华系列活动，有3人篮球赛、象棋比赛、书法比赛、少儿模特大赛等多个项目。其中，嘉年华闭幕式暨中秋游园晚会参加人次多达6000人。与辖区内酒店、物业管理部门和金融机构密切合作，通过活动扩大企业的知名度，解决社区活动资金少、人手不足等现实问题。与东莞理工城市学院建立学生社会实践服务点，利用大学生的创新意识，开展义教、义演，参与社区文化活动的策划、组织等。

【综治维稳】 2011年，长富社区共接报案件77宗，其中盗窃案52宗、双抢案25宗，同比下降23%。组织民警及治安队员进行日常的巡逻及有重点的便衣伏击，不定期对辖区住户和商铺、出租屋进行走访；在学校上学、放学期间进行定点定岗巡查，确保校园安全。定期到各学校、企业单位开展法制和安全防范讲座，利用QQ群收集群众意见，发放温馨提示和案情通报。社区工作人员连同警务室民警定期对辖区内出租屋、松佛路商铺、娱乐场所等人员密集场所开展消防安全大巡查，共派发《安全防范温馨提示》2000多份，检查86间商铺，发出14份整改通知书。

【宜居建设】 2011年，长富社区以文化、服务、环保为主线，设立多个项目，共投入资金236万元，全面展开创宜工作。在辖区内楼盘中心广场设立长达50米，共10个展板区的文化长廊，展出宜居长富、便民长富、爱心长富等七大板块；在楼盘中心区的架空层设立文化空间，占地面积约800平方米，设置书画、摄影展览厅，共展出书法作品80幅、摄影作品60幅；增设文化设施，利用明上居楼栋的闲置层，改造成休闲健身园，并添置一批体育健身设施、云石桌椅、乒乓球台等设备。把原有的综合办公室改建为100平方米的“一站式”服务平台，并设立“便民服务电脑”；此外，在长富大厦、明上居北门、明上居西门和碧水天源正门设置4个大型LED电子屏，随时发布各种重要通知。2011年，长富社区成为大朗镇垃圾分类试点，选取育才路、大朗镇中心小学、金域蓝湾作为我社区的垃圾分类试点，共购置866个分类垃圾桶，参与居民多达5000人，开展垃圾分类试点启动仪式，并举办4次垃圾分类有奖游戏，3次垃圾分类知识宣传活动。

【网站建设】 2011年，长富社区网站月访问量超过10万人次。2011年度，“社区动态”共更新93篇；“书记信箱”和“便民问答”为居民24小时解答疑难，截至2011年底已收到群众来信近1000件，办理率达到100%。

【社工引进】 2011年，长富社区建立东莞市妇联白玉兰家庭服务中心（大朗长富社区），以妇女、儿童和家庭为主要服务对象，开展亲子教育服务、婚姻家庭和心理辅导、问题家庭干预等服务。通过个案工作、小组活动、热线咨询、家庭访问、培训讲座等手法，为社区居民提供专业服务。中心配置3名专职社工，招募志愿者49人，开展小组项目两个，社区活动28次，外展宣传活动5次，各项活动开展共计参加人数达6000多人次。同年12月，社区综合服务中心也逐步成立并投入使用，配备3名专职社工，7名社工助理。中心内设有社工室、会客室、会议室、青少年活动基地、长者照料坊等多个功能室。

【义工建设】 2011年，长富社区通过网站、微博和各项活动宣传长富义工文化。与大朗镇志愿者、东莞理工志愿者等志愿者

专业队伍进行共同培训，提高社区志愿服务水平。2011年举办3次培训活动。目前，长富义工服务站义工已达200多人。义工们协助社区举办嘉年华系列活动、为玉树募捐、社区医疗服务进小区、“幸福夏日”爱心活动、垃圾分类处理试点启动等10次大型义工活动，共服务10000多人次。

【获得荣誉】 2011年，长富社区获“东莞市市容环境优美社区”、“东莞市宜居社区”、“先进基层团组织”、“无政策外出生村（社区）”、“2006—2010年大朗镇法制宣传教育先进单位”等称号。 （叶妙玲）

附：2011年长富社区两委干部名录

刘海光（书记）
叶国梅（主任）（女）
彭志成 谢洁峰

求富路社区

【概述】 求富路社区位于大朗镇中心区，辖区面积1.69平方公里，常住人口1438人，新莞人8000万多人。

【经济发展】 2011年，求富路社区工业总产值154333万元，农业总产值0.2万元，总收入3016万元，总支出1301万元，集体总资产达21288万元，总负债3408万元，集体可支配收入3237万元，集体纯收入1655万元，农民人均纯收入21180元。

【城市建设管理】 社区综合服务中心 2011年，求富路社区被选为全市20个社区综合服务中心示范点之一，通过开展社区调研、制订方案、经费保障、场地装修、购置设备、人员配备等工作，用足、用好、用活有关政策，利用市镇的支持，在原有设施的基础上，根据自身实际，经过半年的筹备，综合服务中心于2011年年底正式成立。服务中心设置一楼：服务大堂、社区餐厅、健身室、康复室、舞蹈室、一个接待室和会议室、家庭服务室、日间照料室、棋牌室、曲艺室；二楼：图书阅览室、村史馆、青少年活动室、计生服务室、社工办公室、管理人员办公室、书画室、家庭个案室、市民学校及志愿者活动室；三楼：会议室、活动场所等。

成功创建东莞市宜居社区 2011年，东莞市宜居城乡建设工作领导小组办公室将求富路社区作为“市年内建成80个宜居社区（村）”的其中之一，求富路社区根据相关文件开展项目规划、建设等工作。在2010年成功创建“广东省宜居社区”的基础上，按《求富路社区宜居建设行动规划》的指导，加快宜居社区建设。其中投资300多万元建设求富路陈氏宗祠，因该宗祠曾作为游击队据点在1945年被日军烧毁，现作为居民的爱国主义教育基地。投入资金350万元，建成“东莞市大朗镇求富路社区综合服务中心”，成为今年全市20个社区综合服务中心示范点之一。投资80多万元建设道路硬底化、公交候车亭、视频监控、图书馆活化、文化长廊建设、公园设施完善等工程。

“三旧”改造工作 2011年，求富路社区积极推进“三旧”改造工作，在规划的四块用地中，其中一块占地9800平方米的厂房于2011年12月完成收购工作。其余三块用地已完成规划改造方案的制定，其中一块占地25500平方米的用地已在办理土地证当中。

园林绿化工作 2011年，求富路社区新增求富路花园前面绿地3000平方米；加强社区绿化修剪和危树处理，共修剪树木1500多株、地被植物3000平方米；建立长效宣传机制，在辖区内社区、院落设置长期、固定的绿化宣传栏，随时更新宣传内容。

【安全生产】 2011年，市委市政府将求富路社区定为“火灾隐患重点整治地区”，并挂牌督办。求富路社区成立专项小组，并制订详细的工作方案，实行“两委”干部分片包干，发动组织党员、群众、企业负责人、“三小”场所、出租屋业主等200多人，召开整治动员大会，印发宣传横幅30多条、消防“四个能力建设”宣传单张200份，印发整治标准900份等，营造氛围，大力整治，成功摘牌。

【民生工作】 文化体育建设 2011年，求富路社区定期组织全民健身活动，举办多场文艺晚会等，累计参加人数达两千多人次。2011年元旦，举办社区企业元旦拔河比赛及“智富杯”企业元旦男子篮球锦标赛；2011年春节，举办社区男子篮球锦标赛、男子三分球投篮比赛、羽毛球比赛、乒乓球比赛和长跑比赛，社区居民非常踊跃参加。在大朗镇2011年春节拔河比赛中，求富路社区荣获拔河男女乙组冠军。2011年夏，组织社区青少年夏季篮球及陈家拳训练营。

保障村民福利 2011年，求富路社区加大公共设施投入，保障村民福利发放。每人每年840元的口粮款，规定居民到辖下粮油店消费；对符合条件支取政府养老保险金的老人，每月再发放100—200元养老金，中秋每人发放50元的节日慰问金；对在读大学生给予每人500—5000元奖励，2011年共奖励11.55万元；居民年终现金分红每人每年4500元。

解决劳动就业　2011年，求富路社区联合人力资源分局在大润发广场举办“春风行动”现场招聘会，组织6间企业参加，共有50个岗位，招收213人。求富路社区劳动就业办公室对社区剩余劳动力做好资料登记，并向社区内工厂、企业、公司推荐，社区居委会工作人员全部招用本地人。2011年，求富路社区治安队、环卫、求富路花园等用工共154人，均为社区居民。

【人口和计划生育综合改革示范点】　2010年底，求富路社区被大朗镇政府列为全镇人口计生综合改革工作试点。求富路社区根据市镇试点的工作要求，制定了主要任务和措施。把流动人口计生工作纳入社区的重点工作来抓，把流动人口计生工作与户籍人口计生工作、与其他社会管理工作实行统筹领导、统一管理。加强日常巡查，及时登记信息，查验婚育证明，完善流动人口信息数据库，及时录入信息系统并反馈，加强网络化协作；加强与新莞人服务站、治安队的联动，每月至少安排一周联合开展清查，加强信息共享，实现综合治理；推行优质服务，为流动人口免费提供计划生育技术服务，每季度组织流动人口参加户籍人口查环查孕，定期组织医生到工厂企业免费查环查孕、咨询服务等。目前，求富路社区共有127人申办计划生育养老保险，其中有7人已经领取保险金。修订完善计划生育自治章程，严格执行奖罚措施，对纯二女术后夫妇给予一次性补助20000元。每年向独生子女父母每人发放独生子女保健费240元，夫妻合共480元，直到独生子女到14周岁止。2011年，求富路社区没有发生一起政策外出生，在2011年度人口与计划生育工作中被东莞市人民政府评为“无政策外出生社区”。

【科普工作】　2011年，求富路社区在2008年创建“市级科普社区”的基础上，进一步完善科普工作领导小组，充实壮大“科普志愿者服务队伍”，开展多样、生动活泼的科普文化宣传及文娱活动，加强宣传力度，在2011年成功创建为“广东省科普示范社区”，并获“东莞市科普社区工作优秀单位”称号。

【党建工作】　2011年，求富路社区党支部连续八年被大朗镇委评为“先进党支部”，2011年荣获东莞市先进基层党支部称号。（祝若梅）

附：2011年求富路社区两委干部名录

陈焕明（书记）
陈敏强（主任）
陈浩光　李巧英（女）
陈伟钦　陈沃辉

佛新社区

【概况】　佛新社区位于大朗镇中心区，人口总数2868人，户籍人口868人，暂住人口2000人，辖区面积0.57平方公里。

【经济发展】　2011年，佛新社区工农业总产值12971万元；社区总收入581万元，总支出285万元，纯收入296万元；集体总资产13469万元，比上年增长10.85%；负债5496万元，比上年增加5.96%；村民人均收入10550元，同比增长8.76%。

【社区建设】　2011年，佛新社区进行两委换届选举，成功通过公推直选选出新一届两委干部，原任两委干部得到党员和群众的高票支持。2011年，佛新社区配合大朗镇创建全国文明镇，广泛发动社区居民在全社区范围内开展了爱国卫生运动，组织卫生清洁、除“四害”大行动，全面消除卫生死角，清理“四害”孳生地，在雨季来临前对水浸排涝系统进行通查，及时排除安全隐患。2011年，佛新社区制定出扶持发展规划，将解决社区民生基础设施安全、文化、管理需求、居住需求定为“十二五”后期扶持发展规划的主要工作目标。

【经济民生】　2011年，佛新社区研究和学习大朗镇第十二次党代会精神，明确社区未来五年的经济建设方向，以引进和发展有税源经济，加快调整和转变融入镇城市核心区为主要目标。

盘活资源　2011年，佛新社区本着“优化土地资源，科学利用土地，促进经济发展”的原则，积极盘活闲置土地。2011年，共回收盘活土地资源66.5亩。

招商引资　2011年，在大朗镇政府的支持下，国内著名通信设备制造企业——深圳酷比通信设备有限公司落户佛新社区工业区，该公司拟投资5.3亿元设立研发和生产基地以及公司总部，将上海、深圳的研发和生产资源

统一整合到新厂区。

缩减行政开支 2011年，佛新社区实行开源节流措施，将崇文小学就读的学生全部转入中心小学就读，腾出一部校车并精减司管人员，每年节约开支约6万元。

加强财务管理 2011年，佛新社区加强集体资产管理，加大应收未收款的追收力度。2011年，佛新社区应收未收款总数560.62万元，已追收回11.88万元，减少了2.08%。努力偿还债务，共偿还债务390.9万元。

稳定居民收入 2011年，佛新社区在联楼区建设新文化广场，改造升级商业广场，吸引外源经济。2011年，社区居民的联建楼物业出租率一直保持在99%以上，租金同比上升25%。

保险福利 2011年，佛新社区经两委及党员、居民代表会议通过，为户口在本社区的出嫁女及其子女购买养老保险和医疗保险。

调整薪资 2011年，佛新社区共进行两次大幅度的员工工资调薪。根据市政府《关于调整东莞市企业职工最低工资标准的通知》的要求，3月1日起对社区当时月工资不足1100元的职工调整到1100元/月；9月，鉴于物价涨幅较大，再次给社区员工涨薪10%—20%。调整后社区支出每年增加10.2万元。

【安全生产】 *安全生产管理* 2011年，佛新社区通过建立和完善工作机制，深入开展“一畅两会”教育。2011年共发出整改通知书1份，7家企业聘请了安全管理公司专门管理安全生产台账，制定应对突发事件预案并指导企业进行预案演练，指导企业安全生产，提高工人的安全意识，防范和遏制重特大生产安全事故。

食品安全监督和管理 2011年3月，社会上出现食用碘盐抢购风波。佛新社区配合政府部门做好宣传引导工作，做好解释工作，消除恐慌心理，把食盐市场引向正常的购销秩序；5月，佛新社区配合镇食安办进行严查打击“潲水油”行动，对辖区的结合部、偏僻厂房、出租屋等地点加大力度进行巡查，严禁工厂食堂等易发生群体性食品安全事故的单位使用非法油品进行食品加工；6月，积极配合镇经贸办严厉打击食品非法添加和滥用食品添加剂专项整治工作。根据群众举报，取缔1家卫生不过关的麻辣烫摊档。

【党建工作】 2011年，佛新社区党支部从社区优秀青年中发展党员两名，发展对象均为岗位工作三年以上的优秀大学生。佛新社区现有党员34名，占人口总数3.86%。其中妇女党员10名，占党员总人数29%。2011年，组织党员干部收看和学习了大型专题片《暖川》、杨善洲同志先进事迹、李林森同志先进事迹、纪念建党90周年专题节目、“专家讲党史”系列党课和加强社会建设系列专题讲座等学习内容。

【信访调解】 2011年，佛新社区劳动调解办公室共接案26宗，涉及员工55人，圆满调解12宗，其余14宗当事人申请劳动仲裁；社区办公室接大朗网站、东莞市阳光网等转发来的“网络问政”等各类信件5件，圆满解决和落实3件，另两件因非社区行政范围无法解决。与2010年相比信访量下降约77%，顺利通过市综治办的创建“平安社区”复查。

【获奖情况】 2011年，佛新社区获大朗镇“村级两委会工作实绩量化考核主要经济指标单项各项税收增长速度排名第三，出口增长速度排名第二，全社会固定资产投资增长速度排名第一”、“大朗镇消防工作先进单位”、“大朗镇2012年春节篮球赛‘体育道德风尚奖’”。

（游江涛）

附：2011年佛新社区两委干部名录

叶汉标（书记兼主任）

叶伟成　叶柏权　叶柱安

邓成芳（女）

黎贝岭村

【概况】 黎贝岭村位于大朗镇西面，属丘陵地带，东与巷头社区、巷尾社区接壤，南与松柏朗村相连，西北连接松山湖，面积1.9平方公里，总人口5280人，其中户籍常住人口2264人，流动人口3016人。

【经济发展】 2011年，黎贝岭村工农业总产值8.69亿元，比上年增长0.3%；全村总收入1338万元，总支出559万元，纯收入779万元；村民小组总收入33万元，总支出15万元，纯收入18万元；集体总资产1.42亿元，比上年增长0.8%；村民人均收入1.27万元，比上年增长5%。

【松山湖大道大朗段拆迁】 2011年，黎贝岭村配合松山湖大道大朗段拆迁，做好拆迁户协商工作，共有24户村民签订《征地拆迁补偿协议》，补偿款已全部发放，并抽签选择了安置地基，规划设计了小区平面图，完成推平土地，铺设2条道路。

【环境整治】 2011年，黎贝岭村规划“三旧”改造的具体位置，共3宗地块，分别是白坟、种井、下彭旧围，改造面积24.32公顷，以白坟（土名）为重点。配备21名专职保洁人员，对环境卫生进行清扫、保洁，保证道路的环境卫生。

【“五有”工程】 2011年，黎贝岭村投资200万元，新建1000平方米的广场、200平方米的舞台及飘蓬、800平方米的灯光球场、200平方米的综合文化活动室，购买健身器材等文娱活动设施，实现公共文化服务设施“五个有”的标准。

【治安维稳】 2011年，黎贝岭村共发生刑事案件19宗，破案12宗；治安案件21宗，破案9宗（未报案的治安案件70宗），抓获各类违法犯罪嫌疑人18人。对215间出租屋进行登记造册，核实摸清居住在出租屋内“五类人员”的基本情况；组织企业员工、“三小”场所人员、出租屋屋主、出租屋租户、村民等进行消防安全培训，累计培训1050人；对工厂、企业、出租屋开展定期和不定期安全生产检查130次，发出整改通知书56份。

【民生实事】 福利开支 2011年，黎贝岭村公益性福利开支共计663.17万元，其中兵役费2.24万元、常住人口治安联防费6.73万元、年终人口福利补助152.03万元、养老保险费187.32万元、医疗保险费43.54万元、计生养老保险费1.73万元、教育费104万元、粮油费141.03万元、老人金22.31万元、抚恤金2.23万元。粮油费由2011年8月起每人每月60元，比2010年每人每月增加10元。

社会保险 2011年，黎贝岭村为980名村民购买养老保险费，包括集体和个人购买费用；为2100名村民购买医疗保险；为符合条件的夫妇164人购买计划生育养老保险。

劳动就业培训 2011年，黎贝岭村劳动服务站实行就业再就业工程，推荐村民到企业就业，共安排再就业8人。全年参加岗位技能培训16人，办理工资差额补贴120人。

帮扶困难群众 2011年，黎贝岭村帮助46名困难残疾人申请《东莞市困难残疾人专项补助》，帮助15户共46人最低生活保障的村民申请《东莞市市民最低生活保障金》。

教育投入 2011年，黎贝岭村共发放优秀学生奖励金9400元，其中考取重点本科院校1人，考取普通本科院校2人，考取重点中学3人。

计划生育管理 2011年，黎贝岭村对常住人口已婚育龄妇女共450人实行季度性妇检，查环、查孕，落实“四术”措施；对流动人口已婚育龄妇女共40人落实“四术”措施。

【党建工作】 2011年，黎贝岭村利用党员远程教育平台，共组织19场党员专题学习，约1100人次参加。党支部共有党员61名，评出优秀党员5名，合格党员56名，没有不合格党员，没有发生党员违法违纪行为。

【选举工作】 党支部选举 2011年3月，黎贝岭村通过召开“两委”干部、老干部、镇人大代表、全体党员、村民正副小组长、村民代表、股东代表、民营企业代表、监事会成员等会议，组织考察、民主测评和民主推荐的基础上，实行公推直选，选举出新一届党支部班子成员。

村委会选举 2011年3月至4月，黎贝岭村通过对具有选民资格的村民进行登记，依法召开选民提名大会，由选民无记名提名产生村委会成员，提名经“两个过半”规定，直接选举产生新一届村民委员会成员，并通过选举产生新一届的村民代表、村民小组正（副）组长、理事会成员、监事会成员、股东代表。

市镇人大选举 2011年11月，黎贝岭村通过对具有选民资格的村民进行登记，召开选举大会，选举产生东莞市第十五届人民代表大会代表和大朗镇第十六届人民代表大会代表。

（黎亮华）

附：2011年黎贝岭村两委干部名录

彭润田（书记兼主任）
彭沃彬 叶秀娟（女）
彭富尧 彭灿登 黎柱稳

竹山社区

【概况】 竹山社区位于大朗镇东北部，南临莞惠公路和常朗公路，北靠东坑镇黄麻岭村，西邻高英村，总面积1.299平方公里，户籍人口1648人，新莞人约5000多人。

【经济发展】 2011年，竹山社区工业总产值8.53亿元，农业总产值2.6万元，总收入682万元，总支出967万元，集体总资产1.18亿元，负债441万元；居民人均收入为1.61万元。

【综治维稳】 2011年，竹山社区在学校、工厂开展消防知识培训及演练10场次，组织学生、企业员工进行危情疏散及逃生演练，增强自救逃生意识。根据社区的实际情况，针对常大路段等治安问题多发点，建立义务治安联防小组，不间断、不定时伏击。

【劳动就业与保障】 2011年，竹山社区开展户籍人口劳动力信息统计，给失业者提供服务。社区户籍劳动力920人，已就业738人，自主创业78人，就业率80%。社区每月定期向居民免费供应粮油，拨出专门经费为其购买医疗保险和养老保险，确保居民病有所医，老有所养。

【文化建设】 2011年，竹山社区实施“文化惠民”政策，新建“五个有”工程。在旧篮球场的基础上进行改造，占地面积3176平方米，建筑面积2736平方米，周围绿化面积440平方米，设置舞台、国家一级篮球场、体育健身路径；在广场公园内建立780平方米的综合文化活动室，室内配套多功能活动室、公共图书阅览室、公共电子阅览室、展览室、综合文体活动室；在旧休闲公园的基础上进行改造。

【党建工作】 2011年，竹山社区在警务室建立“党代表工作室”，安排专员登记及记录来访信息。社区党员共计53人，预备党员1人，7月召开民主评议党员会议，评选出5名优秀党员。

（谢建良）

附：2011年竹山社区两委干部名录

谢达新（书记）
谢沛强（主任） 谢建良
谢杰明 周巧连

高英村

【概况】 高英村位于大朗西北部，靠近莞樟路，地势较为平坦,与常平、东坑、寮步三镇及松山湖科技产业园相邻，面积1.65平方公里，下辖两个村民小组。2011年底，总户数465户，户籍人口1839人，新莞人3598人。

【经济发展】 2011年，高英村工业总产值7.9亿元，比上年增长6.43%；全社会固定资产投资（含建筑业）为8132万元，增长56.63%；全村总收入（含企业）为1.49亿元，增长2.91%；总支出为7524万元，与2010年基本持平；纯收入为7380万元，增长6.96%；村组两级可支配收入1351万元，增长24.17%；纯利润573万元，增长81.33%；集体总资产1.61亿元，下降3.7%；净资产1.1亿元，下降3.23%；村民人均收入2.02万元，增长7.7%。

【招商引资】 2011年，高英村引进东莞市弘浩针织有限公司、东莞王氏安业五金制造有限公司、东莞市双塬实业有限公司、东莞市浩弘精密模具有限公司、东莞市怡威服饰有限公司等一批企业，每年可以为高英村村民增加部分厂租收入。

【综治维稳】 2011年，高英村加强社会治安综合治理，每周召开一次治安工作会议，部署治安工作；采取定岗、巡逻相结合等方式，对辖区内道路实行不间断巡逻；采取定期或不定期设卡检查等形式，加强对外来人口及车辆的检查。2011年，高英村劳动服务站受理劳动争议案件77宗，涉案人员228人，成功调解案件69宗。2011年，高英村加强“三小”场所、出租屋消防安全管理，组织企业员工、“三小”场所人员等进行消防安全培训，累计培训1400多人；对工厂企业、出租屋开展定期和不定期安全检查120多次，发出整改通知书160多份。

【新莞人服务】 2011年，高英村新莞人服务站管理出租屋236间，办证率95%，出租屋税费缴交率达到97%。高英村推行实施居住证制度，及时更新新莞人管理系统中流动人口信息，全年流动人口信息采集录入3615人次。

【计划生育】 2011年，高英村对户籍常住人口已婚育龄妇女192人实行季度性妇检，查环、查孕，落实“四术”措施；对流动人口已婚育龄妇女，落实“四术”措施。2011年，高英村没有发生一起政策外出生，被东莞市政府评为“无政策外出生村”。

【环境卫生】 2011年，高英村投入76万元环卫公共费用，配备22名专职环卫工人，每天定时定点对全村道路、公园、广场进行两次清扫保洁，保证辖区内的环境卫生。

【文化活动】 2011年1月16日，高英村举办第九届“老人欢乐节”，60—79周岁老人每人500元慰问金，80周岁以上老人每人600元慰问金，凡60周岁以上老人都可以领到粮油、腊肠、饼干、水果等礼品，并在高英喜庆堂设晚宴款待老人。举办文艺晚会、邀请粤曲文艺团表演、篮球比赛、拔河等一系列文体活动，共投入活动经费26万元，累计参加人数达3000人次。

【公益性福利开支情况】 2011年，高英村用于村集体公益性福利开支共956万元，占村组两级可支配收入的70.8%。支付村民养老、医疗保险费160万元，发放村民福利金、口粮款208万元，敬老费76万元，军烈属五保户、困难户补助3万元，土地使用费支出（田地租）65万元，负担治安经费、征兵民兵费96万元，支付环卫经费76万元，支付综合管理及安全消防费12万元，支付计划生育费18万元，公共设施维护费69万元，文体活动经费26万元，退职干部补助5万元，其他公益费用支出53万元。

【奖励助学】 2011年，高英村发放优秀学生奖励1.88万元，其中考取本科的优秀学生10人，每人奖励1000元；考取大专的优秀学生11人，每人奖励800元。

【党建工作】 2011年，高英村在册有正式党员64名，其中女党员11名。2011年新增7名党员（在校毕业转入5人，预备党员2人），转出4名，死亡1人。

【获得荣誉】 2011年，高英村被评为大朗镇“环保工作先进单位”、“外经贸工作先进单位”、“食品药品监管工作先进单位”、“工会工作先进单位”、“安全生产工作先进单位”。在2011年度村级两委会工作实绩量化考核中，主要经济指标单项出口总额排名第三，人均水平排名第二；实际利用外资总额排名第三，人均水平排名第三。（王琼花）

附：2011年高英村两委干部名录

李会强（书记）
李满沂（主任） 李柱林
李艺超 梁小敏（女）
李荣富 李效通 李活权

2011年高英村基本情况表

指标名称	单　位	2010年	2011年	增长（%）
户籍人口	人	1836	1839	0.16
新莞人	人	4178	3598	-13.88
面积	平方公里	1.65	1.65	0.00
工业总产值	万元	74233	79006	6.43
社会固定资产投资总额	万元	5192	8132	56.63
总收入（含企业）	万元	14483	14904	2.91
总支出（含企业）	万元	7583	7524	-0.78
纯收入（含企业）	万元	6900	7380	6.96
村组两级可支配收入	万元	1088	1351	24.17
纯利润	万元	316	573	81.33
集体总资产	万元	16712	16093	-3.70
净资产	万元	11387	11019	-3.23
村民人均收入	元	18753	20202	7.73
农村养老保险参保人数	人	641	590	-7.96

大井头社区

【概况】 大井头社区位于大朗镇中心区，辖大井头、围坑两个自然村，面积4.1平方公里，总户数1434户，户籍人口5748人，流动人口7978人，下辖3个居民小组和5个党支部。

【经济发展】 2011年，大井头社区工农业总产值16.64亿元，村组两级总资产为7.18亿元；总负债为9252万元，总资产负债率为12.88%；经营总收入为5208万元，经营总支出为3394万元，纯收入为1814万元；居民小组经营总收入1380万元，经营总支出907万元，纯收入473万元；居民人均收入1.77元，比上年增长5.05%。

【城市建设规划】 集体物业建设 2011年，大井头社区新建、

扩建厂房和商业铺位约3万平方米，增建第二工业区配套设施，完善工业区路网建设和工业区管理。

数控织机专业街　2011年，大井头社区吸引超过40家数控织机生产和销售企业集聚，打造银朗路大井头路段为“数控织机专业街”。2011年，数控织机专业街被第十届“织交会”组委会列入织交会第四分会场。

【综治维稳】　治安管理　2011年，大井头社区派发各种防盗宣传单张20000多份，协助公安机关查处治安案件365宗，抽调人员对辖区重要路段和案件多发地点实行24小时的站岗和巡逻，全年实现无重大治安案件发生。

安全隐患排查　2011年，大井头社区检查“三小”场所各类单位共509个次，发出整改通知书130多份，配合安监部门对辖区内40多家企业进行了不定期检查；继续做好《消防安全专项检查工作台帐》工作，统一建立档案及电脑录入检查资料，并对隐患整改工作进行督促、指导，做到检查一间、登记一间、录入一间、复查一间；派发安全知识宣传资料，在社区设置消防展览室、宣传栏，张贴宣传标语，定期组织消防宣传车在辖区内巡游，加深社区居民对消防工作的认识。

消防安全培训与演练　2011年，大井头社区对义务消防队队员实行正规化训练管理，有计划、有步骤地加强灭火技能训练和体能训练。社区全年共发生小火灾事故22宗，均能及时扑灭，未发生消防安全重大事故。

社会矛盾化解　2011年，大井头社区共调解各种矛盾纠纷158宗。社区劳动服务站共处理劳动争议案177宗，争议人数683人。其中涉及集体争议22宗，集体争议人数422人；自行调解152宗，占处理案件总数的85.9%。因经营者欠薪逃匿案件12宗，牵涉人数323人，由物业出租方的居民垫付金额合计为98.15万元。

【民生建设】　文化事业　2011年，大井头社区举办春节文体活动、社区第三届学生篮球赛、“三八”妇女节文艺晚会及以纪念新中国成立62周年为主题的第十一届文化艺术节等一系列大型文体活动。文体队伍成果丰硕：女子拔河队在“大朗镇2011年春节拔河比赛”中实现15连冠；男子甲组篮球队参加“大朗镇2011年春节篮球赛”获得较好成绩；业余曲艺队应邀参与“每天绽放新精彩”文化惠民千场文艺演出，到常平、塘厦、黄江、横沥、石排、茶山等镇进行巡回演出，演出达50多场；民间习俗“哭嫁歌”、龙舞等作品参加东坑、桥头、常平等镇多场民间节日表演活动；男子麒麟队参加“广东省第三届麒麟大赛”获得银奖，女子麒麟队参加“广东省第三届麒麟大赛”获得金奖，女子龙队参加“广东省首届社区文化艺术节”获得金奖。

教育事业　2011年，大井头社区用于学生的奖学金支出为50.8万元，受奖励学生共313人，其中，就读全国重点大学24人，二类本科117人，大专109人。

劳动就业　2011年，大井头社区与大朗人力资源分局联合举办“富余劳动力培训班”，为40多名妇女提供培训；组织社区各用人单位在大井头永顺路及红荔天桥旁举办以“送岗位进社区”为主题的春季招聘会，为广大求职人员送去500多个就业岗位；建立两个本地人就业车间，为社区60多位居民解决就业；推荐35名社区居民与企业达成就业共识，实现其就业意愿。2011年，大井头社区为就业居民申领工资差额、岗位津贴支出共100.22万元。

【环境卫生管理】　2011年，大井头社区完善环境卫生管理制度，签订《市容环境卫生责任书》1321多份，签订《门前三包责任书》419多份；组织监督人员进行月检、周检、日检，设立投诉处理机制，发现问题及时整改；对居民、商户、工厂定期派发环卫宣传手册；整治乱停放30多处，乱堆放25多处，占道经营60多处，乱扔垃圾20多处，乱拉挂10多处，乱张贴100多处；聘请专业队实行每季度一次对辖区除“四害”，购买灭鼠谷15000多斤发至各家各户进行灭鼠；每天清扫垃圾量有35多吨，运往横沥垃圾焚烧厂进行无害化处理。

【公益性福利开支情况】
2011年，大井头社区公益福利支出3123万元，比2010年增加214万元。其中教育费349万元，治安费389万元，环卫费402万元，村组两级社保费666万元，综合管理费30万元，安全消防费61万元，公共设施维护费424万元，计划生育费53万元，征兵民兵费23万元，军烈属五保户困难户补助18万元，敬老费218万元，文体活动费136万元。2011年，大井头社区人口分红1075万元，比2010年增加14万元。（叶伟健）

附：2011年大井头社区两委干部名单

叶钦水（书记）
叶钦达（主任）　叶浩根
叶国全　叶钦沛
叶婉娟（女）　叶灼芬

2011年大井头社区基本情况表

指标名称	单 位	2010年	2011年	增长%
户籍人口	人	5727	5748	0.37
流动人口	人	7655	7978	4.22
全社区总收入	万元	5198	5208	0.19
总支出	万元	3410	3394	-0.47
纯收入	万元	1788	1814	1.45
居民小组总收入	万元	1307	1380	5.59
总支出	万元	754	907	20.29
纯收入	万元	553	473	-14.47
集体总资产	万元	77173	71810	-6.95
居民人均收入	元	16822	17671	5.05
公益性福利开支	万元	2909	3123	7.36

松柏朗村

【概况】 松柏朗村位于大朗镇中心区的西南面，靠近松山湖，毗邻佛子凹、佛新村、黎贝岭、求富路村，面积2.6平方公里（合3900市亩），1050户，常住人口4162人，辖区分10个村民小组。

【经济发展】 2011年，工农业总产值8344万元，比上年增长4.6%；全村总收入1342万元，总支出858万元，纯收入484万元；村民小组总收入30万元，总支出6万元，纯收入24万元；集体总资产16206万元，比上年增长1.76%；村民人均年收入1.31万元，比上年增长6.14%。

【帮扶企业】 扶持和鼓励企业转型升级，至2011年年底，由“三来一补”转型至“外商独资企业”的企业有东莞百一电子有限公司、启源眼镜制品（东莞）有限公司、东莞宝峰电子有限公司、甫奇电子（东莞）有限公司；由“厂”转“公司”的有东莞市开兴实业有限公司和东莞市大朗新洋针织有限公司。

【道路建设和升级】 富通路第一期工程于2011年国庆节全面开通，二期工程（黄草朗小学至松佛路）开始动工建设，路基范围树木和作物的征用和清理工作顺利进行，大部分路段已铺设排水涵管，部分地段已铺稳定层。对大朗镇现代信息创意产业园侧的新园一路进行升级改造，从原来的砼路面加铺10厘米厚的沥青面层，划分车道、人行道和盲人道，并对人行道走廊铺设广场砖。

【换届选举】 2011年，松柏朗村按照市、镇的统一布置，举行松柏朗村党总支部、第五届村委会、股份经济联合社的换届选举，顺利产生新一届党总支部委员会、农村党支部委员会、村民委员会、村民小组长、村股份经济联合社董事会、监事会等机构和委员、成员；同时选举产生市、镇两级的人大代表。

【治安维稳】 2011年，松柏朗村着重抓治安队伍建设，实行治安亭轮岗制，做好治安布控和防控宣传工作。一对一帮扶失足青年，让一些戒赌戒毒、刑满获释青年树立正确人生观，及时接受再教育。继续狠抓安全生产，经常检查和训练使用消防车和其他消防设备，进厂宣传、培训和检查消防器材的设置和使用知识等情况。2011年，松柏朗村被评为“安全生产工作先进企业”和“大朗镇消防工作先进单位”，在大朗镇2011年度（第九届）社区（村）义务消防队技能大比武中获“消防车灭火操作”第三名。

【民生工作】 2011年，松柏朗关心残疾人和弱势群体的生活，协助办理残疾证84人，为43名残疾人申请了各类辅助器材；按上级标准对残疾人、低保户进行生活补贴；为村民购买社会养老保险及医疗保险共434万元，发粮油款250万元，老人生活补贴35万元，福利分配金200

万元。全年共介绍40—50岁富余劳动力和大中专毕业生80多人进村属工厂（其中以居胜电子有限公司和钱桦机械刃具有限公司居多）。水电网建设方面，已铺设自来水管23200米，民用电网容量7000千伏（其中2000千伏正在安装中）。

【文化建设】 2011年，松柏朗村委会拨付近10万元扶助为弘扬和传承粤剧文化而自发组织的“松柏朗曲艺社”，该社全年在邻镇、本镇，邻村、本村演出达30多场次，观众近24800人次；松柏朗村积极开展舞蹈、篮球友谊赛、拔河赛等活动，其中男子拔河队参加镇组织的春节拔河比赛获第一名，荣膺六连冠。2011年松柏朗村考上本科重点大学2人、2A线6人、2B线13人，重点高中11人，共颁发奖学金5万元。（刘金福）

附：2011年松柏朗村两委干部名录

吴达斌（书记） 刘国顺
刘效江 吴叶坤 刘林庆
吴汉平（主任）
刘沛忠（副主任） 吴凤章
刘毅杰 刘林军

佛子凹村

【概况】 佛子凹村位于大朗镇西北部，东面与松柏朗村相接，西部毗邻松山湖科技产业园。常住人口2418人，外来人口3200多人，面积1平方公里。

【经济发展】 2011年，工农业总产值19556万元，比上年增长54%；全村总收入1099万元，与上年总收基本持平，总资产8351万元，比上年增加384万元，增长4.8%。2011年，由东莞富众实业有限公司投资扩建的佛子凹村新市场工程已完工，并完成了搬迁工作。同时，佛子凹村旧市场改造为百货商场，周边小广场改造为小商品集卖场，为佛子凹村增添新的经济增长点。全村外来投资企业达39间，其中，东莞富众实业有限公司办公大楼已建成使用。

【换届选举】 2011年，佛子凹村开展了村“两委”换届选举及市镇两会代表换届选举。3月底完成村支部换届工作，5名支委顺利当选；4月初完成村委换届、股份经济联合社选举，依法产生1名主任，1名副主任，1名村委及5名理事会成员。7月完成镇代表选举；11月完成市镇人大代表选举。

【综治维稳】 2011年，佛子凹村认真落实安全责任制，开展小学接送学生车辆安全专项整治工作，做好社区矫正和安置帮教工作。五一、十一等重大节日前对企业、学校、娱乐场所等重点单位进行安全生产检查。全年共排查调解各种矛盾纠纷79件，化解企业上访2件，劳动调解6件，无重大刑事案件发生，无重大消防、食品安全等事故发生。

【民生工作】 2011年，佛子凹村参加新型农村合作医疗共2180多人，参保率达100%，全年共投入社保支出264万元，村民在生病住院、分娩、意外伤害等方面都得到有效保障；全村48户低保户、30名残疾人都享受到市镇的生活困难救助，为23户家庭发放了独生子女保健费，53名80—90岁老人得到每人每月100—200元生活补贴，基本生活条件得到保障；26户低保户与干部挂钩，投入到佛子凹村的脱贫资金达14万元，年底已有16户脱贫，脱贫率达60%，扶贫“双到”工作成效明显。（叶达文）

附：2011年佛子凹村两委干部名录

叶广轩（书记）
叶秩烘（主任） 叶灿深
叶仲攀 叶荏球 叶志铿
叶爱霞

巷头社区

【概况】 巷头社区位于大朗镇中心区，辖区面积3.3平方公里，辖4个居民小组，常住人口约4362人，新莞人3万多人。村组两级总收入6075万元，总支出2991万元，纯收入3084万元；集体总资产6.6亿元，增长25.6%。

【基础设施建设】 2011年，巷头社区加大基础设施建设投资力度，共开展了四大工程建设：一是升级巷头物流仓库，增建物流仓库二、三期。二是扩宽市场商业空间，增建巷头物流“临街铺位”和富康新区农贸市场。三是升级大朗车站，增建大朗车站宿舍楼。四是升级桑岗联建楼，增建了第五期联建楼。同时，巷头社区加强督查力度，做好各工程的监督工作，加快大朗车站新综合楼、巷头商业步行街铺位（包括一期、二期）、巷头裕兴综合楼、巷头物流园中心物流街、矮佬岭新工业区联建楼等在建工程的进度，并对部分旧厂房进行升级改造，全面强化升级社区硬件配套。

【巷头花园建设】 2011年，巷头社区大力推进巷头花园建设，相继举行了开工仪式和打桩仪式，现已正式动工建设。巷头农民公寓预计投资6.8亿元，占地约250亩，建筑面积334434平方米，共26栋。

【参展第十届“织交会”】 2011年，巷头社区以社区名义组织东莞市银河机械有限公司等企业联合参展“织交会”，凝聚社区和企业的力量，促进巷头毛织业发展。

【民生工作】 2011年，巷头社区成功推荐就业4人，岗位补贴800元；灵活就业14人，补贴2800元；自主参训47人，补贴83350；岗位成才33人，补贴32500元。开展帮扶工作，为帮扶对象送上棉被、粮油等物资；配合镇政府要求，积极落实“广东扶贫济困日”活动、“东莞慈善月月捐”、“送温暖、献爱心”捐赠衣物活动等扶贫项目。

【教育事业】 2011年，巷头社区考生高、中考成绩优异，考上全国重点本科4人，普通本科（2A）6人，中考分数660分以上11人，并被市重点高中录取。

【文化建设】 2011年，巷头社区围绕社区特色，突出抓好文化体育工作，11月，巷头木偶剧受邀参加“大朗2010年毛织风情节”开幕演出，获“优秀演出奖”与“优秀组织奖”；巷头醒狮队受邀参加“大朗毛织风情节”开幕演出。2011年在巷头公园新增设两个篮球场。在寒、暑假期间，巷头社区组织社区篮球比赛，组织学生参加镇举办的篮球比赛，在“2011年暑假大朗‘俊通杯’学生篮球赛”中获初中组冠军和高中组亚军。

附：2011年巷头社区两委干部名录

陈柱权（书记兼主任）
陈冠强　陈钜宁　陈暖根
陈金华　陈敬弟

巷尾社区

【概况】 巷尾社区地处大朗镇中心区，面积约1.62平方公里，户籍人口1978人，新莞人约8900人。

【经济发展】 2011年，巷尾社区工农业总产值156815万元，比上年减少9.4%；总收入2798万元，总支出1236万元，纯收入1562万元；集体总资产34230万元，下降5.08%；负债1203万元，下降64%；居民人均收入20082元，增长8.9%。巷尾社区在全市村级两委会工作量化评比中，综合总分进入前50名；村组两级净资产超2亿元，排名第60名。

【宜居社区建设】 2011年，巷尾社区加大基础设施建设投资力度，共开展三次工程建设：一是在政和区文化广场侧建社区喜庆堂，便于居民举办喜庆，喜庆堂共两层，建筑面积约为2200平方米。二是对巷尾两公园（政和区、文化广场侧）进行升级改造。文化广场健身路由于使用频率高，器材多处出现程度不同的老化、损坏现象，于2011年11月新建一条体育路，并结合巷尾社区自身特色，在体育路侧建设一条文化长廊，该文化长廊充分显示出巷尾社区荔枝之乡、毛织之乡的文化韵味，群众可以一边健身一边欣赏。三是不断推进巷尾社区农民公寓报批工作，待规划方案和建筑设计电子报批、建筑设计方案审核、建筑设计工程规划许可证、报建申领施工许可证等手续办理齐备后，即可组织施工建设。

【综治维稳】 2011年，巷尾社区劳动服务站受理劳动争议100宗，涉案人数210人，调解率90%。巷尾社区加大综治维稳经费投入，组织综合整治行动，社会治安明显好转。巷尾社区坚持每天组织特勤队进行综合训练，组建社会治安防控专业队伍。对案件高发地段加大巡逻力度，与镇公安分局等多方联动，定期在全社区范围内开展治安大清查。严厉打击“黄赌毒”，协助公安机关抓获赌博人员9人、吸毒人员15人。积极做好校园周边流动人口、居住人口和出租房、中小旅店、网吧、娱乐服务场所等复杂区域的治安管理。在安全生产方面：开展消防安全大检查，针对辖区内工厂、商铺、出租屋，全面排查消防安全隐患并责令整改。深入企业开展消防安全培训，实地进行消防演练。在食品安全管理方面：坚持以推动我镇创建广东省食品安全示范镇为工作主线，全面贯彻落实镇食品安全工作会议精神，构建和完善各项食品安全工作机制，广泛宣传《食品安全法》，并联合质检、卫生等相关部门，对社区范围内餐饮、饭店、商店负责人开展食品安全监管和专项整治工作，大力查处取缔无证经营食品场所，有效改善巷尾社区的食品安全环境，进一步保障人民的饮食安全。在人口与计划生育方面：2011年，巷尾社区共投入18万

元，落实流动人口计划生育管理的各项工作。加强流动人口信息采集工作，主要从户籍地址、现居住地、身份、职业、状况、计生避育节育等方面进行调查和核实。截至2011年年底，在册登记育龄流动人口为1238人。加强对流动人口的管理，专门建档，确保计划生育工作顺利进行。

【文化建设】 2011年10月12日晚上，巷尾社区第二届“依尚卷卷毛怀”篮球赛开赛，本届“企业怀”男子篮球邀请赛由东莞市依尚服饰有限公司、东莞市惠安消防机电工程有限公司赞助，共有12支企业代表队伍参加了比赛。12月23日，巷尾社区举行了第二届敬老节，组织社区408名老人到巷尾社区文化广场新喜庆堂共进午餐，并派发中秋节敬老金每人200元，为80岁以上的长寿老人派发300—600元不等的红包，让社区老年人充分感受到社区对他们的关怀和爱心。

【党建工作】 巷尾社区建立健全党风廉政制度，每周召开例会，定期召开民主生活会，对两委干部开展“述职述廉”测评活动，及时收集党员群众对社区领导班子的意见和建议。加强党员干部培训，通过广东省远程网上教育等途径，坚持对社区全体党员干部进行每月两次的远程教育课件学习。 （陈耀光）

附：2011年巷尾社区两委干部名录

陈德铭（书记）
陈浩祥（主任） 陈卢伟
卢日兵（女） 陈伟钦
陈锦标

圣堂社区

【概况】 圣堂社区位于大朗镇中心区，总面积0.9平方公里，总户数435户，2011年底户籍人口1586人，外来人口6000多人。社区有两个党支部，其中社区支部党员56人，非公企业党员6人。

【经济发展】 2011年，圣堂社区经营总收入2420万元，经营总支出794万元，纯收入1626万元，工业总产值9605万元。2011年底集体总资产2.65亿元，总负债（押金）593万元，集体净资产2.59亿元，资产负债率2.24%。

【重点项目建设】 2011年，圣堂花园项目报批工作顺利推进，陆续完成环评报告、规划电子报批、项目选址、用地规划许可证、用地批准书、发改局立项等多项工作，前期申报工作已经接近尾声。聚福花园项目发展商已经完成项目的总体规划设计，正等待相关部门审批。大和国际家具直销中心的开业，为人们提供了设计、建材、家具、装修、休闲娱乐一站式服务，汇聚国内外一线品牌，目前成为东莞市大型建材家具中心之一。

【换届选举】 2011年，圣堂社区顺利进行社区党支部换届选举、居委换届选举、经济联合社换届选举、村民代表和股东代表换届选举，产生了新一届的党支部和居委会、经济联合社领导班子。

【宜居社区建设】 2011年，圣堂社区成立创建工作小组，结合创建生态社区的契机，迅速部署各项创建工作的开展。在社区主要地段以宣传横幅、宣传栏、科普画廊等形式大力宣传宜居社区的建设，动员广大社区居民积极参与共同创建优美的居住环境。大力推进社区以建设宜居环境为重点，加强社区绿地与景观公园的建设，注重社区绿化，全部更换社区辖区内旧式水管，清理渠道污垢，设立分类垃圾桶等，为居民提供了良好的生产和生活环境。

【获得荣誉】 2011年，圣堂社区先后获得“东莞市生态社区”、“东莞市无政策外出生村（社区）”称号，以及2011年度村组两级净资产超两亿元奖。

（刘敏玲）

附：2011年圣堂社区两委干部名录

叶伟洪（书记）
叶文造（主任） 叶照祥
叶创新 叶肖娟（女）

水口村

【概况】 水口位于大朗镇东北角，面积3.4平方公里，2011年，水口村总人口8777人，其中户籍人口2976人，外来暂住人口5801人。

【经济发展】 2011年，水口村工业总产值8.21亿元，比上年增长14.36%；村组集体总收入为3057万元，其中组一级收入为371万元；村组集体总资产为

2.81亿元，出口总额为1423万美元，实际利用外资为465.5万美元；村民人均收入2.07万元，比上年增长9%。

【综治维稳】 加强安全生产管理 2011年，水口村安全办全力协助上级部门开展多项整治工作，积极开展安全生产大检查。协助镇安监分局检查企业安全生产共52间，发出整改执法文书29间，复查29间合格。协助企业建立安全生产台账65间，督促企业的安全生产台账运作，实行每季度大检一次。企业档案完善65间，未完善10间。企业注册安全主任培训考核企业有10间共10人，注册安全主任继续教育培训44间共44人。开展全镇三小场所大检查行动，行动中共巡查小作坊72间，小商铺290间，出租房44间，发出整改37间。针对居民住宅火灾多发特点，重点抓好消防安全宣传教育，提高消防自救能力，并多次进行专项整治行动，严格执行有关法律法规，对发现的重大问题坚决依法整治。

加强治安管理 坚持开展“两抢一盗”案件整治专项斗争，依法严厉打击各种违法犯罪活动，水口村盗窃案件比较突出，犯罪分子作案时有发生，针对此社会治安状况进行认真分析、排查，对治安混乱的区域开展专项斗争和重点整顿，保持对犯罪案件的高压态势。同时，在村主要出入口：电影院、村委会门口和农村信用社路口安装视频监控，实行24小时监控。晚上12点后，所有进出村内的车辆都必须进行登记，做到进要问、出要查。加强基层基础建设，健全治保调解会组织，认真履行职责，各部门整体联动，积极开展社会治安综合治理，抓好人口流动管理，强化对刑满解教人员的安置帮教，对学校周边治安环境进行综合整治，做好预防青少年违法犯罪工作，开展“无毒小区”和“不让毒品进我家”活动。

加强劳资调解工作 2011年，水口村劳动服务站处理案件96宗，涉及劳资人数共310人，其中水口村劳动服务站自行处理完结76宗，不服上访20宗。对企业进行三次大检查。第一次组织检查企业有没有招用童工、未成年工；第二次检查企业有没有执行《工资支付条例》，并要求企业进行工资支付整改；第三次检查各企业对女职工、未成年工劳动保护及劳动规费交纳情况。通过这几次大检查，发现一些企业的管理人员对劳动法意识严重不足，劳动服务站要求企业进行整改，并对企业管理人员进行培训。

【社会民生】 敬老活动 2011年4月23日举办水口村第二十三届敬老活动，共收到赞助款40.13万元，宴请包括原籍水口村的老人共594人，为水口村539名户籍老人派发慰问金和礼品，晚上还举行粤剧专场演出。水口村每个季度组织团员、青年志愿者开展对“空巢”老人慰问活动，为他们送去温暖和慰问品。

结对帮扶 2011年5月13日，水口党总支部书记张锦伦带领水口村两委部分成员、民营企业家到韶关市乳源县乳城镇云门村进行慰问，与云门村干部召开座谈会，送上慰问金，了解云门村近一年来的发展情况和未来的计划，对云门村的未来发展展开了亲切的交谈，认为结合云门村靠近云门寺的情况，可以适当发展第三产业，相信在不久的未来定可以改变现状。

落实计生措施 水口村每月组织计生专干、妇委召开计生例会，及时总结上个月的工作情况和布置下阶段的工作任务，使日常的计生工作有条有理地顺利开展。每月在计生宣传栏张贴计生宣传知识，及时让群众了解最新的计生政策，投入近万元更新宣传栏，内容新颖贴近群众。落实“四术”随访制度，加强对孕情的了解和监测，同时修订《水口村计划生育自治章程》。2011年，共录入流动人口已婚育龄妇女信息1650条，注销900多条信息；向流动人口发放5000多份宣传单张；组织村内的新莞人、户籍已婚育龄妇女共600多名参加广东省免费普查普治工作，并发放近800份避孕药品。

劳动就业服务 2011年，水口村为达到年龄的村民办理工资差额补助68人，对应届大中专毕业生进行调查摸底，为失业的人员提供岗位，提高就业率。

卫生事业管理 2011年，水口村为了改善村民群众的居住环境，提高群众的生活质量，以优化各小巷、街道的路面为主，结合各项主题大力宣传，组织村环卫工作人员和志愿者服务队张贴宣传画报、宣传横额，更换旧的公益宣传牌，加强对辖区范围内的卫生环境、卫生死角、“牛皮癣”广告进行全面整治。加强对辖区范围内的巡查和监督力度，提升村民群众文明素质，务求打造成环境优良的“卫生”村。

征兵 水口村积极发动适龄青年报名参加应征，支持国防建设。应征入伍青年有1人。

【获得荣誉】 2011年度村组两级净资产超2亿元（排名第117），村组可支配常规性收入总额超3000万元（排名第161），被评为市文明标兵村，并获东莞市污染源普查小组颁发

的东莞市第一次全国污染源普查先进集体。

（张沃明）

附：2011年水口村两委干部名录

张锦伦（书记）
张效鹏（主任）
叶慧芬（女） 张效辉
张锐轩 张伟洋 张沃明

大朗社区

【概况】 大朗社区位于大朗镇中心区，面积0.278平方公里，总人口9653人，其中户籍人口6526人，流动人口3127人。2011年，大朗社区在大朗镇村级两委会工作实绩量化考核主要经济指标单项出口增长速度排名第三；被评为“东莞市新莞人先进服务站”、“无政策外出生村（社区）。

【经济发展】 2011年，大朗社区工业总产值2344万元，其中规模以上工业总产值335万元；全社区经营性收入368万元，经营管理支出328万元，纯收入40万元；集体总资产2329万元，比上年增长10.64%。

【两委换届选举工作】 2011年2月到4月，大朗社区按照市、镇文件精神和有关要求，开展党支部和第五届居民委员会换届选举工作。依法选举产生了新一届“两委”领导班子和股份经济联合社监事会，选出两委干部4人（其中支委3人、居委3人，交叉任职2人），监事会成员4人。

【综治维稳】 2011年，大朗社区以居民警务室为龙头，加强社区治安巡逻力度，落实“打防结合预防为主”方针，组建高效的“群防、群治”网络，密切配合大朗派出所打击各类违法犯罪活动。全年辖区犯案率较之去年同期大幅度下降，并无发生一例重大恶性事件。完善出租屋信息管理系统，对辖区出租屋和新莞人居住进行电脑录入，共录入出租屋377间，新办居住证801个，办理出租屋租住人员人身意外综合保险76份；创建安全文明出租屋9栋，复查验收9栋，合格率100%；整理出租屋档案456件。加强矛盾纠纷的排查力度，全年共成功调解社会矛盾纠纷5件，处理网络问政信件10宗。

【人口与计划生育工作】 2011年，大朗社区大力宣传计划生育，认真做好辖区人口信息采集和每季度孕龄妇女查环查孕工作。全年录入流动人口已婚育龄妇女信息共118条，人口出生112人，其中户籍人口出生70人，流动人口出生42人，全年办理独生子女证50人。户籍育龄妇女做四项手术124例，外来流动人口24例。全年应“四查”3418人次，已“四查”3396人次，“四查”率达到99.4%

【民生工程】 2011年，大朗社区两委干部深入居民群众中，细致了解民情，落实各种民政经费的发放，切实保障社区弱势群体的正常工作和生活。在低保工作中，严格按照《城市最低生活保障条例》，对低保人员实行动态管理，做到应保尽保。目前，辖区共有3户困难家庭纳入了低保。关爱残疾人生活，组织专职人员上门对辖区内的18名残疾人进行托养服务需求评估，为他们申请配发轮椅、拐杖、助听器等辅助仪器。服务老年人员，做好高龄老人生活津贴申领及发放工作，保障老年人老有所养。

【党建工作】 2011年，大朗社区党支部共接受入党积极分子入党申请书3份，推荐入党积极分子2人，吸纳预备党员1人，接收毕业生等转入党员9人，现大朗社区居民党支部党员41人，非公党支部党员25人。

【征兵工作】 2011年12月，大朗社区青年曾俊达应征入伍。

（张玉玲）

附：2011年大朗社区两委干部名录

黄仲水（书记兼主任）
张玉玲（女） 陈亮球
叶炽鹏

蔡边村

【概况】 蔡边村位于大朗镇中心区，毗邻松山湖科技产业园，距市中心区仅25公里。村辖区面积6.15平方公里，辖区下有15个村民小组，户籍人口4226人，新莞人约9875人。2011年被东莞市评为市平安社区、市劳动服务工作先进单位、市体育先进社区（村）。

【经济发展】 2011年，蔡边村集体经济实力稳步发展，村组两级净资产超2亿元，排名83。全年村级经济总收入2031万元，总支出1113万元，纯收入918万元，年末总资产4.29亿元，净资产为3.27亿元。

【加强招商引资】 面对整体下

滑的经济大环境，蔡边村迎难而上，不仅努力为企业营造良好的投资环境，维持了企业总数的稳定，还积极招商引资，引进东莞伟奕服装辅料有限公司。蔡边村共有27家村集体企业、15家外资企业、9家三资企业、6家“三来一补”企业。

劳动争议处理　蔡边村共受理劳动争议案件110宗，涉及人数679人，为被拖欠工资的291名工人追回共30多万元的工资。

【筹建产业园区】　2011年，蔡边村决定在白云前工业区规划一块40亩的工业用地，用于建设一个功能完善、配套设施齐全的高标准产业园区。于4月中旬完成整个产业园区8幢厂房和1幢宿舍（建筑总面积达6.98公顷）的规划和建筑设计方案。于5月份对此工程进行招投标，投标结果为工程总造价6291万元，6月初桩基工程全面进场，7月19日建筑工程全面开工建设，12月9日顺利封顶，比预计提前30天，实现主体建设无质量问题、工人无安全事故的好局面，为明年的工程建设打下坚实的基础，同时为集体提前收益赢得了时间。

【创宜居村庄】　2011年，蔡边村被选定为东莞市“宜居村”创建点，蔡边村决定做好以下七个宜居项目的建设工作：（1）关岭头及富华南路横路道路硬底化。（2）改造衔接湿地公园道路A段（红深路）。（3）改造衔接湿地公园道路B段（盘古庙）。（4）对祠堂前面的旧篮球场进行改造。（5）改建加宽桥梁。（6）排渠新建护栏。（7）改善村周边环境。所有项目已于11月全面完成和验收并投入使用。宜居工程的顺利完成优化了蔡边村的基础设施，为村民提供了健康、舒适、文明的居住环境。

【综治维稳】　今年蔡边村按照综治信访维稳中心的工作要求，建设蔡边村综治信访维稳工作站，站内设立工作平台，设有警务室、联防队工作室、信访调解室，配有专职工作人员3人，电脑、台账等设备。全年共受理各类信访10宗，解决9宗，排查不稳定事故、苗头7宗，调处矛盾纠纷14宗，成功解决13宗，维持了社会稳定发展局面。

加强治安管理　蔡边村今年共发生治安、刑事案件38宗，全年无一凶案。其中盗窃案29宗，已破3宗，抢劫案9宗，破2宗。对比去年发生的治安、刑事案件40宗，下降了5%，社会治安有明显改善，切实让人民群众有安全感。

【环境卫生建设】　蔡边村为营造舒适、安全、健康的居住环境，加大力度监督好家宝清洁公司在全村的清扫保洁工作，定期每季度一次在全村范围开展除四害工作，大大减少疾病的发生。切实加强手足口病、H1N1病防控措施，对全村大范围进行全面消毒，保护广大群众的身体健康和生命安全。

深化样板市场建设　自去年蔡边村成功创建市食品安全样板市场以来，按照样板市场的后补标准，继续完善市场食品安全管理，加强卫生摆卖管理，完善台账制度等工作。市农业部门、肉食品部门、市创建文明小组、市创建文明诚信市场领导先后到蔡边村市场进行后补考察，均对做出的工作给予了充分肯定和高度评价。

【民生实事】　2011年，蔡边村切实加强社会建设，推进共建共享改革发展成果，帮扶困难村民家庭，共建和谐社会。

慰问困难群众　蔡边村切实关心村民的生活质量，今年村走访慰问特困单亲家庭、低保户、纯二女户、残疾人士和老人等达180人次，并送去慰问金及慰问品价值约25万元。蔡边村做好低收入家庭保障工作，在原有14户困难家庭进行落户家访。

保障村民福利　2011年，蔡边村支付271万元为村民购买养老保险、医疗保险，其中：养老保险190万元，医疗保险81万元，解决村民的后顾之忧。农保推向职保后，符合领取养老金具体情况：男满55周岁，女满50周岁，原来每月领取200元的村民现在可以领250元，原来每月领取300元的村民可以领取380元或更多。发放每人每月100元的粮油金及每位老人每月100元的老人金。

解决村民劳动就业　蔡边村积极帮助下岗、失业群众解决就业和生活上的实际困难，联系企业、工厂及村各部门安排30名下岗、失业群众重回岗位，解决就业问题，真正做到关心群众，服务群众。

【精神文明建设】　蔡边村十分重视提高广大群众的综合素质和文化活动的开展，组织群众参加体育锻炼，篮球队、麒麟队、醒狮队、少年曲艺队、武术队和妇女舞蹈队等，在喜庆日子举行文艺表演、体育比赛。蔡边村组织妇女舞蹈队参加大朗毛织风情节汇演及织交会闭幕式表演，其中大朗毛织风情节中的腰鼓舞表演荣获“优秀演出奖”。蔡边村麒麟队获市第四届龙狮、麒麟运动大赛（麒麟）二等奖。

【申报农民公寓】　2011年，蔡边村为推进农村城市化和配合

东莞市现代化中心城市的建设进程，改善村民居住环境，合理规划和节省土地资源。抓住农民公寓的政策机遇，按照有关规定制定了蔡边村农民公寓的实施方案，设计方案等申报资料，并顺利完成农民公寓前期的申报手续。建造蔡边村农民公寓也是大朗镇政府五年计划报告的一项工程。

【党建工作】 2011年，蔡边村完成村党总支部和村委会换届选举。蔡边村党总支部现有在册党员人数107名（其中女党员11名）。村党组织按照积极、慎重、负责的态度做好党员的发展工作，上半年发展1名新党员。入党积极分子20名，非公有制企业党支部有18名党员，其中预备党员3名，今年新增两名村官。

附：2011年蔡边村两委干部名录

钟暖华（书记）
钟学良（副书记、村主任）
钟浩华（副书记）
钟锦辉（村副主任）
钟绍清　刘丽云（女）

黄草朗

【概况】 黄草朗社区位于东莞市大朗镇南面，辖区面积1.4平方公里，设立7个居民小队，总户数609户，总人数2345人，流动人口4508人。

【经济发展】 2011年，黄草朗社区工农业总产值7.02亿元，比上年增加0.3%；总收入1377万元，总支出928万元，纯收入449万元；居民小组总收入28.7万元，总支出3.8万元，纯收入24.9万元；集体总资产1.71亿元，比上年下降2.53%；居民人均年收入1.09万元，比上年增长8.99%。

【安全生产排查整治】 2011年，黄草朗社区排查企业和三小场所共313间，发出整改通知书147份、整改147间、安装报警器95个、增加普通灭火器639具、增加消防卷盘55具、增设安全疏散出口38处。

【产品质量和食品安全专项整治】 2011年，黄草朗社区共检查小药店15户，完成专项整治15户；餐饮企业共23户，完成专项整治19户；小食杂货店共50户，完成专项整治38户。

【民生工作】 2011年，黄草朗社区认真宣传好、落实好就业创业的优惠政策，积极与工厂和用人单位联系，全年推荐安排就业30人次，初级安全主任培训50多人，申请小额贷款4宗。2011年，黄草朗社区已有216人申领工资差额，其中新增办17人，成功申领人数216人，累计为群众申领补贴达84.24万。

【处理劳动争议】 2011年，黄草朗社区劳动服务平台共受理劳动调解案件136宗，其中由服务台成功调解的案件有109宗，调解不成由上一级部门处理的有27宗。

【人口与计划生育】 2011年，黄草朗社区在宣传栏大力宣传计划生育，实行季度妇检工作，每季查环、查孕率达98%。全年流动人口已婚育龄妇女录入信息有1039人，人口出生76人，落实四术措施34例，其中补救措施1例、女扎19例、上环15例。

【文化事业】 2011年，举办多个文体活动，如春节文体活动、幼儿园“六一”文艺晚会、镇“大学生”篮球赛、镇“企事业”篮球赛、十一“企事业”篮球赛和春节篮球赛等。2011年，黄草朗社区被评为东莞市文化先进社区。

附：2011年黄草朗社区两委干部名录

李浩良（书记）
卢远良（主任）
刘效求（副书记）
张站辉　李柱坚
卢雪瑜（女）

洋坑塘村

【概况】 洋坑塘村位于大朗镇中南部，与松山湖科技园相接，辖区面积1.11平方公里，户籍人口1085人，流动人口4800多人。

【经济发展】 2010年，洋坑塘全村可支配收入1141万元，2011年全村可支配收入1162万元，同比增长1.8%；总资产1.14亿元，同比增长2.1%；资产负债率8.47%，同比下降0.12%；全村人均年收入1.56万元，增长9%。

【文化建设】 2011年，洋坑塘村新建和完善的公共文化设施3项，包括：新建288平方米的广场舞台雨篷，新建700平方米的综合文化活动楼，采购健身器材、电脑、桌椅等设施设备一批。以上3项公共文化服务设施需要资金预算约261万元。镇财政拨付“五个有”工程专项资金150万元（含设备经费）。

（叶肖轩）

附：2011年洋坑塘村两委领导名录

黄应堆（书记）
黄炳华（主任） 黄伟东
黄柳眉（女） 黄子生
黄 敏

洋乌村

【概况】 洋乌村辖区总面积2.5平方公里。管辖有3个自然村，2011年常住人口1694人，流动人口近6000人。

【经济发展】 2011年洋乌村工农业总产值为1.51亿元，村组两级总收入1988万元，总支出1020万元，纯收入968万元，其中村民小组总收入1210万元，总支出505万元，纯收入705万元；集体总资产2.6539亿元，净资产20126万元，负债6413万元，村民人均收入达1.70万元，比上年增长了9%。村集体工业厂房面积17公顷，现有工业企业60多家，其中外资企业23家。

【招商引资】 2011年，洋乌村新建东莞俊俊流行饰品有限公司的厂房、宿舍、办公楼已完成并交付厂方使用，面积2.7615公顷，共投资2300多万元。整合利用土地资源，对新签协议广纳家具厂厂房扩建、金骐机械厂厂房建设，以及土地开发利用项目相继完成。

【经济管理】 洋乌村2011年度村级两委工作实绩量化考核主要经济指标单项各项税收人均水平排名第一；村组两级净资产总额超2亿元，全镇排名第九，全市排名第一百三十八。被评为大朗镇2011年度先进党支部，被评为国土、环保、审计、社保、财务资产管理工作、信访工作、食品药品监管工作等先进单位。

【党建工作】 2011年，洋乌村新发展党员1人，培养积极分子6人。积极开展城乡党组织互帮互助活动。

【环境卫生】 2011年，洋乌村成立综合管理办公室专门管治村容村貌，并对“六乱”整治，主要对主干道两旁的乱摆卖现象加强管理等，还将环境卫生推向市场化管理，园林绿化推向市场化，使已建设休闲区升级，实现每个自然村都有灯光球场、老人活动中心，增添村民、新莞人的休闲活动场所，建设生态和谐、优美宜居的生活环境。发放各种垃圾卫生整治等宣传材料，利用横幅、宣传栏以及传媒来对群众进行卫生宣传，环境卫生明显好转。

【社会治安综合治理】 2011年，洋乌村继续完善健全治安联防体系，做好社会治安综合治理工作。实行治安巡逻队伍值班巡逻，稳定村的社会秩序。治安联防队现有队员40人，实行分队分组方式对辖区范围内进行巡逻。对跨区道路设立关卡及治安岗亭，分时段半封闭管理。还加强对出租屋管理，凡居住在本辖区内的新莞人，做到逐户登记，逐月检查，不留治安隐患。

【民生实事】 2011年洋乌村完成“五个有”文化惠民工程，建设文化广场、综合文化活动中心等工程。成立物业管理办公室。

【劳动就业】 2011年，洋乌村共解决就业50人次。村两委干部、劳动服务平台办公室针对目前的现实情况，通过多渠道，想方设法与企事业单位等部门联系，加大力度解决村民就业，对有需求就业的村民进行造册登记，对位入座，积极动员村民参加劳动等部门举办的各种类型培训班，按照先培训，后推荐的原则解决富余劳动力就业。

【慰问80周岁老人】 2011年，洋乌村两委干部及村民小组长在春节前对80周岁以上老人共47人，进行逐家走访慰问，给每一位老人送上一份礼品及慰问金300元。 （韩玉婵）

附：2011年洋乌村两委干部名录

何沃枝（书记）
黄耀辉（主任）
何润棠 黄耀辉
周锦霞（女）
黄仲初 罗汉清

宝陂村

【概况】 宝陂村辖区总面积0.5平方公里，户籍人口709人，新莞人约300人。2011年获得“广东省宜居示范村庄”、“东莞市文明村”、“东莞市人口和计划生育工作无政策外出生村”等称号。

【经济发展】 2011年，宝陂村工业总产值3.2亿元，比上年增长4.53%；全村总收入为683万元，比上年增长1.6%；总支出为269万元；纯收入为414万元，比上年增长7万元；集体总资产

1.31亿元；负债5890万元；村民人均收入1.24万元，比上年增长10.5%。

【党建工作】 2011年3月6日，宝陂村党支部进行了新一届党支委选举，与会32名党员投票，吴志成同志当选为宝陂村党支部书记，吴启轩、任添娣、吴炳棠三位同志当选为新一届支部委员。4月4日，宝陂村进行村委会换届选举，吴志成同志当选为村委会主任，吴如明同志当选为村委会副主任，叶妙茹同志当选为村委委员。新一届两委干部在原来五位的基础上增加了一位女干部。

【帮扶企业】 宝陂村给予企业提供各种力所能及的帮助，帮助企业克服困难。各企业自身也转型升级，不断革新技术，提高管理水平，促进生产。2011年，宝陂村各企业不仅没倒闭，而且都保持了稳定的增产。2011年，宝陂村实际利用外资人均水平排名大朗第一。

【文化建设】 2011年，宝陂村继续积极开展丰富多彩的文体活动，加强文体设施建设，提高群众的文化生活水平。

新春期间，宝陂村开展了粤剧演出、文艺表演、篮球比赛及参加镇迎春拔河比赛等一系列群众喜于参与的文体节目。据统计，各项活动观众合共1000多人次，让群众在喜庆热闹的气氛中度过一个欢乐祥和的春节。

不断对图书室的设备进行升级。图书室藏书量达1.2万册，配置了电脑、空调等设备，完善了查阅、借阅等相关制度，实现专人管理，基本满足了村民的日常知识所需，受到村民欢迎。

【综治维稳】 2011年，宝陂村坚持以稳定促发展的工作方针，狠抓社会治安维稳工作。

节假日期间，宝陂村组织安全办人员深入到辖区各工厂企业、小商铺等开展安全生产检查，及时消除火灾和各类安全生产隐患，全年共出动检查人员62人次，检查各类工厂企业、商铺共98间次，辖区全年没有发生重大安全生产事故。另外，村治安员在各节日期间取消休假，加强路面巡逻和站岗，保一方平安。

（吴惠钦）

附：2011年宝陂村两委干部名录

吴志成（书记兼主任）
吴启轩　任添娣（女）
吴炳棠　吴如明
叶妙茹（女）

犀牛陂村

【概况】 犀牛陂村位于大朗镇西南部，面积8平方公里，辖7个村民小组，总人口19285人，其中户籍人口3285人，外来人口16000人。

【经济发展】 2011年，犀牛陂村组工业总产值13.46亿元，同比增长7.75%；农业总产值204.92万元，村组总收入3885万元，总支出1685万元，集体总资产2.5亿元，负债3088万元。

【经济管理】 2011年，犀牛陂村的集体厂房继续保持良好的出租率，引入东莞市华荣家具有限公司、东莞市大朗盛烨兴塑胶模具厂；向银行贷款1500万元，将原佛凹工业区农贸市场的35亩土地收回，用于建设四个配套厂房宿舍，预计每年能为村集体增加320万元的收入。

【综治维稳】 2011年，犀牛陂村对辖区内矛盾纠纷开展全面排查，力争将矛盾化解在当地、消除在萌芽状态，全年排查矛盾纠纷共84宗，涉及人数96人，全部顺利调解。整顿非法行医：健全巡查汇报机制，坚持做好每天巡查工作，发现情况及时向上级汇报；强化源头管理机制，对违法建筑实施停水停电，严防其进入租赁市场，最大限度减少"黑诊所"藏身之处；配合公安机关加大立案查处力度，严厉打击非法行医行为。全年共查封"黑诊所"1间，立案查处1宗。

【民生工作】 2011年，犀牛陂村新考入本科2A线以上的学生11人，村组两级共奖励5万元；中考考入重点中学7人，村组两级共奖励1.12万元。全年累计犀牛陂村的奖学、助学费共18.97万元。2011年犀牛陂村有低保家庭18户48人，村委积极开展"一帮一"结对帮扶送温暖活动，共送上慰问金6.9万元。

【党建工作】 2011年，犀牛陂村紧抓党建工程，通过广东省远程网上教育对犀牛陂村党员不定期进行廉政教育，全年举办学习座谈会4次；加强党员干部队伍建设，利用大朗党建网等网络资源，鼓励党员干部加强政治学习，及时了解党的工作重点和动态；设立党代表工作室，每周五晚上对外开放，疏通民意表达的渠道，搭建社区党组织联系和服务党员群众的平台；在"七·一"党的90周年华诞之际，组织党总支部成员到湖南、湖北两地的红色革命基地参观学习，让党员们接受一堂特殊的爱国主义教育。2011年犀牛陂村新增5名入党积极分子，5名入党积极分子全部发展为预备党员，犀牛陂村党总支部共有党员99名。

（刘耀华）

附：2011年犀牛陂村两委干部名录

刘焕坤（书记）

刘曲波（主任） 刘同庆

刘伟科 刘玉芬（女）

刘满稳 刘何欢（女）

松木山村

【概况】 松木山村位于大朗镇西南部，面积2.7平方公里，辖两个村民小组，总人口约8971人，其中户籍人口2632人，外来暂住人口约6339人。

【经济发展】 2011年，松木山村组可支配财政收入总额2288万元，全镇排名第九；村组两级净资产总额1.71亿元；全村生产总值9.21亿元；工农业总产值8.9亿元；全村总收入为2234万元，总支出为757万元，纯收入为1277万元；集体总资产2.08亿元；村民人均收入1.68万元。

【经济管理】 2011年，松木山村利用闲置土地资源，加大招商引资力度，注重引入低耗能企业，全年共引进9家企业，分别是东莞七海测量技术有限公司、东莞菱和宝德冷热设备有限公司、达明机器（东莞）有限公司、东莞市润华光电有限公司、东莞市燊利模具有限公司、东莞市富宏运动器材有限公司、东莞市华耘实业有限公司、东莞市台机减速机有限公司、东莞市万钧化工新材料科技有限公司，帮助东莞卡菲亚家具有限公司厂房扩大、增产，为集体经济增加收益。2011年，松木山村共帮扶3家来料加工企业转为“三资”企业。

【综治维稳】 2011年，松木山村加大治安巡逻力度，突出打击入室盗窃、黄赌毒等违法犯罪行为，协助公安机关破获凶杀案件1宗，查处治安案件56宗，查扣无牌无证、假牌假证摩托车25辆。接访人数233人，调解矛盾纠纷170宗，调解率91%。加强安全隐患排查整治，检查企业“三小”场所556间，发出整改书195份，停电31间，取缔“三小”场所5间，取缔易燃易爆化学危险品制造厂3间。加强市场监督，清查各类大小食品商铺80间，取缔证照不全商铺1间。

【人口与计划生育】 2011年，松木山村充分利用妇女学校、婚育学校，普及科、教、文、卫、法知识，共举办6期培训班，参加培训人数723人次。深入开展“关爱女孩”活动，宣传发动社会力量帮扶单亲母亲家庭、单身女孩和贫困的纯二女家庭，坚决打击遗弃女婴，并对纯二女结扎户和困难单身母亲户发放春节补助金和慰问品。填写《流动人口已婚育龄妇女计划生育信息申报表》共计1216人，签订出租屋计划生育责任书125份，签订租住人员计划生育合同书1216份，查环查孕2546人，查环查孕率为96.38%。

【民生工作】 奖学助学 2011年，松木山村发放奖学金9.7万元，其中新考入本科的学生9人，共奖励4.2万元；新考入专科的学生18人，共奖励1.8万元；中考获奖3人，共奖励5000元。

帮扶残疾 2011年，松木山村开展残疾人排查工作，由村民小组组长率队，对符合残疾人证定标准的村民进行造册登记；评出50名不同类别的残疾人，收到镇社会事务办帮扶资金11万元；成立残疾人协会，专门协助残疾人的就业和生活。2011年，松木山村的残疾人有50人，全部完成办证手续，其中实现就业有12人。

帮扶低保 2011年，松木山村开展“一帮一”结对帮扶送温暖活动，深入贫困户家中了解情况，在“千干扶千户”活动中帮扶贫困户24户，送上慰问金4.3万元。

村民福利 2011年，松木山村直接福利支出787万元，股份分红每人每季500元、春节慰问金每人500元，共计616万元。公益支出1022万元，包括教育经费112万元，治安经费202万元，环卫经费92万元，文体活动经费54万元，计划生育费24万元，军烈属补助15万元，公共设施水电费和维修费48万元，住房公积金、社会保险、企业工作奖等其他费用56万元。

【党建工作】 2011年，松木山村利用广东省远程网上教育平台，对村内106名党员开展廉政教育，举办学习座谈会6次；建立松木山村党建网，宣传党支部近期的工作和活动；完善党务、人事档案管理，对两委干部、村民小组长建立人事档案，做好全体党员的信息资料录入工作；设立党代表工作室，积极听取党员群众的意见，将纠纷和矛盾消除在基层。

（黄仲新）

附：2011年松木山村两委干部名录

黄柱辉（书记）

黄绍平（副书记兼主任）

黄仲新（副主任）

叶妙华　黄锦平　黄见明

水平村

【概况】　水平村位于大朗镇南部，土地面积7平方公里，辖2个村民小组，总人口6826人，其中户籍人口1922人，外来暂住人口4904人。

【经济发展】　2011年，水平村工农业生产总值9.82亿元，比上年增加6.72%；全村总收入为1520万元，总支出为873万元，纯收入为647万元；集体总资产1.63亿元，比上年增长1.72%，村净资产总额1.23亿元；村组可支配收入2365万元，村民人均收入1.66万元，比上年增长9%。

【经济管理】　2011年，水平村共引进东莞市深卓电路科技有限公司、东莞市聚成福环保材料有限公司、东莞市瑞涛宇电路板有限公司、东莞市星博电子有限公司、东莞市德立思电子有限公司等13家企业。加强应收未收款追收，全年应收款项1992万元。

【综治维稳】　2011年，水平村开展“清剿火患”工作，共检查企业56家，发现安全隐患62处，经整治后，整改率达100%；检查三小场所、出租屋236间，发现隐患182处，经整治后，整改率达93.4%；深入30多家企业开展消防演练，培训人数3000多人次；开展企业交叉检查，组织辖区内10家企业的安全主任在全村范围内开展企业隐患排查，检查企业39家，发出整改通知书6份，经整治后，整改率达100%。2011年，水平村共发生安全事故43宗，较上年减少6宗，同比下降14%，全年未发生较大以上安全生产事故。水平村处理“镇长信箱”和“便民问答”13件，信件办结率达100%；处理各类矛盾劳资纠纷27宗，同比上升3.8%，涉案人数32人，同比下降11.1%，调解率达100%。对辖区内的农贸市场和商店进行食品安全检查，共检查20次，出动人数80多人次，派发宣传单500多份，与80多间经营食品的商铺签订了食品安全责任书，协助大朗镇工商分局下发食品台账80多本。

【民生实事】　奖学助学　2011年，水平村高考录取上本科院校8人，录取上专科院校11人，中考录取上重点中学5人，共发放奖金3.55万元。

就业培训　2011年3月12日，水平村组织亚泰厂、标帆厂、耀保厂参加大朗人力资源分局举办的2011年大朗镇“春风行动”现场招聘会，帮助就业困难人员再就业；6月16日，组织水平村高校毕业生参加大朗人力资源分局举办的大朗镇大学毕业生就业指导培训班；7月23日，组织水平村应、往届高校毕业生参加大朗人力资源分局举办的大朗镇大学生现场招聘会。2011年，水平村劳动服务站为22名户籍劳动力实现就业，水平村团总支部共组织20名大学生参加团镇委举办的大学生创业（社会）实践活动。

帮扶低保和残疾人　2011年，水平村共有55名不同类别的残疾人，收到镇社会事务办帮扶资金12.9万元；有低保家庭13户25人，受惠总额8.67万元。

建设文化工程　2011年，水平村投资230万元建成文化广场、文化活动中心、文体广场，提供了图书、健身器材、运动场给村民和新莞人使用。

【人口与计划生育】　2011年，水平村做好人口信息录入和造册登记工作，新录入173人，累计录入户籍人口450人，流动人口920人。慰问本村贫困独生子女户、纯二女结扎户7户，发放慰问金和慰问品4500元。

【党建工作】　2011年，水平村紧紧围绕“清廉、为民、务实”的工作目标，加强党风廉政建设；定期召开民主生活会，规范完善党务公开化和民主化；通过省远程网上教育对本村97名党员不定期进行廉政教育；举办8次学习座谈会，发动全体党员干部学习党风廉政知识。（叶善兴）

附：2011年水平村两委干部名录

邝锦田（书记）

邝润华（副书记兼主任）

邝旦坚　邝妙娥（女）

王锦球　邝暖辉

屏山社区

【概况】　屏山社区位于大朗镇东南部，面积2.2平方公里。总人口1030人，其中户籍人口510人，外来暂住人员520人。

【经济发展】　2011年，屏山社区工业总产值7945万元，农业总产值168.73万元，村总收入239万元，总支出126万元，集体总资产3344万元，总负债575万元。社区经济联合社资产总额3344万元，增长32.12%；净资产2769万元，比上年增加695万元；经营总收入239万元，增长26.78%。社区纯利润113万元，增长8%；人均收入达1.28万元，增长9%。

【招商引资】 2011年，屏山社区加大招商引资力度，利用2010年中国散裂中子源项目土地征收获得的700万元，和市财政300万元的贴息贷款等款项作为启动基金，在新围（土名）开发约28亩土地，建设两间工业厂房及配套设施。其中一间占地10亩，已与奇妙包装厂初谈定租赁协议；另一间占地18亩，已与广美食品饮料有限公司签订租赁合同。

【综治维稳】 2011年，屏山社区协助公安机关查处治安案件9宗。接访人数3人，调解率90%；收到劳动争议3宗，涉案人数21人，成功调解1宗，剩下两宗共20人移交大朗镇人力资源分局处理。开展了8次安全生产检查工作，由社区安全办组织治安队、劳动服务站等部门对辖区内民营企业、公共设施等进行检查，共出动61人次，发出安全整改书9份，整改率为100%。配合有关部门督促副食品、小餐厅、工业区等集中经营场所领取卫生许可证，领证率达100%。开展食品安全宣传教育活动，派发宣传单100多份，食品安全知识进家庭覆盖面达100%，全年无食品安全事故发生。

【民生实事】 2011年，屏山社区向每位社区居民发放福利800元；居民养老保险费24万元由社区及个人共同负担，医疗保险费9万元全部由集体支付。发放奖学金1.03万元，其中新考入本科的学生4人，共奖励8000元；新考入专科的学生3人，共奖励1500元；中考获奖1人，共奖励800元。

【环境卫生整治】 2011年，屏山社区开展环境卫生整治工作，聘请环卫工人7人、卫生监察人员两人；签订门前三包责任书73份，实现生活垃圾日产日清、无卫生死角；开展除“四害”活动，4次购买老鼠谷共1200斤，发给各社区居民、商店、工厂使用，并安排专人投放到各公共场所角落；全年共3次对全村进行消毒、灭蚊虫。

【计划生育】 2011年，屏山社区填写《流动人口已婚育龄妇女计划生育信息申报表》4人，签订出租屋计划生育责任书4份，签订租住人员计划生育合同书4份，查环查孕20人，查环查孕率为95%。

【文化建设】 2011年，屏山社区响应全民健身运动，在春节和国庆期间组织篮球比赛，参加人数共95人次；“三八”妇女节期间，组织社区妇女举行跳舞和投篮球比赛，共202人参加；春节期间，社区麒麟队到镇和其他社区（村）表演。

【党建工作】 2011年，屏山社区进一步加强社区党组织建设，在“七一”期间举行党员干部述职述廉民主评议活动，每位党员汇报自我总结情况，加强学习交流；建立健全各项制度，使支部党建工作走上制度化、规范化的轨道；发展先进分子入党，吸收入党积极分子4名，由外地转入屏山社区党支部党员两名。

（韩惠玲）

附：2011年屏山社区两委干部名录

韩德华（书记兼主任）

韩耀棠　韩汉平　韩树根

韩效根　蔡柳芳（女）

石厦村

【概况】 石厦村由坳厦和仙村两个自然村组成，面积9.6平方公里，辖13个村民小组，总人口9290人，户籍人口2990人，外来暂住人口6300人。2011年石厦村成功通过省“宜居村”初步验收。

【经济发展】 2011年，全村生产总值15.7846亿元，比上年增长10.78%；工农业总产值16.3118亿元，比上年增加14.15%；全村总收入为1466万元，总支出为690万元，纯收入为776万元；村民小组总收入为300万元，总支出为82万元，纯收入为218万元；集体总资产21525万元，比上年增长6.55%；负债2029万元，比上年减少9.74%；村民人均收入17402元，比上年增长9.02%。

【帮扶企业】 2011年，石厦村企业总数176个，其中内资企业15个，外资企业12个，规模以上企业7个，个体工商户142个。石厦村全力帮助企业解决融资问题，积极协助企业转型升级，鼓励有条件的企业增资扩产，做好亲商、安商工作。2011年立旺电子有限公司投资500万美元增设研发部，增建厂房、宿舍，现已投入使用；天虹物流第一期已成功投产，第二期工程正在加紧建设。

【综治维稳】 2011年，石厦村加强治安管理力度，完善出租屋管理制度，加强外来人口管理，强化治安联防队员政治素质，提高业务水平，提倡文明执法。开展“无地下赌场、无赌博游戏机”达标行动，收缴用于赌博的游戏机、麻将台一批。2011年企管部门联同质监等相关单位，对石厦村辖区内12家特种设备使用单位实行安全隐患排查，发出《特种设备安全监察指令》12份，其中4家存在一般隐患的企业限期整改。石厦村共投入2万元作为“质量安全月”宣传经费。继续完善环境卫生管理制度，垃圾做到日产日清，定期开展除“四害”工作，投入85.5万元资金，添置垃圾箱及环卫工具，完善垃圾中转站等环卫设施，组织专职人员对绿化进行养护，对广场、公园、公厕等公共设施实行专管理。对辖区内的学校、企业等公共食堂以及食品加工场所进行不定期检查，发出《整改通知书》15份。共收到劳动争议投诉54宗，涉及人数87人，成功调解47宗，送镇案件7宗。2011年建设工程质量安全监督部门对石厦村投资在建的立旺厂第九、十两幢厂房、宿舍开展了3次质量安全监督检查，重点检查工程实体质量和工程的相关资料，规范基本建设程序，对发现问题的事项发出《整改通知书》1份。

【民生实事】 2011年，石厦村对困难群众就业、上学和看病难都给予大力扶持，分别到困难户家中慰问，每户送上500元慰问金及粮油生活用品等。石厦村有残疾人48人，优先给予残疾人就业，组织残疾人定期检查身体，做好“一对一”帮扶残疾人活动，为残疾人送去慰问金和生活用品。负担养老保险和医疗保险合计约205万元，村民年终分红每人1000元，享受养老保险待遇的老人每月支取300元，年满60岁的老人每月还享受村发放100元老人金，本村户籍学生就读大朗一小的费用全免，每个村民每月发放40元粮油款。2011年，在石厦村劳动就业服务平台共登记待就业人数58人，通过平台向企业推荐的各类人才50人，成功就业55人。通过开办“村民车间”向村民提供85多个就业岗位，举办了5期再就业培训班，村民通过再培训成功就业82人。落实“五个有”工程建设，投入150万元建成432平方米图书馆、电子阅览室、多媒体活动室、健身室等，投入8万元将灯光球场塑胶化，投入42万元搭建广场舞台雨篷。在文化广场增设15套健身器械。

【人口与计划生育】 2011年，石厦村出生一孩45人，其中男孩26人，女孩19；生两孩10人，男孩10人，女孩0人。查环查孕率达100%。

【文化事业】 2011年石厦村共投入教育经费115万元，其中为鼓励高考和中考成绩优秀的学生，村委会投入10万元作为奖学金；在校表现优秀或者在各种活动中成绩优异的学生和贡献突出的老师都给予奖金奖励。2011年石厦村在春节篮球赛中勇创佳绩，男子篮球队分别获甲组第二名、男子丙组第一名。春节期间举行了篮球、击鼓迎春、文艺晚会等活动，参加镇的男女拔河比赛；暑假期间协办第三届暑假大学生篮球赛和“外商杯”篮球赛。

【党建工作】 石厦村党支部重视党风廉政建设，不断完善反腐倡廉的各项规章制度，健全党员民主生活会制度，鼓励政治素质高、有技能的人参加党组织，并组织其参加镇组织办举办的党员培训班。2011年石厦村党支部有党员98人，预备党员1名，入党积极分子3名。 （周子龙）

附：2011石厦村两委干部名录

黄志良（书记兼主任）
李全顺　周效强　周耀芬
黄浩深　黄建良
刘妙茹（女）　周庆祥
周耀辉

新马莲村

【概况】 新马莲村辖区面积6.9平方公里，辖莲塘头、新塘围、马坑3个自然村。2011年户籍人口1602人，新莞人约8000多人。新马莲村2011年村委会集体经营总收入545万元，三个村小组经营总收入572万。

【帮扶企业】 2011年，新马莲村委以产业升级转移为契机，改善投资环境，组织两委干部到辖区的企业开展走访帮扶活动，马坑村民小组成功引进建荣电子塑胶有限公司及德意隆真空电镀有限公司等多间大型企业。

【基础设施建设】 2011年，新马莲村加强农村基础设施建设，改善村容村貌和投资环境。莲湖公园已完工，成为村民、新莞人休闲娱乐的好去处；配合做好凤山农业科技产业园的收尾工作；做好水新路与莲大路驳接工作；动工建设新的文化办公大楼，共4层，占地面积450平方米，投资325万元，预计在2012年7月投入使用，实现村组两级联合办公，改善新马莲村的办公环境。

【综治维稳】　2011年，新马莲村制定治安工作方案，加强治安管理；配合打击黄、赌、毒等违法行为；解决村民间的纠纷等等。投入5万元增设了4辆警用巡逻摩托车，投入近20万元在村的主要出入口加装了视频监控，协助公安机关抓获20名各类违法犯罪分子。成立就业平台、消防队、企管办、外来人口管理中心等职能部门，定期召开企业负责人安全工作会议，增加消防设备，组织企业进行消防演练，全年没有发生安全生产事故，没有发生劳资纠纷。2011年，新马莲村建1座达二类标准以上的公厕、1座符合标准要求的垃圾转运站；加强下水道管理，确保密封、畅通和硬底化；加强对市场等公共场所的卫生管理、家禽牲畜圈养管理和除“四害”等工作。保洁范围全面覆盖，不留卫生死角。

【计划生育】　2011年，新马莲村较好完成了镇妇联下达的计生工作，全年共有育龄妇女343人，落实措施的有325人。

【文化建设】　2011年，新马莲村按照“五个有”的标准建设文化设施。市政府下拨150万支持“五个有”工程建设，新马莲村投入50万元改造了原有的文化活动大楼，改造200多平方米的综合文化活动室，设有公共图书阅览区、公共电子阅览室；投入60万元新建两个标准灯光球场，建设一个1000多平方米的文体广场；投入40万元采购一批文体活动器材。

【党建工作】　2011年，新马莲村顺利完成村委会的村组两级换届选举工作。新一任村委会领导班子：梁绍堂（书记）、梁沃辉（主任）、张柱明（副书记）、梁国祥（支委、副主任）、王国堂（支委）、梁沃深（支委）、刘婉媚（村委）。新领导班子向年轻化、知识化方向转变。2011年6月18日新马莲村党支部组织两委干部和全体党员共55人在村委会召开民主评议党员会议。推荐梁绍堂、张柱明、王国堂、梁国祥、梁沃深5位同志为优秀党员。　（梁国祥）

附：2011年新马莲村两委干部名录

梁绍堂（书记）
梁沃辉（主任）　张柱明
梁国祥　王国堂　梁沃深
刘婉媚（女）

沙步村

【概况】　沙步村辖区面积3.1平方公里，辖下沙步、沙塘围、土地坑三个村民小组。有585户，常住人口2289人，新莞人6137人。

【经济发展】　2011年，全村生产总值4.14231亿元，比上年增加2.56%；工农业总产值51989万元，比上年增长5.52%；全村总收入为1165万元，总支出为603万元，纯收入为562万元；村民小组总收入为963万元，总支出为366万元，纯收入为597万元；集体总资产12586万元，比上年增长9.12%；负债2752万元，比上年减少4.22%；村民人均收入13587元，比上年增长7.99%。

【基础设施】　2011年，沙步村新建沙和路延伸段与沙河路相通道路，长300米、宽16米；改造了沙河路边和沙常一路中间绿化带；在沙步旧村内建成两个街心公园，添置了休闲健身设施，并附设一个标准篮球场，面积达2000平方米。新建1个有舞台的文化广场，在沙步喜庆堂二楼建设村史展览厅、休闲健身室和电子阅览室。增加图书分馆的藏书量，达8300册。

【综治维稳】　2011年，沙步村新增一辆治安巡逻电瓶车，投入70万元在各主要出入口及道路交汇处安装治安视频监控，设专人24小时进行治安实时监控。开展各类专项整治行动19次，共出动550人次。对辖区内所有企业、“三小”场所进行消防安全用电用火的宣传并进行定期检查，排除消防隐患，全年共检查“三小”场所346家，共发整改通知书49份，停电整改12家。调解协商村民间的纠纷6宗，维护社会和谐。处理劳资纠纷及工伤赔偿事故142宗，成功调解120宗。

【环境卫生】　2011年，沙步村投入1.2万元新添置50个果皮箱，投入66万成立33人的环卫保洁清扫队伍，实行各路段全天有人清扫保洁。举办环境卫生知识讲座3次，加强村民和新莞人对保护环境卫生意识的宣传教育，发放环卫知识小册子500本，宣传单1000份。

【民生实事】　2011年，沙步村加强对应届大中专毕业生就业指导，共发放大中专毕业生就业宣传小册子300份；向全村585户发放《鼓励东莞市富余劳动力就业政策》宣传单张，全年推荐了28人到各工厂企业工作，已累计推荐298人。2011年新进8人到年年皮具厂的村民车间，该厂现

有本地妇女64人。2011年，沙步村支付119万元为村民购买养老保险、医疗保险；发放每人每月100元的粮油金及每位老人每月100元的老人金。2011年，全村共有低保家庭16户（48人），受惠总额10万元，在“千干扶千户”中帮扶了16户贫困户，共发放1万元慰问金。2011年，沙步村共走访慰问特困单亲家庭、低保户、纯二女户、残疾人士和老人等达250人次，并送去慰问金及慰问品价值约15万元。慰问百岁老人并发放政府慰问金，村委会慰问金5000元。

【计划生育】 2011年，沙步村全年填写《流动人口已婚育龄妇女计划生育信息申报表》926人，签订出租屋计划生育责任书90份，签订租住人员计划生育合同书202份，查环查孕682人,查环查孕率为95%。

【党建工作】 2011年，沙步村建立党员教育培训室，不定期对党员播放教育专题片加强党员的党性教育；发展入党积极分子3名，预备党员2名，转正2人。

（邓照辉）

附：2011年沙步村两委干部名录

李永林（书记）

叶创华（副书记兼主任）

邓树深　叶浩华

曾彩娣（女）　叶托安

杨涌村

【概况】 杨涌村辖区面积1.5平方公里。2011年总人口9860人（含海杨城小区），其中户籍人口1380人，外来暂住人口8480人。

【经济发展】 2011年，全村生产总值3.60亿元，比上年增加38%；全村总收入为551万元，总支出为257万元，纯收入为294万元；村民小组总收入为137万元，总支出为41万元，纯收入为96万元；集体总资产5192万元，负债455万元，资产负债率8.76%；村民人均收入14536元，比上年增长8.197%。

【企业发展】 2011年，杨涌村企业总数15个，其中内资企业10个，外资企业5个，规模以上企业8个，个体工商户281个；工业总产值36000万元，其中规模以上工业总产值31000万元；出口创汇1.5万美元，工商税收750万元。

【综治维稳】 2011年，杨涌村聘请村民成立护村队，加强夜间对辖区内各路段的巡查，在各主要出入路口实行设卡站岗工作制，对无牌无证、假牌假证的摩托车实行清查扣车。开设新莞人咨询窗口，解答新莞人对于出租屋、居住证等方面的问题，超额完成出租屋意外保险工作任务，“二手房东”办理居住证95%以上、创建安全文明出租屋100%、出租屋季度完税100%、2011年新办证数100%。

【环境整治】 2011年杨涌村“五有”工程建设共投资200万元，完善周边地区的环境。投入18万元完成辖区内路面整治工程，总长度为450米；投入6万元整治辖区内的主要排水渠道的清淤工作。

【计划生育】 杨涌村户籍已婚育龄妇女288人，其中一孩102人，二孩135人，三孩34人，已婚未育17人；2011年度出生12人，一孩7人，二孩5人；落实“四术”1例，其中一孩上环4人，二孩结扎5人，补救措施1例。2011年，杨涌村流动人口共3500人，其中育龄妇女992人，本省已婚育龄妇女228人，外省已婚育龄妇女764人，流动人口出生72人，一孩35人（其中男14人，女21人），二孩37人（男19人，女18人）；落实“四术”70例。

【体育建设】 2011年，杨涌灯光球场成为大朗镇2011年春节篮球赛的比赛赛场之一，入选大朗镇2011年春节篮球赛最佳球场。杨涌村男子篮球队乙队赢得大朗镇2011年春节篮球赛男子乙组的冠军。

【民生实事】 2011年，杨涌村共处理劳动争议70宗，为村民提供推荐就业、岗位培训、岗位津贴、工资差额、小额贷款等服务500多人次，申领工资差额、岗位津贴、岗位成才等25万多元。2011年，杨涌村共发放奖学助学金4600元，新考入本科的学生1人奖励3000元，在读高校生发放助学金1600元。两委干部、村民小组对村内17户困难户、五保户及15户老干部进行慰问。

【党建工作】 2011年，杨涌村党支部2011年度有63名党员，新增了5名党员，其中1名为预备党员，都是由大学毕业迁回杨涌党支部。2011年派送5名入党积极分子，并参加大朗镇入党积极分子培训班。定期组织党员观看远程教育课件。

（蔡国林）

附：2011年杨涌村两委干部名录

蔡耀祥（书记）

蔡伟平（主任）　蔡惠洪

蔡国林　蔡婉平（女）

蔡淦辉

2011年大朗镇国民经济和社会发展统计公报

（2012年3月29日）

大朗镇统计办

2011年，全镇人民在镇委、镇政府的坚强领导下，以邓小平理论和“三个代表”重要思想为指导，深入贯彻落实科学发展观，全面实施《珠江三角洲地区改革发展规划纲要（2008-2020）》，克服各种困难和挑战，坚定推进经济社会双转型，大力调整结构，全力保持经济社会稳定增长，实现“十二五”时期良好开局。

一、经济发展

经济总量

至2011年底，我镇共有企业及个体工商户总数2.06万个，对比年初增加409个。其中，外资企业505个；私营企业（含私营有限责任公司）3712个，增加655个；个体工商户1.6万户。全年全镇新注册企业973家，其中内资企业926家，外资企业47家，全镇净增企业750家。

初步核算，2011年大朗生产总值（GDP）146.9亿元，比上年增长5.1%。其中第一产业增加值0.16亿元，增长7.2%；第二产业增加值85.6亿元，增长2.9%；第三产业增加值61.2亿元，增长8.3%。三大产业比例为0.1∶58.24∶41.66。在第三产业中，批发和零售业增长3.4%，住宿和餐饮业增长9.3%，金融业增长5.1%，房地产业增长5.4%，居民和其他服务业增长15.2%。人均生产总值达47053元，增长8.2%。

全年来源于大朗的财政总收入23.1亿元，比上年增长22.7%。镇本级可支配财政收入7.16亿元，增长11.6%。镇本级可支配收入中，上级补助收入2.53亿元，增长11.5%，税收返还收入3.16亿元，增长36.7%，自筹收入0.84亿元，下降42.7%。全年地方一般财政支出7.31亿元，比上年增长16.5%。其中，一般公共服务支出1.49亿元，公共安全支出1.11亿元，教育支出1.58亿元，科学技术支出0.26亿元，文化体育与传媒支出0.34亿元，社会保障和就业支出0.54亿元，医疗卫生支出0.13亿元，环境保护支出0.34亿元，城乡社区事务支出1.16亿元，农林水事务支出0.21亿元，交通运输支出0.04亿元。

全年全镇工商税收总额19.1亿元，比上年增长29.8%。其中国税10.8亿元，增长24.8%；地税8.3亿元，增长37%。从税种来看，增值税9.56亿元，增长20.6%；营业税2.2亿元，增长42.6%；企业所得税2.8亿元，增长43.6%；个人所得税1.02亿元，增长19.9%；城市维护建设税0.59亿元，增长78.2%；房产税0.28亿元，增长8.2%；其他税种税收1.14亿元，增长20.4%。

所有制结构

在全镇规模以上工业总产值中，集体工业总产值0.97亿元，增长10.3%；外商及港澳台经济工业总产值150.2亿元，增长0.3%；私营经济工业总产值103.9亿元，增长10.1%。

在固定资产投资中，国有集体投资6.49亿元，比上年下降33.5%，占固定资产投资总额的比重为17.8%；民营经济投资24.8亿元，下降0.2%，占67.9%；外商及港澳台投资5.23亿元，增长13%，占14.3%。

在限额以上批发零售贸易业零售额中，内资企业实现零售额15.7亿元，比上年增长13.6%，占总零售额的比重为79.8%。其中，国有企业占7.6%，集体企业占13.5%，私营企业占58.7%。外资企业实现销售额3.9亿元，增长15.3%，占20.2%。

在出口总额中，三资企业出口额8.55亿美元，增长7.9%；“三来一补”企业出口额1.78亿美元，下降33.2%。外贸进出口企业9.07亿美元，增长64.1%。

转型升级

大朗镇积极搭建服务平台，完善就地不停产转型的操作办法，帮助34家来料加工企业成功转为三资或民营企业。用好加工贸易转型升级专项资金，激励企业加强技术研发和品牌经营，全镇新设立外资企业研发机构27

家。完善科技大朗配套政策，积极培育“两自”企业，国家高新技术企业达14家；新增省民营科技企业2家，总量达23家；新增市民营科技企业9家，总量达63家。国家认可委员会认证实验室2个，市企业工程技术研发中心4家；国家省市科技立项50项，共获得科技资助经费1040万元。

固定资产投资

全年全社会固定资产投资36.5亿元，比上年下降6.9%。

在固定资产投资总额中，第二产业投资16.36亿元，增长17.1%。其中工业更新改造投资11.68亿元，增长25.3%。第三产业投资20.12亿元，下降20.2%。其中房地产开发投资12.01亿元，下降12.5%；水利环境和公共管理投资0.76亿元，下降76.8%；科研和技术投资1.21亿元，下降32.9%；教育投资0.08亿元，下降92%；批发零售业投资0.52亿元，下降42.2%；文化、体育和娱乐业投资0.21亿元，增长895.6%。

全年完成投资5000万元—1亿元的项目3个，完成投资2.1亿元。其中，工业类项目2个，完成投资1.38亿元；房地产项目1个，完成投资0.72亿元。完成投资1亿元以上项目4个，完成投资10.72亿元，均为房地产开发项目。

图一　1996—2011年大朗镇全社会固定资产投资总额及其增长速度

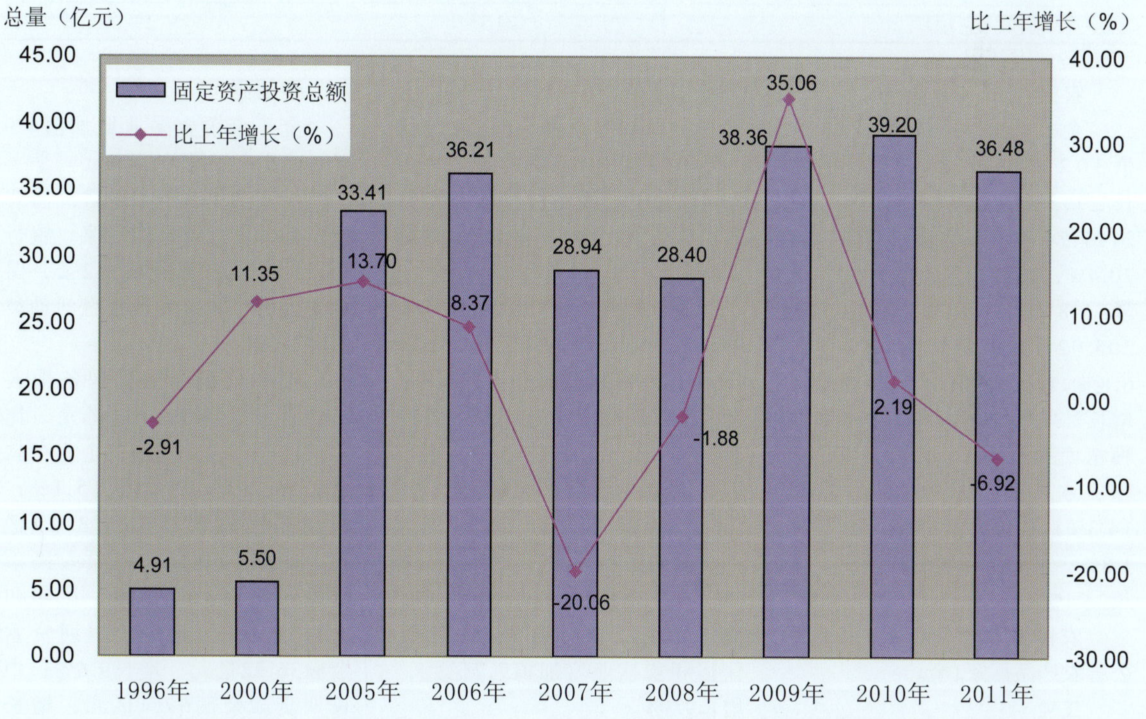

2011年大朗镇分行业固定资产投资额情况

单位：万元

行　业	投资额	增长%
总计	364833	-6.92
农、林、牧、渔业		
制造业	153521	13.92
电力、燃气及水的生产和供应业	9990	98.73
建筑业	120	
交通运输、仓储和邮政业		-100.00

续上表

行　业	投资额	增长%
信息传输、计算机服务和软件业	13538	
批发和零售业	5210	-42.15
住宿与饮食业	560	86.67
金融业		-100.00
房地产业	157443	-7.01
租赁和商务服务业	410	
科研、技术服务和地质勘察业	12114	-32.91
水利、环境和公共设施管理业	7563	-76.80
居民服务和其他服务业	830	-85.11
教育	781	-92.01
卫生、社会保障和社会福利业	487	-87.95
文化、体育和娱乐业	2051	895.63
公共管理和社会组织	215	-79.23

农业

全年全镇完成农业总产值3021.59万元，比上年增长29.5%。其中种植业产值2127.74万元，增长36.7%，占70.4%；林业产值3.69万元，下降56.8%，占0.1%；牧业产值205.02万元，增长108.5%，占6.8%；渔业产值685.14万元，增长2.3%，占22.7%。全年粮食种植面积701亩，粮食产量179吨；水产品产量902吨，增长14.3%；蔬菜产量3807吨，下降1.8%；家禽出栏数5.77万只，增长23.4%。

农民专业合作组织1家，无公害农产品厂家1个。

工业

全年全镇实现工业增加值85亿元，比上年增长2.9%，占GDP的比重为57.8%。全镇完成工业总产值305亿元,增长4.8%。其中规模以上工业总产值255.1亿元，增长4.1%。在规模以上工业中，重工业产值130.2亿元，增长5.8%，所占比重为51%；轻工业产值124.9亿元，增长2.4%，占49%。超亿元企业完成工业总产值152.8亿元，占规模以上工业总产值的59.9%。规模以上工业实现利润总额5.5亿元，比上年下降20.8%；资产负债率为68.4%；工业经济综合效益指数为117.8，比上年下降5.2个百分点。

全年规模以上三大支柱产业中，毛织业产值79.1亿元，下降1.6%；装备制造业产值115.4亿元，增长5.2%，其中机械装备制造业30.9亿元，增长4.4%；电子信息制造业产值104.4亿元，增长8.1%。

国内贸易

全年全镇批发和零售业增加值10.4亿元，比上年增长3.4%；住宿和餐饮业增加值7.7亿元，增长9.3%。

全年全镇社会消费品零售总额46.75亿元，比上年增长15.61%。其中，限额以上批发零售贸易业零售额17.48亿元，增长13.63%；限额以上住宿餐饮业零售额2.17亿元，增长16.65%。限额以上贸易业中，食品、饮料、烟酒类零售额增长15%；服装鞋帽、针、纺织品类增长12.1%；日用品类增长19.1%；汽车类下降7.6%。

金融业

全年全镇金融业增加值4.9亿元，比上年增长5.1%。

年末全镇有各类金融机构38家，其中银行类机构12家，银行网点51个，证券类机构2家，保险类机构17家，其他金融活动类机构7家。

年末全镇金融机构各项人民币存款余额205.02亿元，比年初增长13.2%。其中企业存款余额56.78亿元，增长15.1%；城乡居民储蓄存款148.24亿元，增长12.6%。各项人民币贷款余额103.63亿元，比年初增长10.6%。其中，短期贷款余额36.22亿元，增长9.6%；中长期贷款余额67.4亿元，增长11.2%；集体企业贷款14.04亿元，增长24.5%，外资企业贷款2.55亿元，增长132.5%，私营企业贷款34.27亿元，下降3.4%，个人消费贷款余额5.31亿元，增长14.6%，个人住房贷款余额36.3亿元，增长20.9%；个人汽车消费贷款余额0.44亿元，下降21.4%，个人创业贷款余额4.28亿元，增长26%。全镇金融机构不良贷款率下降到0.41%。年

2011年大朗镇规模以上工业主要产品产量

指标名称	计量单位	2011年	增长（%）
服装	万件	20,458	4.4
皮革鞋靴	万双	704	39.4
手提包（袋）、背包	万个	408	-14.8
家具	万件	103	36.6
纸制品	吨	104,513	-12.5
光盘复制品（激光盘）	万片	8,845	10.4
玩具	万元	35,967	-10.3
油漆	吨	5,169	17.8
胶鞋	万双	1,756	12.2
塑料制品	吨	53,541	-33.1
金属切削工具	万件	430	29.1
金属切削机床	台	116	45.0
金属成形机床	台	340	-11.2
金属成形机床	吨	1,901	6.6
起重机	台	593	15.6
起重设备	吨	6,491	3.1
包装专用设备	台	13,180	61.5
金属紧固件	吨	45,331	-21.0
塑料加工专用设备	台	26,460	-10.4
塑料加工专用设备	吨	7,567	-19.8
模具	万套	24	-1.8
织机	台	65,523	43.0
变压器	台	3,540	-28.6
变压器	千伏安	3,540	-28.6
电线	千米	409,002	4.5
碱性蓄电池	只	10,699	-87.8
锂离子电池	万只	1,522	-40.0
灯具及照明装置	万个（套）	1,198	14.8
卫星电视接收转发设备	万台	1,002	1.5
网络连接设备	万台	239	37.6
电子元件	亿只	3,799	-4.6
电脑连接线	吨	730	65.4
电脑音箱	万对	310	13.7
电脑机箱	万部	124	-50.4
网络卡	万块	55	6.9
液晶器件	万块	2,244	-52.5
电阻器	亿只	136	24.5
扬声器	万只	63,532	-28.8

图二 1995—2011年大朗镇社会消费品零售总额及其增长速度

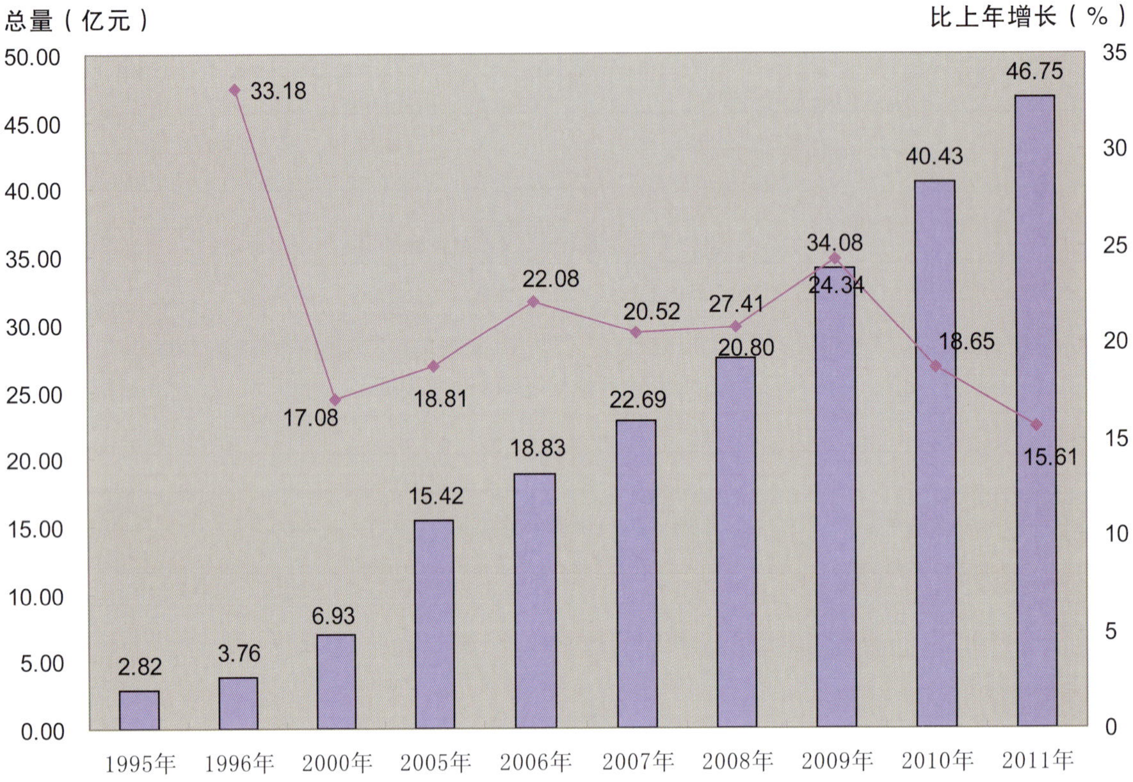

总量（亿元） 比上年增长（%）

50.00
45.00
40.00
35.00
30.00
25.00
20.00
15.00
10.00
5.00
0.00

35
30
25
20
15
10
5
0

33.18
46.75
40.43
34.08
24.34
22.08
27.41
20.52
20.80
18.65
17.08
18.81
22.69
18.83
15.61
15.42
6.93
3.76
2.82

1995年 1996年 2000年 2005年 2006年 2007年 2008年 2009年 2010年 2011年

末证券总开户数28085户，增长26.9%；托管证券总市值14亿元，下降22.2%；证券交易额216亿元，下降22.9%；证券营业收入2409万元，下降28.7%；实现利润797万元，下降62.9%。

房地产业

全年全镇房地产业增加值11.8亿元，比上年增长5.4%。

全年完成房地产开发投资12.01亿元，比上年下降12.5%。商品房施工面积97.36万平方米，增长42.4%；竣工面积37.18万平方米，增长143%；销售面积40.69万平方米，增长82.9%，其中商品住宅销售面积30.06万平方米，增长41%。全年商品房销售额25.11亿元，增长49%，其中商品住宅销售额20.22亿元，增长27.1%。

民营经济

年末全镇民营单位登记注册户数1.95万户，比上年增长2%。其中私营企业增长较快，达到3712户，增长21.4%；个体工商户1.59万户，下降1.6%。全年规模以上民营工业完成总产值103.9亿元，增长10.1%；民营经济完成固定资产投资24.8亿元，下降0.2%；民营经济消费品零售额40亿元，增长15.5%；民营经济缴税总额10.6亿元，增长33.6%。

区域经济

年末全镇本级总资产37.8亿元，净资产29.6亿元，分别比上年增长44.1%和35.8%。年末全镇村组两级集体总资产62.68亿元，增长5.02%；净资产49.94亿元，增长6.51%；全年镇本级可支配收入7.2亿元，增长11.6%。村组两级可支配收入（扣除土地物业转让纯收入）超3000万元的社区村有6个，比上年增加1个；净资产超2亿的社区村有9个，比上年增加1个。

二、对外开放

对外贸易

全镇进出口总额31.63亿美元，增长15.7%。其中出口总额19.39亿美元，增长20.4%，进口总额12.24亿美元，增长9%。

按贸易方式分，一般贸易出口9.07亿美元，增长64.1%；加工贸易出口1.78亿美元，下降33.2%；三资企业直接出口8.55亿美元，增长7.9%。

高新技术产品出口1.86亿美

元，增长93.2%，占出口总额的9.6%。

吸收外资

按新口径统计，全年全镇利用外商直接投资项目93宗，协议外商投资金额14621万美元，比上年增长31%；其中新签项目47宗，协议投资金额4441万美元，下降34%；增资项目45宗，协议投资金额10307万美元，增长132.5%。全镇新签投资总额超100万美元项目12宗；增资超100万美元项目20宗。实际利用外资12285万美元，增长7.4%。

三、城市建设

城市绿化

2011年全镇建成区土地面积41.05平方公里；城市建成区绿地率为37.5%，绿化覆盖率为41.8%，人均公共绿地面积15.5平方米；全镇已建成公园广场61个，面积569公顷。

公用事业

年末全镇有公交线路17条，公交运营车辆141辆，运营出租小汽车195辆。全年全镇公共汽车旅客客运量843.5万人次。

全镇自来水日供水能力达到22万立方米，全年自来水供水总量7857万立方米；用水总量7010万吨，其中，工业用水4306万吨，商业用水1294万吨，居民生活用水1044万吨，其他用水367万吨。全年全社会用电量22.4亿千瓦时，增长9.1%，其中工业用电16.4亿千瓦时，增长7.2%；商业用电1.36亿度，增长7.4%；居民用电2.71亿千瓦时，增长17.7%。

信息化

年末全镇普通固定电话96347户，比上年末减少4207户；程控电话交换机总容量17.19万门，增长29.4%，接入

2011年大朗镇分行业新签项目合同利用外资及其增长速度

行业	签约宗数（宗）		金额（万美金）		
	2011	2010	2011	2010	增长（%）
合计	47	55	4441.0	6726.8	-34.0
食品制造业		1		71.8	-100.0
纺织业	3	8	256.6	1929.7	-86.7
皮革、毛皮、羽毛（绒）及其制品业	2	2	38.5	38.6	-0.4
造纸及纸制品业	2	1	183.4	40.0	358.4
印刷业和记录媒介的复制		1		160.0	-100.0
玩具业	2	3	179.6	167.1	7.4
化学原料及化学制品制造业	2		38.5		——
橡胶制品业	1	3	15.4	110.3	-86.0
塑料制品业	2	4	240.0	153.9	56.0
金属制品业	9	7	608.9	594.3	2.5
通用设备制造业		3		441.9	-100.0
专用设备制造业	1	1	48.1	200.0	-76.0
电气机械及器材制造业	6	5	705.5	747.6	-5.6
通信设备、计算机及其他电子设备	5	10	110.4	1608.1	-93.1
仪器仪表及文化、办公用机械制造业	3		70.6		——
工艺品及其他制造业	3	2	77.0	333.3	-76.9
信息传输、计算机服务和软件月	1		18.0		——
批发业	2	1	128.5	39.0	229.6
住宿餐饮业		1		38.4	-100.0
房地产业	1		1531.5		——
商务服务业		1		25.8	-100.0
专业技术服务业	2	1	190.7	27.1	603.8

网交换机总容量15万门；CDMA移动电话用户100887户，增长24.1%，其中含CDMA3G移动电话49677户，增长22.5%。

四、社会事业

科技

全年新增5家国家高新技术企业和两家广东省民营科技企业，总数分别达到14家和23家；新增9家市民营科技企业，总数达到63家；全年承担省级以上科技计划项目9项，获得了575万元经费资助。

全年专利申请量526件，其中发明专利96件，实用型专利300件，外观专利130件；专利授权量275件，其中发明专利10件，实用型专利172件，外观专利93件。截止到2011年末，全镇专利拥有量2150件，其中发明专利125件，实用型专利980件，外观专利1045件。

教育

全镇共有幼儿园31所，比上年增加1所，其中公立集体办园9所，民办园22所。共有省、市一级幼儿园1所。3—6周岁在园（班）幼儿共11020人，入园（班）率达100%。基本普及三年学前教育，实行六周岁入小学。

全镇共有小学22所，与上年持平；在校学生30004人；适龄儿童入学率达100%，本镇户籍毕业生升学率达100%。全镇有初中3所，初中在校学生8058人，户籍适龄少年入学率为100%，辍学率为0%，毕业生升学率为98%。

全镇高中阶段学校有两所，在校学生2393人，其中普通高中（含完中）1所，在校学生1573人，中职学校1所，在校学生820人。本镇户籍初中毕业生904人，升入各类高中阶段学校就读的学生894人，其中普通高中722人，中职学校172人。本市户籍初中毕业生升学率达98%。

全镇镇街成人文化技术学校1所，民办成人非学历教育机构11间，各类成人教育年培训量达12008人次。

当年本镇中学考上大学人数508人，其中上本科线114人，上大专线394人。

文化

年末全镇有文化站1个，公共图书馆29个，文化广场29个，艺术表演场所32个，电影放映单位两个，网吧57间，公共文化设施建筑面积470225平方米。广播、电视综合覆盖率均达到100%。全年《大朗周刊》发行54期，共156.6万份；电影放映477场次，观众24万人次。

卫生

年末全镇有医疗机构总数99个，其中门诊、诊所、卫生站、医务室、社区卫生服务机构等基层医疗机构96个，卫生技术人员1449人，医院病床1147张。全镇建成并投入使用的社区卫生服务中心15个，覆盖了全镇28个村（社区）。全年诊疗总人数上升5.7%。

体育

2011年，大朗镇男子篮球代表队获得了东莞市篮球联赛冠军，连续5年获得了冠军，大朗镇女子篮球代表队获得两连冠军。大朗镇男、女子篮球代表队在东莞市篮球联赛上蝉联冠军。2011年，全镇举办镇级综合和单项比赛32次，参加人数10000多人次；举办全民健身活动两次，参加全民健身活动人数超过15000人次。

2011年，2010—2011年赛季中国男子篮球职业联赛新世纪烈豹队主场设在大朗体育馆，每赛季大朗体育馆有16场的比赛，大朗赛区平均上座率达85%以上。2010—2011年赛季中国男子篮球职业联赛常规赛排第3名。

社会福利与救助

全镇有敬老院1个。全年安排残疾人员就业人数79人，全年社会救济人数1250人。全镇纳入“五保户”对象有30人，“五保户”费用支出26.9万元。全镇建立了社会保障网络，纳入镇级最低生活保障范围的有393户1167人，共发放低保金276.78万元。

社会稳定

全年镇财政安排公检法支出1.1亿元，比上年增长7.5%。推进科技强警，建设视频监控联网平台，全镇在用各类视频监控点143个。共有平安社区23个。全镇刑事案件立案宗数下降9.9%，刑事案件破案宗数下降10.2%。村（社区）综治工作站28个，企业综治工作室21个。全镇受理群众信访总量下降10%。完善企业倒闭风险预警机制，严厉打击欠薪逃匿行为，共有66宗，为3485名工人追回工资830.63万元。

安全生产

全年全镇共发生各类生产事故830宗，比上年上升39.3%，受伤830人，上升39.3%。道路交通事故3508宗，下降1%；造成死亡26人，受伤358人，直接经济损失21.3万元。

五、人民生活

人口

年末全镇户籍人口71280人。全年出生人口801人，出生率为11.17‰；死亡人口387人，死亡率为5.47‰；人口自然增长率为5.7‰。

居民收入

2011年农村居民人均纯收入22354元，比上年增长10.53%。

农村住户调查（MPPS）居民最高10%收入组人均可支配收入37474元，最低10%收入组人均可支配收入17781元。

居民消费

全年居民人均消费性支出20048元。在各项消费支出中，食品消费支出占26.61%，衣着消费支出占3.63%，居住消费支出占22.09%，家庭设备用品及服务支出占3.75%，医疗保健支出占4.84%，交通通讯支出占23.94%，文教娱乐用品及服务支出占10.28%，其他商品和服务消费支出占4.86%。居民家庭恩格尔系数为26.61%。

年末平均每百户居民家庭耐用消费品拥有量：家用空调255台，移动电话298部，家用电脑145台，淋浴热水器120台，家用汽车70辆，彩电198台，摩托车123辆，洗衣机123台，影碟机68台。年末居民人均住房建筑面积42.55平方米。

居民储蓄

年末全镇城乡居民人民币储蓄存款余额146.42亿元，当年新增14.7亿元。其中，定期储蓄存款余额42.76亿元，新增5.22亿元；活期储蓄存款余额103.66亿元，新增9.47亿元。

社会保障

年末全镇参加各种社会保险422964人次，其中基本医疗保险130262人，失业保险80288人，工伤保险131381人，地方养老保险81033人。全年社会保险基金总收入33207万元，保险基金总支出1734万元。全镇农（居）民基本养老保险人数25181人。

注：1. 地区生产总值、各行业增加值、工业总产值绝对数按当年价格计算，地区生产总值增长速度按可比价计算。

2. 公报中的常住人口是根据市统计局返还的核定人口数，其他人口数据是公安的人口年报数据。

3. 阅读本公报时，请注意统计指标的时间、口径和计算方法等。

图三　1996—2011年城乡居民储蓄存款余额及其增长速度

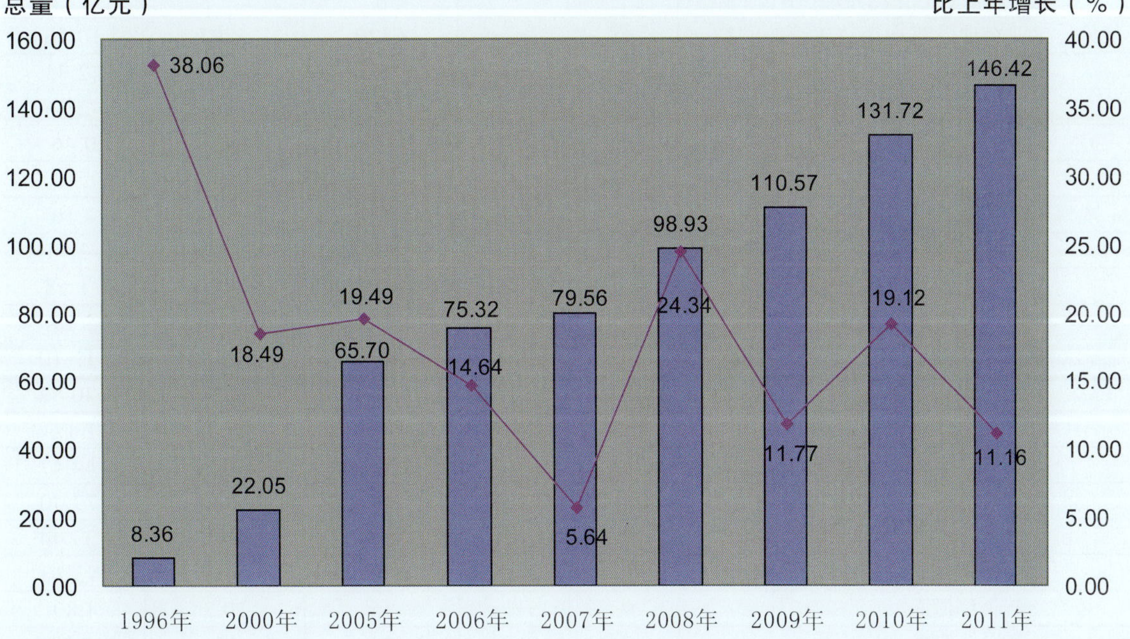

2011年大朗镇宏观经济指标统计表

指标名称	计量单位	本月	本月止累计	去年同期累计	累计增长%
一、经济活动单位					
企业及个体工商户总数	个	——	20618	20209	2.02
1. 国有、集体企业	个	——	532	522	1.92
2. 外资企业(投产和筹建)	个	——	505	506	-0.20
#外商投资企业	个	——	32	29	10.34
港澳台投资企业	个	——	473	477	-0.84
#三资企业	个	——	362	326	11.04
“三来一补”企业	个	——	143	180	-20.56
3. 私营企业(含私营有限责任公司)	个	——	3712	3057	21.43
4. 个体工商户	个	——	15869	16124	-1.58
另:新登记企业	个	83	973	1001	-2.80
新登记个体工商户	个	210	2699	3612	-25.28
新注销企业	个	23	223	352	-36.65
新注销个体工商户	个	115	2600	1542	68.61
搬迁企业(迁入大朗)(不含个体)	个			2	-100.00
搬迁企业(迁出大朗)(不含个体)	个		4		
另:工业企业及工业个体工商户总数	个	——	6520	5897	10.56
#规模以上工业企业个数	个	——	226	184	22.83
#超亿元企业个数	个	——	50	35	42.86
另:外资企业中的投产企业	个	——	439	437	0.46
二、工业生产					
规模以上工业总产值	万元	197564	2551087	2450512	4.10
#超亿元企业工业总产值	万元	110540	1528375	1570894	-2.71
#毛织业工业总产值	万元	58460	791000	803716	-1.58
#装备制造业工业总产值	万元	83921	1154031	1097076	5.19
利税总额	万元	3499	88879	101116	-12.10
#利润总额	万元	837	55375	69934	-20.82
#毛织业	万元	705	10151	10039	1.12
#装备制造业	万元	-555	21749	39166	-44.47
亏损总额	万元	2433	13962	3680	279.40
#毛织业	万元	22	209	273	-23.44
#装备制造业	万元	2236	11445	2419	373.13
企业亏损面	%	——	15	10.2	4.80
亏损企业数	个	——	34	23	11
内销比例	%	40.1	38.8	37.4	1.4
三、对外经济					
1. 利用外资协议签约情况(全口径)					
(1)签约宗数	宗	7	94	104	-9.62

注明:1. 企业及个体工商户总数是与去年年末对比。

2. 从2011年起,规模以上工业企业标准进行调整,由年主营业务收入500万元提高到2000万元;表中数据自3月起已作相应调整。

续上表

指标名称	计量单位	本月	本月止累计	去年同期累计	累计增长%
新签项目	宗		47	55	-14.55
#“三资”企业	宗		47	55	-14.55
“三来一补”企业	宗				
增资项目	宗	7	46	49	-6.12
#“三资”企业	宗	7	45	30	50.00
“三来一补”企业	宗		1	19	-94.74
减资项目	宗		1		
（2）协议规定外商投资金额	万美元	1270	14707	12013	22.43
新签项目	万美元		4441	6727	-33.98
#“三资”企业	万美元		4441	6727	-33.98
“三来一补”企业	万美元				
增资项目	万美元	1270	10393	5286	96.61
#“三资”企业	万美元	1270	10307	4434	132.45
“三来一补”企业	万美元		86	853	-89.92
减资项目	万美元		-127		
2. 利用外资协议签约情况（新口径）					
（1）签约宗数	宗	7	93	85	9.41
新签项目	宗		47	55	-14.55
增资项目	宗	7	45	30	50.00
减资项目	宗		1		
（2）协议规定外商投资金额	万美元	1270	14621	11161	31.00
新签项目	万美元		4441	6727	-33.98
增资项目	万美元	1270	10307	4434	132.45
减资项目	万美元		-127		
3. 实际利用外资（新口径）	万美元	371	12285	11442	7.37
4. 出口总额（海关口径）（1—11月）	万美元	74425	206800	189148	9.33
#“三资”企业	万美元	8459	75733	72169	4.94
“三来一补”企业	万美元	804	16917	24563	-31.13
外贸进出口企业	万美元	65162	114150	92416	23.52
四、固定资产投资					
1. 报建项目个数	个	14	146	105	39.05
2. 报建工程造价	万元	8747	121488	106758	13.80
3. 民房报建项目个数	个	7	58	38	52.63
4. 民房报建工程造价	万元	2582	11509	4555	152.67
5. 全社会固定资产投资额	万元	36465	364833	391952	-6.92
#国有集体投资	万元	4924	64894	97536	-33.47
外向型经济投资	万元	3049	52300	46272	13.03
民营经济投资	万元	28492	247639	248144	-0.20
#工业投资	万元	5768	163511	139786	16.97
房地产投资	万元	25090	120092	137297	-12.53
#国内市外投资	万元	18982	127953	99841	28.16
五、房地产					

注明：利用外资协议签约情况（新口径）和实际利用外资（新口径）按市口径只统计三资企业。

续上表

指标名称	计量单位	本月	本月止累计	去年同期累计	累计增长%
1. 房地产施工面积	平方米	13600	973556	683741	42.39
#当年新开工面积	平方米			298195	-100.00
2. 房地产竣工面积	平方米		34311	152977	-77.57
3. 商品房销售面积	平方米	13150	406942	222522	82.88
4. 商品房销售套数	套	141	3769	2154	74.98
5. 商品房销售额	万元	8955	251083	168461	49.05
6. 商品房历年销售率（销售套数）	%	——	81.67	78.16	4.49
7. 商品房空置面积（不含期房面积）	平方米	-1803	144260	207972	-30.63
六、邮政及电信					
1. 邮政汇款汇出总数	万元	10763	99393	107057	-7.16
2. 期末程控电话用户	户	——	96347	100554	-4.18
3. 期末小灵通用户	户	——	3027	11192	-72.95
4. 程控电话交换机总容量	万门	——	17.19	13.28	29.44
5. 接入网交换机总容量	万门	——	14.97	11.1	34.86
6. CDMA移动总用户数	户	——	100887	81262	24.15
其中：CDMA3G移动用户数	户	——	49677	40550	22.51
七、供电、用电					
1. 总供电量（含网电、企业自发电）	万千瓦时	17610	230233	208367	10.49
#网电	万千瓦时	17609	230029	208319	10.42
企业自发电	万千瓦时	1	204	48	325.00
2. 总用电量（含网电、企业自发电）	万千瓦时	17401	223665	205043	9.08
（1）第一产业	万千瓦时	11	146	170	-14.12
第二产业	万千瓦时	13153	166157	154833	7.31
#工业	万千瓦时	12989	164229	153211	7.19
#纺织业	万千瓦时	3018	42862	38432	11.53
第三产业	万千瓦时	2202	30180	26960	11.94
#商业(批零住餐业)	万千瓦时	911	13624	12681	7.44
#批发和零售业	万千瓦时	535	7774	6855	13.41
#住宿和餐饮业	万千瓦时	376	5850	5826	0.41
（2）居民生活用电	万千瓦时	2035	27155	23080	17.66
3. 用电大户（前十名）用电量	万千瓦时	1817	25679	27453	-6.46
八、供水、用水					
1. 总供水量	万吨	624	7857	7584	3.60
2. 总用水量	万吨	559	7010	6848	2.37
#工业用水	万吨	342	4306	4357	-1.17
商业用水	万吨	111	1294	1286	0.62
生活用水	万吨	81	1044	826	26.39
其他用水	万吨	27	367	379	-3.17
九、财政、金融					
（一）各项税收总额	万元	13487	190738	146959	29.79
1. 国税工商税收	万元	7475	108435	86899	24.78
2. 地税工商税收	万元	5573	68747	51961	32.30
3. 农业四税	万元	439	13556	8099	67.38
（二）镇财政总收入	万元	15910	230715	187969	22.74

续上表

指标名称	计量单位	本月	本月止累计	去年同期累计	累计增长%
（三）镇区本级可支配财政收入	万元	2423	71613	64159	11.62
1. 市财政拨入经费	万元	1466	12688	11057	14.75
2. 上级补助及税收返还分成	万元	594	50521	38454	31.38
3. 镇区自筹收入	万元	363	8404	14648	-42.63
（四）镇区本级财政支出	万元	8642	73053	62693	16.52
（五）各项人民币存款余额	万元	——	2050199	1810578	13.23
1. 企业存款	万元	——	567763	493402	15.07
2. 城乡居民储蓄存款	万元	——	1482436	1317176	12.55
（六）外币（港元）存款	万港元	——	8553	7125	20.04
（七）外币（美元）存款	万美元	——	2790	1860	50.00
（八）各项贷款余额	万元	——	1036288	936548	10.65
#集体企业贷款	万元	——	140411	112790	24.49
外资企业贷款	万元	——	25468	10956	132.46
私营企业贷款	万元	——	342678	354785	-3.41
个人消费贷款	万元	——	53081	46320	14.60
个人住房贷款	万元	——	363031	300192	20.93
个人汽车贷款	万元	——	4407	5605	-21.37
个人创业贷款	万元	——	42768	33948	25.98
（九）证券业期末从业人员	人	——	115	89	29.21
证券业总开户数	户	——	28085	22137	26.87
#本月新增账户数	户	——	396	528	-25.00
托管证券总市值	亿元	——	14	18	-22.22
交易额	亿元	12	216	280	-22.86
#股票交易额	亿元	11	205	277	-25.99
营业收入（含手续费和利差收入）	万元	138	2409	3379	-28.71
净利润	万元	-17	797	2147	-62.88
十、社会消费					
全社会消费品零售总额	万元	42003	467499	404381	15.61
#限上批发零售贸易业（30家）	万元	13794	174768	153810	13.63
限上住宿、餐饮业（15家）	万元	1832	21676	18582	16.65
十一、汽车客运量	人次	30039	369812	296388	24.77

注明：各项存款贷款情况是与去年年末对比。

2011年大朗镇规模以上工业企业主要指标情况统计表

	企业个数	工业总产值（现价）（万元）			利润总额（万元）			主营业务税金及附加和应交增值税（万元）			从业人员（人）			销售利润率（%）		
		本月止累计	去年同期累计	同比增长（%）	本月止累计	去年同期累计	同比增长（%）	本月止累计	去年同期累计	同比增长（%）	本月止累计	去年同期累计	同比增长（%）	本月止累计	去年同期累计	同比增长（%）
全镇合计	226	2551087	2450512	4.10	55375	69934	-20.82	33504	31182	7.45	74755	85040	-12.09	2.21	2.90	-0.69
一、按轻重性质分																
#轻工业	140	1249266	1219923	2.41	27441	26336	4.20	25042	23650	5.89	55540	58152	-4.49	2.20	2.17	0.03
重工业	86	1301821	1230589	5.79	27934	43598	-35.93	8462	7532	12.35	19215	26888	-28.54	2.21	3.63	-1.42
二、按企业注册类型分																
1. 国有及集体企业	1	9732	8822	10.32	1787	1963	-8.97	159	244	-34.84	110	109	0.92	18.36	22.25	-3.89
2. 外商及港澳台企业	116	1502256	1497694	0.30	32528	52608	-38.17	8101	8219	-1.44	43322	51689	-16.19	2.21	3.58	-1.36
3. 民营企业	109	1039099	943996	10.07	21060	15363	37.08	25244	22719	11.11	31323	33242	-5.77	2.04	1.65	0.39
二、按工业行业分																
#纺织业	85	791000	803716	-1.58	10151	10039	1.12	19883	18145	9.58	26118	27383	-4.62	1.29	1.26	0.03
纺织服装、鞋、帽制造业	4	15143	15586	-2.84	125	-131	-	-101	-28	260.71	1599	1551	3.09	0.83	-0.85	1.67
电气机械及器材制造业	25	541716	528218	2.56	9158	10635	-13.89	1454	857	69.66	7601	8493	-10.50	1.77	2.05	-0.29
通信设备、计算机及其他电子设备制造业	19	347006	348536	-0.44	-3507	10406	-	-1238	-1271	-2.60	7896	14573	-45.82	-1.02	3.02	-4.04
金属制品业	9	88433	66418	33.15	4157	1197	247.28	1306	1230	6.18	1774	1597	11.08	4.71	1.87	2.85
通用设备制造业	15	117894	114374	3.08	3383	4848	-30.22	2838	2176	30.42	2610	2634	-0.91	3.13	4.48	-1.34
专用设备制造业	13	93423	100552	-7.09	10879	12628	-13.85	4162	3574	16.45	3818	3978	-4.02	11.70	13.43	-1.73
造纸及纸制品业	7	65687	57795	13.66	858	718	19.50	1023	837	22.22	1438	1355	6.13	1.28	1.23	0.05
塑料制造业	13	118466	109311	8.38	5921	4173	41.89	710	1189	-40.29	3606	3910	-7.77	4.99	3.88	1.11

说明：从2011年开始，国家将规模以上工业企业标准进行调整，由年主营业务收入500万元提高到2000万元，表中数据自3月起已作相应调整。

2011年大朗镇各社区、村基本情况统计表

制表单位：统计办　　　　制表日期：2012年2月

指　标	行政区划面积	总人口	其中:		企业总数	〔1〕内资企业	〔2〕外资企业（投产、筹建）	规上工业个数	另：个体工商户	工业总产值	规上工业总产值	出口创汇	税收总额	村组可支配收入总额（扣除土地、物业转让收入）	村组利润
			户籍人口	外来暂住人口											
	平方公里	人	人	人	个	个	个	个	个	亿元	亿元	万美元	万元	万元	万元
	1	2	3	4	5	6	7	8	9	10	11	12	13	14	15
全　镇	97.58	183244	71280	111964	4749	4244	505	226	15869	305.0	255.1	101753	190738	62498	28985
长　塘	2.72	13943	4737	9206	484	452	32	13	1157	16.1	11.6	7757	13586	7892	4294
长　富	1.53	2555	1995	560	0	0	0	0	0	0	0	0	0	0	0
求富路	1.36	6849	1438	5411	153	129	24	13	438	15.7	15.3	4824	6855	3115	1655
佛　新	0.57	1400	876	524	48	45	3	2	170	1.4	0.6	39	969	748	295
松柏朗	2.49	8295	4162	4133	172	160	12	3	488	2.5	1.1	7088	2534	1632	507
佛子凹	1.06	3331	2430	901	59	53	6	1	135	1.9	1.5	382	1270	1103	556
长塘片	9.74	36373	15638	20735	916	839	77	32	2388	37.4	30.2	20089	25214	14490	7307
巷　头	3.50	16856	4400	12456	407	381	26	17	2112	30.3	25.7	7993	13686	6282	3084
巷　尾	1.62	7452	1978	5474	193	171	22	22	735	16.7	15.2	3808	10932	3054	1561
竹　山	1.29	4075	1648	2427	71	64	7	8	187	8.9	6.9	2045	5582	970	350
高　英	1.65	5437	1839	3598	100	84	16	8	215	8.8	8.6	6477	6768	1455	573
黎贝岭	1.91	5280	2264	3016	115	109	6	7	347	8.7	5.6	348	3383	1532	797
巷头片	9.97	39100	12129	26971	886	809	77	62	3596	73.3	62.1	20672	40351	13293	6365
大井头	4.09	12341	5748	6593	429	408	21	15	2071	16.6	15.0	704	20655	6910	2287
圣　堂	0.89	3773	1588	2185	115	110	5	2	1193	1.9	1.3	179	2874	2378	1626
水　口	3.34	8777	2976	5801	245	202	43	10	596	8.2	4.2	2594	6028	2996	1584
居　民	0.26	8596	6526	2070	70	66	4	0	542	0.2	0.0	81	2470	548	359

续上表

指　标	行政区划面积	总人口	其中: 户籍人口	其中: 外来暂住人口	企业总数	〔1〕内资企业	〔2〕外资企业（投产、筹建）	规上工业个数	另：个体工商户	工业总产值	规上工业总产值	出口创汇	税收总额	村组可支配收入总额（扣除土地、物业转让收入）	村组利润
	平方公里	人	人	人	个	个	个	个	个	亿元	亿元	万美元	万元	万元	万元
	1	2	3	4	5	6	7	8	9	10	11	12	13	14	15
大井头片	8.58	33487	16838	16649	859	786	73	27	4402	27.0	20.4	3558	32027	12832	5856
蔡　边	6.11	8581	4226	4355	290	266	24	10	938	9.7	7.1	1908	8246	2562	918
黄草朗	1.50	6403	2345	4058	173	156	17	9	654	7.0	5.1	3698	3452	1599	474
洋坑塘	1.11	5951	1085	4866	104	79	25	4	298	3.5	2.6	2353	2113	1232	565
洋　乌	2.11	4170	1694	2476	174	142	32	15	256	15.4	12.8	3861	9153	2243	968
宝　陂	0.52	810	708	102	14	11	3	1	16	3.4	2.8	16	238	707	414
蔡边片	11.36	25915	10058	15857	755	654	101	39	2162	38.9	30.4	11836	23202	8343	3339
犀牛陂	8.03	10445	3285	7160	408	378	30	19	799	71.6	70.6	15656	12228	3435	1828
松木山	2.74	8971	2632	6339	187	148	39	9	541	12.2	9.4	4308	6686	2389	1277
水　平	7.89	5916	1925	3991	153	130	23	11	295	9.7	7.4	4331	3835	1785	647
屏　山	2.26	854	510	344	24	19	5	2	40	3.2	3.0	1201	510	413	158
松和片	20.91	26186	8352	17834	772	675	97	41	1675	96.7	90.4	25496	23259	8022	3910
石　厦	8.02	7406	2990	4416	185	155	30	10	603	15.8	11.6	7072	7265	2208	776
新马莲	6.59	4886	1606	3280	120	105	15	8	190	6.9	6.3	9047	3246	1137	480
沙　步	3.05	5240	2289	2951	163	136	27	4	531	5.2	2.0	2650	2874	1334	562
杨　涌	1.51	4651	1380	3271	93	85	8	3	322	3.8	1.7	1331	1987	839	390
石厦片	19.17	22183	8265	13918	561	481	80	25	1646	31.7	21.6	20101	15372	5518	2208
其　他	17.85												31312		

注明：1. 本表中各项数据按照属地原则统计，各镇属公司属下企业都按所在地统计在各社区、村中。但税收总额中尚有31312万元税款因纳税人所属区域不祥故未分到社区、村统计。

2. 表中人口数据是公安分局人口年报数据，规上工业个数和规上工业总产值是指年主营业务收入2000万元以上。

2011年大朗镇党政领导班子成员挂点重点工业企业安排表

编号	企业名称	地址	挂点领导	联络员
1	东莞明利钢材模具（环球机械）公司	高英	尹景辉	刘浩江
2	东莞艾尔发自动化机械有限公司	松木山		
3	东莞市台冠起重机械设备有限公司	杨涌		
4	东莞华科电子有限公司	犀牛陂（发展公司）	谢锦波	陈立志
5	东莞华新电线电缆有限公司	犀牛陂（发展公司）		
6	东莞瀚宇电子有限公司	犀牛陂（发展公司）		
7	大量（东莞）五金制品有限公司	洋乌（发展公司）	祁沛全	刘惠瑜
8	东莞市环宇织造有限公司	巷头		
9	东莞市安富塑胶机械有限公司	杨涌		
10	东莞市盛星电脑科技有限公司	洋乌	游耀波	陈浥春
11	东莞市缝神机械有限公司	洋乌		
12	东莞市厚威包装有限公司	洋乌		
13	东莞市英伟实业有限公司	竹山	林熙仿	陈沛钦
14	东莞市广昌隆毛织时装有限公司（薏莎）	竹山		
15	东莞联志五金制品有限公司	竹山		
16	福华电子设备（东莞）有限公司	洋坑塘	黄锦发	叶纪均
17	东莞三星钢材加工有限公司	宝陂		
18	东莞市颖祺实业有限公司	巷头	傅振华	叶伟权
19	东莞市众圣针织有限公司	巷尾		
20	东莞市众达针织有限公司	巷尾		
21	东莞市华轩针织有限公司	大井头	陈根照	刘绍滨
22	东莞怡盛电业有限公司	大井头		
23	东莞市中一合金科技有限公司	巷头		
24	东莞市三基音响制品有限公司	水平	陈慧娟	王嘉瑜
25	东莞骏威电子制品有限公司	水平		
26	东莞明勖机械五金有限公司	松木山		
27	东莞广达塑胶制品有限公司	长塘	叶惠明	刘锐辉
28	东莞市通宝电线电缆有限公司	长塘		
29	大宝（东莞）模具切削工具有限公司	竹山		
30	东莞市飞尔液晶显示器有限公司	石厦	叶桂平	叶就华
31	东莞市兴业针织有限公司	巷头		
32	东莞市广伸自动化机械有限公司	洋乌	韩暖渠	叶玉慧
33	东莞市和辉针织有限公司	洋乌		
34	东莞嘉茂电子科技有限公司	黄草朗		
35	东莞奈那卡斯精密汽车配件有限公司	求富路	夏建中	卢雪锋
36	东莞力克玩具有限公司	求富路		
37	东莞市远峰科技有限公司	求富路		

续上表

编号	企业名称	地址	挂点领导	联络员
38	春雨（东莞）五金制品有限公司	松木山（发展公司）	叶淑帆	曾雪霞
39	大朗玮丰塑胶厂	松木山（发展公司）		
40	东莞同昌电子有限公司	松木山（长富公司）		
41	东莞富强鑫塑胶机械有限公司	石厦	周浩森	梁沃洪
42	东莞信易电热机械有限公司	石厦		
43	东莞市迈科科技有限公司	犀牛陂	李创业	叶钦华
44	东莞安阳鞋业有限公司	高英		
45	大朗中编印刷厂	高英		
46	东莞大朗威兵海绵家具厂	新马莲	傅秩恩	傅贵良
47	东莞创群石英晶体有限公司	杨涌		
48	东莞奇妙包装有限公司	象山工业园		
49	大朗百一电子厂	松柏朗	叶效怀	黄瑞昌
50	东莞市永兴电子科技有限公司	佛子凹		

2011年度大朗镇纳税前十名外资企业

序号	企业名称	纳税金额（万元）
1	东莞明利钢材模具制品（环球工业机械）有限公司	3460
2	东莞华新电线电缆有限公司	2785
3	东莞艾尔发自动化机械有限公司	1392
4	东莞信易电热机械有限公司	1111
5	东莞华科电子有限公司	1028
6	春雨（东莞）五金制品有限公司	934
7	大宝（东莞）模具切削工具有限公司	840
8	青岛润泰事业有限公司东莞大朗分公司	839
9	东莞呈越电脑配件有限公司	820
10	东莞联志五金制品有限公司	696

2011年度大朗镇纳税前十名民营企业

序号	企业名称	纳税金额（万元）
1	东莞市碧桂园房地产开发有限公司	5711
2	东莞市颖祺实业有限公司	3384
3	东莞市新世纪明上居商住开发有限公司	2333
4	东莞市碧水天源物业有限公司	2093
5	东莞市帝豪花园酒店有限公司	1428
6	东莞市东方银座置业有限公司	1215
7	东莞市远峰科技有限公司	1002

续上表

序　号	企业名称	纳税金额（万元）
8	东莞市丰源投资发展有限公司	990
9	东莞市正大兴业实业投资有限公司	818
10	东莞市金泽服装有限公司	785

2011年度大朗镇实际出口前十名工业企业

序　号	企业名称	出口金额（万美元）
1	东莞华科电子有限公司	12322
2	东莞市远峰科技有限公司	10924
3	东莞茂志针织有限公司	6752
4	东莞大朗百一电子厂	6062
5	东莞市迈科（新能源）科技有限公司	5425
6	盈利时表业（东莞）有限公司	4330
7	东莞广达塑胶制品有限公司	3369
8	东莞源亨皮具制品有限公司	3100
9	东莞中编印务有限公司	2918
10	东莞大朗威兵海绵家具厂	2090

2011年度大朗镇实际出口前五名贸易企业

序　号	企业名称	出口金额（万美元）
1	东莞市汇众进出口有限公司	10690
2	东莞市中凯进出口有限公司	8314
3	东莞市中彦进出口有限公司	7728
4	东莞市泰和进出口有限公司	7292
5	东莞市宇兴贸易有限公司	3767